Erika Uitz
Barbara Pätzold
Gerald Beyreuther

Herrscherinnen und Nonnen

Herrscherinnen und Nonnen

Frauengestalten von der Ottonenzeit bis zu den Staufern

Autorenkollektiv
unter Leitung von:
Erika Uitz
Barbara Pätzold
Gerald Beyreuther

Deutscher Verlag der Wissenschaften
Berlin 1990

Schutzumschlag:
Der Verfasser des Speculum humanae salvationis,
einer moralisierenden Schrift des frühen 14. Jahrhunderts,
stellt am Beispiel des Perserkönigs Darius
und seiner Konkubine Apamene weibliches Herrschaftsstreben dar.

Für die freundliche Unterstützung bei der Beschaffung
von Abbildungsvorlagen danken wir der
Deutschen Staatsbibliothek; dem Schloß Köpenick,
Staatliches Kunstgewerbemuseum; dem Staatlichen Lindenau-Museum,
Altenburg; Klaus G. Beyer, Weimar.

ISBN 3-326-00565-2
Verlagslektor: Astrid Deppert
Grafische Gesamtgestaltung: Kurt-Norbert Marsand

Postfach 1216, O-1080 Berlin
Lizenz-Nr. 206
Printed in Germany
Satz und Druck: Interdruck GmbH Leipzig
LSV 0235
Bestellnummer: 571 892 1

Inhalt

Vorwort

Die Stellung der Frau in der Feudalgesellschaft, ihre Rolle in der Geschichte überhaupt, ist seit einigen Jahren stärker Gegenstand der internationalen Forschung geworden. In der DDR wurde die Stellung der Frau in der mittelalterlichen Gesellschaft bisher vor allem unter zwei Aspekten untersucht: zum einen im Rahmen von volksreligiösen und Ketzerbewegungen, zum anderen entstanden Arbeiten zu den Lebensbedingungen der Frau in der mittelalterlichen Stadt. Diese Forschungen führt der vorliegende Band fort.

Den Lebensumständen und dem Lebensweg von einzelnen Frauenpersönlichkeiten jedoch ist bisher kaum Aufmerksamkeit geschenkt worden. Auch dieses Gebiet in Angriff zu nehmen ist ein Anliegen dieses Bandes. Entsprechend der für den gewählten Zeitraum, das frühe und hohe Mittelalter, charakteristischen Quellenlage wurden dafür bedeutende Frauenpersönlichkeiten des Adels, sowohl des weltlichen wie des geistlichen – Herrscherinnen und Nonnen – ausgewählt. Die Leiter des Autorenkollektivs konnten dabei an verstärkte Bemühungen um die Aufarbeitung des historischen Erbes und die damit verbundene differenzierte Betrachtung von Herrscherpersönlichkeiten der deutschen Geschichte des Mittelalters anknüpfen. Ziel des Autorenkollektivs ist es, sowohl einen weiten Leserkreis anzusprechen als auch dem Studenten und Fachwissenschaftler Neues zu bieten und ihn zur Weiterbeschäftigung anzuregen. Dabei machte die unterschiedliche Quellenlage jeweils ein ganz spezielles Herangehen der Autoren notwendig. Entstanden ist so ein breites Spektrum von Lebensbildern mittelalterlicher Frauen, wobei auch die gesellschaftlichen und politischen Rahmenbedingungen für ihr Wirken Berücksichtigung fanden.

In den Band wurden herausragende Frauengestalten des 10. bis 13. Jahrhunderts aufgenommen. Ausschlaggebend für die Auswahl war neben dem Forschungsstand auch das jeweilige spezielle Arbeitsgebiet der Autoren. Wenngleich der Schwerpunkt des Bandes auf Frauengestalten der deutschen Geschichte liegt, so ging das Bemühen doch dahin, auch einige Frauen aus anderen Ländern vorzustellen.

Der Dank der Leiter des Autorenkollektivs gilt den Gutachtern des Gesamtmanuskripts, J. Schildhauer und W. Zöllner, für wesentliche Anregungen und nützliche Verbesserungsvorschläge und den Lektorinnen des Deutschen Verlages der Wissenschaften, E. Rosenfeld und A. Deppert, für die verständnisvolle und hilfreiche Begleitung bei der Erarbeitung und Fertigstellung des Manuskriptes.

Berlin, den 1. März 1989

Erika Uitz
Barbara Pätzold
Gerald Beyreuther

Einleitung

Noch weniger, als in der Kirche zu lehren, stehe es den Frauen an, die Völker zu regieren. Diese Auffassung vertrat Bischof Bonizo von Sutri in seinem zwischen 1089 und 1095 verfaßten „Buch über das christliche Leben“ *(Liber de vita Christiana).* Und er führt weiter aus, daß für die Frauen vielmehr eine Tätigkeit mit Waage und Spinnrad, der Umgang mit Wolle, Leinen und Seide bestimmt sei. Für das Handwerk der Regierenden, das nach Bonizo aus Krieg, Fehde und Feldzug besteht, seien die Frauen nicht geeignet. Der italienische Bischof stand mit seinen Vorstellungen von der Rolle der Frau in der Gesellschaft nicht allein. Ähnliche Stellungnahmen zur Ausübung von Herrschaft durch die Frau ließen sich ohne Mühe anführen. In ihnen drückt sich die bei den meist geistlichen Autoren des Mittelalters verbreitete, deutlich ablehnende Haltung gegenüber der Frau als Herrscherin aus, die aus einer weitgehend negativen Beurteilung des Wesens der Frau durch die Kirchenväter und Theologen resultierte. Tatsächlich waren in dieser Zeit jedoch immer wieder Frauen an der Ausübung der politischen Macht beteiligt, gab es gerade im Früh- und Hochmittelalter eine ganze Reihe bedeutender Königinnen, die als Herrschergattinnen erheblichen Einfluß auf die Politik der Zentralgewalt ausgeübt beziehungsweise als Regentinnen oder Statthalterinnen diese maßgeblich bestimmt haben.

Der adligen Frau, der Herrscherin wie der Nonne, war es im Rahmen der Feudalgesellschaft unter bestimmten Bedingungen möglich, politisch und geistig-kulturell wirksam zu werden. Sie war aber trotz der aktiven Rolle, die sie auf politischem und religiösem Gebiet spielen konnte, wie alle Frauen weitgehend den Normen unterworfen, die durch die mindere Rechtsstellung der Frau und das Menschenbild der katholischen Kirche maßgeblich geprägt wurden.

Schwerwiegende Konsequenzen für die Stellung der Frau hatte das in den Stammes- oder Volksrechten des 6. bis 9. Jh. fixierte Erbrecht. Danach galten Töchter nur dann als erbberechtigt, wenn keine Söhne oder auch Brüder des Vaters vorhanden waren. Dieses Recht sicherte damit die Verfügungsgewalt über Grund und Boden vorzugsweise dem Mann. Für die Frau bedeutete dies eine weitgehende, sich auch auf alle übrigen Lebensbereiche erstreckende Abhängigkeit von den Männern ihrer Familie; denn analog zu dieser erbrechtlichen Benachteiligung schlossen die Stammesrechte die Frau auch von allen öffentlichen Angelegenheiten aus. Die Frau befand sich in der Munt des Vaters, des Ehemannes oder nach dessen Tod des ältesten Sohnes. Diese vertraten sie vor Gericht, übten die Schutzgewalt aus und besaßen das Verfügungs- und Nutzungsrecht an ihrem Vermögen. Sie hatten das Recht, Strafen zu verhängen und das Mündel nach Gutdünken zu verehelichen. Wenngleich die volle Verfügungsgewalt des Ehemannes über die Brautausstattung und die Morgengabe – eine durch den Ehemann am Morgen nach der Brautnacht der Frau zu leistende Schenkung, häufig in Form von Grundeigentum und Vieh – im Verlaufe des Mittelalters gewisse Einschränkungen erfuhr, blieb seine vermögensrechtliche und eheherrliche Vormundschaft prinzipiell erhalten. Zu spürbaren Lockerungen kam es nur in den aufblühenden Städten.

Das Menschenbild der katholischen Kirche und ihre Ehelehre sicherte trotz gewisser positiver Entwicklungsansätze, wie sie besonders der geforderte Konsens der Partner bei der Eheschließung und eine Verschärfung der Scheidungsgesetze darstellten, diese Vorherrschaft der Männer grundsätzlich ideologisch ab. Mit dem Argument von der Erschaffung der Frau aus dem Manne, ihrer verführbaren schwachen Natur, die Adam zu Fall, die Sünde in die Welt gebracht und den Erlösungstod Christi notwendig gemacht habe, begründeten die Kirchenlehrer seit dem 4. und 5. Jahrhundert die Minderwertigkeit der Frau und die Notwendigkeit ihrer vollkommenen Unterwerfung unter den Mann. Der Aufstieg zu einer dem Manne fast ebenbürtigen Stellung konnte unter diesen Voraussetzungen nur einzelnen Frauen unter Ausnahmebedingungen gelingen.

Die katholische Lehre sah in der Ehe in erster Linie eine Institution zur Kinderzeugung und zur Verhinderung ausschweifenden Sexuallebens. Theoretische Ansätze einzelner Theologen, wie etwa Hugo von St. Viktor, Petrus Lombardus und Hildegard von Bingen, die das partnerschaftliche Verhältnis in der Ehe höher bewerteten, blieben ohne tiefere Wirkung.

Die in gegenseitigem freien Einvernehmen der Partner geschlossene Ehe – eine Auffassung, die etwa seit dem 12. Jahrhundert in der Kirche aufkam – wurde vom Adel kaum praktiziert. Für die Familien des Hochadels blieben Eheabsprachen vorwiegend politische Angelegenheiten zur Sicherung der Macht und des Besitzes der beteiligten Geschlechter. Auf die Haltung und die Gefühle der künftigen Ehepartner indes wurde in der Regel keine Rücksicht genommen. Häufig erfolgten Eheabsprachen bereits im frühen Kindesalter. Damit war nicht selten auch die Übergabe des Mädchens in die Familie des künftigen Gatten verbunden. Die Eheschließung selbst erfolgte in der Regel im Mündigkeitsalter, das beim Mann 14 Jahre, bei der Frau 12 Jahre betrug.

In der Tendenz positiv auf die Stellung der Frau wirkte sich der von der katholischen Kirche angestrebte Grundsatz von der Unauflöslichkeit der Ehe aus, der sich zwischen dem 9. und 12. Jahrhundert durchsetzte. Besonders adligen Frauen bot er eine größere Sicherheit; denn sie konnten nun nicht mehr willkürlich von ihren Ehemännern verstoßen werden, wie das bis dahin häufig bei Kinderlosigkeit oder aus politischen Erwägungen geschehen war. Als anerkannte Scheidungsgründe galten den geistlichen Gerichten zu nahe Verwandtschaft der Ehepartner, Ehebruch und erwiesene Absicht des Gattenmordes durch die Ehefrau. Doch auch den Eintritt der Ehegatten in ein Kloster respektierte die Kirche als Scheidungsgrund.

Obgleich solche letztlich zumeist aus politischem Kalkül erfolgten Ehescheidungen in den Kreisen des Hochadels keine Seltenheit waren, gibt es doch auch zahlreiche Beispiele für ein einvernehmliches, ja harmonisches Zusammenleben der Ehepartner. In den Königsurkunden etwa werden die Königinnen nicht nur gelegentlich als „allerliebenswürdigste Gattin“ oder ähnlich, sondern auch als *consors regni* – Gefährtin beziehungsweise Teilhaberin der Königsherrschaft – bezeichnet. Die *consors regni*-Formel, die auch in den Werken einiger Geschichtsschreiber vorkommt, stellt einen Hinweis auf die tatsächliche Beteiligung der Königin an der Königsherrschaft dar. Die Formel hat spätantik-christliche Wurzeln und war bis zur Mitte des 10. Jahrhunderts in ihrer Verwendung im wesentlichen auf Italien beschränkt. Erst seitdem Kaiserin Adelheid, die zweite Frau Ottos I., in den Herrscherurkunden als *consors regni* beziehungsweise *consors imperii* bezeichnet wurde, erhielten Gattinnen römisch-deutscher Herrscher bis in die Stauferzeit immer wieder diesen Titel.

Doch wie sah die Beteiligung der Königin an der Ausübung der Königsherrschaft konkret aus? Übte sie tatsächlich als gleichberechtigte Mitregentin Herrschaftsrechte aus, oder stand sie lediglich im »zweiten Glied« hinter dem König, um nur in Notsituationen für diesen einzuspringen?

In dieser Zuspitzung trifft weder die eine noch die andere Variante den Kern. Natürlich wird in außergewöhnlichen Situationen, wie sie etwa die Ausübung der Regentschaft für den unmündigen Thronfolger nach dem oft frühen Tod des Herrschers, seine Teilnahme an längeren Kriegszügen oder einem der Kreuzzüge darstellen, die Wirksamkeit der Königin als Herrscherin, ihr politisches und diplomatisches Geschick, ihr Verständnis für machtpolitische Zusammenhänge und Konstellationen, besonders deutlich. Doch waren auch unter normalen Bedingungen einige Königinnen an der Ausübung der Königsherrschaft – etwa im Sinne einer gewissen partiellen Arbeitsteilung – beteiligt. Die Krönung und Salbung der Königin, ihre Aufnahme in die kirchliche Liturgie sowie die gleich große Darstellung von Königin und König auf zeitgenössischen Abbildungen sind Ausdruck einer Anerkennung der Herrschergattin als Mitregentin. Gleichwohl kann von einer vollen Gleichstellung der Königin neben ihrem Gemahl im Sinne einer wechselseitigen gleichberechtigten Ausübung aller Herrschaftsrechte nicht gesprochen werden. Jedoch war es ihr prinzipiell möglich, neben den nur ihr vorbehaltenen Aufgaben unter besonderen Bedingungen auch alle übrigen Verpflichtungen der Herrschaftsausübung wahrzunehmen. Das hing sowohl von den jeweiligen konkreten historischen Bedingungen als auch von ihren eigenen Fähigkeiten und Intentionen ab.

Für eine einzelne Königin ist die Gesamtheit der ihr obliegenden Pflichten nicht überliefert. Mit Blick auf die Biographien verschiedener Herrscherinnen lassen sich für den behandelten Zeitraum jedoch die folgenden herausstellen. Als ihre wichtigste Aufgabe wird häufig die kluge und verantwortungsvolle Beratung des Königs hervorgehoben. Ihr Rat konnte von großem Nutzen sein, allein wenn man bedenkt, daß die Königinnen ganz im Gegensatz zu vielen Herrschern des Lesens und Schreibens kundig waren und oft auch über beeindruckende Sprachkenntnisse verfügten. Welcher Art dieser Rat und wie stark die Einflußnahme auf die Entscheidungen des Herrschers im einzelnen waren, bleibt freilich häufig ebenso im Dunkel der Überlieferung, wie ja auch der Einfluß, den die männlichen Berater und Vertrauten des Königs auf dessen Politik ausübten, nur selten bekannt ist.

Eindeutig ist die beratende Tätigkeit der Königin bei der Ausstellung von Urkunden wie auch an den vorausgehenden Verhandlungen und Entscheidungen des Herrschers zu fassen. Die in diesen Dokumenten festgelegten Sachverhalte waren oft von erheblicher politischer und ökonomischer Bedeutung. So manche Landschenkung und Privilegienvergabe besonders an geistliche Empfänger, wie Klöster und Bistümer, kam auf Fürsprache, Bitten oder Rat der Königin zustande, an die sich die Urkundenempfänger als Bittsteller gewandt hatten. Diese Interventionen der Königinnen in den Herrscherdiplomen begegnen uns seit der zweiten Hälfte des 7. Jahrhunderts bei den merowingischen Königen des Frankenreichs. Im 10. und 11. Jahrhundert haben sich namentlich die Frauen der Ottonen und Salier im römisch-deutschen Reich auf diese Weise an der Königsherrschaft beteiligt.

Vor besondere Anforderungen war die Königin gestellt, wenn der Herrscher über längere Zeit abwesend war. In Notsituationen, wie der Gefangennahme des Königs, mußte sie in der Lage sein, ein Heer aufzubieten und in den Kampf zu führen. Doch ergaben sich für die Königin, von diesen besonderen Bedingungen einmal abgesehen, auch im Rahmen der alltäglichen Herrschaftsausübung Aufgaben auf militärischem und politisch-diplomatischem Gebiet sowie im Rahmen der königlichen Rechtsprechung, so daß man durchaus gelegentlich von einer gewissen Arbeitsteilung sprechen kann.

Eine wichtige Aufgabe der Königin war die Verwaltung und Beaufsichtigung des Hofes und des Königshauses: die Oberaufsicht über den Kämmerer, der für den alltäglichen Ablauf des Lebens bei Hofe zuständig war, sowie die Aufsicht über die Knechte und Mägde. Nach der bei Hincmar von Reims überlieferten Pfalzordnung aus dem 9. Jahrhundert war die Königin dafür verantwortlich, daß die gesamte Hofhaltung der Würde und dem Glanz eines königlichen Palastes entsprach. Sie hatte auch die Geschenke der Vasallen entgegenzunehmen.

Wie jede andere adlige Ehefrau stand die Königin in der Pflicht, Kinder zu gebären. Vor allem die Geburt eines – beziehungsweise bei der hohen Kindersterblichkeit mehrerer – Knaben als künftige Thronerben war dazu geeignet, ihre Stellung am Hofe zu festigen und eine Ehescheidung zu erschweren.

Schwierig ist es, den Anteil der Königin bei der Erziehung und Ausbildung ihrer Kinder zu bestimmen; denn nur wenige Quellen deuten etwas darüber an. Es ist aber wahrscheinlich, daß die Königin als Mutter, unterstützt von Ammen und Dienerinnen, in den ersten Lebensjahren Anteil an der Sorge um ihre Kinder genommen hat.

Eine mit speziellen Anforderungen verbundene politische Rolle konnte der Königin zukommen, wenn sie nach dem Tode des Herrschers für den noch unmündigen Sohn die Regentschaft ausüben mußte. Diese im frühen Mittelalter grundsätzlich anerkannte regentschaftliche Regierung wurde im römisch-deutschen Reich erstmals im Zusammenhang mit der Regentschaft der Kaiserin Agnes in Frage gestellt. Diese hat auch als letzte Frau eine Reichsregentschaft ausgeübt. Bedeutende Herrscherinnen gab es aber in den folgenden einhundert Jahren auch weiterhin. Aber bereits im 12. Jahrhundert wurde die Königin beziehungsweise Kaiserin mehr und mehr auf repräsentative Aufgaben, wie etwa die Teilnahme an Reichsversammlungen und Festlichkeiten, beschränkt. Interventionen der Herrscherinnen in den Königsurkunden hören nun fast ganz auf, Regentschaften oder auch zeitweilige Vertretungen des Königs auf politischem oder militärischem Gebiet begegnen nun nicht mehr. Die entscheidende Ursache dafür dürfte in strukturellen Veränderungen der Feudalgesellschaft zu suchen sein. Der frühmittelalterliche Feudalstaat mit einem starken Königtum an der Spitze hatte es auch der Königin erlaubt, an der Seite des Herrschers oder in einigen Fällen sogar in seiner Vertretung politische Herrschaft auszuüben. Mit der Neubestimmung des Verhältnisses von Königtum und Fürsten, wie sie zum Beispiel seit Mitte des 11. Jahrhunderts im deutschen Reichsgebiet faßbar ist, veränderte sich auch die Stellung der Königin. Die Fürsten erlangten letztlich eine Beteiligung an der Herrschaft im Reich und wurden zu dessen wesentlichen

Trägern. Das von ihnen erworbene Recht, den König nun frei zu wählen, sowie ihre Teilhabe an der Regentschaft im Reich schränkten den König in seiner Herrschaft ein. Unter diesen neuen politischen Bedingungen blieb für die Teilnahme der Königin an der Herrschaftsausübung in der nachstaufischen Zeit kein Spielraum mehr.

Neben Herrscherinnen konnten auch geistliche Frauen im Rahmen der mittelalterlichen Gesellschaft eine exponierte Stellung einnehmen. Meist entstammten auch sie dem Adel; denn ohne eine angemessene materielle Ausstattung war der Eintritt in die im Früh- und Hochmittelalter dominierenden Orden nicht möglich. Die Entscheidung einer Frau für das Leben in einem Kloster konnte verschiedene Gründe haben. In den meisten Fällen wurde sie bereits im frühen Kindesalter von den Eltern getroffen. Die Motive dafür waren neben dem erstrebten Seelenheil für die Eltern vor allem familienpolitischer Natur. Es ging darum, die Macht- und Besitzverhältnisse für den erbberechtigten Sohn zu sichern, die Eheausstattung für weitere Geschwister zu gewährleisten oder durch das angestrebte Amt einer Äbtissin den politischen Einfluß der Familie zu erweitern. Doch wählten auch nicht wenige Frauen freiwillig das Leben in einem Kloster, sei es, um einer ungewollten Ehe zu entgehen oder sich vor einem gewalttätigen Ehemann in Sicherheit zu bringen, sei es, wie es häufiger geschah, als Witwe materielle Sicherheit, aber auch seelische Ruhe nach vielleicht harten Ehejahren zu erhalten. Die herrschende religiöse Ideologie und frühzeitig einsetzende klösterliche Erziehung hat den jungen Mädchen und Frauen ihr oft schweres und entbehrungsreiches Leben hinter Klostermauern, die sie nicht oder nur selten verlassen durften, erleichtert. Das Gelübde auf Armut, Demut vor Gott und auf Bewahrung ihrer Jungfräulichkeit, das sie bei ihrem Klostereintritt ablegen mußten, garantierte ihnen im Glauben der Zeit als „Bräute Christi“ nach ihrem Tode ein Leben an der Seite ihres himmlischen Bräutigams.

Das Leben in einem Kloster war an feste Regeln gebunden. Diese machten es den Nonnen zur Pflicht, sich neben den Gebeten, Gottesdiensten und Meditationen auch geistig und praktisch zu betätigen. Die Beschäftigung mit der Bibel, das Lesen der Schriften der Kirchenväter, das Lernen von Psalmen und liturgischen Gesängen gehörten zu den täglichen Forderungen. Um sie erfüllen zu können, war das Erlernen von Lesen und Schreiben sowie von Grundkenntnissen der lateinischen Sprache Voraussetzung. So erhielten die jungen Klosterschülerinnen eine für jene Zeit recht hohe Bildung. Die Ausbildung umfaßte die sogenannten Sieben Freien Künste *(septem artes liberales)* mit den Fächern Grammatik, Dialektik, Rhetorik, Musik, Arithmetik, Geometrie und Astronomie als Grundstock. Die praktische Betätigung ging häufig in künstlerische Richtung – Abschreiben von Büchern, Buchillustrationen, Sticken und Nähen liturgischer Gewänder und Altardecken u. ä. Auf diese Weise wurden bedeutende geistig-kulturelle und künstlerische Leistungen vollbracht.

Bot das Kloster in Leitung, Verwaltung, Lehramt und kunsthandwerklicher Betätigung nicht wenigen Nonnen Möglichkeiten zu geistiger und künstlerischer Entfaltung, so waren ihnen doch Seelsorge und Predigt sowie die Ausübung liturgischer Handlungen verwehrt. Diese Funktionen oblagen auch in Frauenklöstern Geistlichen. Die Verdrängung der Frau aus dem geistlichen Amt, das ihr in den ersten nachchristlichen Jahrhunderten offengestanden hatte, wurde mit einem Wort des Apostels Paulus begründet, nach welchem es den Frauen nur gestattet sein sollte, verschleiert in den Gemeinden prophetisch zu reden. Im Mittelalter traten Frauen, die sich berufen fühlten, in der Kirche öffentlich zu wirken, mitunter als Prophetinnen auf. Ihr eigenes Selbstverständnis wie der Glaube ihrer Mitmenschen, sie stünden unmittelbar mit Gott in Verbindung und empfingen von ihm ihre Eingebungen, verlieh ihnen Überlegenheit gegenüber ihren Zeitgenossen, Männern wie Frauen.

Hrotsvit von Gandersheim
Lebensnormen und Wertvorstellungen

Die wissenschaftliche Welt erlebte eine Sensation, als der humanistische Gelehrte Conrad Celtis Anfang des Jahres 1494 seinem gleichgesinnten Freundeskreis um den Abt Johannes Tritheim und Willibald Pirckheimer von einem Fund berichtete, den er wenige Monate zuvor auf einer seiner zahlreichen Reisen durch verschiedene süddeutsche Klöster und Stifte auf der Suche nach alten Handschriften gemacht hatte. In der Bibliothek des Klosters St. Emmeram zu Regensburg war er auf einen Codex gestoßen, dessen abgegriffener Holzeinband auf ein beträchtliches Alter schließen ließ. Diese Vermutung wurde bestätigt durch das Schriftbild des lateinischen Textes, das in das ausgehende 10. oder beginnende 11. Jahrhundert wies. Die an dem Einband befestigte, zum Anschließen gedachte eiserne Klammer deutete darauf hin, daß das Buch eine Kostbarkeit der Bibliothek darstellte.[1] Wie sich zeigte, blieb es trotz aller späteren Nachforschungen das einzige Exemplar des darin enthaltenen Textes.

Nach einer ersten inhaltlichen Untersuchung erkannte Celtis, daß ihm eine teils in epischer, teils in dramatisierter Form gehaltene Sammlung von Dichtungen vorlag. Den ersten Teil der Handschrift bildete ein Zyklus von acht in Hexametern abgefaßten Legenden. Ihre Stoffe entstammten der griechischen und römischen Überlieferung aus frühchristlicher, z. T. auch aus frühmittelalterlicher Zeit. Außer den beiden ersten Legenden, die das Leben der Gottesmutter Maria und die Himmelfahrt Christi zum Inhalt hatten, sowie der den Abschluß bildenden Dichtung über die Apokalypse des Johannes behandelten die übrigen die Leidensgeschichte christlicher Märtyrerinnen und Märtyrer oder die Bekehrung sündiger und ungläubiger Menschen.

Es waren dies die Legenden über die Leiden des in Burgund verehrten hl. Märtyrers Gongolf; über das Martyrium des hl. Pelagius in Cordoba; die ursprünglich aus dem griechischen

Sprachraum stammende Legende über die Verfehlung, den Fall und die Bekehrung des Vizedominus Theophilus; die Schilderung einer erbaulichen Episode aus dem Wirken des frühchristlichen Bischofs Basilius; das Martyrium des Bischofs und im Frankenreich als Heiligen verehrten Dionysius sowie die Geschichte der hl. Agnes.

Die sechs Dramen des zweiten Teils der Handschrift erzählten von der Bekehrung des römischen Feldherrn Gallicanus; vom Leiden und dem Märtyrertod der hl. Jungfrauen Agape, Chionia und Irene unter Kaiser Diokletian und ihrem moralischen Sieg über dessen Statthalter Dulcitius; von der Wiedererweckung Drusianas, einer vornehmen römischen Christin, und des in sie verliebten Calimachus durch die Gebete des Apostels Johannes; die Bekehrung der Prostituierten Maria durch ihren Onkel, den frommen Einsiedler Abraham, und die Bekehrung der Dirne Thais durch den Eremiten Pafnutius sowie über die Leiden, die Sapientia und ihre Töchter Fides, Spes und Caritas durch Kaiser Hadrian erdulden mußten.

Den Abschluß des Codex bildete ein historisches Epos über die Taten Kaiser Ottos I., die *Gesta Ottonis.* Allen drei Teilen waren Vorworte und Widmungen vorangestellt.[2]

Beim Lesen des Textes offenbarte sich dem Entdecker auch das Geheimnis des Verfassers. Celtis erkannte, daß es sich um das dichterische Werk einer Frau handelte, die sich selbst als Hrotsvit von Gandersheim zu erkennen gab. Ihren altsächsischen Vornamen deutete sie, übertragen ins Lateinische, als *clamor validus (Gandeshemensis)* – „starker Ruf (von Gandersheim)". Aus den Widmungsversen und Vorworten sowie dem Epos über Otto I. ließ sich schließen, daß die Verfasserin eine Kanonisse aus dem in den westlichen Ausläufern des Harzes gelegenen Stift Gandersheim war.

Voll Begeisterung berichtete Celtis seinen Freunden von dem ungewöhnlichen Fund. Niemals hatte man erwartet, daß bereits diese frühe Zeit eine Dichterin hervorgebracht hatte. Überschwenglich priesen der Professor für Rhetorik und Poesie und seine Humanisten-Freunde Hrotsvit als zweite Sappho, und bereits 1501 erschien die von Celtis besorgte und dem Kurfürsten Friedrich dem Weisen gewidmete Erstausgabe, die Albrecht Dürer mit sechs Holzschnitten versah.

Wer aber war die Autorin? Wir wissen nicht viel über ihre Biographie. Ihre Lebensdaten lassen sich nur indirekt aus dem Wenigen erschließen, das sie in den Vorworten und Geleitbriefen zu ihren Dichtungen über sich selbst sagt. Geboren wurde Hrotsvit wohl um 935 in einer vornehmen sächsischen Adelsfamilie. Dem Brauch der Zeit entsprechend dürften sie ihre Eltern bereits im Kindesalter – etwa mit sechs oder sieben Jahren – dem Kanonissenstift Gandersheim übergeben haben. Hier hat sie ihr gesamtes weiteres Leben verbracht, dessen Spur sich nach 973 verliert.

Trotz dieser wenigen biographischen Daten können wir uns von Hrotsvit ein recht gutes Bild machen, spricht sie doch durch ihr Werk zu uns. Hier offenbart sie mehr über ihr Denken und Fühlen, über Motive ihres Handelns und ihre allgemeinen Lebensumstände, als uns über die meisten anderen Persönlichkeiten jener Zeit bekannt ist. Hrotsvits Lebenszeit ist eng verbunden mit dem Aufstieg des sächsischen Königtums und der Begründung der ottonischen Herrscherdynastie. Geboren wurde sie etwa zu der Zeit, als 936 in Aachen mit einem großartigen Zeremoniell die Königskrönung Ottos I. vollzogen wurde. In ihrer Kindheit erlebte sie die kriegerischen Wirren, die im Reich durch die Aufstände der Herzöge gegen den König hervorgerufen worden waren. Wahrscheinlich bereits von Gandersheim aus verfolgte sie den Sieg des Königs über die Aufrührer und die nunmehr folgende stetige Festigung der Herrschaft Ottos I. Mit dem Sieg der aus allen Stämmen des Reiches gebildeten königlichen Truppen über die ungarischen Reiterscharen in der großen Schlacht auf dem Lechfeld 955, womit deren gefürchteten Einfällen und Tributforderungen für immer ein Ende bereitet wurde, und mit der wenige Jahre später, am 2. Februar 962, in Rom durch den Papst vollzogenen Kaiserkrönung Ottos wurde Hrotsvit Zeugin glanzvoller Höhepunkte seiner Machtentfaltung. Die politische Stabilisierung des Reiches ermöglichte auch eine kulturelle Blüte, wie es sie seit der Zeit Karls des Großen nicht gegeben hatte. In den Klöstern beschäftigte man sich, angeregt und gefördert durch das wachsende Repräsentationsbedürfnis der königlichen Familie und anderer Angehörigen des geistlichen und weltlichen Adels, mit Buchmalerei, Kalligraphie, Kunsthandwerk, Goldschmiedearbeiten, Teppichweberei und Stickerei, aber auch mit Geschichtsschreibung, Philosophie und anderen Wissenschaften.[3] Es wurden zahlreiche Kirchen und Paläste gebaut. Der Stolz auf ihr Herrschergeschlecht, dem sie sich durch ihre Herkunft wie durch ihre Freundschaft mit der kaiserlichen Nichte Gerberga, ihrer Äbtissin, eng verbunden fühlte, spricht deutlich aus Hrotsvits Epos über die Taten Ottos I., das sie seinem gleichnamigen Sohn widmete.

Das Reichsstift Gandersheim, dessen Geschichte uns Hrotsvit in einem weiteren, erst später aufgefundenen historischen Epos überliefert,[4] war zu ihrer Zeit alles andere als ein weltabgeschiedenes Refugium. Unter den zahlreichen im 9. und 10. Jahrhundert entstandenen sächsischen Damenstiften galt es als eines der vornehmsten, war es doch vom Ahnherrn der ottonischen Herrscherfamilie, dem Herzog Liudolf und seiner Gattin Oda, im Jahre 852 als Hauskloster gegründet worden. Vier Töchter des Herzogspaares amtierten hier nacheinander als Äbtissinnen, die jüngste starb 919. Das Stift, reich begütert und mit zahlreichen Privilegien ausgestattet, durch die es dem Königshaus direkt unterstellt wurde, blieb der Familie als Hauskloster auch dann weiter verbunden, als mit der Gründung des Damenstiftes Quedlinburg durch Otto I. und seine Mutter, die Königin Mathilde, im Jahre 936 dieses zu einem Mittelpunkt ottonischer Herrschaft wurde. Mit Gerberga, der Tochter Herzog Heinrichs von Bayern, stand dem Stift seit Mitte der fünfziger Jahre erneut eine Äbtissin aus dem sächsischen Herrscherhaus vor. Unter ihrer Amtsführung wurde Gandersheim zu einem bedeutenden geistigen Zentrum im Reich. Männer wie Erzbischof Wilhelm von Mainz, Erzbischof Brun von Köln, beides Angehörige der Königsfamilie, und auch die Bischöfe Rather von Verona und der Geschichtsschreiber, Diplomat und Bischof Liudprand von Cremona, die zu den führenden geistigen Köpfen des Reiches zählten, weilten, wie man vermutet hat, hier. An den Gesprächen, die mit ihnen geführt wurden, hat vielleicht auch Hrotsvit teilgenommen – manches in ihren Werken deutet darauf hin. Zumindest dürfte ihr Gerberga von deren Inhalt berichtet haben, wie wohl auch die Informationen über die Herrscherfamilie, die Hrotsvit in ihren beiden historischen Epen verarbeitet hat, von der Äbtissin stammen.

Gerberga hatte zunächst im heimischen St. Emmeram-Kloster zu Regensburg eine gediegene Bildung erhalten. Nach ihrer

Übersiedlung in das Gandersheimer Stift vervollkommnete sie hier ihr Wissen und vermittelte es ihren Mitschwestern weiter. Auch Hrotsvit betrachtete sich als Schülerin Gerbergas. Diese sei zwar jünger, doch in den Studien weiter fortgeschritten gewesen als sie selbst, wie es der Nichte des Kaisers zukomme, bekennt die Dichterin.[5] Die beiden jungen Frauen verband bald eine tiefe Freundschaft. Gerberga war es auch, die Hrotsvits Talent erkannte und sie in ihren dichterischen Versuchen ermutigte und förderte. Voll Verehrung und Dankbarkeit hat ihr die Dichterin ihr erstes Werk, die Legenden, gewidmet.

An der Gandersheimer Klosterschule, die wie die Schulen vieler sächsischer Frauenklöster eine guten Ruf genoß, erhielt Hrotsvit mit anderen jungen Mädchen aus adligem Hause eine standesgemäße Erziehung und eine für ihre Zeit hohe Bildung vermittelt.[6] Denn die urkundliche Verfügung Kaiser Ottos II., als er seine Tochter Sophia 979 dem Stift zur Erziehung übergab, sie solle nicht allein zum heiligen Lebenswandel angehalten werden, sondern sie solle auch die Wissenschaft der Heiligen Schrift lernen,[7] mag bereits auch schon früher und nicht nur für die Kaisertochter gegolten haben. Nach einem Elementarunterricht in Lesen und Schreiben und in der lateinischen Sprache, die die Grundlage jeglicher geistigen Beschäftigung war, begann die Ausbildung in den Sieben Freien Künsten. Proben dieses Lehrstoffes bietet Hrotsvit in zwei ihrer Dramen. Im „Pafnutius" läßt sie in einem Gespräch zwischen dem Einsiedler Pafnutius und einem seiner Schüler philosophische Fragen erörtern, die das Verhältnis zwischen Makrokosmos und Mikrokosmos, Gott und den Menschen, von Körper und Seele, aber auch Fragen der Musiktheorie betreffen. In ihrem Stück „Sapientia" beweist die Dichterin ihre mathematischen Kenntnisse und Vertrautheit mit der mittelalterlichen Zahlensymbolik. Neben dem üblichen Lehrmaterial, das neben Auszügen aus der Bibel vor allem aus Grammatiklehrbüchern, Texten frühchristlicher Autoren und der Kirchenväter bestand, beschäftigten sich die Schülerinnen auch mit Werken antiker römischer Schriftsteller.[8] Hrotsvit las gern die Verse Ovids und Vergils. Eine besondere Vorliebe aber hatte sie für Terenz, dessen Komödien ihr eigenes Werk stark beeinflußt haben.[9]

Der Schulunterricht beinhaltete auch Übungen im Versemachen. Der begabten und wißbegierigen Hrotsvit, die ihre Lehrerinnen an Kenntnissen bald überflügelt hatte, scheinen sie Spaß gemacht zu haben, denn ihre ersten dichterischen Versuche fallen nach ihrer Aussage noch in die Schulzeit.[10] Diese war für die Schülerinnen im Alter von 12 bis 14 Jahren beendet. Nach der feierlichen Entlassung gab es für die adligen Mädchen zwei Wege: sie kehrten entweder wieder zu ihrer Familie zurück, um bald zu heiraten, oder sie fanden als vollberechtigte Kanonissin Aufnahme im Stift.

Hrotsvit scheint von ihren Eltern schon von vornherein für ein klösterliches Leben bestimmt worden zu sein. Nach Beendigung der Schulzeit, die Voraussetzung für die Aufnahme in das Gandersheimer Stift war, wurde sie eine der 24 Kanonissen, die es beherbergte.[11]

Im Gegensatz zu manchem anderen Stift des Reiches, wo sich das Leben nicht nach einer Ordensregel vollzog, die von den Stiftsinsassen weder die Aufgabe ihres persönlichen Besitzes noch ein strenges klösterliches Leben in der Klausur forderte[12], hatte man sich in Gandersheim, dem Wunsche seiner Gründer folgend, den strengen benediktinischen Regeln verschrieben. Das Leben hier unterschied sich nicht von dem in einem Kloster.[13] In der im 9. Jahrhundert entstandenen Vita der ersten Äbtissin, Hathumoda, wird ausdrücklich betont, daß die Schwestern die Klausur nicht verließen, sich keinerlei Bedienstete hielten und von ihrem persönlichen Eigentum nur für die Armenpflege, die Ausstattung der Kirche und andere fromme Werke Gebrauch machten.[14] Hrotsvit selbst betont, daß die Mädchen den „heiligen Schleier" genommen und sich ganz dem Dienste ihres Himmelsverlobten Christus verpflichtet hätten, zu dessen Ehre sie auch das ununterbrochene Gebet pflegten.[15] Der Rhythmus des nach den Regeln Benedikts von Nursia streng eingeteilten Tages, dem Hrotsvit und ihre Mitschwestern unterworfen waren, wurde von der Abfolge der vorgeschriebenen gottesdienstlichen Handlungen und religiösen Übungen bestimmt. Diese begannen mit der Matutin als Teil der Frühmesse bereits gegen 2 Uhr morgens und endeten mit der Complet gegen 20 Uhr. Dazwischen wurden ab sechs Uhr alle drei Stunden die sogenannten kleinen Horen und am Nachmittag die Vesperfeier abgehalten. In den wenigen verbleibenden freien Stunden waren die Nonnen gemäß der Devise Benedikts *ora et labora*, bete und arbeite, angehalten, Handarbeit zu verrichten. Viele kostbare Stickereien wurden so angefertigt und manche wertvolle Handschrift abgeschrieben. Aber auch zu geistiger Arbeit, zum Lesen der Bibel, zum Lernen von Psalmen und liturgischen Gesängen waren die Klosterinsassen verpflichtet.[16]

Angeregt durch die Lektüre von Handschriften aus der offenbar recht gut ausgestatteten Gandersheimer Stiftsbibliothek, begann Hrotsvit in ihren freien Stunden zu dichten. Im Vorwort zu den zuerst entstandenen Legenden bekennt sie, daß es ihr anfänglich dabei an Kraft und Sicherheit gefehlt habe, da sie noch jung und in der Wissenschaft nicht genügend erfahren gewesen sei. Sie habe befürchtet, daß man ihr wegen ihrer Unwissenheit das Schreiben verwehren würde, und es deshalb nicht gewagt, ihren Plan den Gelehrten vorzulegen und sie um Rat zu fragen. So habe sie zunächst insgeheim gedichtet.[17] Das angeblich noch mangelhafte Wissen dürfte allerdings kaum der Hauptgrund für ihre Befürchtung gewesen sein. Vielmehr war sie wohl vor allem durch das Bewußtsein verunsichert, als Frau in ein bislang von Männern beherrschtes Gebiet einzudringen. Darauf deuten die Eingangsverse zur Basiliuslegende hin, in denen sie den Leser bittet, die folgenden Verse nicht zu verschmähen, „weil eine Frau sie verfaßt hat, die, ein Mitglied des schwachen Geschlechtes, es wagte zu dichten."[18] In diesen Worten zeigt sich Hrotsvit ganz der herrschenden Anschauung verhaftet, wonach sich die Frau aufgrund ihrer Schwachheit dem Manne unterzuordnen habe.[19] Doch hat Hrotsvit um ihr Talent sehr wohl gewußt. Die Betonung ihrer Fehler hinsichtlich Komposition und Versmaß, ihres Unwissens und sprachlichen Unvermögens sind lediglich die üblichen Bescheidenheitsfloskeln, die jeder mittelalterliche Autor als verbindlich ansah. Ihre Worte, sie wolle ihr Talent, und sei es auch klein, nicht ungenutzt lassen, auf daß es vom Rost der Faulheit nicht zerstört werde, verraten vielmehr ein gewisses Selbstbewußtsein. Im Gegensatz zu anderen mittelalterlichen Autoren, die vermeintliche oder tatsächliche Unzulänglichkeiten ihrer Arbeiten oftmals mit der Gehorsamspflicht gegenüber ihren Auftraggebern entschuldigen, betont Hrotsvit, aus eigenem Antrieb geschrieben zu haben. Die Ermutigung, die sie von ihrer Äbtissin Gerberga erfuhr, hat sie in dem Willen, ihre dichterische Tätigkeit nicht aufzugeben, bestärkt.

Den ersten Teil von Hrotsvits Dichtungen bilden – wie bereits erwähnt – die Legenden. Aus den Beständen der Gandersheimer Bibliothek an diesem beliebten, der Glaubensfestigung und Erbauung dienenden Genre klösterlicher Lektüre wählte Hrotsvit solche als Vorlagen aus, von denen sie vermuten konnte, sie würden das Interesse ihrer Leser oder Zuhörer finden. Neben zwei apokryphen, d. h. nicht in den biblischen Kanon aufgenommenen Schriften über das Leben der Gottesmutter Maria und Christi Himmelfahrt waren dies zum einen Legenden aus den Anfängen des Christentums, die vom Martyrium der für ihren Glauben eintretenden Heiligen, aber auch vom Sieg der Heldinnen und Helden über die Anfechtungen des Bösen und der Bekehrung zu einem gottgefälligen Leben erzählten. Zum anderen wählte Hrotsvit legendenhafte Erzählungen über solche Heiligen aus, die vor noch nicht allzu langer Zeit den Märtyrertod erlitten hatten und die z. T. in einer engen Beziehung zum Frankenreich standen und in die Tradition des ottonischen Reiches übernommen worden waren. Das trifft zu auf die Heiligen Gongolf, Pelagius und Dionysius. Gongolf war ein aus burgundischem Adel stammender Gefolgsmann König Pippins des Jüngeren, der um 760 ermordet wurde und dessen Verehrung Ende des 9. Jahrhunderts auch Mainz erreichte. Die hier 960 ihm zu Ehren errichtete Kirche wurde später zur Hofkirche erhoben.

Über Pelagius, den Sohn eines galizischen Fürsten, der als christlicher Bekenner in der Gefangenschaft des arabischen Kalifen in Cordoba 925 hingerichtet wurde, lagen der Dichterin mündliche Berichte vor, die wahrscheinlich von einem Mitglied einer der Gesandtschaften Ottos I. an den Hof Kalif Abderrhamans III. in den Jahren 951 bis 953 stammten. Hrotsvits Legende, die Züge eines historischen Epos trägt, ist der erste ausführliche Bericht über die Leidensgeschichte des Pelagius.[20]

Aus gutem Grund hat Hrotsvit wahrscheinlich auch die Legende des hl. Dionysius ausgewählt. Er hatte zwischen 250 und 258 in Paris den Märtyrertod erlitten. Später war ihm dort zu Ehren ein Kloster errichtet worden, das zum Hauskloster der Merowinger- und Karolingerkönige wurde. Eine Reliquie erhielt der sächsische König Heinrich I. nach seinem ersten Versuch zur Rückeroberung Lothringens 923 von dem soeben gestürzten westfränkischen König Karl dem Einfältigen „als Pfand des ewigen Bündnisses und der gegenseitigen Liebe". Der sächsische Geschichtsschreiber Widukind von Corvey, ein Zeitgenosse Hrotsvits, wertete die Übergabe dieses Symbols der karolingischen Königsherrschaft in seiner „Sächsischen Geschichte" als Zeichen für die Steigerung der Macht seines eigenen Herrscherhauses und als Symbol der Legitimierung des sächsischen Königtums durch den westfränkischen Herrscher.[21] Mit dieser Interpretation gab er wohl eine verbreitete Auffassung wieder. Denn vom sächsischen Herrscherhaus gefördert, breitete sich der Kult des Heiligen, zu dessen Ehren die Königin Mathilde in Engern ein Kloster errichtete, rasch in Sachsen aus. Bei der exponierten Stellung Gandersheims zum Herrscherhaus ergab es sich zwangsläufig, daß man sich mit aktuellen Problemen der politischen Ideologie, wie sie Herrschaftslegitimierung und Reichsauffassung darstellten, beschäftigte. Bei diesen in politischen Kreisen geführten Diskussionen ging es darum, zu bestimmen, welchen Charakter das ottonische Reich besaß und in welchem Verhältnis zum fränkischen es gesehen werden mußte. Eine der erörterten, die Tradition des ottonischen Reiches betreffenden Fragen lautete: War dieses Reich noch ein fränkisches, ein *regnum Francorum*, oder mußte es als sächsisches, als *regnum Saxonum* angesehen werden?

Wie Widukind, in dessen Werk sich diese Diskussionen widerspiegeln, hat sich auch Hrotsvit zu diesen Fragen geäußert. Kann bereits das Aufgreifen der Dionysius-Legende als indirektes Zeichen dafür gewertet werden, so tat Hrotsvit es in den auf Wunsch der Äbtissin Gerberga geschriebenen *Gesta Ottonis* ganz ausgeprägt. Bereits in den Eingangsversen entwickelt Hrotsvit die These von der durch Gottes Befehl vollzogenen Übertragung der Königsmacht von den Franken auf die Sachsen, der *Translatio regni Francorum ad Saxones.* Diese These vertrat in modifizierter Form auch Widukind, doch Hrotsvit machte sie zum konzeptionellen Bestandteil ihres Epos. Sie griff dabei eine Ansicht auf, die im Zusammenhang mit neuerlich aufgekommenen Erwartungen über das Erscheinen des Antichrist und das damit verbundene Weltenende diskutiert wurde. Nach dieser Theorie war der Untergang der Welt nach dem Ende des Römischen Reiches als des vermeintlich letzten dadurch verhindert worden, daß es seine Fortsetzung im Frankenreich gefunden hatte.[22] Diese Hypothese entwickelte Hrotsvit weiter zu einer *Translatio regni Francorum ad Saxones*, welche 919 mit der Erhebung des ersten sächsischen Königs Heinrich I. vollzogen wurde. Von nun an war das ottonische Reich in den Augen Hrotsvits nicht mehr *regnum Francorum*, sondern *regnum Saxonum*. Gott selbst, auf dessen Befehl diese Übertragung der Herrschaftsgewalt geschah, verlieh demnach dem sächsischen Herrschergeschlecht seine Legitimation. Mit der Erlangung der römischen Kaiserkrone 962 durch Otto I. wurde in Hrotsvits Augen letztendlich auch das *Imperium Romanum* aufrechterhalten und fortgesetzt. Die Größe des ottonischen Geschlechts erreicht bei ihr die Dimension römischer Imperatoren,[23] ja die sächsischen Herrscher sind diesen aufgrund der göttlichen Legitimation ihrer Herrschaft und ihrer christlichen Tugenden sogar überlegen. Entsprechend dieser Auffassung stattet die Dichterin die Mitglieder der ottonischen Familie im Stile der Hagiographie mit Eigenschaften aus, die sie zu Idealtypen werden läßt, wie sie Heilige verkörpern. Die in den Heiligenviten charakteristische Gleichsetzung von Adel und Heiligkeit[24] findet in den *Gesta* eine Entsprechung.

Diesem Idealtypus entsprechend ist der König fromm, gütig, huldvoll, großmütig, streng zu den Bösen, milde zu den Guten, er ist gerecht und beachtet die Gesetze genau. Mit dem Bild König Ottos I. korrespondiert auch das seiner beiden Gemahlinnen, Edgith und Adelheid. Ihrer königlichen Herkunft entsprechen ihr Äußeres und ihre Charaktereigenschaften gleichermaßen: große Schönheit, Frömmigkeit, Güte, Mildtätigkeit. Diese Charakterisierung der beiden Königinnen findet übrigens auch eine Parallele in den beiden Lebensbeschreibungen der Königin Mathilde, der Mutter Ottos I., die gleichsam als Heilige dargestellt wird. Gandersheim war, wie Hrotsvits historische Epen zeigen, ähnlich wie andere ottonische Damenstifte – vor allem Herford, Quedlinburg und Essen –, Zentrum des ottonischen Familienbewußtseins, der Herrschaftsideologie und des damit verbundenen Strebens, eine erbliche kaiserliche Dynastie aufzubauen.[25] In dieses ideale Bild, das Hrotsvit von der Herrscherfamilie zeichnete, paßten allerdings Störungen nicht, wie es die von einigen Familienmitgliedern gegen den König angezettelten Aufstände waren. So wundert es nicht, wenn Hrotsvit manches Geschehnis, das geeignet war, Zweifel an den Tugenden der königlichen Familie aufkommen zu lassen, beschönigt darstellte und den Teufel als den eigentlichen Verursacher allen Übels in Anspruch nahm. Dies mußte die Dichterin entsprechend der christlichen Herrschaftsauffassung auch deshalb tun, um zeigen zu können, wie sich der König als christlicher Herrscher bewährte. Das von Hrotsvit entworfene Bild des christlichen Herrschers bildete eine Parallele zu dem des christlichen Märtyrers in ihren Legenden und Dramen.[26] Während diese für den christlichen Glauben das Martyrium erleiden, hat jener als wichtigste Aufgaben für den Schutz der Kirche, die Erhaltung von *pax* und *iustitia* als christlichen Werten und für die Bekämpfung der Heiden zu sorgen.[27]

Eine gewichtigere Rolle als die Auffassung der ottonischen Herrschaft und des christlichen Herrschers, wie sie uns in den historischen Epen entgegentritt, spielen in Hrotsvits poetischen Dramen und Legenden jedoch Themen, die den eigenen Lebensbereich der Dichterin und ihrer Mitschwestern, das Kloster, und die mit ihm verbundenen Lebensmaximen tangierten. Es ist deshalb wohl nicht zufällig, daß in der Mehrzahl ihrer Dichtungen Frauengestalten eine wichtige, oft tragende Rolle zukommt.[28] Sie waren als Märtyrerinnen für ihren Glauben gestorben oder büßten nach einem bisher sündigen Leben. Nur eine Frau, die ehebrecherische Gattin des hl. Gongolf, ist negativ gezeichnet. Entsprechend dem Erbauungscharakter und der angestrebten Vorbildwirkung boten diese Heldinnen Hrotsvit und ihren Mitschwestern eine gewisse Identifizierungsmöglichkeit. Als Nonnen waren sie Bräute Christi, die ihren Bräutigam unberührt empfangen wollten. Die Jungfräulichkeit, die von den Märtyrerinnen auch um den Preis des Todes angestrebt und bewahrt wird, zusammen mit der Vorstellung vom himmlischen Bräutigam und der Hoffnung, durch die Einhaltung des Keuschheitsgelübdes dereinst in den Kreis der himmlischen Jungfrauen aufgenommen und an der Seite Christi der Freuden des ewigen Lebens teilhaftig zu werden, sind als die zentralen Kategorien klösterlichen Lebens auch die dominierenden Themen in den Dichtungen der sächsischen Nonne.

Den Ausgangspunkt für diese Anschauung bildete die Geschichte der Jungfrau Maria. Hrotsvit hat sie auch programmatisch an den Anfang ihrer Legendensammlung gestellt. Als Vorlage diente ihr dazu das apokryphe sogenannte Pseudo-Matthäusevangelium. Das brachte ihr zwar den Vorwurf ein, sie habe einen unechten Stoff verwendet, doch Hrotsvit verteidigte sich mit dem Argument, daß das, was man heute als falsch schelte, vielleicht morgen schon wieder als echt gelten könne. Aus diesem Grunde habe sie ihre Arbeit nicht vernichtet.[29]

Die Verehrung Marias, deren Kult ursprünglich in der Ostkirche beheimatet war, erfuhr seit dem 10. Jahrhundert unter dem Einfluß der cluniazensischen Reformbewegung im römisch-katholischen Westeuropa ebenfalls einen beträchtlichen Aufschwung.[30] Auch in Gandersheim war 928 eine Marienkirche geweiht worden. In ihrer Eigenschaft als Mutter Christi galt Maria als Mittlerin zwischen Gott und den Menschen. Ihre durch den göttlichen Willen erzeugte Mutterschaft erhob sie nicht nur über alle Frauen, sondern auch über alle Heiligen und Märtyrer. Da sie als Mutter die Möglichkeit hatte, bei dem göttlichen Sohn als Fürbitterin zu wirken, während dieser gleichzeitig das 4. Gebot Mose „Du sollst Vater und Mutter ehren" zu achten hatte, war in den Augen der Gläubigen eine höhere Wirksamkeit der an Maria als der an andere Heilige gerichteten Gebete zu erwarten. Die über jeden Zweifel erhabene Heiligkeit der Gottesmutter konnte vielfältige Wunder bewirken, Geister vertreiben, den Teufel besiegen und die Menschen zum Guten bewegen. Maria wird so zur Helferin in allen Lebenslagen. Durch ihre unbefleckte Empfängnis und die Geburt Christi tilgt sie die durch Evas Schuld in die Welt gekommene Sünde.[31] Das Dogma von der Virginität Marias als Symbol der Unschuld im allgemeinen und als Voraussetzung für die Empfängnis des Erlösers bildete das Kernstück der Marienverehrung. Die Jungfrau Maria konnte so zum Vorbild aller werden, die ihr Leben in der Abgeschiedenheit der Klöster Gott geweiht hatten. Für sie wurde die Bewahrung ihrer Jungfräulichkeit zur wichtigsten Lebensmaxime. Von hier aus erklärt sich zu einem großen Teil der Stellenwert, den Hrotsvit der Marien-Legende in ihrer Gesamtdichtung zuwies.

Obgleich die Dichterin hinsichtlich des Handlungsablaufs im wesentlichen der Prosavorlage folgte, spiegelt Hrotsvits dichterische Umformung der Marien-Legende auch religiöse Anschauungen und Normen ihrer eigenen Zeit wider. Sie entwirft im Anschluß an Gedankengut der Kirchenväter und an Charakteristika des in den frühmittelalterlich-merowingischen Viten entwickelten Heiligentyps[32] ein Bild der Maria, das diese aus Hrotsvits Sicht zugleich als Idealtypus einer Heiligen und als Muster einer Nonne zeigt.

„Niemals benahm sie, ein Kind noch, sich kindisch,
strengstens befolgte sie, was die Gesetze befahlen,
übte sich unermüdlich im Beten der Psalmen.
Demütig, klug und bescheiden, erglühend im holdesten Eifer,
war sie bei allen beliebt, in Vollkommenheit strahlend.
Niemand hörte sie je von anderen Häßliches sagen,
niemand erlitt von ihr eine Kränkung,
stets war sie gütig, begegnete allen mit Milde;
redete sie, so entströmten dem lieblichen Munde
Worte, betaut vom Nektar der himmlischen Gnade.
Hatte ihr jemand ein freundliches Grußwort geboten,
dankte sie sogleich dem Höchsten – bedacht nur,
daß sie nicht unterbrochen würde, den Höchsten zu loben.
Ihren Gefährtinnen war sie ein leuchtendes Vorbild,
weit überragte sie alle an Güte des Herzens."[33]

Mit dieser mustergültigen, gottgefälligen Gesittung Marias harmoniert auch ihre äußere Erscheinung: niemand auf dem gesamten Erdkreis ist imstande, „des Mädchens Schönheit würdig zu schildern. ... ja, auch ihr Antlitz, das weißer als Schnee noch erstrahlte, hat, wie es heißt, übertroffen das Leuchten der Sonne."

Entsprechend ihrem eigenen Lebensrhythmus und ihren Vorstellungen von einem gottgefälligen Leben läßt Hrotsvit ihre Maria sich der „härtesten Regel" unterwerfen, „sie lebte weit strenger als alle anderen Jungfrauen, die gleich ihr in dem Heiligtum (d.h. dem Tempel – B. P.) dienten. Ununterbrochen verharrt sie in frommen Gebeten, immerdar preisend in heiligen Hymnen den Schöpfer; von der Stund' an, in der sich das Dunkel zerteilte, und Aurora mit Glanz überflutet' den Osten, und am heiteren Himmel die Sonne emporstieg, bis zu der dritten Stunde des Mittags rührte sie eifrig die zartweißen Finger und zerteilte geschickte die Fäden des Purpurs bis zu der neunten Stunde, wenn Phoebus sich senkte, und die Herrliche aufs Neue ins Beten sich vertiefte." Zweifellos ist hier der Tagesrhythmus eines nach der

Benediktinerregel lebenden Klosters, wie es Gandersheim war, beschrieben.

Mit den zeitgenössischen Vorstellungen von einem gottgefälligen Leben stimmt auch Marias demütige Haltung gegenüber den Armen überein: An Speise nahm sie nur das zu sich, was ein Bote des Himmels ihr täglich sandte, während sie das, was die Priester ihr reichten, unverzüglich mit Eifer an die Armen verteilte.

Alle diese Eigenschaften Marias werden zu Kennzeichen einer Heiligen, ja sie bilden gleichsam die Voraussetzung für Heiligkeit. Zugleich erscheint die Gottesmutter in Lebensweise und Haltung als eine Adlige. Hrotsvit kann diese Eigenschaften mühelos adaptieren, entsprechen sie doch den Vorstellungen ihrer eigenen Zeit: Adel und Heiligkeit bedingen einander, denn auch Maria sollte bekanntlich einem königlichen Geschlecht entstammen.[34]

Eine dominierende Rolle in der Marien-Legende spielt auch das Problem der Keuschheit. Ermuntert durch die Engel, hat Maria sich geschworen, der irdischen Liebe zu entsagen, ihren Leib nicht mit Sünde zu beflecken, sondern ihre Jungfräulichkeit zu bewahren. Heftig widersetzt sie sich deshalb dem Plan der Priester, sie entsprechend dem herrschenden Brauch mit einem vornehmen Jüngling zu vermählen. Die Priester halten ihr entgegen, es sei nicht Sitte, daß ein Mädchen nach Vollendung des 14. Lebensjahres, nur um Jungfrau zu bleiben, weiter im Tempel diene. Ein Gelübde, durch Verzicht auf die Ehe Gott zu gefallen, sei nicht üblich. Maria diene dem Allerhöchsten vielmehr dadurch würdig, so argumentieren die Priester, wenn sie ihrem Volke Nachkommen schenke. Auch hier gibt Hrotsvit in ihrer Dichtung Anschauungen der eigenen Zeit wieder.

Den Widerspruch zwischen dem Keuschheitsgelübde Marias und ihrer Ehe mit Joseph löst die apokryphe Legende auf eigene Weise. Sie macht Joseph, entgegen dem biblischen Zeugnis, zu einem betagten Mann von kleinem Wuchs und wenig gewinnendem Äußeren. Mit Hinweis auf sein Alter und seine bereits erwachsenen Söhne sträubt er sich zunächst, sich mit Maria zu vermählen. Doch wird ihm, der dem vornehmen Stamme Judas entstammte, von Gott ein Zeichen gegeben, die Jungfrau sei nicht ihm, sondern Christus bestimmt. Er habe sie lediglich in seine Obhut zu nehmen und eine keusche Ehe zu führen. Hrotsvit folgt mit dieser Darstellung im wesentlichen ihrer Vorlage. Zugleich spiegeln sich in ihrer dichterischen Gestaltung der Legende die Glaubensvorstellungen des 10. Jahrhunderts.

Das in der Marien-Legende begründete Ideal der Jungfräulichkeit und des Wartens auf den mystischen Bräutigam mit dem dafür winkenden himmlischen Lohn, das sich wie ein roter Faden durch fast alle Legenden und Dramen zieht, wird von Hrotsvit in einem besonderen Maße in der Agnes-Legende gepriesen. Diese Legende erscheint in vieler Hinsicht geradezu als Pendant zur Marien-Legende, die bezeichnenderweise zu Beginn der Sammlung steht, während jene sie beschließt. Lebenswandel und sittliche Haltung der Agnes gleichen Marias, so daß Agnes als das irdische Abbild der Mutter Gottes erscheint. Unmittelbarer Anlaß einer intensiven Beschäftigung mit dem Stoff könnte für Hrotsvit die Auffindung von angeblichen Reliquien der Heiligen im Jahre 962 gewesen sein. Ihre Übersendung an Bischof Balderich von Utrecht, der sich als einstiger Lehrer Erzbischof Bruns von Köln, des Bruders Ottos I., dem Königshaus eng verbunden fühlte, mag die Dichterin in besonderer Weise angeregt und verpflichtet haben.[35] Doch sprach gewiß auch das Schicksal der jugendlichen Märtyrerin, die wahrscheinlich während der Christenverfolgung unter Diokletian um 304 etwa dreizehnjährig den Tod erlitt, Hrotsvit besonders an.

Agnes, die aus einem vornehmen römischen Adelsgeschlecht stammte und eine getaufte Christin ist, hat sich bereits in ihren Kinderjahren Christus geweiht und geschworen, ihm ihre jungfräuliche Keuschheit zu bewahren. Sie will nach Hrotsvits Worten „alle fleischlichen Lüste tapfer verschmähen und furchtlos den harten Kampf um ein sündenloses Leben führen“. Sie ist aber nicht nur reich und von edler Gesinnung, sondern auch schön[36], so daß sich in das junge Mädchen der Sohn des Präfekten von Rom verliebt und mit reichen Geschenken um sie wirbt. Agnes schlägt jedoch mit dem Hinweis auf ihr Gelübde seine Werbung aus. Der junge Mann erkrankt daraufhin aus Liebeskummer schwer. Sein Vater tobt vor Wut, daß ihm, einem Mann von großen Verdiensten, von einem Mädchen ein solcher Schimpf angetan wurde. Als er hört, Agnes sei außerdem Christin, befiehlt er, sie durch grausame Folterungen zur Anbetung der heidnischen Götter und zur Verleugnung Christi zu bringen, falls sie seinen Sohn nicht eheliche. Doch Agnes bleibt standhaft, auch als der Präfekt befiehlt, sie zu entkleiden und nackt in ein Bordell zu bringen. Hier jedoch greift Gott erstmals ein und läßt der „Braut Christi“ langes Haar wachsen. In die „finstere Lasterhöhle“ drängen bald Scharen junger Männer, „von blindem Verlangen getrieben“. Auch der Sohn des Präfekten ist darunter, um zu sehen, ob Agnes auch weiterhin ihr Gelübde halte und „fleischliche Gelüste“ verachte. Als er sich ihr jedoch nähert, begierig, sein sexuelles Verlangen zu stillen, greift Gott erneut ein und läßt ihn tot zu Boden sinken. Doch gerührt von den Tränen des Vaters, erweckt ihn Agnes mit Gottes Hilfe wieder zum Leben. Dieses Wunder setzt den Vater wie alle Anwesenden in Erstaunen und bekehrt sie zum rechten Glauben. Dieses Ereignis aber entflammt den Zorn der heidnischen Priester. Sie schüren Tumulte und klagen Agnes an. Der verunsicherte, um seine Stellung besorgte Präfekt weiß nicht, was er angesichts der Situation tun soll, und vermag nicht zu verhindern, daß das Mädchen zum Feuertod verurteilt wird. Doch die Flammen lassen Agnes unversehrt. Nun wird sie mit dem Schwert hingerichtet. Doch sie bleibt über den leiblichen Tod hinaus Siegerin, denn die Feinde wissen nicht, daß sie den Tod herbeigesehnt hat, um von ihrem himmlischen Bräutigam die Krone und die nie welkende Märtyrerpalme zu erhalten.

Diese Erzählung, nach deren Muster die Legenden vieler frühmittelalterlicher Märtyrerinnen gestaltet sind, vermittelt in der Form, wie sie Hrotsvit erzählt, Spannung und Unterhaltung zugleich. Dennoch wird das eigentliche Anliegen gewahrt, nämlich zu zeigen, wie erstrebens- und lohnenswert trotz aller Mühe und Qual die Bewahrung der Jungfräulichkeit für den himmlischen Bräutigam Christus sei. Die Legende besitzt demzufolge in Hrotsvits Werk gleichsam paradigmatischen Charakter. Für die Schilderung der mystischen Liebe zu ihm findet Hrotsvit erotisch anmutende Bilder und Worte, die den Eindruck erwecken, es handele sich um die leidenschaftliche Liebe einer sich vor Sehnsucht verzehrenden wirklichen Braut. Die Hochzeitszeremonie, die Agnes einst erwartet, ähnelt in Hrotsvits Darstellung einer Adelshochzeit zu ihrer Zeit: am Hochzeitstage schmückt der Bräutigam seine Braut mit einer prächtigen Krone, legt ihr kostbaren Schmuck an und führt sie in das „schimmernde Hochzeitsgemach".

In solchen Vorstellungen mögen sich Religiosität mit den geheimen Sehnsüchten mancher jungen Frau in den Klöstern verbunden haben. Wie anders wäre es sonst zu erklären, daß Hrotsvit von ihrer Agnes sagt, sie „verschmähe tapfer alle fleischlichen Gelüste" und sie habe „den harten Kampf um ein sündenloses Leben auf sich genommen"? Der dafür in Aussicht gestellte Lohn, ein Leben an der Seite Christi, scheint nicht immer den erwünschten Anreiz gehabt zu haben. Berichte über entlaufene Nonnen in zahlreichen mittelalterlichen Quellen und über ein ausschweifendes Leben in den Klöstern – auch in Gandersheim hatten sich am Ende des 10. Jahrhunderts die Sitten etwas gelokkert, wie Thangmar, der Biograph Bernwards von Hildesheim, klagend vermerkt – zeugen davon, daß Hrotsvit durchaus nicht an der Realität vorbeiging, wenn sie die Bekämpfung sexueller Regungen beschwor. Zu fragen wäre allerdings, ob nicht ihre erotisch anmutenden Bilder eher dazu angetan waren, die Phantasie empfänglicher Gemüter anzuregen.

Hrotsvits Darstellung von gewagten erotischen Szenen in vielen ihrer Dichtungen ist offensichtlich nicht unwidersprochen geblieben. Im Vorwort zu ihrem zweiten Buch, den Dramen, hat sie indirekt darauf Bezug genommen. Sie versichert, sie selbst sei bei der Darstellung „des verwerflichen Lasters liederlicher Frauen" von Schamgefühl gepackt worden und tief errötet. Doch sei sie dazu gezwungen gewesen, „den verabscheuungswürdigen Wahnwitz derer, die unerlaubter Liebe frönen und ihre schmeichlerischen Reden, die uns nicht einmal zu Gehör kommen dürfen", sich auszudenken und niederzuschreiben. Denn hätte sie dies aus Schamgefühl unterlassen, dann hätte sie nicht an ihrem Vorhaben, „das Lob der Reinen erklingen zu lassen", festhalten können. „Denn je verführerischer die Schmeichelreden der Betörten locken, desto größer ist die Herrlichkeit des himmlischen Helfers und umso glorreicher erweist sich der Sieg der Triumphierenden, vor allem, wenn weibliche Schwachheit siegt und männliche Kraft schändlich unterliegt."[37] Die Anregung für die formale Gestaltung, für Handlungsorte und Personen hat die Dichterin bei der Lektüre des Terenz erhalten. Erstaunlicherweise überbietet sie den für seine lockere Feder bekannten antiken Dichter jedoch bei der Beschreibung mancher gewagten erotischen Szene. Als Beispiele seien die Bordellszenen im „Abraham“ und „Pafnutius“, der versuchte sexuelle Mißbrauch der toten Drusiana durch den verliebten Calimachus in dem gleichnamigen Stück oder die Schilderung der homosexuellen Neigungen des Kalifen von Cordoba im „Pelagius“ genannt. Man wird zwar Hrotsvits Beteuerungen Glauben schenken können, sie müsse das Böse drastisch schildern, wolle sie ihre Leser oder Zuhörer abschrecken, doch kann man sich des Eindrucks nicht erwehren, daß sie Gefallen daran fand, ihre Phantasie spielen zu lassen und die Fabel ihrer Prosavorlagen mit Szenen auszuschmücken und aufzulockern, die spannend waren und auch einem gewissen Sensationsbedürfnis Rechnung trugen. Der durchaus beabsichtigte Unterhaltungswert ihrer Dichtungen, die zu den gemeinsamen Mahlzeiten vorgelesen wurden, wie ein Tischgebet am Ende des „Theophilus“ beweist, wurde natürlich dadurch beträchtlich erhöht.

Oft nahmen die Schilderungen solcher lasziver Szenen recht komische Züge an. Die ehebrecherische Frau des hl. Gongolf beispielsweise wird dafür, daß sie ihren Geliebten, einen Kleriker, zum Mord an ihrem Gatten angestiftet hat, damit bestraft, daß sie bei jedem Wort, das sie spricht, „einen solchen schamlosen Ton von sich geben mußte“, wie sie ihn mit ihrem „hintersten Hinterteil“ produzierte.[38] Oder wenn im „Dulcitius“ sich der Sinn des liebestollen römischen Statthalters Dulcitius, der seine sexuellen Gelüste an drei in einer Kammer seines Palastes gefangengehaltenen jungen Christinnen befriedigen will, durch Gottes Eingreifen so verwirrt, daß Dulcitius statt der Mädchen rußige Pfannen und Töpfe umarmt und küßt. Schwarz wie er ist, halten ihn die Wachsoldaten für den Teufel und verprügeln ihn jämmerlich.[39]

Hrotsvits Fabulierlust bringt es mit sich, daß sie zahlreiche Elemente des Volksglaubens und der Volksfrömmigkeit in ihre Geschichten einfließen läßt. Der mittelalterliche Mensch, der sich einer ihm unverständlichen Natur gegenübersah, erblickte in vielen ihrer Erscheinungen das Wirken des Teufels, von Hexen, Geistern und Dämonen. Aberglaube, vermischt mit heidnischen Glaubensvorstellungen, und christlicher Glaube waren eng verknüpft und bildeten im Volksglauben eine nicht zu trennende

Einheit,[40] die auch bei Hrotsvit sichtbar wird. Erstmals in der mittelalterlichen Dichtung des deutschen Sprachraumes verarbeitet sie in zwei ihrer Legenden, dem „Theophilus“ und dem „Basilius“ ein Element der Faustsage, den Teufelspakt. Sie griff damit einen ursprünglich im Orient beheimateten Stoff auf, der sich fortan während des gesamten Mittelalters großer Beliebtheit erfreute.

Im „Theophilus“ schließt der bis dahin untadelig lebende Priester Theophil durch die Vermittlung eines hebräischen Magiers einen Teufelspakt, um, von Ehrgeiz und Machthunger getrieben, wieder in seine verlorene Stellung als Vizedomus zu gelangen, aus der er von seinem Bischof entlassen worden war. Am vereinbarten Tage führt der Magier den zum Abschluß des Paktes entschlossenen Theophil zu nächtlicher Stunde quer durch die Stadt an einen Ort, wo die Geister ihr Unwesen treiben und die höllischen Diener in weißen Gewändern, Kerzen in den Händen haltend, ihren Meister umstehen. Ohne zu zögern, führt der Magier den gottlosen Priester in den Kreis, wo er sich dem „Fürsten des Todes“ zu Füßen wirft. Sobald der Pakt geschlossen ist, sind die spukhaften Wesen zerstoben. Wenig später bereut Theophil seine Tat und fleht die Mutter Maria um Hilfe an. Durch ihre Vermittlung erlangt der reuige Sünder schließlich Gottes Verzeihung. So ist der Teufel gezwungen, ihm den schriftlichen Pakt zurückzugeben, und Theophil stirbt in Frieden.

Auch im „Basilius“ schließt der Knecht eines reichen Mannes, ebenfalls durch die Vermittlung eines Magiers, einen Pakt mit dem Teufel. Für seine Seele soll dieser ihm die Liebe der Tochter seines Herrn verschaffen. Das erweist sich insofern als etwas schwierig, als das Mädchen von ihrem Vater bereits einem Kloster übergeben wurde. Doch der „Fürst der Hölle und Beherrscher der Tiefe“ verpflichtet sich, das Mädchen vom Pfade der Tugend abzubringen, „ihre Sinne zu sündiger Liebe zu schüren und ihr Herz nach dem Sklaven sich verzehren zu lassen“.[41]

Der Glaube an den Satan, an Magie und magische Kräfte war in allen Bevölkerungskreisen so weit verbreitet, daß sich die Kirche veranlaßt sah, magische Praktiken zu verbieten, was allerdings wenig Erfolg hatte. Auch gehörten Dämonenabwehr und Teufelsaustreibungen beinahe zur alltäglichen Aufgabe eines Priesters. Wenn Hrotsvit das Motiv des Teufelspaktes ihrer aus dem Orient stammenden Vorlagen übernahm, so wird man in der Annahme nicht fehlgehen, daß sie bei der Schilderung der magischen Praktiken wohl durchaus allgemein geläufige Vorstellungen ihrer Zeit wiedergegeben hat.

Eng verknüpft mit dem Volksglauben waren auch der mittelalterliche Heiligenkult und die Reliquienverehrung. Reliquien verkörperten nach damaliger Vorstellung den Leib des Heiligen, der als Vermittler zwischen Gott und den Gläubigen auch über seinen Tod hinaus Wunder bewirken konnte. Durch den Besitz von Reliquien versicherte man sich des Schutzes und der Hilfe des Heiligen in allen Notlagen. Sie bedeuteten demzufolge einen ungeheuren Schatz, und man versuchte mit allen Mitteln, in ihren Besitz zu gelangen. So ist es nicht verwunderlich, daß sich teilweise ein regelrechter Handel mit den Überresten von Heiligen entwickeln konnte.

Diese Praxis des mittelalterlichen Reliquienhandels führt uns Hrotsvit in ihrer Pelagius-Legende vor. Der junge Pelagius, der sich nach einer verlorenen Schlacht freiwillig als Geisel in die Hände des Siegers, des muselmanischen Kalifen von Cordoba, begeben hatte, wird zu einem grausamen Märtyrertod verurteilt, da er weder bereit ist, Christus zu verleugnen noch den homosexuellen Wünschen des Kalifen willfährig zu sein. Fischer finden zuerst den enthaupteten Körper und etwas später auch den Kopf im Wasser treibend. Aus der Art des Todes, den der junge Mann erleiden mußte, schlußfolgern sie, daß es sich nur um einen Christen handeln könne, denn sie wissen, daß der Kalif nur Christen mit dem Tode durch Enthaupten bestrafte. Da sie scharfsinnig meinen, es könne sich bei der Leiche nur um einen Bekenner handeln, beschließen die Fischer, wie schon oft praktiziert, die Leiche des heiligen Mannes zu verkaufen. Sie laden den Leichnam in ihr Boot, setzen die Segel und steuern den Hafen der Stadt an. Auf verstohlenen Wegen begeben sie sich in ein Kloster. Die Mönche empfangen die Fischer, hören ihr Angebot und bezahlen freudig sofort die geforderte hohe Summe. Denn endlich würden sie in den Besitz von sehnlichst begehrten Reliquien gelangen. Alsbald ereignen sich am Grabmal, das sie dem Märtyrer errichtet haben, zahlreiche wunderbare Krankenheilungen. Die Mönche fragen sich zweifelnd, ob solche Wunder tatsächlich um der Verdienste des Verstorbenen willen geschähen, und beschließen, ein Gottesurteil zu erwirken. In einem Ofen wird ein gewaltiges Feuer angezündet und das Haupt des Pelagius unter Gebeten hineingeworfen. Als es nach einer Stunde unversehrt aus den Flammen geholt wird, ist die Heiligkeit des Toten gewiß, und die Mönche sind glücklich, einen solchen Schutzherrn zu besitzen.

Die Pelagius-Legende ist neben dem „Gongolf" eine von denjenigen Dichtungen Hrotsvits, in denen einfache Menschen aus den unteren Schichten eine Rolle spielen. Hier sind es die Fischer, die den Leichnam des Pelagius aus dem Wasser ziehen. Interessant ist die Charakterisierung, die sie durch Hrotsvit erfahren. Als sie ahnen, einen Bekenner des christlichen Glaubens vor sich zu haben, beschließen sie ohne weitere Umstände, eine schon oft erfolgreich erprobte Praxis zu wiederholen und die Leiche zu Geld zu machen.

Als ähnlich schlau und geldgierig wird in der Gongolf-Legende ein Bauer beschrieben. Auf der Rückkehr von einem Kriegszug findet Gongolf auf dem Grundstück eines *servus*, eines unfreien Bauern also, mit seiner durstigen Kriegerschar eine besonders klare Quelle. Er bittet den Bauern, ihm die Quelle für 100 Goldstücke zu verkaufen. Unterwürfig und schmeichlerisch bietet der Arme Gongolf seine Dienste an, „wie es dem niederen Diener eines Edlen geziemt", allerdings mit dem schlauen Hintergedanken, den Adligen übers Ohr zu hauen und aus dem ungewöhnlichen Angebot ein Geschäft zu machen. Selbstverständlich verliert er seine Quelle, denn Gott blickt mit Wohlgefallen auf seinen frommen Gongolf herab und läßt das Wasser von nun an auf dessen weit entferntem Grund und Boden sprudeln.[42]

In beiden Fällen wird das Volk, die Fischer und der Bauer, als geldgierig und geschäftstüchtig hingestellt, während der adlige Gongolf und die Mönche großmütig, fromm und aus den edelsten Motiven handeln.

Hrotsvit folgt mit dieser Charakterisierung dem allgemein herrschenden Bild über den Aufbau der Gesellschaft. Danach war die Gesellschaft in drei *ordines* – Ordnungen – eingeteilt: die Beter *(oratores)*, die Krieger *(bellatores)* und die Arbeitenden *(laboratores)*, die den Klerus, den Adel und die unteren Schichten, meist also die Bauern, repräsentierten.[43] Diese gesellschaftliche Gliederung spiegelt eine Rangordnung wider, in die jeder

Mensch eingebunden war und die er nicht ohne weiteres durchbrechen konnte. Geschah es doch, hatte es dann gesellschaftliche Nachteile für ihn zur Folge, wenn die Durchbrechung von oben nach unten, beispielsweise im Falle einer nicht standesgemäßen Heirat eines Adligen, erfolgte. Insbesondere klaffte zwischen „Betern" und „Kriegern" auf der einen und den „Arbeitenden" auf der anderen Seite eine unüberbrückbare Kluft.

Einen interessanten Einblick gibt das Werk Hrotsvits in das Leben von Inklusen und Eremiten, deren Zahl gerade im 10. Jahrhundert wieder anstieg.[44] Beide galten als besonders fromm und wurden vor allem von den einfachen Menschen deshalb tief verehrt, weil sie in ihren Augen durch die kompromißlose Befolgung des Armutsideals der Kirche den Heiligen nahestanden. Durch ihre Ablehnung jeglicher materieller Güter, allen Wohllebens, aller Bequemlichkeit und die Praktizierung einer auf die äußersten Bedürfnisse beschränkten Lebensweise, die hart am Rande der physischen Existenz lag, wollten sie Gott besonders nahe sein, indem sie seinem Ideal lebten.

In ihrem Stück „Abraham" schildert Hrotsvit, wie der in einer Einsiedelei lebende alte Abraham sich auf die Suche nach seiner Nichte Maria begibt. Diese war aus ihrer in der Nähe der seinen befindlichen Zelle, wo sie als Inkluse gelebt hatte, entwichen, nachdem sie der Teufel in Gestalt eines Mönches verführt und ihrer Unschuld beraubt hatte. Ein an der Suche beteiligter Freund Abrahams macht das Mädchen in einem Bordell ausfindig. In der Rolle eines Liebhabers gelingt es Abraham, zu ihr zu gelangen. Nachdem er sich zu erkennen gegeben hat, überzeugt er Maria von ihrem sündigen Lebenswandel und bewegt sie dazu, wieder in ihre Zelle zurückzukehren und Buße zu tun. „Nur mit einem härenen Gewand bekleidet und durch ununterbrochene Nachtwachen und Fastenübungen abgezehrt, zwingt sie durch strengste Befolgung der Bußregeln den zarten Leib, der Herrschaft des Geistes zu gehorchen", beschreibt Abraham gegenüber einem Freund Marias nunmehriges Leben, das sie noch zwanzig Jahre bis zu ihrem Tode führte.

Wie wir uns die Zelle einer solchen Inkluse vorzustellen haben, schildert Hrotsvit in der Geschichte der Dirne Thais. Diese wird durch den Eremiten Pafnutius unter ähnlichen Umständen wie Maria bekehrt und erhält als Buße auferlegt, fünf Jahre lang ihr Leben eingemauert in einer winzigen Zelle zu verbringen. Diese Zelle hat keine Tür, sondern nur ein winziges Fenster, durch das der Büßerin an bestimmten Tagen und Stunden etwas bescheidene Nahrung gereicht wird. Thais, bisher ein luxuriöses Leben gewohnt, gesteht Pafnutius ihre Angst vor dem Einzug in die enge, dunkle Zelle, zumal sie befürchtet, daß der Raum „allein durch den übermäßigen Gestank bald unbewohnbar sein wird", da sie hier auch ihre Notdurft verrichten muß. Selbst die Äbtissin, deren Obhut die Zelle übergeben wird, zweifelt daran, daß die Sünderin einem solchen harten und ungewohnten Leben gewachsen sein wird. Pafnutius erweist sich jedoch als unerbittlich. Um Vergebung zu erlangen, sei für Thais diese harte Buße nötig. Nach drei Jahren erklärt Pafnutius die Büßerin für erlöst, und 15 Tage später stirbt diese.

Die Ansichten der Zeitgenossen Hrotsvits zum Eremitentum gingen weit auseinander. Die Einsiedler, die in ihren Anschauungen und mit ihrer Lebensweise eine ganz und gar individualistische Form der Frömmigkeit verkörperten, die außerhalb der gesellschaftlich anerkannten Normen stand, genossen in den unteren Volksschichten oft eine den Heiligen gleichkommende Verehrung. Die Kirche dagegen tolerierte zwar meist notgedrungen ihr Auftreten, stand ihnen jedoch skeptisch, oft auch ablehnend gegenüber, vor allem wohl deshalb, da die Eremiten keine kirchliche Institution anerkannten und sich damit einer Einflußnahme durch die kirchlichen Amtsträger entzogen. So hatte sich beispielsweise Erzbischof Brun von Köln darum bemüht, das ungebundene Leben der Eremiten dadurch zu unterbinden, indem er versuchte, sie in kleinen Klausen in der Nähe von Klöstern anzusiedeln und sie einem Abt als geistlichem Vorgesetzten zu unterstellen.[45] Die Inklusen hingegen, auf Hilfe und Versorgung von außen angewiesen, unterstanden von jeher einem Kloster. Aus Hrotsvits Darstellung dieser extremen Glaubens- und Lebensformen wird sowohl ihre Ehrfurcht als auch eine gewisse Scheu vor dem starken Glauben dieser Menschen und ihrem Willen, auch andere auf den vermeintlichen Heilsweg zu bringen, deutlich. Den Fanatismus des Pafnutius aber beurteilt die Dichterin eher skeptisch. Ihre Sympathie gilt der Sünderin Thais. Deren Ängste und Grauen vor dem harten Dahinvegetieren als Inkluse kann Hrotsvit offensichtlich nachfühlen, obgleich auch sie das Schicksal der Thais als unabänderlich ansieht, wenn diese das Heil erlangen will.

Unschwer ist die Sympathie zu erkennen, die Hrotsvit ihren Frauengestalten entgegenbringt. Sie zeigt, welche Stärke und Standhaftigkeit gegenüber allen Versuchungen die Frauen bei der Verteidigung einmal gefaßter Überzeugungen entwickeln können, selbst wenn sie befürchten müssen, der Gewalt zu unterliegen. Eine solche Auffassung von der Frau war eine andere als die allgemein herrschende, wonach die Frau als schwach, dem Manne unterlegen und aufgrund von Evas Sündenfall als Verkörperung der Sünde schlechthin galt. Dagegen zeigt Hrotsvit in ihren Dichtungen, daß die Frau oft erst infolge schmählicher Verführung durch einen Mann auf Abwege gerät. Doch findet sie die Kraft, wieder auf den Pfad der Tugend und des Heils zurückzugelangen. Willensstärke und Opferbereitschaft, sonst typisch männliche Eigenschaften, werden in Hrotsvits Dichtungen auch von Frauen aufgebracht.

Das Thema Frau diente Hrotsvit gleichsam zur Auseinandersetzung mit der eigenen Befindlichkeit. Nicht zuletzt ist wohl auch von hier aus das Gewicht, das die Dichterin den Frauengestalten in ihrem Gesamtwerk zumißt, zu verstehen. Das Urteil, das sie dabei gewann, war entgegen dem allgemeingültigen Bild von der Frau durchaus nicht negativ. Die selbstbewußte Verteidigung ihrer Dichtungen vor Kritikern und das Wissen um das eigene Können, das trotz aller Bescheidenheitstopoi deutlich hervortritt, bestätigen diese Sicht.

Zur Begründung dieses modifizierten Frauenbildes konnte Hrotsvit Maria in Anspruch nehmen. Als Mutter des Heilands war ihre Integrität unanfechtbar. Ein Leben in ihrem Sinne zu führen und den ihr zugeschriebenen Eigenschaften nachzueifern, wie es die Frauenfiguren Hrotsvits und sie selbst als Nonne es versuchten, mußte das Ansehen dieser Frauen heben.

Zu fragen bleibt, welche Wirkung Hrotsvits Werk auf ihre Zeitgenossen ausgeübt hat. Dies zu beantworten ist nicht einfach. Die Überlieferung einer einzigen Handschrift im St. Emmeramer Codex läßt nicht auf eine große Verbreitung schließen, denn nach Regensburg dürfte dieser wohl aufgrund der besonderen Verbindung des dortigen Klosters als der ersten Bildungsstätte von Hrotsvits Äbtissin und Freundin Gerberga mit Gandersheim gelangt sein. Zwar hat man in der Forschung immer wieder eine Verbindung zwischen der Sachsengeschichte Widukinds von Corvey, der Antapodosis Liudprands von Cremona und den historischen Epen Hrotsvits feststellen wollen,[46] doch lassen sich schlüssige Beweise für diese These letztlich nicht erbringen. Die dafür herangezogenen Argumente, die die Reichsauffassung und die politische Ideologie betreffen, sind wohl eher auf eine verbreitete zeigenössische Auseinandersetzung mit diesen Themen zurückzuführen. Die neuerdings geäußerte Vermutung, die Dichtungen Hildegards von Bingen seien von denen Hrotsvits beeinflußt,[47] ist aufgrund des Frauenbildes, wie es die Mystik zeichnete und für das es bei Hrotsvit bereits gewisse Anklänge gibt, durchaus erwägenswert, bedarf aber noch weiterer Untersuchung. Spuren einer Benutzung der historischen Epen sind jedoch zweifelsfrei in der Gandersheimischen Chronik nachzuweisen, die der Gandersheimer Priester Eberhard im Jahre 1216 in niederdeutscher Reimprosa abfaßte.[48] Bis zur Wiederentdeckung und Publizierung durch Celtis Ende des 15. Jh. sind dies die letzten Spuren einer Kenntnis von Hrotsvits Werk. Nach der Beschäftigung der Humanisten mit Hrotsvits Werk, die auch die Übersetzung einiger ihrer Stücke ins Deutsche hervorbrachte, ist erst Mitte des 16. Jh. wieder eine Benutzung überliefert, als der Mönch Heinrich Bodo Material für die Geschichte seines Klosters Klus, einer Gründung der Gandersheimer Äbtissin Adelheid II., sammelte. Seinen Bemühungen verdanken wir auch die Kenntnis von Hrotsvits bisher unbekannt gebliebenem Gedicht über die Anfänge des Klosters Gandersheim sowie einer inzwischen wieder verlorengegangenen Legende über die Klosterheiligen Anastasius und Innozenz. In der Folgezeit erschienen zwar noch einige weitere Ausgaben der Werke der sächsischen Dichterin, doch vermochten sie nicht, diese weiter zu popularisieren. Auch die Bemühungen Gottscheds, im Geiste der Aufklärung das Werk Hrotsvits einem größeren lesenden Publikum nahezubringen und sie als Muster gebildeter Frauen erscheinen zu lassen, hatten nicht den erhofften Erfolg. Im Gegenteil, es tauchten nunmehr Stimmen auf, die ihre Existenz überhaupt bezweifelten und ihr Werk als Fälschung hinstellten. Erst 1902 erschien eine kritische Ausgabe, die endlich eine wissenschaftliche Beschäftigung ermöglichte, welche Hrotsvit den ihr gebührenden Platz einräumte.

Es wurde klar, daß die Dichterin durch die Darstellung der Geschichte ihres Klosters und des sächsischen Herrscherhauses dem Historiker wertvolle, oft einmalige Kenntnisse über ihre Zeit übermittelt hatte, ohne die unser Wissen über die Geschichte des 9. und 10. Jahrhunderts wesentlich lückenhafter wäre. Auch wenn manches, was die Auseinandersetzungen im Reich und in der königlichen Familie betrifft, beschönigt dargestellt wird, so liefert diese Sicht der Dichterin einen Einblick in ihre Denkweise und Haltung zum Herrscherhaus.

Unumstritten kommt Hrotsvit das Verdienst zu, der Dichtkunst während des 10. Jahrhunderts wieder zu einer Höhe verholfen zu haben, die sie seit den Zeiten der Blüte des karolingischen Reiches nicht mehr erreicht hatte. Das Ungewöhnliche daran ist, daß dies in einer von Männern dominierten Welt einer Frau gelang, die sich gegen Vorurteile und Mißtrauen durchzusetzen und ihr Talent zu beweisen vermochte.

Kaiserin Adelheid
„Mutter der Königreiche“

Von dem wohl bedeutendsten Gelehrten seiner Zeit, Erzbischof Gerbert von Reims, ist Adelheid in Briefen aus den Jahren 986 und 988 als „Mutter der Königreiche“ angesprochen worden. Und tatsächlich ist die Lebensgeschichte der burgundischen Königstochter, oberitalienischen Königin, Königin im entstehenden deutschen Feudalstaat und Kaiserin eng mit der historischen Entwicklung in den Feudalstaaten verbunden, die sich beim Zerfall des fränkischen Großreichs im Verlaufe des 9. Jahrhunderts herausgebildet hatten.

In Hochburgund konnten Adelheids Vorfahren in männlicher Linie 888 die Königswürde erlangen. Ihr Großvater, Rudolf I., und dann auch ihr Vater, Rudolf II., beherrschten Gebiete in den Westalpen und im Jura – Landstriche, die heute zur Schweiz und zu Frankreich gehören. Mit dem nordöstlichen Nachbarn, dem Herzog von Schwaben, war es bald zu militärischen Auseinandersetzungen gekommen. Die entscheidende Schlacht fand 919 bei Winterthur statt. Rudolf II. unterlag und fand sich nun zu einem Friedensschluß mit Herzog Burchard von Schwaben bereit. Und mehr noch: 922 heiratete er sogar die schwäbische Herzogstochter Berta, Adelheids Mutter.

Die Geburt der burgundischen Königstochter im Jahre 931, das exakte Geburtsdatum ist nicht überliefert, fiel so in eine politisch bewegte Zeit. Den auf dem Boden des fränkischen Großreichs neu entstandenen Feudalstaaten mangelte es sowohl im Innern als auch nach außen noch an Stabilität. Dynastiewechsel und Grenzverschiebungen traten häufig auf. Dazu kamen die gefährlichen Einfälle der Normannen, Ungarn und Sarazenen, die ihre Beutezüge oft bis weit ins Binnenland hinein ausdehnten.

In diese Auseinandersetzungen wurde die junge Königstochter schon bald persönlich und sehr direkt hineingezogen.

Nach dem Scheitern seiner auf Schwaben ausgerichteten Expansionspolitik boten sich Rudolf II. in Oberitalien Möglichkeiten zum Eingreifen. Hier hatten sich seit nahezu einem halben Jahrhundert jeweils zwei Könige bekämpft, konnte sich das Königtum nicht gegenüber den mächtigen Bischöfen und hohen weltlichen Feudalherren durchsetzen, deren Macht und deren Selbständigkeitsbestrebungen im Zuge des vorangeschrittenen Feudalisierungsprozesses stark angewachsen waren. Abgesandte einer Gruppierung dieses oberitalienischen hohen Feudaladels hatten sich vermutlich bereits Ende 921 an König Rudolf gewandt und ihm die italienische Königskrone angeboten. Adelheids Vater fiel daraufhin in Norditalien ein und konnte hier im westlichen Teil, zeitweilig aber auch in Pavia, Herrschaft ausüben. Später wurde er von dem Herrscher über Niederburgund, Hugo von Arles, der ebenfalls von einer Fraktion des oberitalienischen hohen Feudaladels ins Land gerufen und zum König erhoben worden war, aus Italien wieder verdrängt.

Als König Rudolf II. 937 starb, hinterließ er mit Adelheids Bruder Konrad einen Sohn und Nachfolger, der zwar seit 936 die Königskrone trug, wegen seiner Jugend aber noch nicht regierungsfähig war. Hugo erkannte die sich ihm darbietende Chance zu einer Intervention. Er zog noch im Sommer 937 nach Hochburgund, nahm die Witwe Rudolfs, Berta, selbst zur Frau und verlobte die erst sechsjährige Adelheid mit seinem Sohn Lothar. Sowohl Adelheid als auch Berta erhielten in diesem Zusammenhang umfangreiche Schenkungen aus altem oberitalienischem Königsgut, das schon unter den Vorgängern Hugos und Lothars zur Ausstattung der Königinnen gedient hatte.[1] Über diese Schenkungen sind zwei Königsurkunden ausgestellt worden.[2] Die Zuwendungen an Mutter und Tochter waren beträchtlichen Umfangs. Sie umfaßten insgesamt 21 Königshöfe und vier Abteien mit zusammen 6640 Bauernstellen einschließlich der dazugehörenden Familien. Davon erhielt die Verlobte Lothars mit zwei Abteien und 4580 Bauernstellen den Hauptteil. Über diese sehr umfangreichen Feudalgüter konnte Adelheid, wie das im Urkundentext auch ausdrücklich hervorgehoben wird, frei verfügen. Sie hatte die Möglichkeit, die Ländereien und dazugehörenden Familien der bäuerlichen Produzenten ohne Einschränkung zu verschenken, zu verkaufen und zu vertauschen und hat davon später auch nachweislich Gebrauch gemacht. Eine Reihe von Schenkungsurkunden Adelheids besonders zugunsten italienischer Klöster bezeugt das.

An den Motiven Hugos für seine eheliche Verbindung mit der Witwe des hochburgundischen Königs und das Verlöbnis seines Sohnes mit der jungen Adelheid kann man kaum zweifeln. Er plante wohl, sein oberitalienisches Reich, verbunden mit seinen immer noch bestehenden Herrschaftsrechten in Niederburgund und dem Königreich Hochburgund, zu einem die westlichen Alpen umklammernden Großreich zu vereinen. Allerdings hat er in Hochburgund auf eine Krönung oder eine Königserhebung in anderer Form verzichtet und vielmehr eine Art Oberherrschaft – vielleicht in Gestalt einer vormundschaftlichen Regierung für den kleinen Konrad – angestrebt. Dazu kam es jedoch nicht, da ein mächtiger Konkurrent in die burgundischen Verhältnisse eingriff.

Im ostfränkisch-deutschen Feudalstaat hatte sich nach der Übernahme der Herrschaft durch die sächsischen Liudolfinger/Ottonen die Königsmacht bedeutend festigen können. Bereits König Heinrich I. war es gelungen, von Rudolf II. in einer Art Hegemonial- bzw. Vorrangstellung anerkannt zu werden. Sein Sohn Otto I. sah dem Eingreifen Hugos in Hochburgund nicht tatenlos zu. Er holte den jungen König Konrad zunächst für einige Jahre an seinen Hof und übte, als dieser später nach Burgund zurückgekehrt war, eine hegemoniale Oberherrschaft aus.

Nach ihrer Verlobung wird Adelheid mit ihrer Mutter und ihrem Stiefvater nach Italien gezogen sein. Vielleicht hat sie sich auch zeitweilig in Hochburgund aufgehalten, wo ihr Bruder Konrad mit Ottos I. Unterstützung regierte. Genaues ist nicht bekannt, daher bleibt die gewiß bewegte Kindheit der burgundischen Königstochter weitgehend im dunkeln. Auch über ihre Erziehung und zweifellos sorgfältige Ausbildung schweigen die Quellen.

Im Jahre 947 fand nach zehnjährigem Verlöbnis die Hochzeit der sechzehnjährigen Adelheid mit König Lothar statt – das exakte Datum ist nicht überliefert. Eine Schenkungsurkunde König Lothars für Adelheid steht aber gewiß im Zusammenhang mit der Vermählung. Der König übertrug ihr am 27. Juni 947 Königsgut, einen Königshof sowie weiteres Land in dessen Umgebung.[3] Adelheid wird in der Urkunde als Königin und „liebenswerte Gattin“, „teure Gemahlin“ und „sehr liebliche Ehefrau“ bezeichnet. Diese Wendungen sind in den Königsurkunden nicht selten. Sie tragen durchaus formelhaften Charakter. Doch deutet ihre ungewöhnliche Häufung vielleicht auf eine wirkliche Liebesbeziehung zwischen den Jungverheirateten hin.

Für einen Zeitraum von annähernd drei Jahren schweigen die Quellen über das Schicksal Adelheids dann wieder. Bekannt ist lediglich, daß in der nur kurze Zeit währenden Ehe mit Lothar ein Kind, eine Tochter mit dem Namen Hemma, geboren wurde. Von König Lothar sind aus dem Zeitraum nach der Hochzeit bis zu seinem frühen Tode zahlreiche Urkunden erhalten, die zu weit überwiegendem Teil in Pavia ausgestellt worden waren. Hier wird sich die junge Königin hauptsächlich aufgehalten haben, wenn sich auch Fürsprachen für bestimmte Urkundenempfänger oder andere Erwähnungen Adelheids, die auf ihre Anwesenheit bei der Ausstellung der Urkunde oder gar auf ihre Einflußnahme auf die vorangegangenen Verhandlungen deuten könnten, nicht finden lassen.

Lediglich 950, im Todesjahr ihres Mannes, wird Adelheid noch einmal in einer Königsurkunde erwähnt. Am 31. März erhält sie von Lothar erneut eine Schenkung über Feudalgut. Aus väterlichem Erbe übereignet der König seiner „sehr liebenswerten Gattin und Teilhaberin seiner Herrschaft“ alle seine Königshöfe und sonstigen Güter in den Grafschaften Bologna und Modena.[4] Hier wird Adelheid erstmals in einer Königsurkunde und zugleich das einzige Mal in einem Diplom König Lothars als *consors regni* bezeichnet. Die *consors regni*-Formel, die Herausstellung der Frau des Herrschers als Teilhaberin seiner Königsmacht, kann gewiß als Zeichen der hohen Wertschätzung der Königin und wohl auch als Ausdruck einer tatsächlichen Beteiligung an der Herrschaft verstanden werden.[5] Für Adelheid läßt sich aber trotz ihres offensichtlich sehr guten Verhältnisses zu Lothar eine aktive Beteiligung an der Königsherrschaft nicht nachweisen. Freilich lassen uns hier auch die Quellen im Stich, und so erfahren wir für die Zeit bis zum Tode Lothars am 22. November 950 nichts Weiteres über die junge Königin.

König Lothar verschied so schnell und unvermittelt, daß bald das Gerücht aufkam, der junge König sei vergiftet worden. Gegner hatte Lothar genug, und besonders dem mächtigen Markgrafen Berengar von Ivrea mußte sein Tod gelegen kommen. Dieser war zunächst Anhänger Hugos. Sein Verhältnis zum König hatte sich aber sofort verschlechtert, als dieser begann, den Einfluß des Hochadels einzudämmen. In dem nun ausbrechenden Konflikt wurde Berengars Halbbruder Ansgar getötet – Berengar selbst gelang es, über die Alpen an den Hof Ottos des Großen zu fliehen. Doch hielt er Kontakte nach Italien aufrecht und konnte dorthin – von Otto toleriert – bereits 945 zurückkehren, mächtige Feudalherren zum Abfall von Hugo und Lothar bewegen und schließlich sogar eine Beteiligung an der Herrschaft über Oberitalien erreichen. Hugo und Lothar, später Lothar allein, blieben de jure die Könige, den entscheidenden Einfluß am Königshof übte aber Berengar aus, der als „höchster königlicher Ratgeber“ tituliert wurde und dessen Macht nur durch die Interessen des oberitalienischen Hochadels – dem eigentlichen Nutznießer der Auseinandersetzungen – eingeschränkt wurde. Nach dem Tode König Lothars erhob Berengar nun seinerseits Anspruch auf die oberitalienische Königskrone. Bereits am 15. Dezember wurde er in Pavia zusammen mit seinem Sohn Adalbert zum oberitalienischen König gewählt und gekrönt.

Mit der Königserhebung Berengars mochte sich Adelheid jedoch nicht abfinden. Nach Auffassung der Kanonisse und Geschichtsschreiberin Hrotsvit von Gandersheim war ihr das oberitalienische Königreich als rechtmäßiges Erbe zugefallen.[6] Und tatsächlich entsprach es langobardischem Gewohnheitsrecht, daß die Königinwitwe ihrem neuen Gatten die Königsherrschaft vermittelte. Berengar ließ die sich ihm widersetzende junge Witwe daher vorsorglich gefangennehmen und inhaftieren.

Über die Ereignisse nach dem Tode König Lothars, die für Adelheid wohl abenteuerlichste und gefährlichste Phase ihres Lebens, besitzen wir die relativ umfangreichen und über manche Details informierenden Berichte mehrerer zeitgenössischer bzw. zeitnaher Geschichtsschreiber. Abt Odilo von Cluny, der Adelheid als Kaiserin später persönlich gekannt hatte und ihr Vertrauen genoß, verfaßte eine Art Lebensbeschreibung der Kaiserin[7], einen Nachruf, den er an die von Adelheid gegründeten Klöster verschickt hat, damit dort ihr Andenken lebendig bleibe. Odilo berichtet: „Als nämlich ihr Gatte Lothar gestorben war, gelangte ein Mann namens Berengar zur Ehre der italienischen Krone, dessen Gemahlin Willa hieß. Von diesen wurde sie in schamloser Weise unschuldig gefangen, durch vielfache Quälereien geängstigt, an den Haaren ihres Hauptes gerissen, oft mit Faustschlägen und Fußtritten mißhandelt und am Ende mit einer einzigen Dienerin in einen dunklen Kerker eingeschlossen."[8]

In mancher Einzelheit mag Odilo übertrieben haben. Die Darstellung der Erniedrigung der Königin und ihres Leidens entsprach durchaus den Intentionen seines Werkes. An der Tatsache der Gefangennahme Adelheids am 20. April 951 durch Berengar und Willa, ihrer Inhaftierung – laut einer späteren Quelle wurde sie in der Burg Garda am gleichnamigen See gefangengehalten[9] – und der Flucht Adelheids vier Monate darauf, am 20. August, besteht jedoch kein Zweifel. Adelheid hat später offenbar selbst für die Aufnahme dieser beiden Daten, die durch kurze Notizen zu den Ereignissen ergänzt werden, in das Merseburger Nekrolog gesorgt.[10] In der Regel sind in solche listenartigen Verzeichnisse lediglich die Todesdaten zum Gedächtnis an die Verstorbenen aufgenommen worden. Gerade die ottonischen Königinnen haben sich an dieser Form der Pflege des Andenkens an verwandte und nahestehende Personen beteiligt. Daß aber auch das jeweilige Datum der genannten beiden dramatischen Ereignisse aus dem Leben Adelheids im Merseburger Nekrolog vermerkt wurde, ist ungewöhnlich und vielleicht ein Hinweis darauf, daß die Königin und spätere Kaiserin das Bedürfnis hatte, wichtige Stationen ihres Lebens im Gedenken ihrer Familie bewahren zu lassen. Es ist auch möglich, daß gerade an diesen beiden Tagen von Adelheid in späteren Jahren Stiftungen zugunsten der Kirche gemacht worden sind. Da die Nekrologe nur den Tag und den Monat des jeweiligen Datums verzeichnen, könnten sich die beiden Einträge in das Merseburger Nekrolog auch vorrangig auf die Termine dieser Schenkungen beziehen.

Sehr ausführlich wird ebenfalls von Hrotsvit von Gandersheim über die Gefangennahme und schließliche Befreiung der jungen Königinwitwe berichtet.[11] Die Gandersheimer Kanonisse betont zunächst, daß Adelheid sich bei der Wahrnehmung ihrer Pflichten als Königin bewährt habe und daß sie aufgrund ihrer hervorragenden Geisteskraft wohl imstande gewesen wäre, das

Aus dem Alltag eines Nonnenklosters.
Die einzelnen Abschnitte weisen auf Studium, buchkünstlerische Betätigung, Gottesdienst und Teilnahme an feierlichen Handlungen.
Französische Miniatur. Um 1300

Tafel 1

Maria und das Christuskind in der äußeren Lebenswelt
einer weltlichen Herrscherin dargestellt.
Deodato Orlandi, Thronende Madonna. Um 1300

Drei in Andacht versunkene Nonnen.
Ausschnitt aus einem Gemälde von Giovanni del Biondo,
Der heilige Hieronymus mit dem Löwen. Um 1365

Tafel 2

Tafel 3

Tafel 4

Sogenannter Giselaschmuck:
Brustschmuck, Fürspan (Gewandschließe), Adlerfibel

Tafel 5

Grabkrone der Kaiserin Gisela,
aufgefunden bei der Öffnung ihres Grabes
im Dom zu Speyer im Jahre 1900

Die „Charitas“, welche von Gott-Vaters „Güte“ überragt wird,
trägt in den Händen das Lamm als Symbol der „Milde“
und zertritt das „Böse“ in Gestalt des Teufels und der Schlange.
Hildegard von Bingen, De operatione Dei

Tafel 6

Tafel 7

„Der Kosmosmensch".
Hildegard von Bingen, De operatione Dei

Tafel 8

verwaiste oberitalienische Königreich zu regieren, wenn man ihr nicht böse Ränke geschmiedet hätte. Aus Neid und Verbitterung habe sich Berengar der Person Adelheids, ihres Schlosses, ihrer Schätze und sogar ihres Stirnreifs bemächtigt. Nachdem er ihr dann auch noch ihre Dienerschaft und ihr Gefolge genommen hatte, habe er sie in den Gewahrsam eines Grafen gegeben, der die Königin wie eine Verbrecherin in einen Kerker werfen und bewachen ließ. Durch Bischof Adalhard (von Reggio) habe Adelheid dann die Ermunterung erhalten, einen Fluchtversuch zu unternehmen und sich an seinem Bischofssitz zu verbergen. Hrotsvit berichtet weiter, daß Adelheid gemeinsam mit der einzigen Magd, die sie im Kerker bei sich hatte, und einem Priester den Plan faßte, einen unterirdischen Gang ins Freie zu graben. Das Unternehmen gelang, und die Königin konnte bei Nacht entweichen. Berengar jagte der Königin nach, die sich tagsüber in Höhlen, Wäldern und Kornfeldern verbarg. Obwohl er sogar das Korn mit der Lanze zerteilen ließ, um die Entflohene aufzuspüren, konnte Berengar sie nicht finden und mußte schließlich unverrichteterdinge umkehren, während es Adelheid gelang, sich zu Bischof Adalhard durchzuschlagen.

Auch Odilo von Cluny weiß über Adelheids gefahrvolle Flucht Einzelheiten mitzuteilen. Danach habe sich Adelheid auf ihrer Flucht in einem Sumpf verirrt, wo sie Tage und Nächte ohne Speise und Trank verbrachte. Dann begegnete ihr aber, als sie in höchster Gefahr schwebte, ein Fischer, der ihr einen Fisch zubereitete. Währenddessen kam der Geistliche, der Adelheid während der Gefangenschaft und auf der Flucht begleitet hatte, mit der Nachricht, daß eine Schar bewaffneter Reiter angekommen sei. Von den Bewaffneten wurde die junge Witwe dann auf eine sichere Burg geleitet.[12]

Soweit die Berichte über Adelheids Gefangenschaft und abenteuerliche Flucht. Vielleicht hat Berengar auch tatsächlich versucht, die junge Witwe zu zwingen, mit seinem mitgekrönten Sohn Adalbert eine Ehe einzugehen, um so seiner Herrschaft eine Legitimation zu geben. Doch wurden indes Heiratspläne von ganz anderer Seite geschmiedet.

Im ostfränkisch-deutschen Reich, dem entstehenden deutschen Feudalstaat, hatte König Otto I., der Große, die Stellung der Zentralgewalt gegenüber dem hohen Feudaladel stärken können. Zu weitreichenden Kompromissen gegenüber den Herzögen und anderen mächtigen Feudalherren, zu denen noch sein Vater, König Heinrich I., gezwungen war, fand er sich nicht mehr bereit. Der sich gegen Ottos Politik richtende Widerstand des hohen Feudaladels kulminierte in mehreren gefährlichen Aufständen am Ende der dreißiger und zu Beginn der vierziger Jahre des 10. Jahrhunderts, die Otto aber niederschlagen konnte. Sein Interesse wandte sich nun verstärkt der Erweiterung seiner Macht nach außen zu. Während er dabei einerseits gegenüber den zwischen Elbe und Oder siedelnden Slawen eine für frühfeudale Großreiche typische Expansionspolitik betrieb, waren seine auf Burgund, Italien und das westfränkisch-französische Reich gerichteten expansiven Bestrebungen an karolingischen Traditionen und Herrschaftsstrukturen orientiert. Das oberitalienische Königreich bot sich dabei nicht zuletzt wegen der relativ schwachen Stellung der dortigen Zentralgewalt als Eroberungsziel besonders an.

Auch in der kurzen Zeit, in der Adelheid an der Seite Lothars Königin von Oberitalien war, setzten sich die bereits Jahrzehnte währenden Auseinandersetzungen fort, in denen meist jeweils zwei Könige miteinander rangen, die Zentralgewalt sich aber letztlich nicht wirksam gegenüber den Kirchenfürsten und hohen weltlichen Feudalherren durchsetzen konnte. Otto hatte in diesen Auseinandersetzungen zunächst Berengar unterstützt, daß dieser sich in Pavia dann aber selbst zum oberitalienischen König wählen und krönen ließ, widersprach seinen Interessen. Ein Hilfeersuchen italienischer Anhänger der Königin Adelheid an ihn mag Otto willkommener Anlaß für einen Italienzug gewesen sein. Als zu dieser Zeit mächtigster König in einem der Nachfolgestaaten des karolingischen Großreichs, der darüber hinaus bereits eine Art Schutzherrschaft über Adelheids Bruder Konrad und dessen Reich ausübte, war Otto der geeignete Adressat für eine solche Bitte. Dazu kam, daß König Otto, der in erster Ehe mit der angelsächsischen Königstochter Edgith verheiratet war, seit deren Tod im Jahre 946 nun schon eine Reihe von Jahren als Witwer lebte. An eine Neuvermählung mochte er daher bereits gedacht haben. Die eheliche Verbindung mit der jungen italienischen Königinwitwe konnte zur juristischen und moralischen Absicherung seiner Italien betreffenden Pläne beitragen und dar-

Genealogische Übersicht zur Kaiserin Adelheid (Ausschnitt)

- Rudolf II., Kg. v. Hochburgund († 937) ∞ Berta († 961)
  - **Adelheid († 999)** ∞ 1. Lothar, Kg. v. Italien († 950) 2. Otto I., ostfränk.-dt. Kg., Ks. († 973)
    - 1. Hemma († 988) ∞ Lothar, westfränk.-franz. Kg. († 986)
      - Ludwig V., westfränk.-franz. Kg. († 987)
    - 2. Heinrich († ca. 954)
    - 2. Brun († 957)
    - 2. Mathilde, Äbt. v. Quedlinburg († 999)
    - 2. Otto II., ostfränk.-dt. Kg., Ks. († 983) ∞ Theophanu († 991)
      - Mathilde († 1025) ∞ Ezzo, Pfalzgf. v. Lothringen († 1034)
      - Sophie, Äbt. v. Gandersheim u. Essen († 1039)
      - Adelheid, Äbt. v. Quedlinburg, Gernrode, Frohse u. Gandersheim († 1045)
      - Otto III., ostfränk.-dt. Kg., Ks. († 1002)
  - Konrad I., Kg. v. Burgund († 993)
    - Rudolf III., Kg. v. Burgund († 1032)

über hinaus auch Ottos Verbindungen nach Burgund festigen. Es war also nicht nur die beabsichtigte Befreiung Adelheids aus Gefangenschaft und Bedrängung durch Berengar, die Otto bewog, nach Italien zu ziehen. Vielmehr muß von einem Bündel von Motiven ausgegangen werden. So sah das auch bereits Hrotsvit von Gandersheim: Der König habe von der Schönheit und der mißlichen Lage Adelheids, die man ihm als würdige Nachfolgerin seiner verstorbenen Gattin empfohlen hatte, erfahren. Er überlegte daraufhin, wie er die von Berengar bedrängte Witwe zur Frau gewinnen könne. Da er früher Berengar geholfen hatte, dieser sich ihm gegenüber durch das Streben nach der italienischen Königswürde als undankbar erwies, habe Otto – so Hrotsvit weiter – nun das Recht gehabt, das oberitalienische Reich seiner Herrschaft zu unterwerfen.[13]

Otto trat seinen wohlvorbereiteten Italienzug im September 951 an. Vor seinem Heer zog sich Berengar zurück, größere militärische Auseinandersetzungen vermeidend. Otto konnte so bereits Ende September in Pavia Einzug halten. Ohne eigentliche Wahl und Krönung – lediglich eine Huldigung durch die oberitalienischen Fürsten fand statt – nahm Otto hier die Königswürde an und nannte sich jetzt, wie einst Karl der Große, „König der Franken und Langobarden". Inzwischen hatte sich Adelheid bereits ohne Ottos Hilfe selbst aus der Gefangenschaft befreien können. Erst nachdem er die italienische Königswürde erlangt hatte, schickte er Boten zu ihr, die Geschenke überbrachten, die junge Witwe in seinem Auftrag um ihre Hand baten und sie aufforderten, nach Pavia, ihrem rechtmäßigen Herrschersitz, zurückzukehren. Adelheid waren Ottos Absichten wohl schon bekannt. Jedenfalls brach sie ohne Zögern nach Pavia auf, begleitet von einem stattlichen Gefolge. Otto sandte ihr seinen jüngeren Bruder, Herzog Heinrich von Bayern, entgegen, der sie in die oberitalienische Kapitale geleitete und dem König zuführte. Es muß sich dabei so etwas wie eine Freundschaft zwischen Adelheid und Heinrich angebahnt haben, denn die Königin hat sich später für den Bayernherzog eingesetzt und auch noch dessen Sohn, Herzog Heinrich dem Zänker, ein gewisses Wohlwollen entgegengebracht.

Als Otto die junge Witwe in Pavia nun erstmals sah, soll sie ihm, wie die Gandersheimer Kanonisse zu berichten weiß, sofort sehr gut gefallen haben. Über den Eindruck, den Adelheid bei dieser Gelegenheit von Otto bekam, berichten die Quellen hingegen nichts. Er war offenbar nicht ungünstig, denn schon bald wurde die Hochzeit gefeiert, für deren Zustandekommen ohnehin in erster Linie ganz offensichtlich politische Gründe ausschlaggebend gewesen sind. Für Adelheid war der Heiratsantrag des Ottonen auch deshalb sehr attraktiv, weil sich damit die Aussicht auf die Sicherung und den Ausbau ihrer gesellschaftlichen Stellung verband, eine Erwartung, die sich erfüllen sollte. Der genaue Termin der Eheschließung der jungen neunzehn- oder zwanzigjährigen Witwe und des an der Wende vom 39. zum 40. Lebensjahr stehenden, schon gereiften Witwers ist nicht überliefert. Doch berichtet der Corveyer Mönch und Geschichtsschreiber Widukind von einer Vermählung in königlicher Pracht, die, wie sich ermitteln läßt, im Herbst 951 stattgefunden haben muß.[14]

Als Wittum erhielt Adelheid von Otto Feudalgut in verschiedenen Regionen des deutschen Reichsgebietes: im Elsaß, in Franken, in Thüringen, in Sachsen und im Elbslawen-Gebiet (Slavonia). Umfang und genaue Lage dieses gewiß recht umfangreichen Besitzes lassen sich nicht mehr exakt bestimmen. Auch wissen wir von Ottos Schenkung nur durch deren Bestätigung in Urkunden, die Adelheids und Ottos gemeinsamer Sohn Otto II. und dessen Sohn Otto III. ausgestellt haben. Das Originaldiplom ist nicht erhalten. Auf jeden Fall hat Adelheid zu ihrem beträchtlichen Besitz in Italien, der sich nach dem Tode ihrer Mutter Berta im Jahre 966 noch um einen Teil der umfangreichen Güter, die diese von König Hugo erhalten hatte, vermehrt haben wird, nun auch eine direkte materielle Sicherstellung jenseits der Alpen erhalten. Auch später erhielt Adelheid von Otto noch mehrere Güterschenkungen: am 16. November 968 den Königshof Steinweiler im Speiergau mit allem Zubehör und am selben Tag noch fünf weitere Höfe, darunter Selz im Elsaß, wo Adelheid später ein Kloster gründete, ebenfalls mit den dazugehörigen Bauern, Knechten und Mägden.[15] Es ist anzunehmen, daß zu diesem Besitz noch Feudalgüter im heimatlichen Burgund, wo ihr Bruder und später ihr Neffe die Herrschaft ausübten, kamen, so daß Adelheid insgesamt über außerordentlichen und durchaus ungewöhnlichen Reichtum verfügte, der ihr nicht zuletzt auch ihre Klostergründungen und sonstigen Schenkungen ermöglichte.

Nach der Hochzeit hielt sich das jungvermählte Paar nicht lange in Italien auf. Erneute oppositionelle Regungen, an deren Spitze sich diesmal Ottos Sohn aus seiner ersten Ehe, Liudolf, stellte, deuteten sich an und machten die Anwesenheit des Königs im deutschen Reichsgebiet erforderlich. Liudolf hatte sich mit einigen Getreuen und ohne Wissen seines Vaters nach dessen Hochzeit nach Thüringen begeben, wo er das Weihnachtsfest 951 bereits in Saalfeld beging. Er sah sich nach der Hochzeit seines Vaters aus seiner bisherigen Rolle am königlichen Hof verdrängt. Die Spannungen zwischen Vater und Sohn verschärften sich später noch, als Ottos Bruder, Herzog Heinrich von Bayern, die italienischen Markgrafschaften Verona und Aquileja erhielt, während Liudolf bei der Neufestlegung der Herrschaftsverhältnisse in Italien nicht berücksichtigt wurde. Bis zum offenen Ausbruch der Erhebung dauerte es zwar noch einige Zeit, doch erwähnt Widukind von Corvey bereits anläßlich der Feier des Weihnachtsfestes in Saalfeld ein *convivium* – ein feierliches Gastmahl –, das Liudolf zur Sammlung seiner Anhänger gedient habe.

Otto und Adelheid brachen Ende Februar 952 in Italien auf, wo Otto seit Annahme der oberitalienischen Königswürde eine Reihe von Urkunden für italienische Empfänger ausgestellt hatte. In einem Diplom für die Äbtissin Berta von San Sisto zu Piacenza vom 6. Februar 952, das noch in Pavia ausgestellt worden ist, wird Adelheid erstmals in einer Königsurkunde als Fürsprecherin genannt.[16] Da die Intervenienten in der Regel bei den Verhandlungen über die betreffende Angelegenheit, die der Beurkundung meist nicht lange vorhergingen, anwesend waren, stellt die jeweilige Königsurkunde, von einigen Sonderfällen abgesehen, auch einen Nachweis des Aufenthalts der Intervenienten am Königshof dar. Ortsangabe und Datierung der Königsurkunden ermöglichen es so, festzustellen, wann sich der Königshof an welchem Ort aufgehalten hat. Die Datierungen und die Ortsangaben in den Diplomen Ottos des Großen und seiner Nachfolger, Ottos II. und Ottos III., enthalten zudem auch wichtige Informationen zur Biographie der Kaiserin Adelheid. Sie tritt bereits bei ihrem Mann, noch stärker aber bei ihrem Sohn und bei ihrem Enkel als Intervenientin auf. Sie übertrifft in dieser Hinsicht bei weitem andere ottonische Königinnen, wie Ottos I. Mutter, Mathilde, oder die Frau Ottos II., Theophanu. Die Fürsprachen Adelheids in den Königsurkunden erfolgten zwar nicht regelmäßig, sie stellen aber in jedem Fall wichtige Zeugnisse für ihre Anwesenheit am Königshof dar. In einzelnen Jahren, wie etwa 962 oder 965, intervenierte Adelheid so häufig und so regelmäßig in den Urkunden Ottos des Großen, daß es möglich ist, ihren Reiseweg relativ exakt zu rekonstruieren. Unmittelbar nach der Hochzeit sind Adelheids Interventionen aber noch selten.

Das erste gemeinsame Osterfest – im Mittelalter hatte Ostern im Festkalender der Herrscher eine außerordentlich große Bedeutung – feierten Adelheid und Otto in Magdeburg. Otto favorisierte den wichtigen Handelsplatz an der Elbe als Aufenthaltsort. Er hat Magdeburg auf dem Umritt durch die Regionen seines Reiches häufiger aufgesucht als jeden anderen Ort; eine eigentliche Hauptstadt gab es unter den ottonischen Herrschern nicht. Hier in Magdeburg hatte Otto bereits 937 das Moritzkloster gegründet und nach langwierigen Bemühungen 968 die Errichtung eines Erzbistums erwirken können.

Als Adelheid und Otto 952 zur Feier des Osterfestes in Magdeburg weilten, mit der Feier des hohen Kirchenfestes war auch eine Reichsversammlung verbunden, folgte ihnen Berengar aus Italien dorthin. Von Anhängern Liudolfs, dessen Verhältnis zu seinem Vater sich weiter zuspitzte, wurde ihm ein königlicher Empfang bereitet. Otto verweigerte Berengar dagegen den Zutritt zum königlichen Hof. Erst nachdem er ihn drei Tage hatte warten lassen, fand er sich zu einer Unterredung bereit. Berengar unterwarf sich dem König und erhielt von Otto wie auch von Adelheid – der Mönch Widukind von Corvey berichtet es in seiner Sachsengeschichte ausdrücklich[17] – Verzeihung. Eine Regelung für Italien wurde aber erst auf der Reichsversammlung in Augsburg getroffen: Berengar und sein Sohn Adalbert leisteten Otto einen Vasalleneid und anerkannten ihn somit als Oberherrn über das italienische Königreich.

Der 953 offen ausbrechende „Liudolf-Aufstand" währte bis 954 und wurde von weiten Kreisen des hohen Feudaladels unterstützt, die gegen die kompromißlose Politik Ottos zur Stärkung der Königsmacht opponierten. Bei der Niederschlagung der Erhebung kam es Otto in gewisser Weise zugute, daß 954 die Ungarn erneut in das Reich einfielen und damit nun ein gemeinsames Vorgehen gegen die äußere Bedrohung unter der Führung des Königs notwendig wurde. Am 10. August 955 gelang es ihm, die Ungarn auf dem Lechfeld bei Augsburg zu schlagen und somit die größte äußere Bedrohung vom entstehenden deutschen Feudalstaat abzuwenden.

Über Adelheids Aufenthalt und ihre Tätigkeit in diesen äußerst bewegten Jahren, in denen Ottos Königsherrschaft noch einmal in eine Krise geraten war, berichten die Quellen nichts. An der Seite Ottos wird sie nicht genannt. Bereits unter den Teilnehmern an der Reichsversammlung zu Augsburg im August 952 wird sie nicht mehr erwähnt. Adelheid, die zu diesem Zeitpunkt schon schwanger gewesen sein muß, blieb offenbar in Sachsen, wohin auch Otto nach dem Treffen in Augsburg wieder zog. Gewiß hat sie sich in einer der häufig vom König aufgesuchten Pfalzen aufgehalten, vielleicht in Magdeburg. In Sachsen, eventuell auch in Frankfurt am Main, wo der König nachweislich 952 das Weihnachtsfest begangen und sich noch bis zum Frühjahr 953 aufgehalten hat, wird Adelheid ihr erstes gemeinsames Kind mit Otto I. geboren haben. Der kleine Sohn, der wie Ottos Vater und Ottos jüngerer Bruder Heinrich genannt wurde, verstarb bereits sehr jung, lebte jedenfalls im Jahre 956 nicht mehr. Erst in diesem Jahr intervenierte die Königin wieder in einer Urkunde Ottos. Auf den 29. Februar 956 ist ein in Lorsch ausgestelltes Diplom datiert, mit dem der König auf Fürsprache Adelheids dem dortigen Kloster den Königsschutz, die Immunität und das Recht der freien Abtwahl verlieh.[18]

Doch bleiben die Nachrichten auch weiterhin sehr spärlich. Bis zum Mai 960 sind lediglich vier Interventionen Adelheids überliefert, die eine Rekonstruktion des Reiseweges der Königin, die Feststellung der Aufenthaltsorte mit Hilfe des Urkundenformulars, nicht einmal grob annäherungsweise erlauben. Auch die Geschichtsschreiber wissen über diesen immerhin acht Jahre währenden Lebensabschnitt Adelheids fast nichts zu berichten. Von einer politischen Aktivität der Königin, einer wirklichen und aktiven Teilnahme an der Königsherrschaft kann in dieser Zeit nicht die Rede sein. Was die Quellen dann aber doch berichten, liefert wohl auch die Erklärung für die politische „Enthaltsamkeit" der Königin: Adelheid hatte zwischen Ende 952/Anfang 953 und Ende 955 insgesamt vier Kinder geboren. Ihrem Sohn Heinrich folgte bald mit Brun ein zweiter Sohn. Auch dieses Kind trug einen bei den Ottonen geläufigen Namen, den des jüngeren Bruders König Ottos, Erzbischof Brun von Köln. Der kleine Brun starb im frühen Kindesalter, als sein Todestag ist der 8. September 956 überliefert. Wahrscheinlich Anfang 955 folgte die zweite Tochter Adelheids, die einzige Tochter aus ihrer Ehe mit Otto. Sie erhielt den Namen Mathilde und wurde später Äbtissin von Quedlinburg. Von den Söhnen Adelheids erreichte allein der noch 955 geborene Otto das Mannesalter. Er folgte im Jahre 973 seinem Vater in der Herrschaft. Die Zeit, in der die Königin weder in den historiographischen noch in den urkundlichen Quellen besonders hervortritt, erweist sich so als der Zeitraum, in dem sie ihre Kinder geboren und über die ersten schwierigen Jahre vielleicht auch selbst betreut hat.

Die wenigen Nachrichten, die dennoch über die Aufenthaltsorte in diesen acht Jahren vorliegen, zeigen, daß sie vor allem in Ostsachsen/Nordthüringen, aber auch in Rheinfranken und Niederlothringen weilte. Gerade diese Regionen konnten in einer Untersuchung zur Herrschaftspraxis Ottos I. als die politischen Zentralräume der Königsherrschaft ermittelt werden, als Gebiete, in denen der König immer wieder präsent war und wo große Königsgutkomplexe lagen.[19] Nur in diesen Regionen hat sich Adelheid in den durch die Geburt und Betreuung der Kinder ausgefüllten Jahren nachweislich aufgehalten. Ab Mitte des Jahres 960 nimmt die Zahl der Interventionen Adelheids in den Königsurkunden Ottos dann wieder zu. Seit dieser Zeit kann man auch davon ausgehen, daß die Königin Otto auf seinem Umritt begleitet hat.

Als der König im Frühjahr 961 mit den Vorbereitungen für seinen zweiten Italienzug begann, lebte nur noch einer seiner ehelichen Söhne, der fünfjährige Otto, denn inzwischen war auch sein zunächst zum Thronfolger bestimmter Sohn Liudolf verstorben. Zur Sicherung der Thronfolge ließ der König vor seinem Aufbruch nach Italien den kleinen Otto auf einer Reichsversammlung in Worms im Mai 961 zum König wählen und gleich anschließend in Aachen krönen. Die Anwesenheit der Mutter wird durch die überlieferten Quellen nicht bezeugt. Sie ist aber nicht zuletzt wegen der Bedeutung des Ereignisses anzunehmen. Daß Adelheid nur wenige Tage nach der Wormser Reichsversammlung als Intervenientin am Königshof bezeugt ist, spricht ebenfalls dafür.

Nachdem die Nachfolge auf dem Königsthron verbindlich geregelt war, sammelte Otto im August sein Heer zum Italienzug. Auch die Königin war unter den Teilnehmern. Das Weihnachtsfest beging das Paar bereits in Pavia. Auf Widerstand war Otto in Italien kaum gestoßen. Große Teile des oberitalienischen Feudaladels schlossen sich ihm an – König Berengar zog sich mit seinen Anhängern auf feste Burgen zurück und wurde später gefangengenommen.

Am 2. Februar 962 traf das Paar in Rom ein, wo es von Papst Johannes XII. empfangen und in die Peterskirche geleitet wurde. Hier folgten Salbung und Krönung, die sowohl an Otto als auch an Adelheid vorgenommen wurden. Die Einzelheiten der Kaiserkrönung sind jedoch nicht überliefert. Ihr folgten in den nächsten Tagen zähe Verhandlungen, bei denen der Kaiser eine päpstliche Urkunde erwirken konnte, die ihm die Erlaubnis zur Errichtung eines Erzbistums in Magdeburg für alle unterworfenen und noch zu unterwerfenden Slawen erteilte. Otto stellte seinerseits dem Papst eine in Goldschrift auf purpurfarbenem Pergament geschriebene Urkunde aus, das *Ottonianum*, in der er den Päpsten den Besitz des Kirchenstaates garantierte. Von einer Mitwirkung der Kaiserin bei diesen Verhandlungen ist nichts überliefert, sie wird nicht stattgefunden haben. Dennoch tritt offenbar nach der Kaiserkrönung eine Veränderung hinsichtlich der Mitwirkung Adelheids an den Regierungsgeschäften ein. Die Zahl der Urkunden, in denen Adelheid als Fürsprecherin genannt wird, steigt nun sprunghaft an, ja die Kaiserin ist jetzt an der Mehrzahl der zur alltäglichen Herrschaftspraxis gehörenden Urkundenvergaben bzw. auch den vorhergehenden Verhandlungen und Entscheidungen beteiligt. Erstmals in den etwa zehneinhalb Jahren ihrer Ehe wird Adelheid jetzt in einem Diplom Ottos als *consors regni*, Teilhaberin an der Königsherrschaft, bezeichnet.[20]

Die Fürbitten Adelheids häufen sich besonders während zweier längerer Aufenthalte in Pavia in den Jahren 962 und 963.

Doch hält sich Adelheid während des Italienzuges nicht die überwiegende Zeit in der ihr so vertrauten oberitalienischen Kapitale auf. Es läßt sich vielmehr durch die Interventionen in den Königsurkunden zeigen, daß die Königin offenbar nicht von der Seite Ottos gewichen ist und ihn auf seinen Zügen durch Italien begleitet hat, deren Verlauf zunächst von den Auseinandersetzungen mit Berengar und seinen Anhängern bestimmt wurde. Über ein besonderes Interesse der Kaiserin Adelheid an der Verfolgung ihrer alten Feinde berichten die Quellen jedoch nichts, auszuschließen ist es aber nicht. Berengar und seine Frau Willa wurden 963 gefangengenommen und mußten den Rest ihres Lebens in der Verbannung in Bamberg verbringen.

Im Januar 965 kehrte das Kaiserpaar ins deutsche Reichsgebiet zurück. Im Mai/Juni fanden sich zu einer Reichsversammlung in Köln zahlreiche Vertreter des hohen geistlichen und weltlichen Adels ein. An dem niederlothringischen Erzbischofssitz erschienen auch viele Angehörige der ottonischen Familie, so daß man von einem Familientreffen sprechen kann. Neben dem Kaiserpaar waren Ottos Mutter Mathilde, seine Geschwister, der Erzbischof Brun, Herzog Heinrich von Bayern und Gerberga, sowie seine Kinder Otto und Mathilde anwesend. Was in Köln beraten worden ist, ist im einzelnen nicht bekannt. Ganz offenbar ist hier aber die im nächsten Jahr erfolgte Eheschließung zwischen Adelheids Tochter aus erster Ehe, Hemma, mit Ottos Neffen Lothar, dem Sohn des westfränkisch-französischen Königs Ludwig IV. und Ottos Schwester Gerberga, verabredet worden. Mit dieser Eheschließung verbanden die Kaiserin nun auch familiäre Beziehungen mit den im westfränkisch-französischen Feudalstaat immer noch herrschenden Karolingern.

Die jüngere Tochter Adelheids, Mathilde, ist ebenfalls während des kurzen Aufenthalts des Kaiserpaares im deutschen Reichsgebiet 965/966 „versorgt" worden. Im Frühjahr 966 wurde sie als Äbtissin des Kanonissenstifts Quedlinburg eingesetzt. Der genaue Zeitpunkt der Investitur ist nicht überliefert, doch ist eine am 23. April in Quedlinburg ausgestellte Königsurkunde Ottos erhalten, in der Adelheid als Fürsprecherin genannt wird, so daß ein zeitlicher Anhaltspunkt gegeben ist.[21] Die feierliche Einsetzung der damals erst elfjährigen Königstochter fand in Anwesenheit von Kaiser und Kaiserin, des kleinen Otto, der Königin Mathilde und zahlreicher Vertreter des geistlichen und weltlichen Adels statt.

Bis zu diesem Zeipunkt sind die ottonischen Königstöchter – die Schwestern Ottos des Großen – nicht zum Leben in einem geistlichen Konvent bestimmt worden. Vielmehr suchten die Ottonen zunächst durch gezielte Heiratspolitik ihre Königsherrschaft zu festigen. Die Ursache dafür, daß nun Ottos Tochter Mathilde nicht verheiratet worden ist, könnte darin zu sehen sein, daß der Kaiser aufgrund der schlechten Erfahrungen in der Frühzeit der ottonischen Herrschaft die mit einer solchen Heirat verbundene Rangerhöhung keinem Adelsgeschlecht mehr zugestehen wollte.[22] Wie dem auch sei, mit der Politik Ottos, die Königsmacht durch eine engere Verbindung mit der Reichskirche zu festigen, verträgt sich diese Entscheidung gut.

Gerade in Sachsen hatte der Adel zahlreiche Kanonissenstifte, u. a. zur Versorgung der weiblichen Familienangehörigen, gegründet, die mit umfangreichem Besitz ausgestattet und oft unter Königsschutz gestellt waren. Diese Frauenkonvente spielten für die Hofhaltung der ottonischen Königinnen, Königswitwen und Prinzessinnen eine außerordentlich wichtige Rolle.[23] Unter diesen Damenstiften nahm der für Ottos Tochter ausgewählte Konvent eine bevorzugte Stellung ein. Das 936 gegründete und reich ausgestattete Stift ist von der Königin Mathilde, Ottos Mutter, selbst geleitet worden. In Quedlinburg wurde sie auch 968 an der Seite König Heinrichs I. beigesetzt. Quedlinburg war unter den Ottonen bevorzugter Ort für die oft in großem Gepränge gefeierten und mit wichtigen politischen Aktivitäten verbundenen Osterfeste. Zahlreiche Reichsversammlungen fanden hier statt, und die Kaiserinnen Adelheid und Theophanu haben sich in Quedlinburg häufig und zum Teil über längere Zeiträume hin aufgehalten. Mathilde selbst hat dann auch als Äbtissin von Quedlinburg besonders während der Herrschaft ihres Neffen Otto III. und zum Teil an der Seite ihrer Mutter eine außergewöhnliche politische Aktivität im Interesse des ottonischen Königtums entfaltet.

Im Herbst des Jahres 966 brach Otto zu seinem dritten und längsten Italienzug auf, der ihn bis nach Süditalien führen sollte. Adelheid begleitete ihn auch dieses Mal. Den jungen Otto gab man zunächst in die Obhut des Erzbischofs Wilhelm von Mainz, des ältesten, vorehelichen Sohns des Kaisers von einer slawischen Adligen, der während der Abwesenheit des Herrscherpaares auch die Reichsgeschäfte auf dem Gebiet des entstehenden deutschen Feudalstaates führte.

Das nächste Weihnachtsfest begingen Otto und Adelheid bereits in Rom, und es folgten noch fünf weitere, die sie in Italien feierten, ehe sie im Herbst 972 die Rückreise über die Alpen antraten. Der erneute Italienzug des Kaisers diente vor allem dem Ziel, die südlich Roms gelegenen langobardischen Fürstentümer Benevent, Capua und Salerno in das Ottonenreich einzugliedern und schließlich auch das noch zum Byzantinischen Kaiserreich gehörende Süditalien zu erobern. Die zwischen 968 und 970 geführten Feldzüge brachten jedoch nicht den erwünschten Erfolg. Nachdem in Byzanz mit Johannes Tzimiskes ein neuer Kaiser an die Macht gelangt war, wurde ein Kompromiß auf dem Verhandlungswege erreicht. Otto mußte auf Süditalien verzichten, behielt aber Capua und Salerno. Ferner entsprach der byzantinische Kaiser einer Bitte Ottos und übersandte seine Nichte Theophanu, die am 14. April 972 in Rom von Papst Johannes XIII. mit dem jungen Otto vermählt und zur Kaiserin gekrönt wurde. Damit gab es nun zwei Kaiserinnen am ottonischen Hof, und mit Theophanu erhielt Adelheid eine kluge und selbstbewußte Schwiegertochter. Das Verhältnis der beiden Frauen zueinander sollte später nicht ohne Spannungen bleiben.

Während dieses letzten Italienaufenthaltes der Kaiserin Adelheid an der Seite ihres Mannes ist es ihr gelungen, zwei päpstliche Privilegien für ihre früheste Klostergründung, das Benediktinerkloster San Salvatore bei Pavia, zu erwirken. Papst Johannes XIII. nahm das den Cluniazensern unterstellte Monasterium in seinen Schutz, er bestätigte dessen Besitzungen und gewährte verschiedene Privilegien.[24] Adelheid hatte das Kloster sowohl zum Seelenheil ihres Mannes und ihres Sohnes als auch ihres verstorbenen ersten Gatten, König Lothars von Italien, aus ihrem reichen italienischen Grundbesitz gestiftet. Deutlich wird dabei nicht nur die selbständige Verfügungsgewalt Adelheids über ihre oberitalienischen Feudalgüter. Der ausdrückliche Einschluß Lothars in diese Gedenkstiftung ist vielleicht als ein weiterer Hinweis auf ihre offenbar glückliche erste Ehe zu werten.

Gerüchte über einen bevorstehenden Aufstand in Sachsen mögen dazu beigetragen haben, daß Otto beschloß, seinen dritten Italienaufenthalt früher als zunächst geplant abzubrechen. Bei seiner Rückkehr ins deutsche Reichsgebiet im August 972 wurde er sowohl von Adelheid als auch von dem jungen Kaiserpaar begleitet. Es fanden nun eine Reihe von Reichs- und Kirchenversammlungen sowie Feiern hoher Kirchenfeste unter Ottos Leitung statt, von denen sich die Palmsonntag-Feier in Magdeburg und der Osterhoftag in Quedlinburg 973 zu bedeutenden politischen Höhepunkten gestalteten. Besonders das Osterfest, zu dem Gesandte aus Byzanz und Benevent, Vertreter der Ungarn, Dänen, Russen und Bulgaren sowie die Herzöge Boleslav von Böhmen und Mieszko von Polen erschienen waren, zeigte den Kaiser auf dem Höhepunkt seiner Macht. Über die Beteiligung der Kaiserin Adelheid an diesen letzten politischen Handlungen ihres Mannes berichten die Quellen nicht ausdrücklich. Doch zeugt wiederum eine ganze Reihe von Interventionen Adelheids in den Herrscherdiplomen davon, daß sie an den Regierungs- und Staatsgeschäften weiterhin beteiligt war.

Nur wenige Tage nach der prunkvollen Quedlinburger Osterfeier befiel den Kaiser in Memleben ein schweres Fieber, von dem er sich nicht mehr zu erholen vermochte. Am 7. Mai 973 starb er in der Pfalz an der Unstrut, wo schon sein Vater, Heinrich I., sein Leben beschlossen hatte. Beigesetzt wurde Otto im Magdeburger Dom neben seiner ersten Frau Edgith.

Adelheid war nun mit 41 oder 42 Jahren zum zweiten Mal Witwe geworden. Sie sollte den Kaiser schließlich um 26 Jahre und ihren ersten Mann sogar um 49 Jahre überleben. Doch war der lange währende Witwenstand Adelheids in ihrer Zeit und bei den Frauen des Adels nicht ungewöhnlich. Besonders in Sachsen waren in dieser Zeit viele von ihnen über lange Zeit Witwen. So überlebte auch Adelheids Schwiegermutter Mathilde König Heinrich I. um mehr als ein Vierteljahrhundert. Sogar erst 30 Jahre nach ihrem Mann starb die Frau von Ottos jüngerem Bruder Herzog Heinrich von Bayern, Judith. Man hat errechnet, daß in den sechs Generationen der Liudolfinger/Ottonen – angefangen mit Liudolf um die Mitte des 9. Jahrhunderts bis ins 11. Jahrhundert hinein – vierunddreißigmal die Frauen ihre Männer und nur dreizehnmal die Männer ihre Frauen überlebten. Legt man dieselbe Gruppe von insgesamt 149 Personen zugrunde, so überlebten vierzehnmal eine Schwester oder mehrere Schwestern alle ihre Brüder, während nur in neun Fällen ein Bruder als letzter starb.[25] Eine befriedigende Erklärung für dieses Phänomen läßt sich nicht ohne weiteres finden. Zwar wurden die Adelstöchter meist in jungen Jahren verheiratet; Bräute im zarten Alter von nur 12 oder 13 Jahren waren nichts Ungewöhnliches. Doch war es andererseits keinesfalls so, daß die Männer des sächsischen Adels generell spät heirateten. Der Altersunterschied zwischen Otto I. und Adelheid war für die Ehen des sächsischen Adels nicht typisch – auch Otto hatte ja bereits in jungen Jahren erstmals geheiratet. Eher ist hier an eine Folge der zahlreichen kriegerischen Auseinandersetzungen gerade mit den zäh ihre Unabhängigkeit verteidigenden benachbarten Elbslawen zu denken, bei denen viele Adlige oft im besten Mannesalter den Tod fanden. Jedenfalls war nicht wenigen Frauen des sächsischen Adels ein langes Leben als Witwen beschieden, überlebte manche Frau ihren Mann, ihren Bruder oder auch ihren Sohn.[26] Auch Adelheid sollte nicht nur ihre beiden Männer und ihre Brüder, sondern auch ihre Söhne überleben. Doch zunächst folgte ihr Sohn Otto im Alter von 18 Jahren seinem Vater in der Herrschaft.

Nach der Übernahme der Regierungsgewalt durch Otto II. im Jahre 973 gelang es Adelheid, am Hof des jungen Kaisers beträchtlichen Einfluß auf dessen Politik zu nehmen. Bereits bei dessen ersten selbständigen Handlungen wird dies deutlich: Auf Empfehlung bzw. Ermahnung *(admonitio)* seiner Mutter stellt Otto II. zum Gedächtnis und für das Seelenheil seines Vaters dem Erzbistum Magdeburg am 4. Juni 973 eine Bestätigung der Besitzungen und Privilegien aus.[27] Drei weitere Besitz- und Privilegienbestätigungen für das von Otto dem Großen gegründete Erzbistum vom 5. Juni 973 erfolgten ebenfalls auf Bitten und Ermahnen Adelheids. Charakteristisch für das erste Regierungsjahr des jungen Kaisers ist, daß seine Mutter sehr häufig als Intervenientin begegnet, während seine Frau nur ausnahmsweise in dieser Form an den Entscheidungen des Herrschers beteiligt war. Noch am 8. Juni 975 gelingt es Adelheid, eine im thüringischen Dornburg ausgestellte Urkunde zu erwirken, mit der Otto seiner Mutter die von Otto I. übertragenen Güter im Elsaß, in Franken, Thüringen, Sachsen sowie im Gebiet der Elbslawen bestätigt.[28]

Obwohl es wahrscheinlich in dieser Zeit noch nicht zum offenen Bruch zwischen Adelheid einerseits und Theophanu und Otto andererseits gekommen war,[29] berichten die Quellen für die nächsten drei Jahre kaum etwas über die Wirksamkeit der Kaiserinmutter am Hofe ihres Sohnes. Im Oktober 976 weilte sie nachweislich in Oberitalien, wo unter ihrer Leitung eine Gerichtssitzung stattfand, auf der ein Vergleich zwischen zwei rivalisierenden Parteien aus Venedig bestätigt wurde.[30] Sie übte also ganz offensichtlich in Oberitalien königliche Rechte in Vertretung ihres Sohnes aus. Dagegen intervenierte Adelheid nun nur noch ausnahmsweise in den Königsurkunden, ganz im Gegensatz zu ihrer Schwiegertochter, deren Einfluß am Hof deutlich zunahm. Odilo von Cluny berichtet folgendes über diese Entwicklung: „Als nun der kaiserliche Otto den Weg allen Fleisches gegangen war, leitete die Kaiserin lange Zeit mit ihrem Sohne glücklich das Reich. Als aber nach göttlicher Fügung gerade durch der Kaiserin Verdienst und Betriebsamkeit der Vorrang des römischen Kaisertums fest begründet war, fehlte es nicht an schlechten Menschen, die unter ihnen Zwietracht zu säen sich bemühten. Getäuscht durch deren Schmeicheleien wandte sich das Herz des Kaisers von seiner Mutter ab."[31] Der Hintergrund, vor dem sich das Revirement am Hof Ottos II. vollzog, wird jedoch weder durch Odilos Bericht noch durch andere Quellen völlig erhellt. Fest steht aber, daß die Ursachen für den Verlust der bestimmenden Position Adelheids nicht allein darin zu suchen sind, daß der junge Kaiser in seinen Handlungen nun selbständiger wurde oder daß es im Verhältnis zwischen Mutter und Schwiegertochter Spannungen gab. Vielmehr ist das Zerwürfnis in einem Zusammenhang mit bedeutenden politischen Ereignissen der Jahre 977 und 978 zu sehen.

Seit Beginn seiner Herrschaft hatte sich Kaiser Otto II. mit seinem Vetter Heinrich, den spätere Quellen wegen seiner Beteiligung an zahlreichen Revolten nicht ganz zu Unrecht den „Zänker" nennen, auseinanderzusetzen. 977 erhob sich der Bayernherzog erneut gegen Otto. Doch konnte auch diese gefährliche Adelsrevolte, an der Herzog Heinrich von Bayern, Herzog Heinrich von Kärnten und Bischof Heinrich von Augsburg teilnahmen und die deshalb als „Aufstand der drei Heinriche" bezeichnet wird, niedergeschlagen werden. Mit der daraufhin Mitte

April 978 in Magdeburg beschlossenen Verbannung des bayerischen Herzogs war Adelheid, die schon dessen Vater, ihrem Schwager Heinrich, besondere Sympathie entgegengebracht hatte, offenbar nicht einverstanden.[32] Zur Verstimmung der Kaiserinwitwe und zur Schwächung ihrer Position am Hof Ottos trugen auch die Ereignisse in und um Lothringen bei. Der Kaiser hatte den jüngeren Bruder des westfränkisch-französischen Königs, Karl, zum Herzog in Niederlothringen eingesetzt. Gerade dieser Karl war es aber, der seine Schwägerin Hemma, Adelheids ältere Tochter, des Ehebruchs mit dem Bischof Adalbero von Laon bezichtigt hatte. Adelheid fühlte sich daraufhin von ihrem Sohn brüskiert. Ihr Verhältnis zu Otto II. wurde noch weiter belastet, als es zu militärischen Auseinandersetzungen zwischen ihrem Schwiegersohn König Lothar und dem Kaiser kam. Lothar war im Frühjahr 978 mit starken Kräften in Lothringen eingefallen und hatte Aachen im Handstreich genommen. Otto war gezwungen, die Pfalz Karls des Großen fluchtartig zu verlassen, und antwortete mit einem Gegenzug, der ihn bis vor die Tore von Paris führte.

Adelheid hatte sich in dieser Zeit mit dem Kaiser ernsthaft überworfen und den Hof mit ihrer Tochter Mathilde verlassen. Sie hielt sich in den nächsten Jahren bei ihrem Bruder, König Konrad von Burgund, auf, wo sie – so weiß es zumindest Odilo von Cluny zu berichten – „freundlich und ehrenvoll empfangen" wurde und wo „ob ihrer Ankunft ganz Burgund frohlockte".[33] Hier verliert sich ihre Spur für mehr als drei Jahre.[34]

Im Mai 980 war es zu einem Friedensschluß zwischen Otto und Lothar gekommen, bei dem der westfränkisch-französische König endgültig auf Lothringen verzichtete.[35] Der Kaiser wandte sich nun Italien zu, wo er in Anknüpfung an die Politik seines Vaters die ottonische Herrschaft festigen und ausbauen wollte. Anfang Dezember erreichte er mit seiner Frau und ihrem etwa vier Monate alten Sohn Otto Pavia. Auch Adelheid war hierher gekommen, und es fand auf Vermittlung des Abtes Majolus von Cluny und König Konrads von Burgund die Aussöhnung der gekränkten Mutter mit dem Kaiser statt. Odilo berichtet darüber in seiner blumigen Sprache, wiederum die Partei Adelheids ergreifend: „Nach dieser Zeit schickte aber Kaiser Otto, von Reue ergriffen, eine Gesandtschaft an seinen königlichen Oheim und den Vater Majolus ... und ersuchte sie, mit dringendster Eile inständig zu vermitteln, daß er die Gunst seiner Mutter, die er durch eigene schwere Schuld verloren hatte, wieder erwerben könnte. Wiederholt bat und flehte er, daß sie so schnell als möglich mit seiner kaiserlichen Mutter in Pavia ihm entgegen kommen möchten. Auf den Rat so gewichtiger Männer traf dann zu Pavia die Mutter mit dem Sohne zur festgelegten Zeit zusammen. Als sie nun gegenseitig sich erblickten, warfen sie seufzend und weinend mit ganzem Körper sich auf den Boden und fingen an, sich in Demut zu begrüßen; der Sohn demütig und reuevoll, die Mutter bereitwillig zu verzeihen. Stets blieb zwischen beiden von nun an das unauflösliche Band eines dauernden Friedens."[36] Odilo mag etwas übertrieben haben. Doch herrschte tatsächlich seit dieser Zeit Einvernehmen zwischen dem jungen Kaiserpaar und der Kaiserinwitwe, was sich auch in der nun wieder ansteigenden Zahl der Interventionen Adelheids in den Diplomen Ottos ausdrückt. Gewiß wollte Otto bei der Realisierung seiner Vorhaben in Italien nicht auf die Unterstützung durch seine Mutter verzichten, da Adelheid nach wie vor in Oberitalien über starke Machtpositionen und großes Ansehen verfügte.

Zunächst begleitete Adelheid den Zug des kaiserlichen Hofes über Ravenna, wo das Weihnachtsfest begangen wurde, nach Rom. Hier verbanden sich mit der Osterfeier eine ganze Reihe wichtiger politischer Entscheidungen, ohne daß jedoch eine Mitwirkung der Kaiserin Adelheid an ihrem Zustandekommen überliefert ist. In Rom faßte Otto auch den Entschluß, in Süditalien einzugreifen, um dort sowohl die eingefallenen Sarazenen zu bekämpfen als auch seine Herrschaft auf ganz Italien auszudehnen, dessen südliche Gebiete zumindest formal noch zum Byzantinischen Reich gehörten. Als der Hof im Herbst 981 nach dort aufbrach, war die Kaiserinwitwe bereits nicht mehr dabei. Sie hatte sich zu ihrem Bruder nach Burgund, vielleicht aber auch nach Oberitalien begeben und wird erst nach einiger Zeit von der vernichtenden Niederlage Ottos am 13. Juli 982 bei Cotrone erfahren haben, die zugleich das Ende der Expansion des Ottonenreichs markiert. Ende September weilte Adelheid dann bereits wieder am Hofe des Kaisers in Capua – vielleicht war sie sofort nach Süditalien geeilt, um ihrem Sohn nach der Niederlage zur Seite zu stehen.

Wichtige politische Entscheidungen wurden auf dem Reichstag zu Verona Pfingsten 983 getroffen. Es standen nicht nur die Neuvergabe der Herzogtümer Bayern und Schwaben und die Besetzung des Prager Bischofsstuhles sowie eine generelle Bestätigung der kaiserlichen Politik durch die Fürsten an. Der Kaiser erreichte in Verona vor allem, daß sein dreijähriger Sohn Otto von deutschen und italienischen Fürsten zum König gewählt wurde, und konnte damit zunächst einen wichtigen Erfolg bei der Sicherung der ottonischen Herrschaft erringen. Adelheids Enkel wurde dann Erzbischof Willigis von Mainz übergeben, der ihn nach Aachen brachte, wo die Krönung des jungen Königs in Anwesenheit der beiden Kaiserinnen Weihnachten 983 stattfand. Es ist anzunehmen, daß Adelheid und Theophanu am Zustandekommen der hier getroffenen Entscheidungen beteiligt waren. Doch ist Adelheid in Verona auch nachweislich selbst politisch wirksam geworden. Auf Verwendung der beiden Kaiserinnen wurde am 7. Juni 983 mit Venedig ein Frieden geschlossen, der einen zweijährigen Handelskrieg beendete. Es kam zu einer Bestätigung der früheren Privilegien und Verträge sowie zur Zusicherung des freien Handelsverkehrs im Ottonenreich für die venezianischen Kaufleute.

Während der Kaiser nach den Tagen von Verona in Richtung Süditalien zog, begab sich Adelheid nach Pavia, von wo aus sie die kaiserlichen Interessen in Oberitalien wahrgenommen und die Reichsregierung vertreten hat. Hier erreichte sie auch die Nachricht vom frühen Tode ihres Sohnes, der am 7. Dezember 983 in Rom im Alter von nur 28 Jahren an der Malaria bzw. an den Folgen ihrer falschen Behandlung gestorben war.

In Aachen traf die Meldung über den Tod des Kaisers unmittelbar nach Abschluß der Krönungsfeier ein. Die anwesenden Fürsten haben daraufhin sogleich Beratungen über die entstandene Lage aufgenommen. Es mußte eine Entscheidung über die Vormundschaft für den Dreijährigen getroffen werden, da sich daraus weitreichende politische Einflußmöglichkeiten ergaben. Es ist so nicht verwunderlich, daß sofort ein Streit um diese wichtige Position ausbrach und von verschiedenen Seiten Ansprüche erhoben wurden. Nach den Rechtsauffassungen der Zeit konnte die Vormundschaft dem nächsten männlichen Verwandten aus väterlicher Linie – dem „Schwertmagen“ – übertragen werden, bei Fürsten- oder Herrscherhäusern kam aber auch die Mutter in Frage.[37] Die Übernahme der Vormundschaft und der damit verbundenen Regentschaft, die faktische Übernahme der Herrschaft, stellte freilich eine wesentlich höhere Form der Herrschaftsausübung dar, als das die Beteiligung an der Königsherrschaft, die Beratung und zeitweilige Vertretung des Königs war.

Es gibt im Frühmittelalter mehrere Beispiele für die Übernahme der Königsherrschaft durch eine Frau. Verwiesen sei nur auf die fränkische Königin Brunhilde und die byzantinische Kaiserin Eirene. Sie war also nicht grundsätzlich in Frage gestellt, auch wenn Auffassungen wie die des Johannes Chrysostomos verbreitet waren, wonach die Frau, die vor dem Sündenfall dem Manne nach Rang und Ehre ausdrücklich gleichgestellt gewesen sei, durch ihre Schwäche gegenüber der Schlange ihre Unfähigkeit zum Herrscheramt bewiesen habe.[38]

Die Auffassungen der in Aachen versammelten Fürsten gingen in der Vormundschaftsfrage auseinander. Die Mehrheit entschied sich zunächst für Heinrich den Zänker, dem sofort eine Botschaft nach Utrecht gesandt wurde, wohin ihn Otto II. verbannt hatte. Gegen Theophanu sprach vielleicht, daß sie als Byzantinerin vielen als eine Fremde galt. Adelheid wurde hingegen durch Boten gebeten, aus Italien zurückzukommen und sich um den jungen König, ihren Enkel, zu kümmern. Die Initiative ergriff aber der langjährige Gegner Ottos II., Heinrich der Zänker. Ihm wurde nun der junge König samt der Reichsinsignien von Erzbischof Warin von Köln übergeben. Als sich der Zänker dann aber Ostern 984 in Quedlinburg selbst zum König erheben lassen wollte, wandten sich viele seiner Anhänger von ihm ab. Für die Interessen der beiden Kaiserinnen und das Königtum Ottos III. setzte sich nun vor allem Erzbischof Willigis von Mainz ein. Angesichts dieser Wendung willigte Heinrich der Zänker ein, den kleinen Otto an Adelheid und Theophanu, die inzwischen, aus Pavia kommend, im deutschen Reichsgebiet angelangt waren, auszuliefern.

In Rohr bei Meiningen fand am 29. Juni 984 eine Versammlung statt, auf der wichtige Entscheidungen getroffen wurden. Neben den beiden Kaiserinnen hatten sich hier König Konrad von Burgund, Erzbischof Willigis von Mainz, Herzog Konrad von Schwaben, zahlreiche weitere deutsche und auch italienische

Fürsten sowie Heinrich der Zänker eingefunden, der den kleinen Otto mitbrachte. Nach langwierigen Verhandlungen kam es zur Übergabe des Königs. Adelheid soll sich hierbei für Heinrich von Bayern eingesetzt haben, doch kam es erst im folgenden Jahre zu einem dauerhaften Ausgleich. Auf dem Frankfurter Hoftag im Sommer 985 wurde Heinrich das Herzogtum Bayern zurückgegeben.

Die Kontinuität der ottonischen Herrschaft war damit gesichert. Otto war nun in der Obhut seiner Mutter und seiner Großmutter, die mit ihm von Rohr nach Quedlinburg zogen, wo sie von der Äbtissin Mathilde, der Tochter Adelheids, und den Kanonissinnen feierlich empfangen worden sind. Über die Modalitäten der Regentschaft für Otto III. scheint aber noch nicht in allen Einzelheiten entschieden worden zu sein. Darauf deutet die Tatsache, daß die königliche Kanzlei ihre schon längere Zeit unterbrochene Arbeit nicht sofort, sondern erst im Oktober 984 wieder aufnahm. Es bestand offenbar noch keine Klarheit, ob und wie die Kaiserin Adelheid an der Regentschaft beteiligt werden sollte. Gemäß den geltenden Rechtsauffassungen hätte diese Aufgabe auch die Kaiserinmutter allein übernehmen können. Man hat sich dann aber doch für eine gemeinsame Regentschaft der beiden Frauen entschieden, auf die auch der Erzkanzler, Erzbischof Willigis von Mainz, und der Kanzler, Bischof Hildebald von Worms, Einfluß ausübten. Es ist vermutet worden, daß sich Willigis für diese Lösung entschieden hat, weil er mit Vorbehalten der deutschen Fürsten gegenüber der Byzantinerin Theophanu gerechnet habe.[39]

Freilich währte diese wahrscheinlich auf der Reichsversammlung Mitte Oktober 984 in Speyer gefundene Regelung nur ein knappes Jahr. Die Regierungshandlungen wurden in dieser Zeit von beiden Kaiserinnen gemeinsam ausgeübt, wobei offenbar Theophanu die führende Position einnahm. Auf jeden Fall ist die Anzahl ihrer Interventionen in den Königsurkunden Ottos III. bedeutend höher als die ihrer Schwiegermutter. Beiden ist es indes gelungen, die vormundschaftliche Regierung für den königlichen Knaben in den ersten beiden besonders komplizierten Jahren erfolgreich zu führen und so die Königsherrschaft für das ottonische Haus zu sichern. Ausdruck der erreichten Konsolidierung ist die demonstrative Darstellung der Königsherrschaft Ottos III. bei der Feier des Osterfestes in Quedlinburg im Jahre 986. Offenbar nach dem Muster der Königserhebung Ottos des Großen 936 in Aachen schloß sich einer Festkrönung Ottos III. ein Krönungsmahl an, bei dem die Herzöge Heinrich von Bayern, Konrad von Schwaben, Heinrich von Kärnten und Bernhard von Sachsen die Hofämter wahrnahmen und damit ostentativ die Königsherrschaft des Sechsjährigen anerkannten.[40] Adelheid nahm an dieser festlichen Selbstdarstellung des ottonischen Königtums nicht mehr teil. Nach dem Frankfurter Hoftag im Juni 985 hat sie sich vom Hof zurückgezogen und nach Pavia begeben. Die gemeinsam mit ihrer Schwiegertochter geführte Regentschaft war damit beendet und durch eine Art „Ressortteilung" ersetzt worden. Dabei nahm Adelheid in Italien sowohl Reichs- als auch Eigeninteressen war – sie verfügte ja hier über umfangreiches Grundeigentum. Außerdem führten auch Auseinandersetzungen um Adelheids Verfügungsgewalt über ihre von Otto dem Großen erhaltenen Witwengüter zur Aufgabe der gemeinschaftlichen Regentschaft.

Die vermögensrechtlichen Streitigkeiten zwischen den beiden hatten im Januar/Februar 985 im thüringischen Mühlhausen ihren ersten Höhepunkt erreicht. Adelheid wollte ihrer Tochter Mathilde eine Schenkung aus ihrem Wittum machen, die u. a. die Königshöfe Wallhausen, Berge und Walbeck betraf. In dem Entwurf der Schenkungsurkunde, die sie von ihrem Notar hatte anfertigen lassen, ließ sie ausdrücklich formulieren, daß sie die Orte, die ihr einst Otto I. geschenkt hatte, kraft ihres Eigentumsrechts an die Tochter übertrage.[41] Damit mochten sich aber Theophanu und Willigis nicht abfinden. Der im deutschen Reichsgebiet geltende Rechtsbrauch ging – anders als der italienische – von einer eingeschränkten Verfügungsgewalt der Herrscherin über ihr Wittum aus. Die dann doch noch am 5. Februar ausgestellte Schenkungsurkunde spart jene Formulierungen aus, die das Eigentumsrecht Adelheids an den verschenkten Gütern betonen, und macht deutlich, daß die Schenkung zwar auf Bitten Adelheids erfolgt, die übertragenen Höfe aber königliches Eigentum darstellen. Damit hatte man einen Kompromiß gefunden. Die vermögensrechtlichen Auseinandersetzungen zwischen den beiden Kaiserinnen waren aber noch nicht beendet. Sie sollten sich vielmehr in den folgenden Jahren fortsetzen.

Am 2. März 986 starb Adelheids Schwiegersohn, König Lothar, in Laon. Die Königin Hemma, Adelheids Tochter aus erster Ehe, nahm nun sowohl für sich als auch für ihren Sohn Ludwig V. die Huldigung der Fürsten des westfränkisch-französischen Reichs entgegen und bestimmte kurzzeitig auch weitgehend dessen Politik. In diesem Zusammenhang wandte sich Hemma an ihre in Italien weilende Mutter um Rat und Hilfe. Auch ein persönliches Zusammentreffen mit der Kaiserin und ihrem Bruder, König Konrad von Burgund, wurde für den 19. Mai 986 geplant.[42] Der Brief Hemmas an ihre Mutter ist von Gerbert von Reims verfaßt worden. Die Kaiserin wird darin in Anspielung auf ihre verwandtschaftlichen Beziehungen und in Anerkennung ihrer politischen Wirksamkeit als *mater regnorum* – Mutter der Königreiche – bezeichnet.[43] Adelheid kam der Bitte ihrer Tochter nach und begab sich über den Sankt-Bernhard-Paß zunächst nach Burgund. Hier machte sie in dem von ihr gegründeten Kloster Peterlingen/Payerne Station, doch fehlen sichere Angaben dafür, daß das geplante Treffen mit ihrer Tochter in Remiremont dann wirklich stattgefunden hat.

Für Hemma verschlechterte sich in den folgenden Monaten die Situation, da ihr neunzehnjähriger Sohn nun begann, eine ihren Interessen entgegengerichtete Politik zu betreiben. Adelheid, die im Herbst des Jahres 986 wieder am Hof Ottos und Theophanus eintraf, soll sich dort bei ihrer Schwiegertochter und den deutschen Fürsten für ihre Tochter eingesetzt haben.[44] Sie verweilte dann wahrscheinlich auch weiterhin am königlichen Hof, als dieser im November von Sachsen nach Niederlothringen zog und dort bis zum Frühjahr des folgenden Jahres blieb. Die Beziehungen zwischen den beiden Kaiserinnen scheinen sich in dieser Zeit verbessert zu haben. Im Mai 987 kam es schließlich in der Pfalz Allstedt zu einer erneuten Regelung vermögensrechtlicher Verhältnisse. Auf ausdrücklichen Wunsch der Kaiserin Theophanu erhielten sowohl Adelheid eine Bestätigung ihres Witwengutes im deutschen Reichsgebiet als auch ihre Tochter, die Äbtissin von Quedlinburg, eine größere königliche Landschenkung verbrieft.[45] Dann verlieren sich die Spuren Adelheids wieder für längere Zeit. An Regierungshandlungen am Hof Ottos III. ist sie nicht mehr beteiligt, und in Italien scheint sie auch nicht mehr Herrschaftsrechte ausgeübt zu haben. Jedenfalls nahm nun Theophanu auch die italienischen Angelegenheiten selbst in die Hand. Sie ordnete nicht nur die Finanzverwaltung in Oberitalien neu, sondern unternahm 989/990 sogar einen Romzug. Adelheid hat sich während dieser Zeit wahrscheinlich in Burgund, vielleicht zeitweise auch bei ihrer Tochter in Quedlinburg oder in einem anderen ihr besonders nahestehenden Konvent aufgehalten und sich aus den Regierungsgeschäften gänzlich zurückgezogen, die nun Theophanu mit Tatkraft und viel Geschick betrieb.[46]

Odilo von Cluny berichtet folgendes über das Verhältnis der beiden Kaiserinnen zueinander: Die „griechische Kaiserin" sei für sich und andere in vieler Hinsicht von Nutzen und bester Gesinnung gewesen. Ihrer kaiserlichen Schwiegermutter sei sie aber öfters entgegengetreten. „Zuletzt aber, als sie von einem gewissen Griechen (Johannes Philagathos, Erzbischof von Piacenza und Lehrer Ottos III., ist gemeint – G.B.) und anderen Schmeichlern sich raten ließ, stieß sie mit einer entsprechenden Handbewegung die drohenden Worte aus: ‚Wenn ich noch ein halbes Jahr lebe, so soll Adelheid von der ganzen Erde nicht mehr regieren, als man mit einer Hand umspannen kann.' Diese unvorsichtige Äußerung machte die göttliche Strafe zur Wahrheit. Denn noch ehe vier Wochen vergangen waren, mußte die griechische Kaiserin von dieser Welt Abschied nehmen, die Kaiserin Adelheid überlebte sie und blieb im Genusse ihres Glücks."[47]

Theophanu war gerade erneut mit lothringischen Angelegenheiten befaßt, als sie am 15. Juni 991 in Nijmegen einer Krankheit erlag. Ihr Sohn Otto war zu dieser Zeit knapp elf Jahre alt, vermochte also noch nicht selbständig zu regieren. Erneut war die nun etwa sechzigjährige Großmutter gefordert. Adelheid hielt sich zu dieser Zeit in Sachsen auf, wo sie die sterblichen Überreste des Grafen Manegold, den die Kaiserin mit der Gründung des Klosters Selz beauftragt hatte, zur Bestattung nach Quedlinburg begleitete. Offenbar hat sie sich danach noch eine gewisse Zeit bei ihrer Tochter in Quedlinburg aufgehalten, während die vormundschaftliche Regierung zunächst von Erzkanzler Willigis von Mainz und Kanzler Hildebald von Worms wahrgenommen wurde. An den Hof gelangte Adelheid dann spätestens Anfang Oktober, als sich Otto gerade in Bodfeld, der häufig aufgesuchten Jagdpfalz der Ottonen im Harz, aufhielt. Hier fanden sogleich Verhandlungen zwischen der Kaiserin, der Äbtissin von Quedlinburg sowie Erzkanzler und Kanzler statt, die zu dem Ergebnis führten, daß Adelheid die vormundschaftliche Regierung und die Erziehung des königlichen Knaben übernahm. Den Fürsten gab man diese Neuerungen im Januar 992 auf Reichstagen in Grone und Frankfurt bekannt. Damit wurde – vielleicht mit Rücksicht auf das fortgeschrittene Alter der Kaiserin – auf eine eigentliche Umfahrt im Reich zur Anerkennung der neuen Regentschaftsregierung verzichtet.

Erneut mit der Wahrnehmung der Königsherrschaft betraut, ging Adelheid sogleich an die Verwirklichung eines lange gehegten Planes. Die schon zusammen mit Graf Manegold vorbereitete Gründung des Klosters Selz im Elsaß wurde nun vollzogen. Das in günstiger Verkehrslage errichtete Eigenkloster erhielt eine großzügige Ausstattung mit Reichsgut – was Theophanu wohl keinesfalls zugelassen hätte – und königlichen sowie päpstlichen Schutz.

In der Zeit der alleinigen Regentschaft der Kaiserin Adelheid ging vom ottonischen Königshof keine so kraftvolle Politik aus, wie das noch während der Herrschaft ihrer Schwiegertochter Theophanu geschah. Doch hat das kaum allein daran gelegen, daß die „betagte Kaiserin" weniger Geschick bei der Führung der Reichsgeschäfte bewies.[48] Die eigenständige Entwicklung der beiden großen karolingischen Nachfolgereiche, des westfränkisch-französischen Feudalstaates und des Ottonenreichs, war seit 987, als sich im entstehenden französischen Feudalstaat eine neue Dynastie etabliert hatte, so weit fortgeschritten, daß die in den vergangenen Jahren ausgeübte Einflußnahme auf die inneren Verhältnisse durch die Ottonen nun nicht mehr möglich war. Als neue politische Komponente konsolidierte sich in Polen ein frühfeudales Staatswesen unter Mieszko und Bolesław Chrobry, die ihrerseits eine expansive Politik betrieben. In den Auseinandersetzungen mit den Elbslawen konnte zunächst ein Erfolg errungen werden: Im September 991 gelang es, mit polnischen Hilfstruppen die Brandenburg zu erobern. Der Hauptort der Heveller konnte jedoch nicht gehalten werden. War das ottonische Heer während der Regentschaft der Kaiserin Adelheid nicht erfolgreich, so hatte sich das unter der Ägide ihrer Schwiegertochter Theophanu nicht anders verhalten. Die Ergebnisse des Lutizenaufstandes von 983 und der Erhebung der Obodriten im Jahre 990 konnten nicht revidiert werden. Die slawischen Stämme zwischen Elbe und Oder behielten ihre Unabhängigkeit. Im sächsischen Norden des Reiches kam es während der Regentschaft Adelheids zu verheerenden Einfällen der Normannen. So war die Bilanz ihrer alleinigen vormundschaftlichen Regierung für den heranwachsenden Otto III. in mancher Hinsicht nicht positiv, ohne daß die Ursachen dafür allein im Alter der Kaiserin oder gar in deren Tatenlosigkeit zu suchen sind.

Die Kaiserin war keineswegs inaktiv, wie eine Vielzahl der auf ihre Veranlassung ausgestellten Urkunden beweist. Im Juli 992 führte sie im thüringischen Mühlhausen Verhandlungen mit mehreren Gesandtschaften aus Italien. Der Vertrag mit Venedig wurde erneuert, wobei Adelheid weitere wichtige Privilegien von wirtschaftlicher und politischer Bedeutung hinzufügte. So erhielten u. a. die venezianischen Händler besondere Immunität, und dem Dogen wurde zugestanden, daß flüchtigen Gegnern seiner Herrschaft der Aufenthalt im Reichsgebiet nicht gestattet wird. Doch auch die anderen beiden italienischen Abordnungen verließen Mühlhausen mit wichtigen Privilegien, die auf Intervention der in den italienischen Angelegenheiten immer noch kompetenten Kaiserin im Namen Ottos III. ausgestellt worden sind.[49]

Zu den politischen Aktivitäten der vormundschaftlichen Regierung unter der Leitung Adelheids muß ferner die mit einem Hoftag und einer Synode verbundene Osterfeier 993 in Ingelheim gerechnet werden, wo über wichtige personelle und grundherrschaftliche Fragen entschieden wurde. Am 16. Oktober 992 hatte die Kaiserin an der mit viel Aufwand und in Anwesenheit zahlreicher geistlicher und weltlicher Fürsten erfolgten Weihe des Halberstädter Doms teilgenommen. Bei dieser Gelegenheit erging ebenfalls wieder eine Entscheidung in italienischen Angelegenheiten. Von einer politischen Inaktivität der Kaiserin kann also auch für die Zeit ihrer alleinigen Vormundschaft kaum gesprochen werden, wenngleich sich Adelheid nun gelegentlich für mehrere Monate vom Hof zurückzog, der junge König zunehmend an Selbständigkeit gewann und an die Übernahme der Herrschaft herangeführt wurde.

Adelheids ausgeprägtes Selbstbewußtsein als Herrscherin kommt in einem undatierten und nicht ganz vollständigen Brief an einen Würzburger Geistlichen zum Ausdruck. Als „von Gott für eine gewisse Zeit mit der Herrschaft über das christliche Volk betraut“ bezeichnet sie sich selbst in dem Schreiben, mit dem sie die Bereitstellung von Unterkunft und Verpflegung für sich und ihr Gefolge sowie von Futter für ihre Pferde anordnet.[50] Es läge eigentlich nahe, daß Adelheid diesen Brief während ihrer alleinigen vormundschaftlichen Regierung für Otto III. verfaßt hat, doch sprechen verschiedene Beobachtungen zum Reiseweg der Kaiserin dafür, daß er wahrscheinlich aus dem Jahre 995 stammt, was bedeuten könnte, daß sich Adelheid auch nach der Übernahme der selbständigen Herrschaft durch ihren Enkel noch Ansprüche auf eine Regierungsbeteiligung offengehalten hat.[51]

In der letzten Septemberwoche des Jahres 994 fand ein Reichstag in Sohlingen statt, zu dem zahlreiche deutsche und italienische Fürsten erschienen. Erste Pläne für eine Kaiserkrönung Ottos wurden hier erörtert und die Reise eines Brautwerbers nach Byzanz beschlossen, der beim dortigen Kaiser um die Entsendung einer Prinzessin für Otto bitten sollte. Auf dem Sohlinger Reichstag wurde der nun im 15. Lebensjahr stehende König wehrhaft gemacht und damit mündig. Mit der Schwertleite Ottos endete die Regentschaft seiner Großmutter. Adelheid zog sich vom Hof weitgehend zurück. Zwar kommen noch gelegentliche Interventionen in den Urkunden des nun mündigen Königs und späteren Kaisers Otto III. vor, doch beschränkte sich ihre Mitarbeit an den Regierungshandlungen auf solche, die ihr nahestehende Konvente, wie Selz und Quedlinburg, betrafen. Zu bestimmten Höhepunkten, wie den Weihnachtsfeiern 994 in der elsässischen Pfalz Erstein und 995 in Köln, beim Hoftag Mitte November 995 in Mainz und bei der Kanonissenweihe ihrer Enkelin Adelheid in Quedlinburg, erschien sie auch weiterhin am Hofe Ottos III.

Die Kaiserkrönung Ottos III. fand am 21. Mai 996 in Rom statt und wurde von Papst Gregor V. vorgenommen, einem Verwandten Ottos. Der jugendliche Kaiser hat seiner Großmutter in einem überlieferten Schreiben seine Kaiserkrönung angezeigt und sich bei ihr für alles das, was sie zur Erlangung dieser Würde beigetragen hat, bedankt. Als er im Herbst aus Italien zurückkehrte, wurde er in Rheinfranken von der Großmutter empfangen und begleitete sie ins Elsaß. Hier fand am 18. November 996 die Weihe des Klosters Selz statt, das Adelheid gegründet und „mit Grundbesitz, Baulichkeiten, Gold, Edelsteinen und köstlichen Gewändern sowie anderen mannigfachen Schmucksachen" ausgestattet hatte, „daß es den Dienern Gottes daselbst an nichts fehlte".[52] Als Abt wurde der Hofgeistliche und Vertraute der Kaiserin, Eccemann, eingesetzt, der sein Mönchsgelübde in der Reformabtei Cluny geleistet hatte. Die feierliche Weihe des Klosters im Beisein zahlreicher geistlicher und weltlicher Fürsten stellt die letzte nachweisliche Zusammenkunft der Kaiserin mit ihrem Enkel dar. Für mehr als zwei Jahre hat sich Adelheid nun von allen politischen Aktivitäten zurückgezogen.

Im Frühjahr 999 befaßte sich die inzwischen 67- oder 68jährige Kaiserin auf der elsässischen Pfalz Erstein noch einmal mit italienischen Angelegenheiten. Bei den hier in der ersten Aprilhälfte für die Klöster San Salvatore in Pavia und Fructuosi bei Portofino ausgestellten Schenkungs- und Bestätigungsurkunden handelt es sich offenbar um letztwillige Verfügungen Adelheids.[53] Doch sollte sich der Lebenskreis der Kaiserin erst nach einem letzten Aufenthalt im heimatlichen Burgund schließen. In seinem Nachruf berichtet Odilo von Cluny recht ausführlich über die letzten politischen Handlungen der Kaiserin kurz vor ihrem Tode: Von August bis November 999 unternahm sie eine Reise nach Peterlingen/Payerne, Saint Maurice, Genf, Lausanne und Orbe, „um des Friedens und der Liebe willen ... und vereinte die streitenden Lehnsleute ihres Neffen, des Königs Rudolf, soviel sie vermochte, durch Friedensbündnisse".[54] Tatsächlich hatten schon während der Herrschaft von Adelheids Bruder Konrad besonders die weltlichen Feudalherren ihre Positionen gegenüber der Zentralgewalt ausbauen können. Als dessen Sohn Rudolf III. dann den Versuch unternahm, durch Güterkonfiskationen das Königtum zu stärken, kam es zu Unruhen und Aufständen. Adelheid setzte sich für einen Kompromiß ein, doch war ihren Bemühungen offenbar kein durchschlagender Erfolg beschieden.

Ins Elsaß zurückgekehrt, verstarb die Kaiserin am 16. oder 17. Dezember 999 im Alter von 68 Jahren im Kloster Selz. Der Nachruf Odilos von Cluny fällt überschwenglich aus: „... sie zeigte gegen ihre Hausgenossen ernste Freundlichkeit, gegen Fremde würdevollen Ernst, gegen Arme unermüdliche Barmherzigkeit, zur Verherrlichung der Gotteshäuser überströmende Freigebigkeit, gegen Gute ausdauerndes Wohlwollen, gegen Böse freimütige Strenge, in ihren Begierden Vorsicht, im Besitze Stärke, im Glück wahre Demut, im Unglück geduldige Langmut, bei der täglichen Mahlzeit Nüchternheit, in ihrer Kleidung fast nüchterne Einfachheit, in Lesungen und Gebeten, in Nachtwachen und Fasten Unermüdlichkeit, im Almosengeben eine unwandelbare Geneigtheit. Nie überhob sie sich wegen des Adels ihres Blutes, nie verlangte sie von den Menschen gelobt zu werden wegen der Herzensgüte, mit welcher Gott sie ausgestattet. Nie ließ sie wegen der ihr von Gott verliehenen Tugenden zum Übermut, nie wegen der Fehltritte zur Verzweiflung sich hinreißen, nie von der Sucht nach Ehren, Reichtümern und Ergötzlichkeiten der Welt sich beherrschen, sondern in allen Stücken begleitete sie die Mutter aller Tugenden, die Mäßigung."[55] Ähnliches halten die Quedlinburger Annalen zum Todesjahr der Kaiserin Adelheid fest: „... und als wenn sie nicht für sich geboren, sondern nur für die Pflege der Armen und Gott bestimmt gewesen wäre, ließ sie unter anderen hervorragenden Tugenden nicht ab, alles was sie bekommen konnte, namentlich den Reichszins, welchen sie im ganzen Reiche als Tribut oder als Geschenk einforderte, heiteren Sinnes und Antlitzes den Händen der Armen zu überantworten, um es in den himmlischen Schatz zu bringen. Wir sahen sie nämlich häufig, aber im Verborgenen nach Art der Bäuerinnen zu diesem ihr so erwünschten Werk geschürzt, damit die Länge der Kleider auch nicht den kleinsten Verzug veranlassen könnte, mit beiden Händen statt mit der Rechten sich so lange in dieser frommen Mühe zu beschäftigen, bis sie schwankenden Schrittes, indem nicht ihre Milde, sondern ihr Körper sie im Stich ließ, sich zur nötigen Ruhe, wenngleich nur kurz niederlegte ..."[56]

Es läßt sich freilich nicht feststellen, ob sich hinter solchen für die hagiographische Literatur doch mehr oder weniger feststehenden Wendungen wirkliche, persönliche Eigenschaften Adelheids verbergen. Das Lob von Frömmigkeit und Mildtätigkeit, Schönheit und Sittenreinheit gehört zum Standard solcher Art Lebensbeschreibungen. Die Hervorhebung von Klugheit und Tatkraft in Odilos Vorrede zu seiner Erinnerungsschrift an die Kaiserin ist dagegen durchaus ungewöhnlich.

Über einen Charakterzug Adelheids informiert eine Quelle aus der Mitte des 11. Jahrhunderts, die *Miracula domine Adelheidis.*[57] Bei einem Essen, das die Kaiserin für Kleriker und Laien gab, soll Adelheid, nachdem sie selbst schon satt war, das Messer in der Hand behalten haben, als ob sie noch weiteressen wollte. Da es üblich war, das Essen zu beenden, wenn der Herrscher bzw. die Herrscherin gesättigt war, hatte Adelheid durch ihre rücksichtsvolle Art die Speisezeit für ihre Gäste verlängert.[58]

Bereits um die Mitte des 11. Jahrhunderts setzten Bestrebungen ein, die Kaiserin Adelheid auch „offiziell" zur Ehre der Altäre zu erheben. Ein dazu notwendiger Bericht über die von ihr bewirkten Wunder – die bereits erwähnte *Miracula domine Adelheidis* – entstand zwischen 1051 und 1058 im Elsaß. Die unruhigen Zeiten des Investiturstreits haben die Durchführung eines erforderlichen ordentlichen Prozesses aber verhindert. Doch erfolgte die Heiligsprechung Adelheids dann unter Papst Urban II. 1097 in Rom, wahrscheinlich auf der Lateransynode im Januar des Jahres.[59]

Offizielle Kanonisationen von Königinnen und Kaiserinnen – d. h. Heiligsprechungen durch den Papst im Ergebnis eines geregelten und langwierigen Prozesses – waren bis zu diesem Zeitpunkt nicht üblich. Adelheid ist die erste mittelalterliche Herrscherin, der diese Ehre zuteil wurde. Von den Angehörigen der ottonischen Dynastie wurden nur noch Kaiser Heinrich II. und dessen Frau Kunigunde heiliggesprochen. Doch sind bereits vor Adelheid ottonische Frauen als Heilige verehrt worden, wenn auch ohne offizielle Kanonisation. So ist die Gründerin des Frauenkonvents in Quedlinburg, Königin Mathilde, in Sachsen verehrt worden.[60] Der Adelheid-Kult wurde auch außerhalb Sachsens, in Frankreich (Cluny und Flavigny), Oberitalien (Pavia) und im Elsaß (Selz) gepflegt. Hier spiegeln sich nicht nur die guten Beziehungen der Kaiserin zu den Äbten des Reformklosters Cluny wider. Es wirkte sich vielmehr auch die weiträumige Tätigkeit Adelheids im Ottonenreich und über seine Grenzen hinaus aus.

Adelheids Grab in Selz ist bis in das 14. Jahrhundert hinein von Pilgern aufgesucht worden. Im Jahre 1307 überflutete der Hochwasser führende Rhein das Kloster und zerstörte die letzte Ruhestätte der Heiligen.[61]

Die Kaiserin Adelheid war eine der bedeutendsten Frauenpersönlichkeiten des 10. Jahrhunderts und des frühen Mittelalters überhaupt. Das Leben der gebildeten und selbstbewußten burgundischen Königstochter, italienischen Königin, Königin im entstehenden deutschen Feudalstaat und Kaiserin ist aufs engste verbunden mit der Geschichte der auf dem Boden des einstigen karolingischen Großreichs entstandenen Nachfolgestaaten, Feudalstaaten, die zum Teil – wie das Königreich Burgund – relativ kurzlebig waren, zum Teil aber auch die europäische Geschichte des Mittelalters wesentlich bestimmt haben und den staatlichen Rahmen für die Entstehung bedeutender europäischer Nationen abgaben. Mit ihren verwandschaftlichen Beziehungen und ihrem weiten politischen Wirkungskreis repräsentiert die „Mutter der Königreiche“ in gewisser Weise selbst die im 10. Jahrhundert noch bestehenden Zusammenhänge zwischen den karolingischen Nachfolgestaaten. Adelheid hat zusammen mit ihrer Schwiegertochter Theophanu die ottonische Herrschaft während der Zeit der Unmündigkeit ihres Enkels Otto III. gesichert und damit wesentlich zur Stabilität des staatlichen Rahmens beigetragen, innerhalb dessen sich das deutsche Volk herausgebildet hat.

Olga, Regentin der Kiewer Rus
Bilder einer Fürstin

Die große Liebe der russischen Zarin Katharina II., der sie zeit ihres Lebens die Treue hielt, gehörte dem Theater. Im Jahre 1786 erfüllte sich die alternde Herrscherin einen lang gehegten Wunsch und ließ neben dem Winterpalais am Ufer der Newa ein kleines Theater erbauen. Hier, im Eremitage-Theater, versammelte sich zweimal wöchentlich ein kleiner Kreis von Hofbeamten, ausländischen Gesandten und anderen hochgestellten Liebhabern der Schauspielkunst.[1] Am 28. November 1788 meldeten die Theaternachrichten der Petersburger Zeitungen die Premiere der historischen Tragödie „Olga" des zu seiner Zeit nicht unbekannten Bühnenautors Jakob Knjaschnin.[2] Nach französischem Vorbild pflegte man auch in Rußland das Genre des historischen Trauerspiels, und neben den antiken Stoffen waren gegen Ende des 18. Jahrhunderts auch Sujets aus der vaterländischen Geschichte in Mode gekommen. Die Förderung des russischen Patriotismus lag der Kaiserin sehr am Herzen, und so griff sie selbst zur Feder, um heroische Episoden aus der Nationalgeschichte für die Bühne zu bearbeiten. Sie verfaßte u. a. ein personenreiches Trauerspiel über den legendären Staatsgründer Rjurik und zwei historische Bühnenstücke über die Kiewer Großfürsten Igor und Oleg.

Der Dichter der „Olga" durfte also davon ausgehen, daß sein Publikum wenigstens in groben Zügen über die geschichtlichen Hintergründe seiner Tragödie unterrichtet war.

Die Herrschaftszeit der Fürstin Olga fiel in jene dunkle Periode zwischen legendärer Vorzeit und schriftlich überlieferter Historie. Seit dem Machtantritt Rjuriks und seiner Brüder waren noch keine hundert Jahre vergangen – die Nestorchronik setzt dieses Ereignis ins Jahr 862. Unter Rjuriks Nachfolgern Oleg und Igor begann sich in Kiew bereits eine starke Fürstenmacht herauszubilden. Der Reichtum und die militärische

Macht der Kiewer Fürsten beruhten wohl vor allem auf der Kontrolle des Handelsweges zwischen dem Ostseeraum und dem Byzantinischen Reich, dem „Weg von den Warägern zu den Griechen" – wie ihn die Nestorchronik nennt. Das Interesse der Kiewer galt aber nicht nur den Handelsprodukten, die von den Kaufleuten aus dem Norden gebracht wurden. Begehrt waren vor allem auch Tribute, zu deren Entrichtung man die benachbarten Stämme zwang. Während eines solchen alljährlichen Feldzuges wurde im Jahre 945 der Kiewer Fürst Igor von den aufsässigen Drewljanen erschlagen. Nach seinem Tod übernahm in Kiew seine Witwe Olga die Regentschaft über das Reich und die Vormundschaft über ihren gemeinsamen Sohn Swjatoslaw. Gegen die Drewljanen und deren Fürsten Mal unternahm Olga einen erbarmungslosen Rachefeldzug, dann führte sie bis zur Volljährigkeit ihres Sohnes mit Umsicht die Regierungsgeschäfte.

Olga war die erste Frau, die Rußland regierte, und sie sollte für viele Jahrhunderte auch die letzte bleiben. Die grausame Rache, die sie an den Mördern ihres Mannes übte, die gefahrvolle Reise in die Hauptstadt des Byzantinischen Reiches und der glanzvolle Empfang, der ihr dort durch den Kaiser zuteil wurde, ihre Taufe und schließlich ihr politisches Scheitern nach der Rückkehr in die Rus, der Konflikt mit ihrem Sohn – all das bietet Stoff für weit mehr als nur eine Tragödie. Die Hofgesellschaft, die sich an jenem Novemberabend des Jahres 1788 im amphitheatralischen Halbrund des Petersburger Eremitage-Theaters einfand, durfte also zu Recht auf einen interessanten Theaterabend hoffen.

Neben der erwähnten Zeitungsnotiz haben durch einen glücklichen Zufall eine Skizze des Bühnenbildes und eine Figurine der Titelrolle die Zeiten überdauert, so daß man sich unter Berücksichtigung anderer Zeitzeugnisse ein recht genaues Bild von der Uraufführung der „Olga" machen kann.[3]

Der italienische Bühnenbildner Pietro di Gottardo Gonzage hatte sich redliche Mühe gegeben, der Liebhaberei der Zarin für die nationale Geschichte Rechnung zu tragen. Doch wie der Palast der Fürstin Olga tatsächlich ausgesehen hatte, hätte ihm auch der gelehrteste Kenner der russischen Altertümer nicht sagen können. Maestro Gottardo Gonzage hatte sich für eine weiträumige Halle mit maurischen Spitzbögen und reich mit Pilastern verzierten Wänden entschieden. Dann erschien im Licht der zahlreichen an der Rampe befestigten Öllämpchen, die durch auf Kristallüster gesteckte Wachskerzen unterstützt wurden, Demoiselle Sadowskaja als Fürstin Olga nebst ihrer Kammerjungfer. Die kaiserlichen Hofgarderobieren hatten keine Mühen gescheut, die Fürstin würdig auszustatten. Den Kopf zierte ein Goldhelm mit buntem Federbusch und blitzendem Diadem. Nach Art der in der Barockkunst beliebten Amazonen trug sie einen Brustpanzer und einen weiten bunten Rock. Als Zeichen ihrer herrscherlichen Würde hielt sie in der Linken einen langen goldenen Stab, der auch mit einem Federbusch verziert war.

Dann begannen die beiden Darstellerinnen ausdrucksvoll und gemessen ihren Text zu deklamieren. Das Publikum wurde zunächst mit den früheren Schicksalsprüfungen der Fürstin bekannt gemacht. Vor nunmehr fünfzehn Jahren war ihr Ehegemahl, Fürst Igor, erschlagen, ihr Sohn Swjatoslaw von einem treuen Diener den Mördern entrissen und außer Landes geschafft worden. Jetzt harrt die unglückliche Fürstin seiner Rückkehr, denn der Drewljanenfürst Mal wirbt um ihre Hand, um auf diesem Wege die Fürstenkrone zu erringen. Die Fürstin hatte den Unwürdigen stolz zurückgewiesen, hoffte sie doch bald ihren Sohn Swjatoslaw auf dem Thron zu sehen. Doch da bringen Boten die furchtbare Nachricht, Swjatoslaw sei an der Grenze erschlagen worden. Olga verlangte nach dem Blut des Mörders, und man führt einen in Fesseln geworfenen Jüngling herbei, der beschuldigt wird, Swjatoslaw gemordet zu haben. Der Henker hebt schon das Richtschwert, da wirft sich ein Greis der Fürstin zu Füßen. Es ist niemand anders als jener treue Diener, der vor fünfzehn Jahren das Knäblein aus den rauchenden Trümmern des Palastes getragen hat. Er enthüllte Olga die wahre Identität des schönen Fremdlings, es handelt sich – das Publikum hat es längst geahnt – um den totgeglaubten Sohn. Doch die Hinrichtung ist beschlossene Sache, und Olga sieht keine andere Möglichkeit mehr, ihren Sohn zu retten, als dem Gewaltherrscher Mal die Hand zum Ehebunde zu reichen. Doch als die beiden schon vor dem Traualtar stehen, wirft sich Swjatoslaw dazwischen und stößt den Usurpator mit dem Schwert nieder. Olga und Swjatoslaw treten vor das jubelnde Volk, und der Vorhang senkt sich über die Szene.[4]

Natürlich haben die schicksalhaften Verstrickungen der Barocktragödie nichts – oder doch nur sehr wenig – mit der wirklichen Geschichte zu tun. Olgas Rachefeldzug gegen die Drewljanen setzt die Chronik ausdrücklich ins Jahr nach Igors Tod. Auch wird berichtet, daß Swjatoslaw zu dieser Zeit noch ein Kind war, das kaum den Speer halten konnte. Doch dürfte es keinem der Damen und Herren im Parkett des Eremitage-Theaters in den Sinn gekommen sein, diesen freizügigen Umgang mit der Historie zu mißbilligen. Wußte man doch, daß bei Knjaschnins „Olga" die „Mérope" Voltaires Pate gestanden hatte. Die innere Spannung bezog das Stück aber weder aus dem antiken Sujet noch aus der altrussischen Staffage, sondern aus den Konflikten am Petersburger Hof in den letzten Regierungsjahren der Kaiserin Katharina. So wie Fürst Igor war vor Jahren auch ihr Gemahl, Peter III., ermordet worden, und die Zarin hatte anstelle ihres unmündigen Sohnes Paul die Herrschaft übernommen. Jedermann im Saal wußte von den Spannungen zwischen der Herrscherin und ihrem erwachsenen Sohn. Gerüchte wollten sogar wissen, Katharina spiele mit dem Gedanken, ihren ungeliebten Sohn zugunsten des von ihr vergötterten Enkels Alexander von der Thronfolge auszuschließen. Wie dem auch sei, die gedrechselten Verse und das hohle Pathos von Knjaschnins Tragödie mögen der Hofgesellschaft des ausgehenden 18. Jahrhunderts als tragisch erschienen sein, mit dem Denken und Fühlen einer Herrscherin der sich auflösenden Stammesgesellschaft des 10. Jahrhunderts hatten sie mit Sicherheit nichts zu tun. Doch drängt sich die Frage auf, ob denn jene Quellen, nach denen wir gewohnt sind, die Geschichte dieser Zeit zu schreiben, mehr von der historischen Realität der Epoche widerspiegeln. Es handelt sich bei diesen Quellen vor allem um die legendären, halb sagenhaften Erzählungen der altrussischen Nestorchronik, die ein anonymer Kompilator zu Beginn des 12. Jahrhunderts zusammengestellt hat. Ergänzt wird die Chronik lediglich durch einige unpräzise und fragmentarische Nachrichten, die oft genug den Aussagen der altrussischen Nestorchronik sachlich widersprechen.

Es liegt auf der Hand, daß es dem Tragödiendichter Knjaschnin um die Konflikte seiner Epoche ging, so wie er sie begriff. Aber – die Frage ergibt sich – ging es nicht auch jenem unbekannten Mönch, der aufgrund alter Berichte und Erzählungen in seiner weltabgeschiedenen Klosterzelle die Geschichte der Fürstin Olga aufzeichnete, um die geistigen und politischen Konflikte seiner Zeit? Was wußte er denn von den inneren Widersprüchen einer Frau, die das Schicksal an die Spitze einer martialischen Kriegergesellschaft gestellt hatte; die gezwungen war, das barbarische Gesetz der Blutrache zu vollziehen; die sich zu entscheiden hatte zwischen dem überlieferten Glauben der Väter und der neuen, fremden Religion, von welcher über Reisende und Kaufleute die Kunde ins Land gedrungen war? Es geht dabei nicht um den historischen Aussagewert einzelner Quellenstellen – dies ist ein Thema für sich –, sondern um das Gesamtbild einer weiblichen Herrscherpersönlichkeit des Frühmittelalters. Wer nämlich den Versuch unternimmt, aufgrund der Schriftzeugnisse ein Gesamtbild von dieser ersten und einzigen Frau auf dem russischen Fürstenthron zu entwerfen, kommt schnell zu merkwürdigen Ergebnissen. Die erbarmungslos grausame und listenreiche Olga der archaischen Chronikpassagen und die milde Landesmutter der christlich verklärten Quellenstellen fügen sich nicht zu einem geschlossenen Bild. Eiserner Machtwillen und die Unfähigkeit, das Christentum durchzusetzen, stehen nebeneinander. Politisch weit ausgreifende Kombinationen, die sie Beziehungen mit Byzanz und dem römisch-deutschen Kaiser knüpfen läßt, stehen neben der offenbaren Machtlosigkeit selbst gegenüber dem eigenen Sohn. Natürlich drängt sich sofort die Vermutung auf, die Darstellung der Chronik sei aus Quellen gespeist, die zu unterschiedlichen Zeiten und mit unterschiedlichen Intentionen geschrieben wurden. Die fahrbaren Pappkulissen und die bunt bemalten Leinwandstaffagen des Barocktheaters werden so zur Metapher der wechselnden Paradigmen der Geschichtsbetrachtung. Die Schichten der historischen Überlieferung voneinander zu trennen kann nur gelingen, wenn Schicht für Schicht abgetragen und gesondert betrachtet wird. Es bietet sich an, mit der scheinbar exaktesten und objektivsten Überlieferung zu beginnen, den archäologischen Funden.

So wie das antike Rom ist auch Kiew, die „Mutter der russischen Städte", auf mehreren Hügeln erbaut worden. Hier wie dort kommt man nur mit Schwierigkeiten auf die bedeutungsvolle Siebenzahl, doch gibt es keinen Zweifel, daß sich die ältesten Siedlungskerne der altrussischen Hauptstadt auf einer Kette von Hügeln befinden, die sich etwa siebzig bis achtzig Meter über der Flußniederung erheben. Von hier aus hat man einen weiten Blick über den breit dahinströmenden Dnepr und die von Nebenflüssen durchzogene Ebene am gegenüberliegenden Flußufer. Die steil zum Ufer abfallenden, zerklüfteten Hänge boten zudem ideale Verteidigungsmöglichkeiten. Offenbar waren diese Hügel schon lange vor der Herausbildung des russischen Staatswesens besiedelt. Die ältesten Funde, die nach Ansicht der Archäologen auf eine kontinuierliche Besiedelung hindeuten, stammen aus dem 5. Jahrhundert.[5] Die These von der Siedlungskontinuität blieb jedoch nicht unwidersprochen, auch wurden Zweifel geäußert, ob man denn die verschiedenen kleinen Siedlungen als Einheit betrachten könne.[6] Trotzdem beging die ukrainische Metropole im Jahre 1982 offiziell ihr 1500jähriges Stadtjubiläum. Diese stolze Zählung beginnt mit den ältesten datierbaren archäologischen Funden. Ob man diese Siedlungsreste zu Recht als den Ursprung der altrussischen Hauptstadt betrachtet, sei dahingestellt. Mit Sicherheit wird man aber davon ausgehen können, daß sich während der Herrschaft Olgas im 10. Jahrhundert auf dem Altkiewer Berg, dem früheren Andrejewski Berg, eine befestigte Siedlung befand.

Der Legende zufolge errichtete hier der Apostel Andreas auf seiner Reise durch Rußland ein Kreuz und erblickte in einer Vision den künftigen Glanz der christlichen Metropole. In den Jahren 1744 bis 1769 erbaute man auf jenem, nun Andreasberg genannten Hügel eine Kathedrale, die dem Heiligen Andreas, dem Schutzpatron des Russischen Reiches, geweiht wurde. Auf dem höchsten Punkt Kiews war nach den Plänen des italienischen Architekten Rastrelli eine prachtvolle, in Weiß und zartem Blau gehaltene, reich vergoldete Barockkirche entstanden. Sowohl die Wahl des Ortes als auch die Pracht der Ausführung und die Weihe auf den Namen des Heiligen Andreas waren durchaus programmatisch zu verstehen. Sie sollten die geschichtliche Kontinuität zwischen dem heiligen Rußland der Kiewer Großfürsten und dem Russischen Imperium der in St. Petersburg regierenden Zaren symbolisieren. Obwohl nach der Zerstörung durch die mongolischen Reiterhorden nur noch verfallene Ruinen vom einstigen Glanz Kiews kündeten, war man sich in der Mitte des

18. Jahrhunderts doch bewußt, auf welch geschichtsträchtigem Boden man die Kirche des Heiligen Andreas errichtet hatte. Verweist doch auch die Nestorchronik ausdrücklich auf einen steinernen Burghof, den sogenannten Terem, der sich auf diesem Hügel befand. Hierher verlegt die Chronik entscheidende historische Ereignisse der Kiewer Geschichte, hier beispielsweise empfing die Fürstin Olga die Gesandten der Drewljanen und sah vom Turm der Befestigung zu, wie an ihnen die grausame Rache für die Ermordung ihres Mannes vollzogen wurde.[7] Indirekt ergibt sich auch aus der Chronik, daß sich dort jener heidnische Kultplatz befand, auf welchem die barbarischen Menschenopferungen vollzogen wurden. Denn an dieser mit christlichem Märtyrerblut geweihten Stelle ließ Wladimir der Heilige die Zehntkirche errichten.

Nachdem man im Laufe des 19. Jahrhunderts einige Zufallsfunde zutage gefördert hatte, begannen im Jahre 1907 systematische Ausgrabungen auf dem Andreasberg.[8] Im Verlaufe der Grabungen wurden zunächst Fragmente frühslawischer Keramik gefunden, dann entdeckte man erstmals Reste einer Baulichkeit, die noch aus der Zeit vor der Christianisierung zu stammen schien. Am Eingang des heutigen Historischen Museums legte man ein auf einem Lehmuntergrund errichtetes Fundament aus Sandsteinen frei. An vier symmetrisch angeordneten Punkten der 4,2 mal 3,5 Meter großen elliptischen Steinfläche befand sich jeweils ein 0,7 mal 0,8 Meter großer Fortsatz. Um das Sandsteinfundament herum fanden die Archäologen eine sorgfältig geglättete, aus einer dicken Schicht weißlichen Lehms bestehende Fußbodenfläche sowie neben dem Fundament eine Art Säule, auf der Schichten stark gebrannten Lehms mit Ascheschichten wechselten. Der Leiter der Grabungen zweifelte nicht daran, einen altslawischen Kultplatz freigelegt zu haben. Die säulenartige Erhebung interpretierte er als einen Opfertisch, und die Aschereste sowie die zahlreich gefundenen Tierknochen als Reste der dargebrachten Opferungen.

Die sensationellen Entdeckungen der ersten Grabungen verstärkten das Interesse an einer weiteren archäologischen Erforschung des Kiewer Stadtgebietes. Schon 1909 gelang es, ein Teilstück des alten Befestigungsgrabens freizulegen, der in 4,5 Metern Entfernung parallel zu den Grundmauern der Zehntkirche verlief. Baumaterialien, die auf dem Grund des Grabens gefunden wurden, schienen darauf hinzudeuten, daß während des Baus der Zehntkirche der Befestigungsgraben zugeschüttet worden war. Anschließend hatte man über den aufgefüllten Graben offenbar eine Schicht Mörtel gelegt. Da aus der Nestorchronik bekannt war, daß mit dem Bau der Zehntkirche unmittelbar nach der Annahme des Christentums durch Wladimir den Heiligen, also etwa in den Jahren 988/989, begonnen wurde, besaß man zum erstenmal konkrete Anhaltspunkte für die älteste Baugeschichte der Stadt.

Als Ende der dreißiger Jahre die Grabungen wieder aufgenommen wurden, entdeckte man fünf weitere zum gleichen Befestigungssystem gehörige Grabenstücke. Die Keramikfunde an der Grabensohle erlaubten eine Datierung ins 8. bis 9. Jahrhundert. Die Vorstellungen von der Topographie des vorchristlichen Kiew begannen Konturen zu gewinnen. Die ursprüngliche Vermutung, daß es sich bei dem Graben um Reste einer geschlossenen Befestigungsanlage handele, hatten sich bestätigt. Das Wallsystem schloß den Burghügel in einer Richtung ab, die anderen Richtungen boten durch die steil abfallenden Hänge offenbar ausreichende Verteidigungsmöglichkeiten. Das so umschlossene Areal umfaßte etwa zwei Hektar. Während der Grabungen des Jahres 1939 legte man erstmals die Fundamente eines Gebäudes frei, das von den Archäologen aufgrund eines Lehmofens, der sich in der Ecke befand, als Wohngebäude gedeutet wurde. In den fünfziger Jahren förderte man weitere Keramikreste, Spinnwirteln und Tierknochen zutage, die auf eine Besiedelung des Altkiewer Berges seit dem 7. Jahrhundert schließen ließen. Im 10. Jahrhundert befand sich auf dem Hügel bereits eine bedeutende, durch eine eindrucksvolle Befestigungsanlage geschützte Siedlung, die innerhalb des sich herausbildenden ostslawischen Staatswesens auch eine wichtige kultisch-religiöse Funktion hatte. Die Forschungsresultate der Grabungskampagne des Jahres 1907 waren durch die Wiederholungsgrabung in den dreißiger Jahren zwar in vielen Details präzisiert worden, die ursprüngliche Interpretation der elliptischen Sandsteinplatte als vorchristliche Kultstätte wurde jedoch nicht in Frage gestellt. Die Funktion Kiews als politisches Zentrum der Staatsentwicklung hatte sich dagegen zunächst archäologisch nicht schlüssig nachweisen lassen. Man war in dieser Beziehung nach wie vor allein auf die Berichte der Chronik angewiesen. Hier findet sich allerdings unter dem Jahr des Regierungsbeginns der Fürstin Olga eine recht präzise Schilderung der Topographie Kiews. In der Chronik heißt es: „... und der Fürstenhof war in der Stadt, wo jetzt die Höfe Worotislaws und Tschudins stehen, und der Vogelfangplatz war außerhalb der Feste. Außerhalb der Feste befand sich auch ein anderer Hof, wo jetzt der Hof des Domestikos liegt hinter der (Zehnt-)Kirche der heiligen Gottesmutter. Auf der Anhöhe war der Teremhof, denn dort war ein steinerner Terem."[9]

Es ist in diesem Zusammenhang wichtig, darauf hinzuweisen, daß das Bild der altrussischen Städte noch bis in weit spätere Zeiten hinein gänzlich von Holzbauten geprägt war. Aus Holz, das ohne große Schwierigkeiten in den riesigen Wäldern Rußlands gewonnen werden konnte, waren die Wohnbauten, die Befestigungsanlagen mit ihren Brücken, Palisaden und Wehrtürmen und – wenigstens in Nowgorod – auch das Straßenpflaster. Selbst in der Zeit der größten politischen Machtentfaltung und der höchsten kulturellen Blüte – im 11. und 12. Jahrhundert also – blieb Kiew eine Stadt der Holzarchitektur. Steinerne Kirchen und Paläste waren die Ausnahme, mußte man doch die Steine von weit herschaffen, während Bauholz genügend vorhanden war.[10] Wenn also die Chronik hervorhebt, der Palast der Fürstin Olga sei aus Steinen gewesen, so hat dies mit Sicherheit einen realen Hintergrund. Trotzdem gelang es den Archäologen lange Zeit nicht, die Überreste eines solchen steinernen Fürstenhofes aufzufinden.

So wurde es denn als echte archäologische Sensation empfunden, als die Grabungstruppe im Jahre 1970 südöstlich des Historischen Museums eine 18 Meter lange und 1,5 Meter breite Mauer aus schweren Feldsteinen freilegte. Auf beiden Seiten der bis zu einem Meter Höhe erhaltenen Mauer konnten Reste von Quermauern nachgewiesen werden. Obwohl es zunächst nicht gelang, den Grundriß vollständig zu rekonstruieren, war man doch sicher, auf die Fundamente eines großen steinernen Gebäudes gestoßen zu sein. 1972 wurde 12 Meter nordöstlich dieser Mauerreste ein zweites, parallel verlaufendes Mauerstück ausgegraben. Dieses Fundament hatte ebenfalls eine Breite von 1,2 bis

1,5 Metern und eine Länge von 3,5 Metern, doch konnte man diese Funde vorläufig nicht überzeugend dem größeren Mauerstück zuordnen. Während der Grabungen der Jahre 1981 und 1982 kam man zu dem Ergebnis, daß die beiden ausgegrabenen Mauerfragmente nicht parallel zueinander verliefen, sondern gebogen waren und zusammen die Überreste eines rotundenförmigen Gebäudes mit einem Durchmesser von ungefähr 15,5 Metern darstellten. Die Mauern waren aus einem Mantel großer Feldsteine und dünner Ziegel gebaut worden. Diesen Mantel hatte man anschließend mit Ziegelbruch und Schotter gefüllt, so daß ein recht stabiles Mauerwerk von ungefähr 1,5 Meter Breite entstanden war. Die letzten Zweifel, daß es sich bei dem freigelegten Bauwerk um den gesuchten Palast der Fürstin Olga gehandelt hatte, wurden beseitigt, als man in einer Brandschicht über den Mauerfragmenten Bruchstücke des Stucks entdeckte. Auf diesen nur wenige Zentimeter großen Stuckfragmenten sah man deutlich die Reste von Wandmalereien in hervorragend erhaltenen Farben. Später förderte man Steinmetzdetails aus Schiefer, Marmorreste und kleine Keramikfragmente zutage. Mit den Keramikkacheln hatte man in dem Palast den Fußboden ausgelegt. Anhand der gelben, kirschroten und grünen Scherben kann man sich eine Vorstellung von der Innengestaltung des Bauwerks machen. Eisenhaken und verkohlte Holzreste weisen nach Ansicht der Archäologen darauf hin, daß es sich um ein mindestens zweigeschossiges Gebäude gehandelt haben muß. Auf dem Mauerfundament aus schweren Feldsteinen befand sich offenbar ein Geschoß aus Flachziegeln und darüber ein hölzernes Obergeschoß, das möglicherweise von einer ebenfalls aus Holz gebauten Galerie umgeben war. Die Stabilität der Mauern wurde wahrscheinlich durch von außen angefügte Pfeiler erhöht.

Im Vergleich zu den Monumentalbauten, die nach der Christianisierung der Rus unter Wladimir dem Heiligen und Jaroslaw dem Weisen in Kiew entstanden, mutet der Fürstenhof der Olga eher bescheiden an. Im Vergleich aber zu den armseligen Erdhütten, deren Fundamente man an den Hängen des Burgberges und in der Handwerkervorstadt freigelegt hat, erscheint der Steinpalast auf dem Altkiewer Berg geradezu prachtvoll.[11] Dies belegt deutlich die herausragende politische Stellung und den Reichtum der Kiewer Fürsten und ihrer Gefolgschaft. Auch

Grabbeigaben deuten darauf hin, daß eine kleine Oberschicht begann, sich in ihrem Lebensstil von der übrigen Bevölkerung abzuheben. Während die meisten Gräber des 10. Jahrhunderts von einer einfachen Bestattungsweise zeugen, fand man in anderen wertvolle Waffen, orientalische Luxusgegenstände, Pferdeskelette und prunkvolles Pferdegeschirr. Fränkische Schwerter, skandinavische Gewandfibeln, orientalische Glasperlen und andere Importgegenstände belegen einen umfangreichen Fernhandel, der für den Reichtum der herrschenden Schicht wohl eine wesentliche Rolle spielte.

Die Archäologie vermag uns ein anschauliches Bild von den äußeren Umständen des historischen Geschehens zu liefern. Der Fürstenpalast auf dem Altkiewer Berg, von dessen Holzgalerie man einen weiten Blick über den Strom und die Ebenen am Flußufer hatte; die von palisadenbewehrten Wällen und Grabenanlagen umgebene Siedlung mit ihren niedrigen, aus Balken konstruierten Blockhütten; der heidnische Kultplatz im Zentrum der Ansiedlung mit den hölzernen Götzenbildern; die Handwerkervorstadt am Fuße des Burgberges mit ihren Werkstätten und Lagerhäusern für die Handelsgüter, die hier für die alljährliche Fahrt in den Süden gestapelt wurden – all dies läßt sich aufgrund einer Fülle von aufschlußreichen archäologischen Details gut rekonstruieren. Auch lassen sich bei aller gebotenen Vorsicht Rückschlüsse auf das Fortschreiten des sozialen Differenzierungsprozesses, die Organisation des Wirtschaftslebens und den Handel ziehen. Von den Ereignissen, die das Schicksal der Menschen bestimmt haben, erfahren wir aus den Chroniken, Annalen und Heiligenviten der Zeit, in diesem Falle aus der „Erzählung von den vergangenen Jahren", der sogenannten Nestorchronik; und so legendär und anekdotenhaft ihre Erzählungen über die Frühzeit des russischen Staates auch immer sein mögen, ohne ihre Berichte wüßten wir kaum mehr als Olgas Namen.

Die Zeit hallte wider von Kriegsgeschrei und Schlachtgetümmel. Das Volk der Rhos – wie die Byzantiner die Leute aus dem Norden nannten – war im Jahre 860 zum ersten Mal in den Gesichtskreis der Mittelmeervölker geraten. Plötzlich und unerwartet tauchten ihre Schiffe vor Konstantinopel auf.[12] Die byzantinische Flotte und das Landheer waren mit dem Kaiser an der Spitze gegen die Araber gezogen, und die Stadt schien den Angreifern nahezu schutzlos ausgeliefert zu sein. Voller Schrecken sahen die Einwohner Konstantinopels bei ruhiger See die Flotte auf die Stadt zufahren. Während die Russen an Land gingen und die Umgebung der Stadt verwüsteten, flohen die verängstigten Menschen in die Kirche, wo der Patriarch die Hilfe der heiligen Gottesmutter herbeiflehte. Wie durch ein Wunder wurde die byzantinische Hauptstadt schließlich gerettet. Als der Patriarch und der eilig in die Stadt zurückgekehrte Kaiser unter frommen Gesängen das Gewand der Gottesmutter zum Meeresufer trugen und ins Wasser tauchten, erhob sich ein heftiger Sturm, der die russischen Schiffe auseinandertrieb und teilweise zum Kentern brachte. Für diesmal war Konstantinopel gerettet, doch die Russen blieben von nun an eine macht- und handelspolitische Größe, mit der man in Byzanz zu rechnen hatte.

Im Jahre 907 zogen sie dem Bericht der Chronik zufolge erneut gegen Zargrad, wie Konstantinopel in den altrussischen Quellen genannt wird.[13] Wiederum verbreiteten die Russen Angst und Schrecken unter den Bewohnern des Byzantinischen Reiches. Dann wurde Frieden geschlossen und ein Handelsvertrag unterzeichnet. Doch bereits 941 gab es erneut Krieg. Wiederum brach eine russische Flotte zum Bosporus auf. Geführt wurde sie von Fürst Igor, der seit dem Tode seines Vorgängers Oleg im Jahre 912 die Rus regierte. Unter seinem Kommando begannen die Angreifer die Küsten Kleinasiens zu verwüsten. „Von denen, die sie gefangengenommen hatten", berichtet die Nestorchronik, „kreuzigten sie die einen, die anderen stellten sie als Zielscheiben auf und schossen auf sie; andere ergriffen sie, banden ihnen die Hände auf dem Rücken zusammen und schlugen ihnen eiserne Nägel in den Kopf. Viele heilige Kirchen aber übergaben sie dem Feuer, Klöster und Dörfer äscherten sie ein, und auf beiden Seiten (des Sundes) erbeuteten sie nicht wenig Hab und Gut."[14] Doch diesmal sollten die russischen Kriegsscharen nicht ungestraft byzantinisches Reichsgebiet verheeren. Ein kaiserliches Heer eilte aus dem Osten herbei und schloß die Russen ein. Mit knapper Not entkam ein Teil von ihnen im Schutze der Dunkelheit und erreichte die Schiffe. Nun kam die waffentechnische Überlegenheit der Byzantiner zur Geltung. Den flüchtenden russischen Schiffen stellten sich Boote entgegen, die „mittels Röhren Feuer zu schleudern" verstanden. Wiederum wurde Frieden geschlossen und ein Handelsvertrag beeidet. Denn die Herren von Kiew und ihre Gefolgsleute waren Krieger und Kaufleute in einem. Dort, wo es ihnen geraten schien, feilschten sie um Preise und Handelsprivilegien, wo sich aber eine Möglichkeit bot, vertauschten sie die Gewichte des Kaufmanns mit dem Schwert.

An der Spitze der militärischen wie kommerziellen Unternehmungen stand stets der Fürst selbst. Hierin unterschied sich Igor weder von seinem Vorgänger Oleg noch von seinem Sohn Swjatoslaw. Unter seiner Führung zogen die kriegerischen Scharen den Dnepr hinab durch das Gebiet der Steppennomaden, die mit den Russen ebenfalls in ständiger Fehde lagen, dann überquerten sie das Schwarze Meer und brandschatzten die byzantinischen Küstenlandschaften. Abgesehen von dem Friedensschluß, der auf diesen wenig erfolgreichen Feldzug folgte, weiß die Chronik auch nicht viel mehr von diesem Fürsten zu erzählen. Die Tatsache, daß er mit Olga verheiratet war und einen Sohn hatte, erwähnt die Chronik erst nach seinem Tode, als Olga die Regierung und die Vormundschaft über Swjatoslaw übernahm. Seltsamerweise findet sich unter dem Jahr 903 eine annalistische Notiz, die von einer Heirat zwischen Igor und Olga spricht.[15] Würde man dieser Nachricht Glauben schenken, hieße das, Olga wäre, als sie sich 957 – so das Datum, das die moderne Forschung für wahrscheinlich hält – auf die gefahrvolle und strapaziöse Reise nach Konstantinopel begab, fast siebzig Jahre alt gewesen. Man kann also die Chroniknachricht sub anno 903 getrost beiseite lassen und feststellen, daß die Nestorchronik Olga bis zu ihrem Regierungsantritt im Jahre 945 praktisch nicht erwähnt. Dies ist in keiner Weise erstaunlich. Weder Rjurik und seine beiden Brüder noch Oleg oder die Warägerfürsten Askold und Dir besaßen dem Chronikbericht zufolge Frauen, die den Chronisten in irgendeiner Weise erwähnenswert erschienen. Als sich die Kiewer Fürstenmacht konsolidiert hatte und man außer nach Macht und Reichtum auch nach sozialer Reputation strebte, wurden Heiratsverbindungen – wie überall anders auch – zum Objekt politischen Schachers. Wladimir der Heilige ist sogar in den Krieg gezogen, um die Byzantiner zur Herausgabe der versprochenen purpurgeborenen Kaisertochter Anna zu zwingen.

Doch welche gesellschaftliche Stellung hatte die Frau in der in Auflösung begriffenen Gentilgesellschaft, die offenbar durch eine starke Kriegeraristokratie geprägt war? Für die fürstlichen Gefolgsleute, deren Raubgier und erbarmungslose Grausamkeit selbst die Nestorchronik eindrucksvoll schildert, dürfte die Frage eindeutig zu beantworten sein. Im günstigeren Fall waren sie begehrtes Beutegut, mit dem man auf den Sklavenmärkten einen guten Preis erzielen konnte, im schlechteren Fall waren sie nach den Gesetzen des Krieges Freiwild der Sieger. Für beides finden sich in den Quellen Beispiele, die teilweise allerdings erst aus den Jahrzehnten nach Olgas Herrschaft stammen.

Auf die Vielweiberei der russischen Fürsten in heidnischer Zeit verweisen die Quellen mehrmals. Dem Chronikbericht zufolge hatte Wladimir fünf angetraute Gattinnen: eine von einem Feldzug mitgebrachte griechische Nonne, die Polocker Fürstentochter Rogneda, eine Bulgarin, eine Tschechin und eine fünfte Frau, deren Namen und Nationalität die Chronik nicht mitteilt. „Beischläferinnen hatte er“, setzt der Chronist seinen Bericht fort, „dreihundert in Wyschegorod, dreihundert in Belgorod und zweihundert in Berestowo ... Und er war unersättlich in der Hurerei, er nahm verheiratete Frauen zu sich und schändete Jungfrauen.“[16] Ob der Chronikbericht hier übertreibt, läßt sich schwer feststellen. Auf der einen Seite ist das Bestreben des Verfassers deutlich, dem noch ungetauften Wladimir alle nur erdenklichen Schandtaten anzuhängen, um dann den christlichen Fürsten in einem um so helleren Licht erstrahlen zu lassen. Andererseits gibt es Quellenzeugnisse, die zwar nicht die Zahlenangaben der Chronik, aber doch die Tatsache der Polygamie am russischen Fürstenhof der heidnischen Frühzeit bestätigten. Der arabische Reisende Ibn Fadlan, der in den Jahren 921/922 als Gesandter des Kalifen von Bagdad an der oberen Wolga geweilt hatte, berichtet: „Es ist ein Brauch der Könige der Rus, daß sich bei ihnen in ihrem Palast vierhundert Männer von den Helden seines Gefolges und seiner Vertrauten befinden; ... Jeder von ihnen hat ein Mädchen, welches ihn bedient, seinen Kopf wäscht, ihm bereit stellt, was er ißt und trinkt, und noch ein anderes Mädchen, das er für seinen Beischlaf hält. Diese vierhundert Männer sitzen unter seinem Thron, und sein Thron ist groß und mit schönen Edelsteinen geschmückt. Bei ihm (dem König-

St. W.) auf dem Hochsitze sitzen vierzig Mädchen, die für sein Bett bestimmt sind. Er begattet zuweilen eines von diesen Mädchen in Gegenwart seines Gefolges, das wir erwähnt haben, und steigt dabei von seinem Thron nicht herunter."[17] Man hat Ibn Fadlan gelegentlich der orientalischen Lügenhaftigkeit bezichtigt. Doch sein moderner Herausgeber nimmt ihn gegen solche Vorwürfe ausdrücklich in Schutz.[18]

Je mehr Quellenbelege für die Stellung der Frau in der ostslawischen Gesellschaft des 10. Jahrhunderts zusammengetragen werden, in desto weitere Ferne scheint die Beantwortung der Ausgangsfrage zu rücken. Die Frage hatte gelautet: Wie ist es erklärbar, daß über eine von männlicher Gewalt geprägte Gesellschaft nahezu zwanzig Jahre lang eine Frau herrschen konnte? Seltsamerweise hat diese Frage keinen der Historiker beschäftigt, die sich mit der russischen Geschichte des 10. Jahrhunderts befaßt haben. Es gibt zwar weitschweifige Untersuchungen darüber, ob man die Taufe der Olga ins Jahr 955 oder 957 zu datieren hat, aber ihre einzigartige Stellung als Herrscherin über eine Männergesellschaft ist bisher nicht gründlich untersucht worden. Solche Erklärungen wie, sie sei von vornehmer Abkunft und die Witwe des Fürsten Igor gewesen, helfen nicht viel weiter. Es müssen noch andere Faktoren im Spiel gewesen sein, die von den christlichen Geschichtsschreibern und Homiletikern aus Unkenntnis verschwiegen oder in gezielter Absicht unterschlagen wurden. Man sollte nicht vergessen, daß in weiten Teilen Europas – so auch im slawischen Bereich – ein guter Teil der vorchristlichen Kultur der gänzlichen Vergessenheit anheimfiel. Von dem altslawischen Götterhimmel, den heidnischen Sitten und Gebräuchen, dem Weltbild und den Wertvorstellungen haben sich nur wenige Relikte erhalten. All dies war in den Augen der allein schreibkundigen Mönche und Priester teuflisches Blendwerk und höllische Verführungskunst.

Gewagte Parallelen und Hypothesen drängen sich auf. Berichten nicht antike Schriftsteller über weise und zauberkundige Frauen, die bei den Germanen und Kelten religiöse Verehrung genossen, deren Orakel selbst bei Entscheidungen über Krieg und Frieden befragt wurden; gibt es nicht Berichte über germanische Priesterinnen, die an den Gefangenen das Menschenopfer vollzogen und aus deren Eingeweiden die Zukunft weissagten?

Auch in zahlreichen Heldensagen und Märchen finden sich bekanntlich mutterrechtliche Relikte. In diesem Zusammenhang mag man ebenso die Walküren, die streitbaren Schlachtenjungfrauen der nordischen Mythologie, oder die Amazonen, die seit der Antike durch die geographische Literatur geistern, sehen. Es eröffnet sich ein Labyrinth von Vermutungen und Theorien, das hier nicht betreten werden soll. Soviel aber wird man sagen können, daß all die angeführten Motive – so unterschiedlich sie sein mögen – ein Relikt verklungener Zeiten sind, in welcher die Frau eine andere soziale Stellung als im christlichen Mittelalter hatte. Das „Heroic Age", wie jene vergangene Epoche großer Umwälzungen und Wanderungen seit den Forschungen von H.M.Chadwick oft genannt wird, wurde von den späteren Generationen verklärt und zum Gegenstand epischer Dichtungen gemacht.[19] Das „Heroische Zeitalter" der russischen Geschichte ist zweifellos das 10. Jahrhundert. Uralte Familienbindungen und Rechtsinstitutionen beginnen sich aufzulösen; was seit Jahrhunderten, vielleicht seit Jahrtausenden Gültigkeit besaß, hört auf, verbindliche Richtschnur des Handelns zu sein. Der Sohn erhebt gegen den Vater das Schwert; der Bruder erhob sich gegen den Bruder – es ist dies das Milieu, in welchem die epischen Dichtungen entstehen, deren Helden und Heldinnen übermenschliche Größe annehmen. So ist es durchaus kein Zufall, wenn man sich beim Lesen der Geschichte von Olgas Rache an die düstere Gestalt der Kriemhild der germanischen Heldensage erinnert fühlt. Es ist das gleiche archaische Gesetz der Sippenrache, welche das Handeln der burgundischen Königin und der ostslawischen Fürstin bestimmt. Es ist die gleiche Mischung aus grausamer Wildheit und verschlagener Zähigkeit, mit welcher die beiden Frauen das Blut ihres ermordeten Gatten rächen.[20] So betritt die Fürstin Olga im Jahre 945 die Bühne der Geschichte: erbarmungslos und schlau gegenüber ihren Widersachern, ohne Mitleid mit den Unterlegenen, ihr Land mit eiserner Hand regierend. Durch das dünne Gewand christlich-frommer Hofgeschichtsschreibung schimmert das rächende Heldenweib der heidnischen Vorzeit.

Nach dem unglücklichen Kriegszug gegen Byzanz im Jahre 941 herrschte wieder Frieden im Lande. Nach Kiew waren Gesandte des Kaisers gekommen, und man hatte den Frieden feierlich beschworen. Auch ein neuer Handelsvertrag war ausgehandelt worden, die alljährlichen Fahrten in den Süden konnten also wieder beginnen. Die auf den Märkten von Byzanz begehrten Handelsgüter stammten nur zum Teil aus Skandinavien und dem Ostseegebiet. Zum anderen Teil trieben die Kiewer Fürsten diese Produkte durch Tribute bei den umliegenden Slawenstämmen ein. Pelze, Honig, Wachs, Leinen und Sklaven hatten die Bewohner der Siedlungen am Dnepr zu stellen. „Und es kam der Herbst“, berichtet die Nestorchronik, „und er (Igor – St. W.) begann Pläne zu schmieden gegen die Drewljanen, da er für sie einen höheren Tribut ersinnen wollte.“ Damit endet die Erzählung des Jahres 944, und es beginnt das Jahr 945. „In demselben Jahr sprach die Drushina zu Igor: ‚Die jüngere Drushina Swenalds ist reich ausgestattet mit Waffen und Kleidung, wir aber sind nackt und bloß. Gehe, Fürst, mit uns, um Tribut einzutreiben; so wirst du etwas bekommen und auch wir.‘ Und Igor hörte auf sie, er zog zu den Drewljanen wegen des Tributes und ersann zum früheren Tribut noch einen weiteren, und er wie auch seine Männer taten ihnen Gewalt an. Nachdem er den Tribut erhoben hatte, zog er zu seiner Stadt zurück. Auf dem Rückweg aber besann er sich eines anderen und sagte zu seiner Drushina: ‚Geh mit dem Tribut nach Hause!‘ Er selbst kehrte mit einer kleinen Schar um, da er noch größeren Besitz begehrte. Als nun die Drewljanen hörten, daß er nochmals käme, beratschlagten sie mit ihrem Fürsten Mal: ‚Wenn es den Wolf immer wieder zu den Schafen zieht, dann wird er die gesamte Herde davontragen, sofern man ihn nicht totschlägt. So auch dieser: Wenn wir ihn nicht töten, wird er uns alle zugrunde richten.‘“[21] Noch einmal verlegten sich die Abgesandten der Drewljanen aufs Verhandeln, als aber Igor nicht nachgeben wollte, erschlugen sie ihn mitsamt seiner Gefolgschaft.

„Olga aber war in Kiew“, setzt die Chronik ihren Bericht fort, „mit ihrem Sohn, dem kleinen Swjatoslaw; und sein Erzieher war Asmud, und Wojewode war Swenald ... Da sagten die Drewljanen: ‚Wir haben den russischen Fürsten getötet, nehmen wir doch sein Weib Olga für unseren Fürsten Mal zur Frau, und mit Swjatoslaw machen wir dann, was wir wollen ...‘“

„Und man berichtete Olga, daß die Drewljanen gekommen seien, und Olga rief sie zu sich und sagte zu ihnen: ‚Liebe Gäste

„Das Ende der Zeiten“.
Hildegard von Bingen, Scivias

Tafel 9

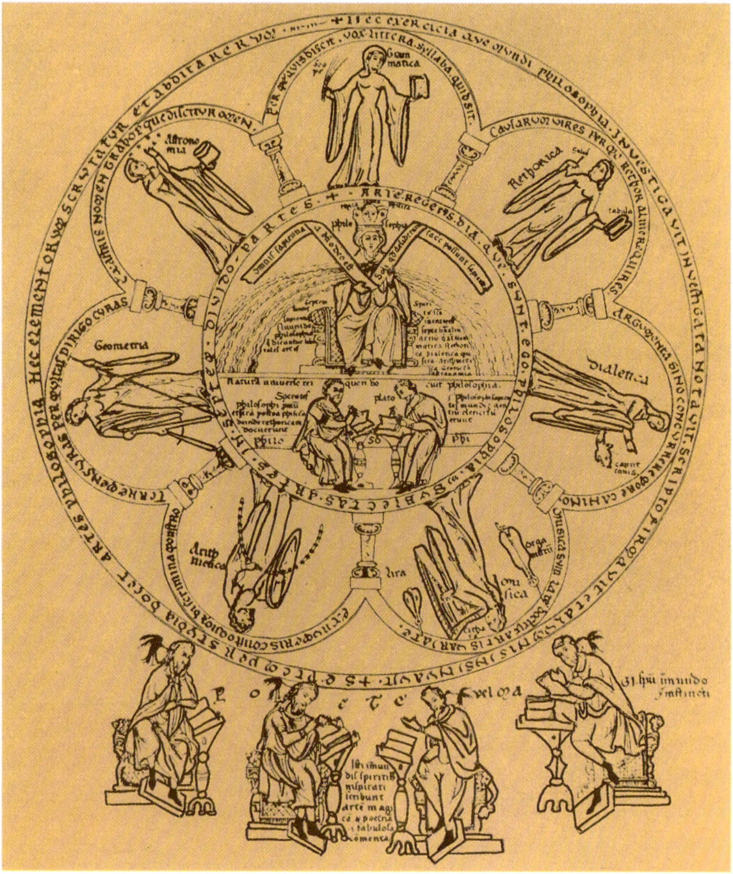

Symbolische Darstellung der Sieben Freien Künste
(lat. septem artes liberales) bestehend aus dem Trivium:
Grammatik, Rhetorik, Dialektik und dem Quadrivium:
Arithmetik, Geometrie, Musik, Astronomie.
Illustration zu Herrad von Landsbergs Schrift „Hortus Deliciarium“.
12. Jahrhundert

Tafel 10

Venus. Ausschnitt aus einem Knüpfteppich,
wie ihn die Nonnen herzustellen verstanden.
Quedlinburg, Stiftskirche. Um 1200

Tafel 11

Hochzeitsszene.
Miniatur in einer französischen Handschrift vom Ende des 13. Jahrhunderts

Tafel 12

Eleonore von Aquitanien und ihr erster Mann, König Ludwig VII., bitten Christus um die Geburt eines Sohnes. Miniatur aus dem 14. Jahrhundert

Tafel 13

Grabstein Eleonores von Aquitanien in Fontevrault
vom Anfang des 13. Jahrhunderts

Die Miniatur mit Bezug auf die Abenteuer des Aeneas
nach dem Untergang Trojas und auf seine Ehe mit Lavinia
ist eine Illustration zu dem an mittelalterlichen Höfen
viel gelesenen Versroman „Eneit“ des Heinrich von Veldeke
(† um 1190)

Tafel 14

Tafel 15

Mutter auf dem Thron belehrt die Tochter.
Heidelberger Manessehandschrift. Um 1300

Tafel 16

sind gekommen.‘ Und die Drewljanen sprachen: ‚Wir sind angekommen, Fürstin.‘ Und Olga sagte zu ihnen: ‚Sagt, weswegen ihr gekommen seid!‘ Es sprachen also die Drewljanen: ‚Uns hat das Land der Drewljanen gesandt und läßt sagen: Deinen Mann haben wir erschlagen, denn dein Mann war wie ein räuberischer, reißender Wolf, unsere Fürsten aber sind gut; sie haben das Land der Drewljanen behütet, heirate deshalb unseren Fürsten Mal.‘ Denn der Name des Fürsten der Drewljanen war Mal. Und Olga sagte zu ihnen: ‚Mir gefällt eure Rede, meinen Mann kann ich nicht wieder zum Leben erwecken ... geht nun zu eurem Boot ..., und am Morgen werde ich nach euch senden, da sollt ihr sagen: ‚Wir reiten nicht und gehen nicht zu Fuß, sondern tragt uns im Boot!‘ Und sie werden euch im Boot tragen.“ Am nächsten Morgen kamen die Leute der Fürstin, und die Gesandten verlangten von ihnen, wie sie es Olga geheißen hatte, im Boot den Berg hinaufgetragen zu werden. Doch als sie oben anlangten, erwartete sie nicht die den Gesandten zustehenden Ehrungen, sondern der Tod. Man warf sie mitsamt dem Boot in eine vorbereitete Grube „... und Olga neigte sich hinunter und sprach zu ihnen: ‚Gefällt euch die Ehre?‘“[22] Dann begrub man sie lebendigen Leibes.

Doch die Rachegelüste der Fürstin waren noch lange nicht gestillt. Sie ließ zu den Drewljanen senden und ihnen ausrichten: „Wenn ihr wahrhaftig um mich anhaltet, dann schickt auserwählte Männer, damit ich mit großer Ehre komme, um euren Fürsten zu heiraten ...“ Wiederum ließen sich die Drewljanen täuschen und schickten vornehme Männer nach Kiew. Olga befahl, ihnen die Badestube zu heizen, „... und die Drewljanen gingen hinein und begannen sich zu waschen. Und man sperrte hinter ihnen die Tür zu, und sie befahl, jene von der Tür her den Flammen zu übergeben, und so verbrannten alle.“[23]

Dann gebot sie den Drewljanen, zur Totenfeier für ihren erschlagenen Mann zu rüsten und eine große Menge Mets zu brauen. Mit einer kleinen Gefolgschaft zog sie zu den Drewljanen, ließ einen großen Grabhügel aufwerfen, und man setzte sich gemeinsam zum Mahl. Arglistig hatte sie ihren Gefolgsleuten befohlen, den Drewljanen kräftig zuzutrinken. Als diese völlig berauscht waren, verließ sie heimlich die Totenfeier und begab sich zum größeren Teil ihrer Gefolgschaft. Denen befahl sie, die

Drewljanen niederzumetzeln. „... und sie hieben ihrer fünftausend nieder. Olga aber kehrte nach Kiew zurück und rüstete ein Heer gegen die übrigen.“[24]

Die Geschichte von der Werbung des Fürsten Mal um die Hand der Olga benutzt ein bei vielen Völkern bekanntes Märchenmotiv. Dreimal wird den Brautwerbern ein Rätsel aufgegeben; dreimal vermögen sie es nicht zu lösen, und dreimal müssen sie dies mit dem Leben bezahlen. Das Rätsel bestand in jedem Falle darin, hinter den verschlüsselten Sinn von Olgas Worten zu kommen. Das erste Mal besteht der Doppelsinn ihrer Worte darin, daß das als große Ehre angekündigte Tragen in einem Boot die bei den Ostslawen und den Warägern gebräuchliche Sitte der Bootsbestattung symbolisiert. Die Zeremonie des Einheizens der Badestube hat in ähnlicher Weise einen verhängnisvollen Doppelsinn. Auf der einen Seite war es Sitte, dem Gast ein Bad zu bereiten; auf der anderen Seite gehörte das Bad des Toten zu den Bestattungszeremonien.

Dann lädt Olga die Drewljanen zur Totenfeier, und die gutgläubigen Gäste begreifen nicht, daß sie auf ihrer eigenen Totenfeier sitzen und sich am Met berauschen, auf dem Grabhügel sitzend, der für sie selbst bestimmt ist.

Damit ist die Erzählung der Ereignisse des Jahres 945 abgeschlossen, und die Chronik geht zu dem Jahr 946 über: „Olga und ihr Sohn Swjatoslaw sammelten viele tapfere Krieger und zogen gegen das Land der Drewljanen. Und die Drewljanen traten ihnen entgegen. Und als beide Heere zum Kampf aufeinandertrafen, schleuderte Swjatoslaw seinen Speer gegen die Drewljanen, und der Speer flog zwischen den Ohren des Pferdes hindurch und traf das Pferd am Bein, war er doch noch ein Kind. Da sprachen Swenald und Asmud: ‚Der Fürst hat den Kampf schon eröffnet. Folge, Drushina, dem Fürsten!‘“[25]

Der Brauch, daß im Kriege die Stammesfürsten die Feindseligkeiten durch einen symbolischen Speerwurf eröffnen, ist bei verschiedenen Völkern bekannt. Interessant ist die Quellenstelle insofern, da hier deutlich wird, daß Olgas Sohn wenigstens formal die Großfürstenwürde innehatte. Auch die offiziöse Zählung der Regierungsjahre beginnt in der Chronik mit dem Jahre 946. Man darf vermuten, daß diese staatsrechtlichen Feinheiten eine spätere Konstruktion sind, wie denn überhaupt die in der Chronik und der modernen wissenschaftlichen Literatur verwendeten Titel und Würden spätere Benennungen sind. Die Worte ‚Knjas' und ‚Knjaginja' hat es zwar in entsprechender Form schon im Altrussischen gegeben, verfassungsrechtliche Bedeutung gewannen sie erst durch die Übersetzung in die Sprache des byzantinischen Hofzeremoniells. Das Griechische kennt denn auch mehrere Übersetzungsvarianten mit ganz unterschiedlich rechtlichem Inhalt. Auch die deutsche Übersetzung in „Fürst" oder „Großfürst" ist im Grunde willkürlich. Von der Wortgeschichte her läge sogar die Übersetzung „König" näher.[26]

Festzuhalten bleibt, daß zumindest die spätere Überlieferung Olga eindeutig auf den Platz der Regentin verweist. Mit welchem Titel sie sich ansprechen ließ, wissen wir nicht. Das Zeremonienbuch des byzantinischen Kaisers nennt sie „Archontissa".[27] Übrigens gibt es Hinweise darauf, daß in der Rus selbst der chazarische Titel „Kagan" verwendet wurde.[28]

Nachdem durch den Speerwurf des jungen Fürsten der Kampf eröffnet worden war, begannen die Kiewer Kriegsscharen den Angriff. Die Drewljanen wurden besiegt und zogen sich in ihre befestigte Stadt Iskorosten zurück. Ihren letzten Zufluchtsort verteidigten sie verzweifelt, wußten sie doch, welches Schicksal sie erwartete, wenn sie aufgaben. Ein Jahr dauerte die Belagerung bereits, und Olga gelang es nicht, den hartnäckigen Widerstand der Belagerten zu brechen. Da entschloß sich die Fürstin, wiederum zu einer List zu greifen. „Sie sandte zur Stadt und sprach: ‚Was wollt ihr noch länger zögern? Alle eure Städte haben sich mir ergeben und zur Tributzahlung verpflichtet, und sie bearbeiten ihre Äcker, ihr aber wollt lieber Hungers sterben, als Tribut zahlen.' Die Drewljanen aber sagten: ‚Wir wären froh, nur Tribut zu zahlen, aber du willst deinen Mann rächen.' Da sprach Olga zu ihnen: ‚Ich habe das meinem Mann angetane Unrecht schon gerächt, als jene das erste und zweite Mal nach Kiew kamen, und das dritte Mal, als wir meinem Mann eine Totenfeier ausrichteten. Ich will mich nun nicht weiter rächen, sondern ich möchte einen Tribut erheben, nicht sehr hoch, und wenn ich mich mit euch versöhnt habe, werde ich abziehen.' Da sagten die Drewljanen: ‚Was verlangst du von uns? Mit Freuden geben wir Honig und Pelzwerk.' Sie aber sprach: ‚Jetzt habt ihr weder Honig noch Pelzwerk, daher verlange ich von euch wenig:

Gebt mir von jedem Hof drei Tauben und drei Sperlinge; denn ich will euch keinen schweren Tribut auferlegen wie mein Mann ...'"[29] Die Drewljanen waren froh, so glimpflich davonzukommen, und sammelten von jedem Hof drei Tauben und drei Sperlinge und schickten sie Olga. Die Fürstin versprach nun, ihre Truppen zurückzuziehen, und die Gesandten kehrten froh in die Stadt zurück, um dies den Leuten kundzutun. „Olga aber gab den Kriegern je eine Taube und anderen je einen Sperling und befahl, an jede Taube und jeden Sperling Schwefel anzubinden, (diesen) mit einem kleinen Läppchen zu umwickeln und mit einem Faden an jedem (Vogel) zu befestigen. Als es dämmerte, befahl Olga ihren Kriegern, die Tauben und Sperlinge loszulassen. Die Tauben und Sperlinge aber flogen in ihre Nester: die Tauben in die Taubenschläge und die Sperlinge unter die Dächer. Und so begannen die Taubenschläge zu brennen, überall, wo Speicher, wo Schuppen und wo Scheunen waren, und es war kein Hof, wo es nicht brannte, und man konnte nicht löschen, da alle Höfe Feuer gefangen hatten. Die Menschen liefen aus der Stadt, und Olga befahl ihren Kriegern, sie zu ergreifen. Und so nahm sie die Stadt ein und brannte sie nieder. Die Ältesten der Stadt aber nahm sie gefangen, und von den übrigen Leuten erschlug sie die einen, und die anderen übergab sie ihren Männern zum Sklavendienst, einen Rest von ihnen aber ließ sie zurück, den Tribut zu zahlen ..."[30]

Bei der Erzählung von der Einäscherung der belagerten Stadt durch brennende Tauben und Sperlinge handelt es sich um eine ausgesprochene Wandersage. Mit nur geringen Abweichungen finden wir die Geschichte bei Saxo Grammaticus, in Snorri Sturlusons Heimskringla, im Alexanderroman und bei vielen anderen mittelalterlichen Schriftstellern.[31] Es gibt also leider nicht den geringsten Zweifel, daß die eindrucksvollste und bekannteste Geschichte, die uns die Chronik über Olga überliefert, reine Erfindung ist.

Für die Jahre nach der Zerstörung des selbständigen Stammesfürstentums der Drewljanen weiß die Chronik nicht viel zu berichten. Es mag sein, daß dies glückliche Jahre für die Rus waren, eine Zeit der inneren Konsolidierung und des friedlichen Landesausbaus. Bereits in der letzten Bemerkung des Berichts über die Zerstörung von Iskorosten wird ein zweites Bild der Fürstin Olga deutlich. Einen Teil der Drewljanen ließ sie leben, heißt es dort, „... den Tribut zu zahlen. Und sie erlegte ihnen einen hohen Tribut auf ... Und Olga zog mit ihrem Sohn und der Drushina durch das Land der Drewljanen, erließ Anordnungen und setzte die Abgaben fest; und es sind Lagerplätze und Jagdplätze erhalten geblieben ..."[32] Die haushälterische Landesmutter Olga tritt hier in den Vordergrund. Überall im Lande werden Tributsammelstellen eingerichtet, wo die Einwohner alljährlich die Landesprodukte abzuliefern hatten. Vor allem wurde das Jagdwesen organisiert, denn russische Pelze waren ein wichtiger Posten im Handel mit den Mittelmeerländern.

Überhaupt spielt der Handel mit Byzanz eine große Rolle. Alljährlich, wenn die Schneeschmelze und das Frühjahrshochwasser vorüber waren, versammelten sich die Kaufleute in ihren kleinen Booten in Kiew. Dort hatte man den Winter genutzt, um in den Wäldern Bäume zu fällen, sie nach Kiew zu transportieren und die Boote für die sommerliche Reise fertigzustellen. Dann setzten sich die Kauffahrtsschiffe mit einem fürstlichen Geleit in Bewegung, denn die Fahrt war keineswegs gefahrlos. Die Steppen auf beiden Seiten des Dnepr wurden von räuberischen Nomaden beherrscht. Dort, wo man wegen der gefährlichen Stromschnellen die Schiffe und die Handelsgüter über Land schleppen mußte, boten sich für die berittenen Reiterscharen der Steppenvölker Möglichkeiten, die Handelsleute zu überfallen. Wenn man die letzte der Dneprschnellen überwunden hatte, pflegte man auf einer kleinen Flußinsel den Göttern ein Dankopfer darzubringen. Der schwierigste Teil der Reise war nun überwunden. Nach kurzem Aufenthalt ging es weiter den Dnepr abwärts. Auf den Inseln im Dneprdelta gab es eine letzte Rast, dann segelte man immer der Küste des Schwarzen Meeres entlang nach Süden. Die Einzelheiten des Aufenthaltes in Konstantinopel waren in den Verträgen zwischen Byzanz und den Russen geregelt.[33] Gegenüber den kaiserlichen Behörden hatten sie sich durch Siegel und Urkunden auszuweisen, auf denen die Anzahl der Schiffe verzeichnet stand. Hatte alles seine Ordnung, bekamen sie einen monatlichen Unterhalt und Wohnungen in einem speziellen Kaufmannsquartier. Weiter war festgelegt, daß sie die Stadt nur durch ein bestimmtes Tor, ohne Waffen und in Begleitung eines byzantinischen Beamten zu betreten hatten. Ihre Anzahl sollte fünfzig Mann dabei nicht überschreiten. Ansonsten bekamen sie Segeltuch und Teer zur Verfügung gestellt, um ihre Boote auszubessern. War der Sommer vorbei, kehrten die Schiffe, reich beladen mit den Luxusgütern des Orients, wieder in die Heimat zurück.

Aber nicht nur Seidenstoffe, Goldschmuck, Gewürze, Wein und Olivenöl brachten die Kaufleute aus Byzanz mit, sondern auch Nachrichten von der Zivilisation und Religion der Griechen. Offenbar gab es unter den fürstlichen Gefolgsleuten in der ersten Hälfte des 10. Jahrhunderts bereits eine beträchtliche Anzahl getaufter Christen. Während es bei dem Vertragsabschluß des Jahres 911 noch selbstverständlich war, daß die Byzantiner beim heiligen Kreuz schwören und die Russen entsprechend ihrem Brauch, das heißt bei den Heidengöttern, hatte sich die Lage eine Generation später bereits gründlich gewandelt. Im Jahre 944 begab sich Igor zusammen mit den byzantinischen Gesandten zum Heiligtum des obersten heidnischen Gottes Perun in Kiew. „Und sie legten ihre Waffen und Schilde und den Goldschmuck ab", berichtet die Nestorchronik, „und Igor und seine Männer – soweit die Russen Heiden waren – schworen den Eid. Und die russischen Christen ließ man den Eid in der Kirche des heiligen Elias ablegen ..."[34]

Als Olga ein Jahr später die Herrschaft antrat, gab es also in Kiew bereits eine christliche Kirche und innerhalb der Oberschicht eine größere Anzahl von Christen. Die Zeit der Heidengötter war endgültig abgelaufen. Sie boten dem entstehenden Staat keine ideologische Legitimation, der sich herausbildenden fürstlichen Zentralgewalt keine politische Integrationskraft. Dies aber besaß das Christentum in reichlichem Maße. Es umgab die staatliche Macht mit einer religiösen Aura, ihr universalistischer Zug bot über Stammes- und Volkstumsgrenzen hinweg Sammlung der Untertanen in einer einzigen und allein seligmachenden christlichen Kirche. Vor allem aber – und dies dürfte das entscheidende gewesen sein – war die Taufe für den Fürsten der Eintritt in die Familie der christlichen Nationen, an deren Spitze der byzantinische Kaiser stand. Mit der Übernahme des Christentums öffneten sich für den Herrscher ganz neue politische Möglichkeiten dynastischer Beziehungen.

Es gab also viele Gründe, die Taufe anzunehmen. Trotzdem

wartete Olga noch über zehn Jahre, dann begab sie sich auf die Reise in die griechische Kaiserstadt. Zwei Dinge sind in der Wissenschaft bezüglich der Taufe Olgas umstritten: der Ort und der Zeitpunkt. Im Gegensatz zur Chronik, die das Ereignis ins Jahr 955 setzt, vermochte die Forschung das Jahr 957 wahrscheinlich zu machen. Ebenfalls im Gegensatz zur Chronik halten es viele Forscher für möglich, daß Olga bereits in Kiew getauft worden war und sich schon als Christin auf die Fahrt begeben hat. Dieser Standpunkt dominiert in der neueren Forschung, läßt sich aber ebensowenig wie das Gegenteil beweisen.[35]

Wir besitzen über den Aufenthalt Olgas in Konstantinopel zwei ausführliche Berichte: den Bericht der Nestorchronik, der wie stets historische Tatsachen und Legenden unbekümmert durcheinandermischt, und den Bericht über den Empfang der Olga beim Kaiser aus dem sogenannten Zeremonienbuch des Konstantinos VII. Porphyrogennetos.[36] Wenden wir uns zunächst der Erzählung der russischen Chronik zu: „Olga ging nach Griechenland und kam nach Zargrad. Damals war Konstantin, der Sohn Leons, Kaiser; und Olga kam zu ihm, und als er sah, daß sie sehr schön von Angesicht war und klug, wunderte sich der Kaiser über ihren Verstand. Er unterhielt sich mit ihr und sprach zu ihr: ‚Du bist würdig, in dieser Stadt mit uns zu herrschen.'" Dies war seitens des Kaisers ein unverhüllter Heiratsantrag. Olga aber hatte nicht die Absicht, sich zu verehelichen, und wandte ein, sie sei Heidin. Dies leuchtete dem Kaiser ein, und er ließ den Patriarchen kommen, die russische Fürstin zu taufen. Dieser „unterrichtete sie in der Kirchenordnung, im Beten und im Fasten und im Üben der Barmherzigkeit und in der Keuschheit eines reinen Körpers. Sie aber stand geneigten Hauptes ... und mit einer Verneigung sagte sie zum Patriarchen: ‚Durch deine Gebete, Herr, möge ich vor dem Netz des Bösen bewahrt werden.' Und ihr wurde in der heiligen Taufe der Name Helena gegeben nach der einstigen Kaiserin, der Mutter Konstantin des Großen." Als dies erledigt war, rief sie der Kaiser zu sich und sprach: „... ‚Ich will dich zur Frau nehmen.' Sie aber antwortete: ‚Wie willst du mich zur Frau nehmen, da du mich selbst getauft und mich Tochter genannt hast? Unter Christen ist das nicht Brauch, das weißt du selbst.'"[37] So überlistete Olga den Kaiser, und er verabschiedete sie mit reichen Geschenken.

Dem Chronisten unterläuft hier eine kleine Unkorrektheit. Den Taufnamen Helena erhielt Olga nicht zu Ehren von Konstantins Mutter, sondern nach ihrer Taufpatin, der Gattin des regierenden Kaisers.

Der zweite Bericht über den Empfang der Fürstin Olga am byzantinischen Hof trägt einen gänzlich anderen Charakter. Im Zeremonienbuch, es handelt sich bei diesem Werk um eine Art Handbuch der byzantinischen Hofzeremonien, das zum größten Teil aus einer Beispielsammlung besteht, steht als Beispiel für den Empfang einer auswärtigen Herrscherin der Staatsakt vom 9. September 957. An diesem Tag „... fand der feierliche Empfang aus Anlaß des Besuches der Großfürstin Olga von Rußland statt. Sie trat mit ihren Fürstinnen, den Verwandten und ihren Hofdamen ein ... Nach ihr traten die Abgesandten der russischen Fürsten und die Kaufleute ein und stellten sich hinter den Vorhängen auf ... In dem Justinianischen Saale stand eine mit dunkelrotem Purpurstoff bekleidete Tribüne, darauf der große Thron des Kaisers Theophilus." Das feierliche Protokoll findet seinen Höhepunkt in einem Gastmahl im Justinianischen Festsaal. „Die Kaiserin und ihre Schwiegertochter saßen auf dem erwähnten Thron, und die Großfürstin stand an ihrer Seite. Als dann von dem Truchseß in der üblichen Form die Fürstinnen hereingeführt worden waren und ihre Huldigungen dargebracht hatten, neigte die Großfürstin ein wenig das Haupt, während sie auf ihrem Platze stehen blieb; danach setzte sie sich mit ihren ersten Hofdamen der Sitte gemäß an den besonderen Tisch. Bei diesem Festmahl sangen Kirchensänger die Kaiserlieder und spielten allerlei Orchesterinstrumente."[38] So seltsam die ausgeklügelten Details des steifen Zeremoniells uns heute anmuten mögen, für Olga bedeutete es eine ungeahnte Ehrung, „ein wenig das Haupt zu neigen". Jeder andere hätte die Proskynese, den feierlichen Fußfall vor dem Kaiser, vollziehen müssen. Ihr jedoch, als Herrscherin, wurde dies nicht zugemutet. Eine leichte Neigung des Hauptes genügte.

Welchen Einfluß der feierliche Empfang am byzantinischen Hof auf ihre Stellung in Kiew hatte, wissen wir nicht. Trotz aller christlichen Einflüsse dominierte vorläufig das Heidentum. Ob es Auseinandersetzungen gegeben hat zwischen Christen und Heiden, läßt sich nicht sagen. Möglicherweise sind die Konflikte, die nun zwischen dem heranwachsenden Sohn und der Mutter ausbrechen, ein Ausdruck solcher Auseinandersetzungen. „... und die Mutter redete auf ihn ein, sich taufen zu lassen", erzählt die Chronik, „er aber achtete dessen nicht und wollte nichts davon hören ... Denn Olga sagte oft: ‚Ich, mein Sohn, habe Gott erkannt und freue mich. Wenn du Gott erkennst, wirst auch du dich freuen.' Er aber hörte nicht und sagte: ‚Wie will ich als einziger einen anderen Glauben annehmen? Meine Drushina wird darüber lachen.' ... Er aber hörte nicht auf seine Mutter; er lebte weiter nach heidnischem Brauch ... Aber dennoch liebte Olga ihren Sohn Swjatoslaw, und sie sagte: ‚Der Wille Gottes geschehe!' ... Und da sie das sagte, betete sie für ihren Sohn und ihr Volk alle Tage und Nächte, und sie erzog ihren Sohn, bis er ins Mannesalter kam und volljährig war."[39]

In die Jahre zwischen Olgas Taufe und dem Regierungsantritt ihres Sohnes Swjatoslaw fällt auch ein bemerkenswertes historisches Ereignis, über welches wir allerdings sehr wenig wissen. Nicht lange nachdem die russische Fürstin von griechischen Priestern getauft worden war, versuchte sie auch zur römischen Kirche Verbindungen herzustellen. Der Konflikt zwischen Rom und Konstantinopel war in jenen Jahren noch nicht so unversöhnlich wie in späteren Jahrhunderten, doch hatte sich Ost und West schon seit längerer Zeit deutlich voneinander geschieden. Trotzdem wandte sich Olga 959 an den späteren römisch-deutschen Kaiser Otto I. mit der Bitte um einen Bischof und Missionare. Diese Vorgänge sind nur aus lateinischen Quellen bekannt. Die russische Chronik schweigt über die Beziehungen der Rus zu den Ländern der römisch-lateinischen Welt grundsätzlich; als sie Anfang des 12. Jahrhunderts zusammengestellt wurde, gab es zwischen der griechischen und der lateinischen Kirche nur noch giftige Polemik. Da die römischen Missionsversuche praktisch folgenlos blieben, sind auch die Nachrichten der deutschen Quellen nur sehr dürftig. Mit Sicherheit läßt sich folgendes sagen: nachdem Otto I. die Aufforderung Olgas erhalten hatte, ihr einen Missionsbischof zu schicken, bestimmte er einen Mönch aus dem Kloster St. Alban in Mainz namens Libutius für diese Aufgabe. Libutius wurde 960 vom Erzbischof Adaldag von Bremen zum „Bischof der Russen" geweiht, doch ehe er sich auf die Reise begeben konnte, erkrankte er und starb. Nun bestimmte der Kaiser einen neuen Missionar, und die Wahl fiel auf den Mönch Adalbert aus dem Kloster St. Maximin in Trier. Adalbert begab sich nach Kiew, doch als er dort eintraf, war der Wind bereits umgeschlagen. Er und seine Begleiter konnten froh sein, mit dem Leben davonzukommen. Jedenfalls läßt sich dies aus den wenigen Andeutungen entnehmen, die Adalbert über seine Missionsreise niedergeschrieben hat.[40]

Unter Swjatoslaw vollzog sich in Kiew offenbar eine Art polytheistische Reaktion. Die Nestorchronik beschreibt ihn als kriegslüsternen und wilden Heidenfürsten. Nachdem er das Chazarenreich und das Wolgabulgarenreich vernichtet hatte, ließ er sich durch byzantinisches Gold und falsche Versprechungen verlocken, mit seinem Heer nach Bulgarien zu ziehen. Noch einmal – im Jahre 969 – kehrte er zurück, um die Rus unter seine Söhne aufzuteilen. Dann verkündete er die Absicht, für immer nach Bulgarien zu ziehen und dorthin das Zentrum seiner Herrschaft zu verlegen. „Da sprach Olga zu ihm: ‚Du siehst, ich bin krank; wohin willst du von mir gehen?' – denn sie war bereits schwer krank. Weiter sagte sie zu ihm: ‚Wenn du mich begraben hast, gehe, wohin du willst.'"[41]

Hinter diesen bitteren Worten, die der Chronist der sterbenden Fürstin in den Mund legt, steht das Eingeständnis eines politischen Scheiterns. Zumindest mag es ihr damals so erschienen sein. Das von ihr begonnene Werk der Konsolidierung und des friedlichen Ausbaus der Rus lag bei ihrem Sohn Swjatoslaw in den denkbar schlechtesten Händen. Seine weit ausgreifenden militärischen Abenteuer waren zwar kurzfristig erfolgreich, doch seine Kriege trugen den Charakter von Plünderungszügen, die auf die Dauer der Machterweiterung der Rus nicht dienlich waren.

Doch Olga vermochte ihren Sohn nicht zu halten, drei Tage nach diesem Gespräch starb sie, „und ihr Sohn und ihre Enkel und alles Volk trauerte mit großem Wehklagen um sie, und man nahm sie und begrub sie ..."[42]

Swjatoslaw verließ an der Spitze seiner Gefolgschaft Kiew, um sich in das bulgarische Abenteuer zu stürzen. Drei Jahre später starb er als militärisch und politisch gescheiterter Heerführer einen ruhmlosen Tod bei einem Nomadenüberfall.

Einer der Enkel Olgas jedoch, die im Jahre 969 noch als Kinder trauernd am Sarge der Großmutter gestanden hatten, sollte zum Fortsetzer ihres Werkes werden. Zwanzig Jahre nach ihrem Tod nahm Wladimir die Taufe und heiratete eine byzantinische Prinzessin. Dann befahl er die Taufe des Volkes, ließ die heidnischen Götzenbilder umstürzen und öffentlich auspeitschen. Er legte den Grundstein zur Kiewer Zehntkirche, ordnete die Übersetzung griechischer Bücher ins Slawische an und befahl seinen Gefolgsleuten, ihre Söhne Lesen und Schreiben lernen zu lassen.

Die nun in der Rus entstehende christliche Geschichtstradition sah Olga vor allem als die Großmutter Wladimirs. Und so begann sich ihr Bild zu verklären: neben die erbarmungslos grausame und listenreiche Rächerin ihres gemordeten Gatten, die treusorgende Hausmutter und die schöne, aber gewitzte Herrin, die den heiratswütigen Kaiser an der Nase herumführt, trat jetzt die Heilige Olga, für welche der Chronist nach ihrem Tode die schöne Metapher findet:

„Sie war dem christlichen Lande vorausgegangen wie der Morgenstern der Sonne, wie die Morgenröte dem Tageslicht, denn wie der Mond in der Nacht scheint, so glänzte sie unter den Ungläubigen ...“[43]

Kaiserin Gisela
Klügste Beraterin Konrads II.

Am Dienstag der Karwoche des Jahres 1027 – es war der 21. März – hielten König Konrad II. und seine Gemahlin Gisela mit zahlreichem Gefolge feierlichen Einzug in der Ewigen Stadt. Rom war für die meisten nördlich der Alpen lebenden Menschen dieser Zeit der Name einer fernen Stadt, von der sie oft nur eine vage Vorstellung besaßen. Gleichwohl galt Rom nach wie vor als „Haupt der Welt", als „Herrin der Völker". In Rom befanden sich die Ruhestätten der Apostel und der Sitz der Päpste. Mit seinem unvergleichlichen Reichtum an Kirchen und Reliquien wurde Rom als erste Stadt der okzidentalen Christenheit bewundert und von zahllosen Pilgern aufgesucht. Näherte man sich Rom von Norden her, dann war es in seiner vollen Schönheit zuerst von einem Berg aus zu betrachten. Dieser Berg, heute als Monte Mario bekannt, trug damals den Namen Freudenberg, weil man von seinem Gipfel erstmals die Stadt mit ihren berühmten Mauern und ungezählten Türmen, Kirchen und Gebäuden erblicken konnte. Obwohl zum Stadtbild schon viele Ruinen gehörten und die Einwohnerzahl sich im Vergleich zur Blütezeit sehr verringert hatte, hinterließen die Größe und die architektonische Vielfalt der ehrwürdigen Stadt einen tiefen Eindruck auf alle, die Rom zum ersten Mal betraten. Wenn eine andere Stadt gerühmt werden sollte, verglich man sie oder ihre zu würdigenden besonderen Kennzeichen mit Rom.

Konrad II. und Gisela wurden von Papst Johannes XIX. und der römischen Bevölkerung mit aller Pracht und königlichen Ehren willkommen geheißen. Dieser Empfang bildete den Auftakt zu weiteren Feierlichkeiten und letzten Vorbereitungen für eine der glanzvollsten Kaiserkrönungen des Mittelalters. Am Ostersonntag, dem höchsten Festtag im Kirchenjahr, erhielten Konrad II. und Gisela durch Papst Johannes die kaiserliche Weihe in der Peterskirche. Die Anwesenheit König Knuts des Großen von

England und Dänemark und König Rudolfs III. von Burgund sowie zahlreicher weltlicher und vor allem geistlicher Fürsten verlieh dieser Zeremonie noch zusätzlichen Glanz.

Nach Beendigung der Krönungsmesse geleiteten die Könige Knut und Rudolf das kaiserliche Paar ehrenvoll von der Petersbasilika in ihr Quartier zurück. Diesen Höhepunkt im Leben Giselas und Konrads erlebte auch ihr damals neunjähriger Sohn Heinrich, der spätere Kaiser Heinrich III., in Rom mit. Bei seiner Geburt im Jahre 1017 waren weder für seine Mutter Gisela noch für seinen Vater Konrad der Aufstieg zum Königtum und die Kaiserkrönung sichtbar vorgezeichnet.

Gisela war eine Tochter Herzog Hermanns II. von Schwaben, Sohn des Amtsvorgängers Konrad von Schwaben, und der Gerberga, einer Tochter König Konrads von Burgund. Über Giselas Herkunft und über wichtige Ereignisse in ihrem Leben berichten uns vor allem die zeitgenössischen Geschichtsschreiber Thietmar von Merseburg und Hermann von Reichenau in ihren Chroniken sowie Wipo, ein Hofkaplan König Konrads II., in seinem Werk „Die Taten Kaiser Konrads II.“ *(Gesta Chuonradi II. imperatoris)*. Wertvolle Informationen über ihre Familie liefert uns außerdem ein um 1150 schreibender sächsischer Annalist (Annalista Saxo), der Abt Arnold von Berge und Nienburg.[1]

Das Geburtsjahr der späteren Kaiserin Gisela ist seit Beginn des 20. Jahrhunderts unter den Historikern umstritten. Im 19. Jahrhundert wurde die Geburt Giselas – unter Berücksichtigung ihrer drei Ehen sowie der Lebenszeiten von den aus diesen Verbindungen hervorgegangenen Kindern – um das Jahr 990 angenommen. Die kontroverse Diskussion setzte ein, nachdem im Jahre 1900 bei Grabungen in der Krypta des Doms zu Speyer mehrere Steinsarkophage geöffnet worden waren. In einem davon befand sich eine Bleitafel mit einer unvollendeten Inschrift, welche die darin bestattete Person als die Kaiserin Gisela bezeichnete und die neben anderen Informationen auch deren Geburtsdatum enthielt. Entsprechend dieser, mit römischen Ziffern eingravierten Angabe müßte Gisela am 11. November 999 geboren sein.[2] Da 999 als Geburtsjahr nur sehr schwer mit den Nachrichten in Übereinstimmung zu bringen ist, die uns zeitgenössische Quellen bezüglich der Jugendzeit Giselas überliefern, wurde die Richtigkeit der Angaben auf der Bleitafel von vornherein vielfach angezweifelt. Darüber hinaus sind dem Graveur bzw. dem Verfasser der Textvorlage nachweislich einige andere Fehler bei der Inschrift unterlaufen. Infolgedessen setzt man die Geburt Giselas heute zumeist um 990 an.[3]

Giselas Mutter, Gerberga von Burgund, die um 965 geboren wurde, hatte vor ihrer Heirat mit Hermann II. von Schwaben schon eine Ehe mit dem westfälischen Grafen Hermann (I.) von Werl geführt und die Söhne Hermann (II.), Rudolf und Bernhard zur Welt gebracht. Gerbergas Gemahl starb etwa 985/986. Die Verbindung mit dem der konradinischen Familie angehörenden Hermann von Schwaben währte wahrscheinlich von 987 oder 988 bis zu dessen Todestag am 4. Mai 1003. Gisela wurde demnach in Schwaben geboren, verbrachte hier ihre Kindheit und erhielt eine sorgfältige und gediegene Erziehung.[4] Gemeinsam mit ihren Eltern und Geschwistern weilte sie häufig in den Burgen und Pfalzen, die während der Amtszeit ihres Vaters zu den Vororten der schwäbischen Herzogsherrschaft gehörten. Dazu zählten Straßburg, Breisach, Esslingen, Stuttgart, Zürich und vielleicht auch Ulm. Ihren Namen erhielt Gisela wohl nach der Halbschwester ihrer Mutter, die eine Gemahlin Heinrichs des Zänkers, des Herzogs von Bayern, war. Giselas Schwester Mathilde war das älteste der fünf bekannten Kinder aus der Verbindung zwischen Gerberga von Burgund und Hermann II. von Schwaben. Sie trat später ähnlich politisch engagiert hervor wie Gisela. Mathilde war zuerst mit Herzog Konrad I. von Kärnten und danach mit Herzog Friedrich II. von Oberlothringen verheiratet. Eine weitere Schwester Giselas, Beatrix, ging mit Herzog Adalbero von Kärnten eine Bindung ein. Einer der beiden Brüder Giselas, Berthold, wurde zu Ostern 992 in der mit der schwäbischen Herzogsfamilie eng verbundenen Benediktinerabtei Einsiedeln getauft. Er starb jedoch bereits ein Jahr nach seiner Geburt. Der andere, Hermann III., wurde wohl 994 geboren und folgte dem Vater noch im Knabenalter unter Vormundschaft als Herzog von Schwaben nach.

Wipo läßt uns wissen, daß Gisela in den Augen der Zeitgenossen von sehr vornehmer Geburt war. In einem seiner Gedichte hebt er Giselas Abstammung von Karl dem Großen hervor. Auf diese Verse nimmt Wipo auch bei der Vorstellung Giselas innerhalb seiner Biographie Kaiser Konrads II. Bezug. Wahrscheinlich hat er dabei vor allem an eine Verwandtschaft Giselas mit den Karolingern von mütterlicher Seite gedacht. Über ihre Großmutter mütterlicherseits, Mathilde, eine Tochter des karolingischen Königs Ludwig IV. von Westfranken/Frankreich, war Gisela tatsächlich karolingischer Herkunft.

Giselas erste Ehe mit dem Grafen Bruno wurde entsprechend der damaligen Sitte sicher von den Eltern oder anderen Verwandten vermittelt. Bruno entstammte dem sächsischen Grafengeschlecht der Brunonen, das über reiche Besitzungen um Braunschweig und in Friesland verfügte. Die Verlobung und Eheschließung erfolgten möglicherweise im Zusammenhang mit den Thronfolgestreitigkeiten nach dem Ableben Kaiser Ottos III. im Jahre 1002. Für die Hand Giselas unterstützte der Graf vielleicht die Thronkandidatur Herzog Hermanns II. von Schwaben. Wahrscheinlich noch vor 1010 wurde Bruno von einem Mann namens Milo in seinem Hause erschlagen.[5] Die nähren Umstände dieser Tat kennen wir nicht. Der aus Giselas erster Ehe hervorgegangene Sohn Liudolf erscheint später in einer Urkunde Konrads II., die auf den 1. Juli 1028 datiert ist, als Stiefsohn des Kaisers. Er verstarb bereits am 23. April 1038.

Wohl schon einige Zeit bevor Giselas Bruder, Herzog Hermann III., am 1. April 1012 verstorben war, heiratete Gisela einen Mann namens Ernst aus der Familie der Babenberger, der durch diese Verbindung dann auch die Herzogsherrschaft in Schwaben übernahm. Die Ehe Giselas mit Ernst I. war ebenfalls nur von kurzer Dauer. Schon im Jahre 1015 ereilte ihren herzoglichen Gemahl der Tod, als er während der Pfingstfeiertage der Jagdlust frönte. Thietmar von Merseburg berichtet über diesen Vorfall u. a. folgendes: „In diesen Festtagen wurde Ernst, der ruhmreiche Herzog von Schwaben, der Nachfolger des Knaben Hermann, von einem seiner Ritter, der mit dem Pfeil eine Hirschkuh hatte schießen sollen, mehr aus Versehen als mit Absicht bedauerlicherweise verwundet, als er rechtswidrig in einem Forst jagte. Als er sein Ende nahen fühlte, rief er seine Begleiter und bat sie, den Schuldigen zu schonen.“ Bevor Ernst seinen Getreuen die Beichte ablegte – ein Priester befand sich nicht in der Nähe – wandte er sich mit folgenden Worten an sie: „Bitte empfehlt auch allen abwesenden Gläubigen meine sündige Seele und ermahnt meine Frau, ihre Ehre zu wahren und meiner nicht zu vergessen.'" Zwei Söhne, Ernst II. und Hermann IV., stammen aus dieser zweiten Ehe Giselas. Dem älteren der beiden Brüder, Ernst II., verlieh Kaiser Heinrich II. nun das schwäbische Herzogtum. In dieser Situation trat Gisela erstmals mit politischen Intentionen hervor. Bereits am 24. Juni erwirkte sie in Goslar beim Kaiser, daß dieser sie mit der Verwaltung des Herzogtums für ihren noch unmündigen Sohn betraute. Diese Regelung hob Heinrich II. jedoch sofort wieder auf, als Gisela – wahrscheinlich im Jahre 1016 – den Salier Konrad heiratete. Der Kaiser übertrug die Vormundschaft über Ernst II. dessen Onkel, Erzbischof Poppo von Trier. Er verhinderte damit, daß Konrad die Verfügungsgewalt über das Herzogtum Schwaben erhielt. Offenbar wollte Kaiser Heinrich II. einer Machtkonzentration, die durch eine engere Verbindung der Salier mit der Familie der Konradiner in diesem Raum entstehen konnte, entgegenwirken. Schon 1004 hatte er die Ehe des Saliers Konrad I. von Kärnten mit Giselas Schwester, Mathilde, wegen angeblich zu enger Verwandtschaft – wenn auch ohne Erfolg – zu trennen versucht. Mit diesem Vorwand operierte Heinrich II. wiederholt, wenn es im Rahmen seiner Politik, die auf eine Stärkung der Königsmacht gegenüber den regionalen Gewalten ausgerichtet war, geboten erschien, eine Eheschließung zu verhindern oder eine schon bestehende Verbindung zu lösen. Möglicherweise führte der Kaiser auch in bezug auf die Ehe Giselas und Konrads dieses Argument an, obwohl beide nur im 9. Grad miteinander verwandt waren (kanonische Zählweise 4:5). Ein strenges kirchenrechtliches Eheverbot aufgrund zu naher Verwandtschaft bestand jedoch nur bis zum 7. Verwandtschaftsgrad (kanonische Zählung 3:4).[6]

Welche Motive beide Partner für diese Eheverbindung hatten, läßt sich nur vermuten. Vielleicht spielte von Giselas Seite her eine Rolle, daß sich die bleibende Kinderlosigkeit Kaiser Heinrichs II. abzeichnete und sie in Konrad einen möglichen künftigen Thronkandidaten sah. Politisch ehrgeizig war Gisela auf jeden Fall, wie sich später deutlicher zeigen sollte.

Über das Leben Konrads vor seiner Eheschließung mit Gisela ist sehr wenig bekannt. Er entstammte einer vornehmen Adelsfamilie, die besonders im rheinfränkischen Gebiet um Worms und Speyer reich begütert war. Diese Familie wird in den Quellen seit dem 12. Jahrhundert mit dem Namen „Salier" bezeichnet. Das erste eindeutig bestimmbare Mitglied der salischen Familie ist Konrad der Rote, Herzog von Lothringen, der mit Liudgard, einer Tochter König Ottos I., verheiratet war. Der aus dieser Ehe hervorgegangene Sohn Otto wurde 978 zum Herzog von Kärnten erhoben. Darüber hinaus gelang es ihm, die Machtstellung seines Geschlechts im rheinfränkischen Gebiet erheblich auszubauen. Otto erlangte in diesem Raum eine herzogliche Position, die sich vor allem auf umfangreiche territoriale Erwerbungen und die Verwaltung von Grafschaften gründete. Der spätere König Konrad II. wurde um 990 geboren. Sein Vater war Heinrich, der früh verstorbene älteste Sohn Herzog Ottos von Kärnten. Seine Mutter Adelheid entstammte einer angesehenen lothringischen Adelsfamilie. Nach dem Tode Ottos von Kärnten 1004 folgte ein Onkel Konrads II. als Herzog von Kärnten nach und übernahm auch den Großteil des salischen Hausbesitzes am Mittelrhein. Damit blieb Konrad II. vom Erbe seines Großvaters weitgehend ausgeschlossen. Er erhielt weder die Kärntner Herzogswürde noch eine der Grafschaften am Mittelrhein, sondern nur relativ geringe Anteile am Hausgut der Familie im rheinfränkischen Gebiet.[7]

Betrachtet man Konrads Lebenslauf bis zu seiner Eheschließung mit Gisela, so war die schwäbische Herzogstochter und -witwe zweifellos eine erstrebenswerte Frau für ihn. Diese Heirat verband ihn und sein Geschlecht mit anderen sehr vornehmen Familien des Reiches und des Königreichs Burgund. Es ist daher durchaus denkbar, daß Konrad Gisela gewaltsam entführte, wie es in den Erzählungen von Chronisten des 12. Jahrhunderts heißt. Dafür würden die während seiner Königsherrschaft bei ihm zu beobachtenden Eigenschaften, wie Entschlossenheit und Tatkraft – die sich zumindest mittelbar aus den Quellen erschließen lassen –, sprechen. Schließlich waren Gisela und Konrad bei ihrer Heirat etwa Mitte Zwanzig, und so spielten wohl gegenseitige Sympathie und anziehendes Äußere ebenfalls eine gewisse Rolle. Gisela galt auch später noch als eine Frau von erlesener Schönheit, deren besonderes Attribut ihr langes goldblondes und lockiges Haar war. Konrad dagegen hatte dunkle, wohl sogar schwarze Haare, trug einen Bart und war von stattlicher Körpergröße.[8] Aus der durch Thietmar überlieferten Verpflichtung, die der sterbende Herzog Ernst seinen Begleitern für

Die gemeinsame Abstammung Konrads II. und Giselas von Kg. Heinrich I.

Heinrich I., ostfränk.-dt. Kg. († 936)
∞ Mathilde († 968)

- Otto I., ostfränk.-dt. Kg., Ks. († 973)
  ∞ Edgith († 946)
  - Liudgard († 953)
    ∞ Konrad, Hz. v. Lothringen
    - Otto, Hz. von Kärnten († 1004)
      ∞ Judith († 991)
      - Heinrich († ca. 995)
        ∞ Adelheid († um 1040)
        - **Konrad II. († 1039)**
- Gerberga († 969)
  ∞ Ludwig IV., westfränk.-franz. Kg. († 954)
  - Mathilde († 991)
    ∞ Konrad, Kg. v. Burgund († 993)
    - Gerberga († um 1020)
      ∞ Hermann II., Hz. v. Schwaben († 1003)
      - **Gisela († 1043)**

seine Gemahlin auftrug, könnte man vermuten, daß Gisela einer neuen Eheverbindung nicht abhold war und die möglicherweise erfolgte Entführung durch Konrad nicht ohne ihr Einverständnis geschah, zumindest aber nicht auf ihre Ablehnung stieß.

Die von Heinrich II. getroffenen Maßnahmen nach ihrer Heirat drängten Gisela und Konrad zum Anschluß an Adelskreise, die dem Kaiser oppositionell gegenüberstanden. Die Beziehungen zwischen Konrad und dem Kaiser verschlechterten sich sogar derartig, daß der Salier für einige Zeit in der Verbannung leben mußte. Inwieweit Gisela von diesen Vorgängen betroffen war, ist nicht bekannt. Die Aussöhnung mit dem Kaiser erfolgte aber noch, bevor Heinrich II. am 13. Juli 1024 starb. Der Tod des kinderlosen Kaisers eröffnete für das weitere Leben Giselas und Konrads sowie ihrer Familie völlig neue Perspektiven.

Am 4. September 1024 versammelten sich zahlreiche geistliche und weltliche Fürsten des Reiches in Kamba, einem heute nicht mehr existierenden Ort am rechten Rheinufer gegenüber von Oppenheim, um für den verstorbenen Herrscher einen Nachfolger zu wählen. Der Kreis der ernsthaften Thronbewerber hatte sich bereits im Vorfeld dieser Zusammenkunft auf Giselas Mann, Konrad den Älteren, und dessen Vetter, Konrad den Jüngeren, reduziert. Wie sich der Prozeß der Kandidatenauswahl innerhalb der nur zwei Monate währenden Thronvakanz im einzelnen gestaltete, wissen wir nicht. Sicherlich wird auch Gisela ihren Einfluß geltend gemacht haben, um die Kandidatur ihres Gemahls zu unterstützen. Als Leiter der Wahl fungierte Erzbischof Aribo von Mainz, der die Versammlung offenbar auch einberufen hatte. Aribo trat mit der Mehrheit der anwesenden Fürsten für Konrad den Älteren ein. Erzbischof Pilgrim von Köln unterstützte dagegen gemeinsam mit geistlichen und weltlichen Großen Lothringens den jüngeren Konrad. Als die Vorverhandlungen am Wahlort zu keiner einmütigen Entscheidung führten, zogen sich die beiden Thronbewerber auf Initiative des älteren Konrad zu einer persönlichen Unterredung zurück und erzielten eine Einigung. Danach wurde die Kur in der gültigen Rechtsform vollzogen. Erzbischof Aribo gab als erster seine Stimme ab und erwählte den älteren Konrad „zu seinem Herrn und König, zum Lenker und Schützer des Reiches". Die anwesenden geistlichen und weltlichen Fürsten – unter ihnen der jüngere Konrad – schlossen sich der Wahl des Kandidaten an. Das bei Kamba versammelte Volk brachte anschließend – wie bei solchen Anlässen allgemein üblich – durch Ausrufe und Jubel seine Zustimmung zu dieser Entscheidung zum Ausdruck. Die lothringischen Anhänger Konrads des Jüngeren beteiligten sich nicht an der Kur und verließen den Versammlungsort.

Nach vollzogener Wahlhandlung übergab die Witwe Heinrichs II., Kunigunde, die während der Thronvakanz die Regierung geführt hatte, die Reichsinsignien an Konrad. Am 8. September, dem Festtag der Geburt Marias, wurde der neue König von Erzbischof Aribo im Dom zu Mainz gesalbt und gekrönt.

Für Gisela verlief dieser Tag nicht so ereignisreich und festlich wie für ihren Gemahl, denn sie wurde von Erzbischof Aribo in Mainz nicht zur Königin geweiht. Wipo äußert sich dazu nur sehr undeutlich: „Mißgunst gewisser Leute, die oft wie Rauch aus den Tiefen zu den Höhen emporsteigt, verzögerte ihre Weihe für einige Tage. Es ist übrigens noch immer ungeklärt, ob sie jene Anschuldigung zu Recht oder zu Unrecht erdulden mußte." Erst am 21. September, dem Festtag des Apostels Matthäus, nahm Erzbischof Pilgrim Giselas Weihe und Krönung in Köln vor. Über die Gründe, welche Erzbischof Aribo von Mainz veranlaßt haben könnten, die Weihe Giselas nicht vorzunehmen, sind in der Forschung viele Vermutungen angestellt worden.

So dachte man an kirchenrechtlich unerlaubte Nahehen bei Gisela und Konrad oder Gisela und Ernst I. Des weiteren wurden die Nichteinhaltung der Trauerzeit zwischen zwei Eheschließungen sowie ein Geburtsmakel Giselas, wie voreheliche Geburt oder zu nahe Verwandtschaft der Eltern, als Beweggründe Erzbischof Aribos erwogen. Außerdem hat man neuerdings noch die Hypothese aufgestellt, daß Gisela von dem Mainzer Erzbischof beschuldigt wurde, bei der Tötung ihres ersten Gemahls, Bruno, eine undurchsichtige Rolle gespielt zu haben.[9]

Was sich in der Zeit zwischen der Wahl von Kamba, Konrads Krönung in Mainz und Giselas Weihe in Köln im einzelnen abgespielt hat, wird uns sicher für immer verborgen bleiben. Möglicherweise wußte nicht einmal Wipo Genaueres darüber. Jedoch kommt man nicht umhin zu konstatieren, daß diese Abfolge der Ereignisse im September des Jahres 1024 in politischer Hinsicht für mehrere Seiten eine günstige Lösung darstellte.

Das Krönungsrecht des Erzbischofs von Mainz war zu dieser Zeit nämlich keineswegs unumstritten. Bereits 936 waren die Erzbischöfe von Köln und Trier bei der Erhebung König Ottos I. als seine Rivalen aufgetreten. Insbesondere der Kölner Erzbischof hielt in der Folgezeit an diesem Anspruch fest. Er begründete sein Anrecht kirchenrechtlich vor allem damit, daß die traditionelle Krönungsstadt Aachen in seiner Kirchenprovinz lag. Da der Kandidat Erzbischof Pilgrims von Köln, Konrad der Jüngere, bei der Versammlung von Kamba nicht gekürt wurde, konnte der Kölner die Krönung des neuen Königs durch Aribo in Mainz nicht verhindern. Die Möglichkeit, Gisela zur Königin zu weihen, trug dem Anspruch des Kölner Erzbischofs auf die Herrscherkrönung in gewisser Weise Rechnung. Sie gestattete ihm zugleich, die lothringische Opposition zu verlassen und sich mit dem König auszusöhnen. Konrad II. wie auch seiner Gemahlin Gisela konnte es nicht gleichgültig sein, wenn ihnen gleich zu Beginn der Regierungsübernahme eine relativ geschlossene und damit nicht ungefährliche lothringische Opposition gegenüberstand. So dürfte der Übertritt Pilgrims dem König und seinen Beratern auch aus diesem Grunde durchaus willkommen gewesen sein. Aribo schließlich mochte sich bereitfinden, auf die Krönung der Königin – aus welchen Gründen auch immer – zu verzichten. Das Wichtigste für ihn war erreicht. Er hatte am Krönungsrecht des Königs für Mainz festhalten können. Aribo war bei der Erhebung des neuen Königs als Initiator und Wahlleiter aufgetreten und hatte damit seine Spitzenstellung unter den geistlichen Fürsten sinnfällig demonstriert.[10] Überdies wurde er von Konrad II. bald für die erwiesene Unterstützung bei dessen Thronerhebung belohnt. Aribo wurde alleiniger Leiter der gesamten Reichskanzlei. Als Erzkanzler muß Aribo darüber hinaus darauf bedacht gewesen sein, daß der neue König möglichst bald und überall im Reich anerkannt wurde.

Der Umritt des gewählten und gekrönten Königs durch die einzelnen Regionen des deutschen Reichsgebietes bildete seit der Regierungszeit Heinrichs II. einen festen Bestandteil der Herrschaftsübernahme, die mit der Huldigung durch die Fürsten in den jeweiligen Gebieten ihren Abschluß fand.[11] Überdies stellte der Königsumritt im früheren Mittelalter eine ständige und unabdingbare Notwendigkeit für eine wirksame politische Machtausübung durch die Zentralgewalt in den verschiedenen Teilen des Reiches dar. Nach Beendigung der Krönungsfeierlichkeiten in Köln begleitete Gisela ihren Gemahl auf seinem ersten großen Umritt, in dessen Verlauf das Herrscherpaar nahezu alle Regionen des Reiches besuchte.[12] Von Köln aus begab man sich zunächst nach Aachen. Hier nahm Konrad II. auf dem von Karl dem Großen errichteten Königsthron – einem berühmten Symbol karolingischer Tradition – Platz und regelte in einer allgemeinen Fürsten- und Kirchenversammlung weltliche und kirchliche Rechtsangelegenheiten. Von Niederlothringen zog der Königshof dann nach Sachsen. In der Abtei Vreden wurde das Herrscherpaar von den Äbtissinnen Sophie von Gandersheim und Essen und Adelheid von Quedlinburg, beide waren Töchter Kaiser Ottos II., herzlich empfangen. Die Huldigung der beiden einflußreichen Äbtissinnen, die der nun abgelösten liudolfingischen Herrscherdynastie angehörten, war ein wichtiger Schritt auf dem Wege zur Anerkennung von Konrads Königtum durch die sächsischen Großen. Diese hatten sich bisher abwartend verhalten. Zu Weihnachten 1024 huldigten dem Salier dann in Minden die sächsischen Fürsten mit Herzog Bernhard II. an der Spitze. Zu Beginn des Jahres 1025 durchzog das Königspaar nach Stationen in Paderborn und Corvey für längere Zeit das ostsächsisch-nordthüringische Gebiet, wo es unter anderem in Hildesheim, Gandersheim, Goslar, Halberstadt, Magdeburg, Quedlinburg und Merseburg Aufenthalt nahm. Im März 1025 reisten Gisela und Konrad über Thüringen und Ostfranken nach Schwaben weiter. Das Osterfest feierten sie bei Bischof Bruno von Augsburg, einem Bruder Kaiser Heinrichs II. Nachdem auch Regensburg, dem Hauptort Bayerns, ein Besuch abgestattet worden war, kehrte der königliche Hof über Bamberg und Würzburg in das rheinfränkische Gebiet zurück.

Gisela begleitete ihren Gemahl fast ständig, wenn er zur Wahrnehmung der Herrscherpflichten durch das Reich zog. Das zeigen vor allem die vielen in den verschiedensten Teilen des Reiches ausgestellten Urkunden Konrads II., in denen der Name Giselas im Zusammenhang mit der Intervention oder Fürbitte bezüglich der bedachten Personen oder Einrichtungen erscheint. Die in den Königsurkunden dafür üblichen Formulierungen wie „auf Fürsprache und Bitte unserer lieben Gemahlin und Königin

Gisela"[13] waren keine leeren Formeln, sondern Ausdruck der realen Mitwirkung Giselas bei der Ausübung der Königsherrschaft. Viele Gesuche scheinen Konrad II. wirklich über die Person der Königin zur Entscheidung vorgetragen worden zu sein. Wipo bezeichnet Gisela als eine Königin, welche die hohe Würde ihres Amtes recht zu tragen wußte und die anderen Ratgeber des Königs, die Bischöfe Bruno von Augsburg und Werner von Straßburg sowie den Ritter Werner, an klugem Rat noch übertraf. Gisela war in der Tat der engste politische Berater Konrads II. In dieser Stellung trat sie bereits während des ersten großen Umrittes 1024/25 hervor. Damit demonstrierte sie den Fürsten des Reiches wie den anderen Beratern des Königs, welche Position sie an der Seite ihres königlichen Gemahls einzunehmen gedachte. Gebildeter und in mancherlei Hinsicht, so vor allem im Bereich der Kirchenpolitik, auch kenntnisreicher als ihr Mann, war sie dafür durchaus geeignet. Da sich Gisela fast ständig am reisenden Königshof aufhielt, war sie über die Vorgänge und die jeweilige politische Situation im Reich mindestens ebensogut unterrichtet wie Konrad II. Das ermöglichte ihr auch in dieser Hinsicht sachkundige Beratertätigkeit. Insbesondere die Neubesetzung vakanter Bistümer und Reichsabteien scheint Gisela maßgeblich beeinflußt zu haben und damit ein bedeutendes Feld der Politik, denn die Reichskirche stellte auch in der Regierungszeit des ersten salischen Herrschers die wichtigste Stütze der Zentralgewalt dar. Politische Zuverlässigkeit und verwandtschaftliche Beziehungen mit der Königsfamilie waren offenbar ihre wesentlichen Kriterien bei der Kandidatenauswahl. Schon bei einem Aufenthalt in Fulda während des Umrittes im Gefolge von Wahl und Krönung stellte Gisela ihren Verwandten Bardo, einen Fuldaer Mönch, am Hofe vor. Durch ihre Förderung wurde Bardo u. a. Abt von Hersfeld und nach dem Tode Aribos sogar Erzbischof von Mainz. Die Erhebung Brunos, eines Verwandten Konrads II., zum Bischof von Toul geschah auch aufgrund ihres Vorschlags. Mit Wilhelm von Straßburg, Bruno von Würzburg und Gebhard von Regensburg wurden weitere Verwandte der Königsfamilie mit dem Bischofsamt betraut. Auch Erzbischof Liewizo II. von Bremen verdankte der nachweislichen Empfehlung Giselas seine Einsetzung durch Konrad II.[14]

Verwandte begünstigte Gisela aber nicht um jeden Preis.

Selbst die Mitglieder ihrer eigenen Familie konnten ihrer Förderung und ihres Schutzes nur so lange sicher sein, wie sie ihre Positionen und Machtmittel im Interesse oder zumindest nicht gegen die Königsherrschaft Konrads II. einsetzten. Im Zweifelsfalle stellte sich Gisela eindeutig auf die Seite ihres Gemahls. Eine solche Haltung mußte sie schon 1025 erstmals einnehmen.

Während der Osterfeierlichkeiten in Augsburg war es zwischen Konrad II. und seinem Vetter, Konrad dem Jüngeren, zum offenen Bruch gekommen. Wahrscheinlich sah letzterer die Versprechungen, die ihm im Zusammenhang mit der Wahl seines Vetters 1024 wohl gemacht worden waren, nicht erfüllt. Er fand Unterstützung bei den lothringischen Herzögen. Sie unterstützten Konrad den Jüngeren vornehmlich aufgrund seiner Verwandtschaft mit Herzog Friedrich II. von Oberlothringen. Dieser hatte Konrads Mutter, Mathilde – die ältere Schwester der Königin Gisela –, nach dem Tode ihres ersten Gatten geheiratet. Bald darauf schlossen sich der inzwischen mündig gewordene Herzog Ernst II. von Schwaben, Giselas Sohn, und der schwäbische Graf Welf II. der lothringischen Opposition an, deren Beziehungen auch nach Frankreich und Italien reichten. In dieser für Konrad II. ernsthaft bedrohlichen Situation scheint es im Mai/Juni 1025 auf Initiative des Abtes Bern von Reichenau und wahrscheinlich auch der beiden Schwestern, Gisela und Mathilde, auf der Reichenau zu einem Annäherungsversuch zwischen der lothringischen Herzogsfamilie, Konrad dem Jüngeren und dem Königspaar gekommen zu sein. Eine Einigung wurde jedoch nicht erzielt.[15] Mit welchen Mitteln Konrad und Gisela dem Aufstand in der Folgezeit zu begegnen suchten, wissen wir nicht. Da die lothringischen Herzöge und Bischof Gerhard von Cambrai dem Salier zu Weihnachten 1025 in Aachen huldigten, müssen die Auseinandersetzungen inzwischen zugunsten des Königs entschieden gewesen sein. Mit der Huldigung der Lothringer fand Konrads erster großer Umritt seinen endgültigen Abschluß.

Nachdem die Verhältnisse im deutschen Reichsgebiet nunmehr weitgehend geordnet waren, bereiteten sich Konrad und Gisela auf einen Italienzug vor. Bereits zu Pfingsten 1025 in Konstanz hatte eine Gruppe vornehmlich geistlicher Fürsten aus dem italienischen Reichsgebiet, die von dem mächtigen Erzbischof Aribert von Mailand angeführt wurde, dem neuen Herrscher und seiner Gemahlin die Huldigung dargebracht. Erzbischof Aribert forderte Konrad in Konstanz zur Herrschaftsübernahme in Italien auf und sagte ihm dafür seine Unterstützung zu.

Im Februar 1026 war das königliche Heer für den Italienzug bei Augsburg versammelt. Im Einvernehmen mit den anwesenden Fürsten wurde hier der achtjährige Sohn Giselas und Konrads, Heinrich, zum König designiert und der Vormundschaft Bischof Brunos von Augsburg anvertraut. Im Februar/März 1026 überquerte das Herrscherpaar zusammen mit dem deutschen Heeresaufgebot entlang der Brennerstraße die Alpen. Nach mehreren Zügen durch Oberitalien war der Widerstand lombardischer Fürsten sowie der Kapitale Pavia gebrochen. Als sich Anfang 1027 auch der Markgraf von Tuszien unterwarf, stand dem Romzug und der Kaiserkrönung nichts mehr im Wege.

Nach der Kaiserkrönung waren Gisela und Konrad zunehmend darauf bedacht, ihren Sohn Heinrich auf die künftige Übernahme des Herrscheramtes vorzubereiten. Für seine geistige und religiöse Ausbildung sorgte vor allem Gisela, die selbst literarisch gebildet war. Gemeinsam mit Heinrich besuchte sie 1027 das Kloster St. Gallen, ein bedeutendes geistig-kulturelles Zentrum der damaligen Zeit. Hier wurden sie in die Gebetsverbrüderung der Abtei aufgenommen. Aus diesem Anlaß dürfte die Kaiserin dem Konvent auch liturgische Handschriften als Gastgeschenk überreicht haben. Gisela war auch eine Verehrerin der Werke des Mönchs Notker Labeo von St. Gallen, der als einer der gelehrtesten Männer seiner Zeit galt. Er übersetzte für die Schüler des Klosters lateinische Schriften in die deutsche (althochdeutsche) Sprache. Gisela ließ sich von dessen deutschem Psalter und seiner Hiobsübersetzung Abschriften anfertigen.[16] Bei der allseitigen Ausbildung des jungen Heinrich wirkten neben seiner Mutter Bischof Bruno von Augsburg und nach dessen Tod Bischof Egilbert von Freising als Erzieher mit. Wohl auf Veranlassung Giselas beteiligte sich auch Wipo an der Erziehung des Herrschersohnes. Die Unterweisungen für die Ausübung der praktischen Regierungstätigkeit erhielt Heinrich von den Eltern selbst. Durch seine häufige Anwesenheit am Königshof konnte er am besten mit den Regierungsaufgaben vertraut gemacht wer-

Genealogische Übersicht zur Kaiserin Gisela (Ausschnitt)

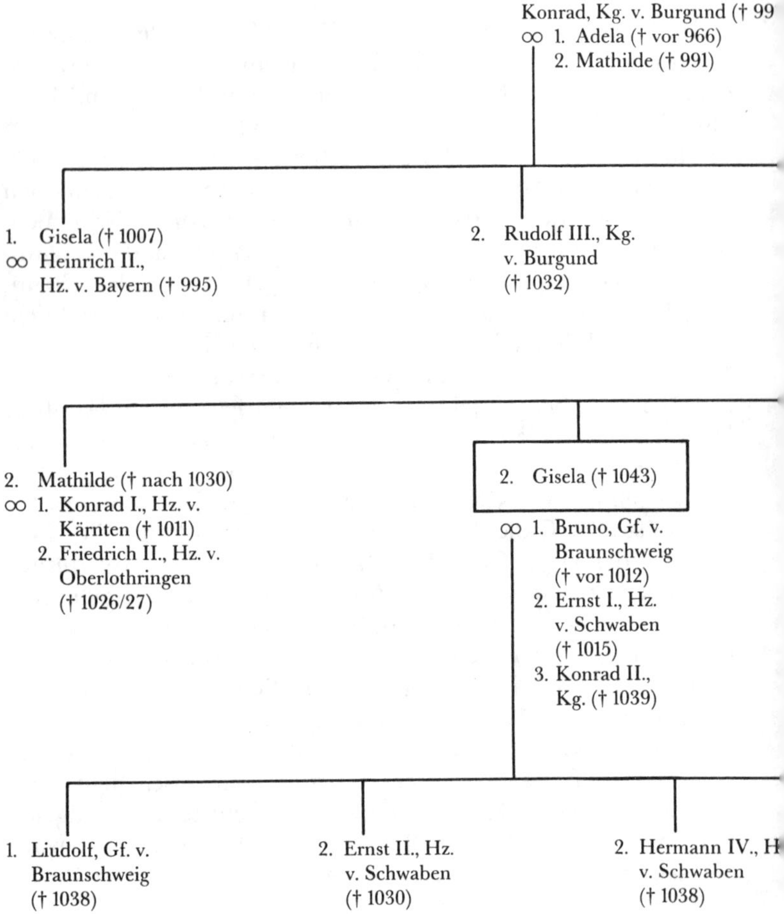

2. Gerberga († um 1020)
∞ 1. Hermann, Gf. v. Werl († um 985)
2. Hermann II., Hz. v. Schwaben († 1003)

2. Berta († 1010)
∞ 1. Odo I., Gf. v. Blois († 996)
2. Robert II., Kg. v. Frankreich († 1031)

2. Beatrix († nach 1025)
∞ Adalbero, Hz. v. Kärnten († 1039)

2. Hermann III., Hz. v. Schwaben († 1012)

3. Heinrich III., Kg. († 1056)
∞ 1. Gunhild v. Dänemark († 1038)
2. Agnes v. Poitou († 1077)

3. Beatrix († 1036?)

3. Mathilde († 1033/34)

den. Nach der Kaiserkrönung seiner Eltern wurde Heinrich zunehmend offiziell in die Ausübung der Reichsregierung einbezogen. In den während des Alpenüberganges im Mai/Juni 1027 für die bischöflichen Kirchen von Trient und Brixen ausgestellten Urkunden des Kaisers erschien Heinrich dann erstmals als Intervenient.[17] In den folgenden Jahren wurden die Interventionen des künftigen Thronfolgers in den Urkunden des Vaters immer zahlreicher.

In der Regel wird er zusammen mit der Kaiserin Gisela genannt. Nach der Rückkehr aus Italien verlieh Konrad II. seinem Sohn am 24. Juni 1027 das frei gewordene Herzogtum Bayern. Im folgenden Jahr wurde dann der entscheidende Schritt für die rechtliche Sicherung der Nachfolge Heinrichs unternommen. Im Rahmen einer für die Karwoche des Jahres 1028 nach Aachen einberufenen Versammlung der Fürsten des Reiches wurde der nun zehnjährige Heinrich zum König gewählt und am Ostersonntag von Erzbischof Pilgrim von Köln gesalbt und gekrönt. Nach der Konsolidierung der königlich-kaiserlichen Herrschaft im deutschen und italienischen Reichsgebiet hatten Gisela und Konrad mit der Krönung Heinrichs III. ein weiteres wichtiges Ziel erreicht: Der Fortbestand der neuen Dynastie schien gesichert. Die erste Kaiserbulle Konrads II., die auf dem Revers das Bildnis des jungen Königs zeigt, trägt die Umschrift: *Heinricus spes imperii*, „Heinrich – Hoffnung des Reiches".

Die Entwicklung ihres Sohnes Heinrich entsprach sicher den Wünschen und Vorstellungen Giselas. Die ständigen Auseinandersetzungen zwischen ihrem Sohn, Herzog Ernst II. von Schwaben, und seinem Stiefvater werden ihr dagegen oft Anlaß zu Kummer und Sorge gegeben haben.

Bereits 1025 hatte sich Ernst der lothringischen Opposition angeschlossen. Über die Gründe seines aufrührerischen Verhaltens ist aus den Quellen nichts zu erfahren. Man hat daher auf der Grundlage relativ bekannter politischer Konstellationen vermutet, daß Ernst um sein burgundisches Erbe, auf das er über seine Mutter Gisela zumindest Anspruch erheben konnte, fürchtete. Denkbar ist ferner, daß er sich durch die zentralistische Politik Konrads II. gegenüber den südlichen Herzogtümern in seiner schwäbischen Herzogsherrschaft bedrängt fühlte. Möglicherweise haben aber auch persönliche Gründe im Verhältnis zwischen Stiefvater und Stiefsohn die erbitterte Feindschaft Ernsts gegenüber dem König letztlich bestimmt.[18] Nach dem ersten fehlgeschlagenen Aufstandsversuch unterwarf sich Ernst seinem Stiefvater im Februar 1026 in Augsburg. Wohl vor allem einem Wunsch Giselas entsprechend, nahm Konrad ihn in Gnaden wieder auf und ließ ihn mit nach Italien ziehen. Bereits in den ersten Monaten seines Aufenthaltes im italienischen Reichsgebiet erreichte den König die Nachricht von einer gefährlichen Bedrohung des Bistums Augsburg durch den Grafen Welf. Da Bischof Bruno von Augsburg als Vormund des jungen Heinrich III. während der Abwesenheit Konrads II. die Regentschaft im nordalpinen Reichsgebiet führte, war ein sofortiges Reagieren dringend erforderlich. Sicher in Absprache und Übereinstimmung mit Gisela sowie in der Absicht, ihm einen Vertrauensbeweis entgegenzubringen, beauftragte der König Herzog Ernst mit der Wiederherstellung des Friedens im Lande. Als zusätzlichen Gunstbeweis übertrug ihm Konrad die in Schwaben gelegene Abtei Kempten. Doch statt den königlichen Auftrag auszuführen, schloß sich der Herzog den Aufständischen an und verteilte die Güter der Abtei Kempten an seine Gefolgsleute. Ernst II. unternahm einen Kriegszug in das Elsaß und fiel danach mit starker Heeresmacht in das Königreich Burgund ein. Hier ließ er auf einer Insel in der Nähe von Solothurn sogar Befestigungen errichten. Als König Rudolf III. von Burgund dem Herzog entgegentrat, zog sich dieser wieder nach Schwaben zurück und verwüstete die Besitzungen der Reichsabteien St. Gallen und Reichenau. Im Juli 1027 erschien der des Hochverrats angeklagte Herzog Ernst an der Spitze seiner Vasallen vor dem Gericht des Kaisers in Ulm. Auf seine militärische Stärke vertrauend, gedachte Ernst einen Ausgleich mit dem Stiefvater zu erreichen oder bei einem Scheitern der Verhandlungen mit seiner bewaffneten Streitmacht wieder abzuziehen. Da ihm seine Gefolgsleute im Kampf gegen den Kaiser die Unterstützung verweigerten, mußte sich der Herzog aber bedingungslos unterwerfen. Konrad II. entzog seinem Stiefsohn das Herzogtum und verbannte ihn auf die Festung Giebichenstein bei Halle (Saale). Gisela, die den Fall ihres Sohnes in Ulm miterlebt hatte, erwirkte nach der Krönung Heinrichs III. mit diesem zusammen die Begnadigung des Aufrührers beim Kaiser. Wohl während des Aufenthaltes der kaiserlichen Familie in Sachsen im Sommer des Jahres 1028 wurde Ernst aus der Haft entlassen und nochmals als Herzog von Schwaben eingesetzt. Als sich der Herzog jedoch einige Zeit später weigerte, gegen seinen Vasallen und Freund, Werner von Kyburg, vorzugehen, der sich dem Kaiser nicht gebeugt hatte und daher der Reichsacht verfallen war, kam es zum endgültigen Bruch zwischen Konrad und Ernst. Auf dem Hoftag in Ingelheim zu Ostern des Jahres 1030 wurde Ernst durch einen Urteilsspruch des Königsgerichts geächtet. Er verlor für immer sein Herzogtum und wurde samt seinen Anhängern von den Bischöfen exkommuniziert. In dieser Situation wandte sich auch Gisela von ihrem Sohn Ernst ab und stellte sich eindeutig auf die Seite ihres Mannes. Wipo beschreibt diese Haltung Giselas wie folgt: „Selbst die Kaiserin Gisela – was betrüblich zu sagen, aber lobenswert gehandelt ist – ließ ihren schlecht beratenen Sohn gegenüber dem weisen Gemahl fallen und gab allen öffentlich das Versprechen, daß sie, was jenem auch immer zustoßen möge, keine Rache nehmen und um dieser Sache willen keinerlei feindliche Absicht hegen werde." Am 17. August 1030 fand Ernst zusammen mit dem Grafen Werner von Kyburg im Schwarzwald den Tod. Der Kaiser soll die Nachricht vom Tode seines Stiefsohnes mit der harten Bemerkung: „Bissige Hunde bekommen selten Junge" aufgenommen haben. Ernsts Tod dürfte daher neben der Wiederherstellung des Friedens in Schwaben und im Reich letztlich auch die Einkehr von Frieden und Eintracht im Leben der kaiserlichen Familie selbst bewirkt haben. Das Herzogtum Schwaben verlieh Konrad II. auf Bitten Giselas an ihren jüngeren Sohn aus der Ehe mit Ernst I., Hermann IV.

Die Gestalt des aufständigen Herzogs Ernst ging in eine Sage ein, die historische Personen und Ereignisse verschiedener Epochen miteinander verknüpfte. Es handelt sich um die im 11. Jahrhundert schon weitgehend ausgebildete Sage von einem Herzog Ernst von Bayern. Die Kernfabel beruht auf der Erhebung, die Liudolf, der Sohn König Ottos I. aus seiner Ehe mit Edgith, gegen den Vater unternahm. Die Sage vom Herzog Ernst ist von anonymen Dichtern während des Mittelalters in Vers- und Prosaform wiederholt bearbeitet worden. Dabei standen die Auseinandersetzungen zwischen dem Herrscher und seinem herzoglichen Stiefsohn als Abbild des im Mittelalter immer wiederkehrenden Konflikts Zentralgewalt – Fürst bzw. Lehnsherr – Vasall stets im Mittelpunkt. Der Zwiespalt zwischen der Liebe zu ihrem Sohn einerseits und dem Gemahl sowie ihren Pflichten als Herrscherin andererseits, in dem sich Gisela befand, wurde von den Dichtern hingegen nicht gestaltet. Dieser Konflikt der Kaiserin fand erst eine entsprechende Berücksichtigung, als sich zu Beginn des 19. Jahrhunderts Ludwig Uhland der Geschichte von Giselas Sohn in seinem Drama „Ernst, Herzog von Schwaben“ zuwandte.

Seit 1028/29 war das Herrscherpaar bestrebt, neben der weiteren Umsetzung ihrer Herrschaftskonzeption im Innern auch die außenpolitische Stellung des Reiches zu festigen und auszubauen. Dazu dienten die Feldzüge gegen Mieszko II. von Polen von 1029 und 1031. In deren Ergebnis gelang die Rückgewinnung der Mark Lausitz und des Milzener Landes, die Heinrich II. an Herzog Bolesław Chrobry hatte abtreten müssen. 1032 brachte Gisela mit diplomatischen Mitteln einen Ausgleich zwischen Konrad II. und Mieszko II. von Polen zustande. In zwei Kriegen, 1035 und 1036, wurden die Lutizen unterworfen. Diese Feldzüge in das elbslawische Gebiet unternahm Konrad II. – wie auch die anderen Heerzüge – ohne seine Gemahlin. Gisela begleitete ihren Gatten jeweils nur bis zum Sammelplatz des Heeres und erwartete dann seine Rückkehr in Magdeburg, Merseburg oder anderen Orten des ostsächsisch-nordthüringischen Raumes. Während des erfolglosen Zuges gegen Ungarn im Sommer des Jahres 1030 scheint Gisela in Regensburg geweilt zu haben.

Gisela hatte auch großen persönlichen Anteil an dem bedeutenden Erfolg, den Konrad II. mit der Angliederung des burgundischen Königreiches erzielte, wodurch der mittelalterliche römisch-deutsche Reichsverband seine endgültige Ausdehnung erreichte. Schon während des ersten Umrittes im Gefolge von Wahl und Krönung rückte Konrad II. – wiederum zusammen mit Gisela – noch im Juni 1025 mit militärischer Macht in Basel ein, hielt hier einen Hoftag ab und erhob einen Kleriker zum dortigen Bischof. Mit der Besetzung der Stadt und der Ausübung von Hoheitsrechten demonstrierte der erste Salier unmißverständlich seine Absicht, in alle Rechte bzw. Rechtsansprüche seines Vorgängers im Königtum einzutreten. Heinrich II. hatte nämlich mit dem kinderlosen König Rudolf III. von Burgund einen Vertrag geschlossen, der für den Fall des Ablebens Rudolfs die Übernahme der burgundischen Königsherrschaft durch ihn vorsah. Im Zusammenhang mit dieser Vereinbarung unterstellte Heinrich II. 1006 die Grenzstadt Basel seiner Herrschaft. Konrads Maßnahmen wurden jedoch von den burgundischen Großen und König Rudolf, der seinen Vertragspartner überlebt hatte, zunächst nicht akzeptiert. In dieser Situation schaltete sich Gisela als Vermittlerin zwischen dem burgundischen Herrscher, ihrem Onkel mütterlicherseits, und dem Gemahl ein. Nach dem Austausch von Gesandtschaften und persönlichen Verhandlungen, während der Ostertage 1027 in Rom vorbereitet, kam es im August jenes Jahres zu einer Zusammenkunft zwischen Rudolf III. und Konrad II. in Muttenz-Basel. Mit dem hier zwischen beiden Herrschern abgeschlossenen Vertrag war Giselas Vermittlertätigkeit ein voller Erfolg beschieden: Rudolf sicherte darin Konrad II. und – im Falle eines vorzeitigen Todes des Kaisers – Heinrich III. die Nachfolge in seinem Königreich zu. Nachdem er dann am 6. September 1032 gestorben war, überbrachte ein burgundischer Fürst dem Salier gemäß der Vereinbarung von 1027 die Kroninsignien des Burgunderreiches. Am 2. Februar 1033 ließ sich Konrad in Peterlingen, dem heutigen Payerne im Schweizer Kanton Waadt, zum König von Burgund wählen und anschließend krönen. Im Sommer 1034, während des erfolgreichen zweiten Burgundzuges, huldigten dem Salier im Petersdom zu Genf zahlreiche burgundische Große, die noch Widerstand geleistet oder sich abwartend verhalten hatten. Wie bei den anderen militärischen Unternehmungen Konrads II. war Gisela auch diesmal nicht dabei. Sie erwartete den Ausgang des Feldzuges in die Champagne im September 1033 wohl in Limburg an der Hardt, und den der Burgundzüge in Basel und Straßburg. Mit dem Nichterscheinen Giselas in Burgund wurde zugleich demonstriert, daß Konrad II. seinen Anspruch auf dieses Königreich nicht mit Erbrechten seiner Frau, sondern reichsrechtlich, als Nachfolger Kaiser Heinrichs II., begründete.[19]

Zur Erhöhung des außenpolitischen Ansehens der königlich-kaiserlichen Macht und des Reiches sollten auch Eheschließungen von Kindern Giselas und Konrads beitragen. Für Heinrich III. hatten beide zunächst an die Heirat mit einer byzantinischen Prinzessin gedacht, welche aber nicht zustande kam. Danach entschied sich das Herrscherpaar für eine Verbindung ihres Sohnes mit Gunhild, einer Tochter König Knuts des Großen von England und Dänemark. Zu Pfingsten 1035 wurde in Bamberg die Verlobung, während der Pfingstfeiertage 1036 im niederlothringischen Nijmegen die Hochzeit gefeiert. Bei einem Herrschertreffen zwischen König Heinrich I. von Frankreich und dem Kaiser in Deville an der Maas 1033 fand wohl die Verlobung zwischen dem französischen König und Mathilde, einer Tochter Giselas und Konrads, statt. Zur Eheschließung kam es jedoch nicht mehr, da Mathilde bald darauf verstarb. Beatrix, eine weitere Tochter der beiden, blieb bei Eheplänen unberücksichtigt, da sie seit 1025 in der von Repräsentanten der sächsischen Herrscherdynastie errichteten Reichsabtei Quedlinburg lebte. Im Interesse des Reiches und der kaiserlichen Familie scheint Gisela noch weitere Eheschließungen angeregt zu haben. Ihr Sohn Hermann IV., seit 1030 Herzog von Schwaben, heiratete Adelheid, die älteste Tochter des Markgrafen von Turin. Nach dem Tod des Markgrafen übertrug Konrad II. dessen Herrschaftsgebiet an Hermann IV. von Schwaben. Von den beiden Töchtern ihrer Schwester Mathilde, Beatrix und Sophie, die Gisela nach dem Tode der Eltern an Kindes Statt angenommen und am Königshof erzogen hatte, ging erstere mit dem mächtigsten weltlichen Fürsten Italiens, Markgraf Bonifaz von Canossa-Tuszien, eine Bindung ein.[20]

Gisela teilte mit Konrad bis zum Ende seiner Regierungszeit die Strapazen der Reiseherrschaft, wobei sie viele Tausende von Kilometern zu Pferde zurücklegte. Besonders häufig und lange hielt sich das Herrscherpaar im rheinfränkischen und ostsächsisch-nordthüringischen Raum auf. Beide Gebiete bildeten in ökonomischer wie politischer Hinsicht den wesentlichen Rückhalt für die Ausübung der Königsherrschaft in der Regierungszeit Konrads II. In Rheinfranken gehörten Tribur, Worms, Ingelheim sowie das vom Königspaar gegründete Familienkloster Limburg an der Hardt zu den bevorzugten Aufenthaltsorten. Um 1025 erfolgte in dieser Region die Grundsteinlegung für den machtvollen Kaiserdom zu Speyer, in dem seither die salischen Herrscher bestattet wurden. Am 11. November 1036 nahmen Gisela und Konrad zusammen mit Heinrich III. und Gunhild an der Weihe des Mainzer Doms teil. In diesem Gebiet fanden wichtige Beratungen mit den Fürsten des Reiches statt, und hier beging das Herrscherpaar neben anderen hohen Feiertagen auch dreimal das Osterfest. Die Einträge im ersten Nekrolog des in Rheinfranken gelegenen Klosters Weißenburg, die neben Gisela und Konrad fast alle Personen enthalten, die dem Kaiserpaar nahestanden, spiegeln das Bekenntnis zu seiner Herrschaft wider.[21]

In Ostsachsen-Nordthüringen verweilten Gisela und Konrad vorzugsweise in Goslar, Magdeburg, Merseburg und Tilleda. In den anderen Teilen des deutschen Reichsgebietes erschienen sie ebenfalls recht häufig zur Ausübung der Königsherrschaft. Dabei gaben sie in der Regel immer einem bestimmten Ort den Vorzug, so Paderborn im mittleren Sachsen, Nijmegen in Niederlothringen, Bamberg in Ostfranken, Augsburg in Schwaben und Regensburg in Bayern. Infolge eines großen Aufstandes der unteren Lehnsträger war 1035/36 in Oberitalien eine politisch komplizierte und zugespitzte Situation entstanden, die Konrads Anwesenheit in Italien dringend erforderte. Er zog mit seinem Heer im Dezember 1036 über die Alpen und traf zur Feier des Weihnachtsfestes in Verona ein. Gisela, Heinrich III. und Gunhild blieben zunächst im deutschen Reichsgebiet zurück und begingen das Weihnachtsfest in Regensburg. Sie folgten dem Kaiser im Frühjahr des folgenden Jahres. Bereits im Juli 1037 nahm Gisela in Verona und in dem vor den Toren der Stadt gelegenen Kloster San Zeno wieder die Pflichten der Herrscherin an der Seite ihres Gemahls wahr. Von Verona begab sich das Kaiserpaar in den Nordosten Italiens an den Patriarchensitz von Aquileja. Eines der wenigen bekannten zeitgenössischen Bilder Giselas und Konrads wurde hier angefertigt. In dem 1031 von Patriarch Poppo geweihten Dom ist in der Chorapsis ein Fresko angebracht, das eine Devotionalszene beinhaltet. In diese sind die Bilder der kaiserlichen Familie eingebettet. Halb so groß dargestellt wie die sie geleitenden drei Heiligen, nähern sich Kaiser Konrad II., die Kaiserin Gisela und ihr Sohn Heinrich – die Hände anbetend erhoben – der Gottesmutter Maria. Obwohl das um 1031 entstandene Wandbild sicher keine ausgeprägten individuellen Züge der drei Personen wiedergibt, sind doch einige Merkmale erwähnenswert. Konrad ist bärtig dargestellt. Seine Kleidung besteht aus einem Schultermantel und einer kurzen

Tunika. Der Kopf der Kaiserin ist auf dem Bild leider völlig zerstört. Sie trägt ein Kopftuch und einen bis zur Erde reichenden Mantel. Alle Gewänder sind mit Gold verbrämt und mit Edelsteinen besetzt. Konrad trägt auf diesem Bild die bereits aus dem 10. Jahrhundert stammende goldene Kaiserkrone, der er einen neuen Bügel und das Aufsteckkreuz hinzufügen ließ.[22] Die fälschliche Annahme, daß diese Krone und der Kronenbügel mit der sich auf Konrad II. beziehenden Inschrift gleichzeitig entstanden wären, hatte dazu geführt, daß ein 1880 in Mainz gefundener Goldschmuck aufgrund der stilistischen Ähnlichkeiten zur Krone der Kaiserin Gisela zugeordnet wurde. Davon ist die Forschung längst abgegangen, der Name „Giselaschmuck" (heute im Kunstgewerbemuseum Berlin-Köpenick) ist jedoch zu einem festen Begriff geworden. Obgleich ursprünglich wohl im Besitz einer der ottonischen Kaiserinnen, hat auch Gisela den Brustschmuck möglicherweise getragen.

Aus dem nordöstlichen Teil Italiens zurückgekehrt, beging das Herrscherpaar das Weihnachtsfest des Jahres 1037 in Parma. Anfang 1038 hatte sich die Lage in Oberitalien so weit stabilisiert, daß man nach Süden weiterreiten konnte. Nachdem Konrad und Gisela gemeinsam durch Tuszien gezogen waren und das Osterfest in Spello gefeiert hatten, wo auch eine Zusammenkunft mit Papst Benedikt IX. stattfand, trennten sich ihre Wege. Während der Kaiser nach Apulien vordrang, begab sich die Kaiserin mit ihrem Gefolge nach Rom und verrichtete ihr Gebet an den Apostelgräbern. Durch die Anwesenheit Giselas in der Ewigen Stadt wurde zugleich die kaiserliche Macht im Zentrum des Kirchenstaates repräsentiert. Im Kloster Monte Cassino traf die Herrscherin dann wieder mit ihrem Gemahl zusammen. Das Pfingstfest feierten sie in Capua. Nachdem auch Benevent ein Besuch abgestattet worden war, begab sich das kaiserliche Heer auf den Rückmarsch entlang der Adriaküste nach Norden. Im Verlauf des Rückzuges brachen Krankheit und Seuche im Heer aus, von denen auch die kaiserliche Familie nicht verschont blieb. Am 18. Juli 1038 starb Gunhild, die junge Gemahlin Heinrichs III., und am 28. Juli Giselas Sohn, Herzog Hermann IV. von Schwaben, an der Malaria. Der Herzog wurde bei der Alpenüberquerung in Trient, Gunhild im salischen Familienkloster Limburg bestattet.

Nach der Ankunft im deutschen Reichsgebiet übertrug der Kaiser Heinrich III. zusätzlich zum Herzogtum Bayern noch das von Schwaben und im Herbst 1038 in Solothurn die Herrschaft über das Königreich Burgund. An den Vorgängen in Burgund war Gisela wiederum nicht beteiligt. Erst im Dezember 1038 trafen Gisela, Konrad und Heinrich III. in Limburg wieder zusammen. Von hier aus zog das Herrscherpaar in das östliche Sachsen, wo Gisela und Konrad in Goslar ihr letztes gemeinsames Weihnachtsfest begingen. Im folgenden Jahr reisten sie nach Nijmegen, wo das Kaiserpaar aufgrund einer schweren Krankheit Konrads über drei Monate verweilte. Diese Krankheit kam dann während der Pfingstfeierlichkeiten in Utrecht erneut heftig zum Ausbruch. Am 4. Juni 1039 verstarb der Kaiser hier im Alter von etwa 50 Jahren, nachdem er von den Bischöfen die Kommunion erhalten und von Gisela und Heinrich Abschied genommen hatte. Die Kaiserin und ihr königlicher Sohn geleiteten den in einen prächtigen Sarg gebetteten Leichnam ehrenvoll nach Speyer. Am 3. Juli 1039 wurde Konrad II. in der Krypta des entstehenden Kaiserdoms zu Speyer mit hohen Ehren bestattet.

Der Abschied von ihrem dritten Gemahl wird Gisela besonders schwer gefallen sein, mit ihm verbrachte sie wohl die schönsten Jahre ihres Lebens. An der Seite Konrads konnte sie den Höhepunkt königlich-kaiserlicher Machtentfaltung im ottonisch-salischen Reich erleben, vor allem aber mitgestalten. Gisela hatte sich in den zurücklegenden 15 Jahren als eine geborene Herrscherin erwiesen: „Obwohl sie von so hohem Adel und sehr großer Schönheit war, blieb sie frei von jeder Überheblichkeit. Ehrfürchtig diente sie Gott … Sie war hohen Sinnes und von großer Gewandtheit, strebte nach Ruhm und nicht nach eitlem Lob, hielt auf Sittsamkeit, ging geduldig den weiblichen Pflichten nach, verschwendete nichts unnütz, spendete aber für ehrenvolle und förderliche Dinge überaus freigebig. Sie war reich an Eigengütern und verstand es, die hohe Würde ihres Amtes recht zu tragen.“ Gisela besaß an der Seite Konrads II. erheblichen Anteil an der Ausübung der königlich-kaiserlichen Herrschaft. Vor allem hierin besteht ihre zu würdigende historische Leistung. Sie trug zwar niemals allein die Regierungsverantwortung und war keine Regentin wie andere bedeutende Frauen des Mittelalters, wirkte aber im Unterschied zu vergleichbaren Herrscherinnen an der Regierung ihres Gemahls, der als König bzw. Kaiser und Stellvertreter Gottes auf Erden im Staatswesen und Bewußtsein der mittelalterlichen Menschen die zentrale Figur darstellte, in einem außerordentlichen Maße mit. Gisela leistete damit einen wesentlichen spezifischen Beitrag zur Konsolidierung und Stärkung der Zentralgewalt, die in der Herrschaftszeit Konrads II. den dominierenden Faktor bei der Integration und politischen Organisation der Feudalgesellschaft im römisch-deutschen Reichsverband bildete. Durch ihre Ehe mit dem König und Kaiser galt sie auch in den Augen der Zeitgenossen als Mitherrscherin, als eine *consors imperii* – wie sie in den Urkunden Konrads genannt wurde.[23] Darüber hinaus stand Gisela ihrem Gemahl – wie Wipo schreibt – als *necessaria comes*, als eine unentbehrliche Gefährtin, zur Seite.

Nach dem Tode Konrads II. trat Heinrich III., der ausgezeichnet auf die Regierungsübernahme vorbereitet worden war, ohne Schwierigkeiten die Herrschaft im Reich an. Da Heinrichs Gemahlin verstorben war, glaubte Gisela offenbar, ihre bisherige Position am Hofe weiter einnehmen zu können. Wahrscheinlich kam es darüber zu Unstimmigkeiten zwischen ihr und dem König, von denen uns die Quellen andeutungsweise berichten. Im Jahre 1041 weilte Gisela noch verhältnismäßig häufig am Königshof. Danach scheint sie sich dann nach Goslar zurückgezogen zu haben, das sie nur noch selten verließ. Am 15. Februar 1043 verstarb Gisela hier im Alter von über 50 Jahren, „obgleich sie von Wahrsagern, die ihr manchmal Wahres prophezeiten, zu dem Glauben gebracht worden war, daß sie ihren Sohn, den König, überleben werde“. Heinrich III. gab der Kaiserin das letzte Geleit und überführte, von Bischöfen und anderen Fürsten begleitet, ihren Leichnam nach Speyer. Hier wurde Gisela im März 1043 in der Krypta des Doms an der Seite ihres Gemahls beigesetzt. Wie Konrad II. wurde auch Gisela mit einer aus Kupferblech gefertigten Grabkrone bestattet. Auf der Krone der Kaiserin ist an der Stirnseite ein niedriges Kreuz angebracht, am hinteren Teil und an den Seiten ragt jeweils eine Lilie empor. Die in den Kronenreif eingeritzte Inschrift lautet:[24]

GISLE IMPERATRIX

Heloi'se
Das Bild einer außergewöhnlichen Frau

Das romantische Liebespaar Abaelard und Heloi'se, dessen Geschichte schon vielen Romanen und Dramen als Vorlage diente, gehört in das 12. Jahrhundert, die Blütezeit des europäischen Feudalismus.

Damals vollzogen sich im Gefolge des Aufstiegs der Städte rasche Erweiterungen der gewerblichen Warenproduktion und des Handels, die zu alle Klassen und Schichten erfassenden strukturellen Veränderungen führten. Diese spiegelten sich auch in der Ideologie wider, so in der philosophischen Untermauerung des kirchlichen Weltbildes. Aus diesem Bemühen entwickelte sich die Scholastik, die mittelalterliche Schulweisheit, die mit rationalen Denkmethoden (Dialektik) das christliche Dogma durchleuchtete und das Für und Wider *(sic et non)* der oft widersprüchlichen Überlieferung religiöser Grundfragen erörterte. Dadurch erhielt in erster Linie die Logik hohes Ansehen. Der Logiker galt schlechthin als Philosoph. In den Rahmen dieser geistig-kulturellen Bewegung, die in Universitätsgründungen in Italien (Bologna, Salerno), England (Oxford) und Frankreich (Paris, Montpellier) mündete, gehört Peter Abaelard, der sie ganz wesentlich mittrug und mitprägte. Geboren 1079 in Le Pallet (Bretagne), verzichtete er als Sohn eines Ritters zugunsten seines Bruders auf sein Erbe, um sich der Dialektik widmen zu können. 1104 studierte er Philosophie in Paris und Loches bei damals gefeierten Lehrern. 1108 dozierte er bereits auf dem Genovevaberge bei Paris und gründete eine Schule, in welcher er die Dialektik als durchgehende Methode in die Theologie einführte. Das brachte ihm viele Anfeindungen der orthodoxen Kirchenmänner.

In Paris lernte Abaelard im Winter 1115/16 die sechzehnjährige bildhübsche Nichte des Kanonikers Fulbert kennen, die ihm zur Ausbildung anvertraut wurde und schon bald durch ihr „hochgemutes Ringen um die Wissenschaft“ von sich reden machte.[1] Bereits nach wenigen Stunden fühlten sich beide unwiderstehlich zueinander hingezogen. Aus dem zunächst lockeren Liebesverhältnis entwickelte sich eine geistige Seelenverwandtschaft, die bis zum Tode Abaelards weiterwirkte. Heloi'se bewunderte den himmelstürmenden Gelehrten, der die etablierten Magister mit Bravour aus dem geistigen Zentrum Frankreichs verdrängte. In einem Brief aus diesen Zeiten des Honigmondes sah Heloi'se bereits visionär, wie sich die Berge vor dem Genius neigten, weil er in der Gegenwart den Klerus durch seine Worte erleuchtete und aus geistiger Nacht und Verirrung herausführte. Vor dem Glorienschein seiner Gelehrsamkeit wichen Finsternis und Dunkelmänner. Der Ruhm Abaelards berauschte Heloi'se. Für sie gab es bald nichts Höheres mehr, als seine Liebe zu besitzen und in seinen Fußstapfen wandeln zu dürfen. Noch Jahre später, als Äbtissin in Paraklet, schwärmte sie von den süßen Liebesliedern, die er ihr damals zu Füßen legte und derentwegen sie alle Frauen und Mädchen beneideten.[2]

Der jahrelange Gedankenaustausch über Philosophie und das religiöse Leben im 12. Jahrhundert fand seinen literarischen Niederschlag in einem durch viele persönliche Erfahrungen angereicherten Briefwechsel zwischen Abaelard und Heloi'se, der für die damalige Zeit ohne Vorbild war. Daß eine Frau literarisch in Erscheinung trat, führte in der Forschung jedoch zu Zweifeln an der Echtheit der Quelle. So bestritt 1972 J.F. Benton die Originalität des Epistolariums sowie der abaelardschen Autobiographie *Historia calamitatum* (HC). Ein Fälscher aus dem 13. Jahrhundert hätte die acht überlieferten Episteln (Ms. 802 Troyes) unter Zuhilfenahme authentischer Schriften Abaelards sowie eines autobiographischen Briefes unbekannter Provenienz aus dem 12. Jahrhundert, einer Art Stilübung, kompiliert. Dem Fälscher sei es wahrscheinlich um Regeländerungen im Doppelkloster Paraklet gegangen, welche der Prior der Mönchsgemeinschaft anstrebte. Anlaß sei die strittige Äbtissinnenwahl von 1288 gewesen.[3] 1985 glaubte H. Silvestre, als Autor der HC sowie der Briefe den Kleriker Jean de Meun aus der zweiten Hälfte des 13. Jahrhunderts identifizieren zu können, da es sowohl in dem einen wie dem anderen überlieferten Werk Ungereimtheiten gäbe, die nur durch die Zuweisung in das 13. Jahrhundert zu erklären seien.[4] Er ließ sich in dieser Auffassung auch nicht von der Tatsache beeindrucken, daß Benton 1979 einen Teil seiner Beweise, vor allem hinsichtlich der Kompilation beider Corpora, zurücknahm. Im Gegenteil, Verteidiger ihrer Echtheit, wie P. Zerbi und P. Bourgain, unterzog er einer strengen Kritik und konfrontierte beide mit anachronistischen Details.[5] Zuletzt bekannte sich Benton aufgrund einer Computeranalyse von Ductus und Wortwahl[6] uneingeschränkt zur Echtheit der Briefe, wies sie aber nur Abaelard zu.

Bei den sicher begrüßenswerten, scharfsinnigen Textanalysen blieb ein nicht wegzudiskutierender Fakt, nämlich die Einmaligkeit der Briefe, die uns zwei geniale Menschen vor Augen führen, welche um einen Zugang zu humanerer Gestaltung des religiösen Lebens *(vita religiosa)* rangen, wobei vor allem die Gefühlsausbrüche Heloi'sens an Originalität weiblicher Psyche nichts zu wünschen übriglassen. Derartige Überlegungen bewogen P. v. Moos, von einem gemeinsamen Projekt der beiden Seelenverwandten auszugehen.[7] Trost in der Klostergemeinschaft bei persönlicher Liebesbindung ohne Egoismus seien das Ziel der Briefschreiber gewesen. Abaelard habe in Paraklet einen Dienst der Frauenverehrung und Frauenermahnung, ein gemeinsames Leben in heilsorientierter Erwartung beabsichtigt. I. Pagani schlußfolgert, daß das Epistolarium ein ganz neuartiges, anormales Geistesprodukt des 12. Jahrhunderts darstelle, das weit über landläufige Konversionen hinausgehe.[8] Wichtige Zeugnisse für seine Echtheit steuert die Literaturhistorikerin H. C. R. Laurie mit ihrer Untersuchung über das altfranzösische Epos *Erec*, das 1169/70 Chrétien de Troyes verfaßte, bei.[9] Sie liefert den Nachweis, daß der Dichter von Abaelard beeinflußt wurde, daß Enei'des Demut den Bekennermut Heloi'sens widerspiegelt und daß sich auch deren Liebesbekenntnis in Fenice wiederfindet. Wie Abaelard sei Erec Liebhaber, Gatte, Herr und Diener in einer Person gewesen. – Chrétien kannte also die Briefe, übertrug den im Trostschreiben des Clunyazenserabtes Petrus Venerabilis an Heloi'se 1142 apostrophierten „fleckenlosen Tempel für die Aufnahme des Hl. Geistes" (Paraklet) in ein höfisches Milieu und säkularisierte den christlichen Tugendkatalog des Hohenliedes. Das Epistolarium kursierte demnach schon 1169 in der Champagne, wo es Chrétien kennenlernte. Als Zeitgenosse Heloi'sens dürfte er noch bei Abaelard studiert haben. Erst 100 Jahre später übersetzte Jean de Meun die Episteln ins Französische.

Dadurch ist das kunstvoll gewobene Argumentationsgeflecht Bentons und Silvestres zerrissen, und es gibt keinen Grund mehr, „Abaelard vorerst ohne Heloi'se zu nehmen"[10] und auf den Briefwechsel für die Erhellung der Beziehungen der beiden Liebenden zueinander zu verzichten.

Die Hingabe Heloi'sens war nicht ohne Folgen geblieben. Als sie ihrem Geliebten eröffnete, daß sie schwanger sei, brachte er sie zu seiner Familie in die Bretagne, wo sie Ende 1116 einen Sohn, Astrolabius, gebar, über dessen weiteres Schicksal nichts Genaues überliefert ist. Heloi'se widerstrebte es, Gattin des angebeteten Geliebten zu werden, weil sie annahm, daß er durch eine Ehe mit ihr in seiner wissenschaftlichen Laufbahn behindert würde und die Fesseln der Ehe seine Liebe erkalten lassen könnten. Auf Drängen Abaelards, der die Rache des Onkels, Fulberts, fürchtete, fand dennoch die Trauung in aller Stille statt. Aber Fulbert gab sich damit nicht zufrieden. In seinem Zorn ließ er Abaelard entmannen. Die junge Gattin und Mutter hatte bei den Nonnen in Argenteuil Zuflucht gesucht. Hier besuchte sie der Magister regelmäßig. Wie er später bekannte, habe ihn auch an diesem der Jungfrau Maria geweihten Ort die Liebeslust übermannt, so daß er die Entmannung als Strafe für sein sündiges Verhalten betrachten müsse. Ende 1117 nahm Heloi'se in Argenteuil den Schleier, und Abaelard legte in St. Denis die Profeß ab. Nach einer Reihe von Zerwürfnissen mit den dortigen Äbten ließ er sich 1123 im Kloster Paraklet bei Troyes nieder, um vor seinen Widersachern Ruhe zu finden und seinen theologischen Studien nachgehen zu können. 1129 vertrieb Abt Suger unter fadenscheinigen Vorwänden mit Unterstützung des päpstlichen Legaten Matthäus von Albano die Nonnen aus Argenteuil, um sich der reichen Abtei zu bemächtigen. Heloi'se und ihre Mitschwestern fanden in Paraklet ein neues Zuhause, wo sie die Leitung der Frauengemeinschaft, die sich 1130 dem päpstlichen Schutz anvertraute, übernahm.

Hier in Paraklet begann nun für die unglückliche Heloi'se ein Leidens- und Läuterungsweg, in den uns zwei Briefe Einblicke gewähren. Sie bekannte darin offen, daß sie für das traditionelle Klosterdasein nicht geschaffen sei und daß sie nur auf Befehl ihres Gebieters Kleid und Seele gewechselt habe. Mit ihrem Gehorsam wollte sie ihm ihre Ergebenheit sinnfällig demonstrieren.

Schon in Argenteuil hatte sie die Klosterzucht abgestoßen. Sie erwartete nicht wie ihre Leidensgenossinnen von Gott eine Belohnung für Entsagungen aller Art, ja sie verlangte nicht einmal nach der Liebe Gottes.[11]

Ihr ganzes Sinnen und Trachten richtete sich auf einen einzigen Mann, auf Abaelard, dem sie gefallen und den sie nicht beleidigen wollte. Offen erklärte sie, daß wohl der Stand der Ehefrau ehrsam sei, daß aber in ihren Ohren das Wort Geliebte süßer klänge und sie bereit wäre, sich vor Abaelard als Konkubine und Dirne zu erniedrigen, um nur Gnade vor ihm zu finden und seinen strahlenden Ruhm nicht zu verdunkeln. Sie ziehe die freie Liebe mit einem Genius den Ehefesseln vor. Sie schätzte ein außereheliches Verhältnis mit dem Gelehrten höher ein als eine Heirat mit dem Kaiser. In bewußter rhetorischer Übertreibung, in der Diktion seiner Frühschriften, der „Briefe zweier Liebender", schildert sie die Sehnsüchte verheirateter und lediger Geschlechtsgenossinnen nach einer Umarmung Abaelards, den Neid von Königinnen und Fürstinnen wegen ihrer Liebesfreuden, die fiebernde Erwartung von Städten und Dörfern auf sein Erscheinen. Am meisten litt sie unter den zärtlichen Erinnerungen, die sie in Paraklet auf Schritt und Tritt begleiteten. Anstatt die sündhaften Gedanken zurückzuweisen, schwelgte sie in ihnen. Nicht einmal im Gebet während der heiligen Messe wichen die verführerischen Traumbilder, sondern nahmen ihre Seele gefangen. Sie fragte ihren Briefpartner, wie sie denn überhaupt beten solle, wenn ihre Seele voller Unruhe wäre und die Zunge ihr den Dienst versage. Müßte nicht eine Beterin wie sie Gott mehr erzürnen denn besänftigen, wenn sie mit ihren Klagen und Wünschen vor ihn trat? In ihrem Amt fühlte sie sich als unentdeckte Heuchlerin, der man Keuschheit nachsagte, die man ob ihrer Leitung pries, obwohl ihr vor Gott keinerlei Verdienste zukämen, denn er sähe in ihr verborgenes Innere. Weit davon entfernt, im Gottesdienst eine Siegespalme zu erringen, wollte sie nur der ihr drohenden Gefahr entfliehen. „Ich wäre schon zufrieden", rief sie aus, „wenn mir der Herr im Himmel irgendwo einen stillen Winkel einrichtete!"[12] Ohne Zweifel hätte sie Petrus Venerabilis nach dem Tode Abaelards 1142 nicht in sein Priorat Marcigny eingeladen, wenn ihm dieses Schreiben in die Hände gefallen wäre.

Das Bekenntnis Heloi'sens spiegelt eine atypische Hinwendung zum geistlichen Leben wider, die ein Doppelleben zu überwinden versucht. Heloi'se stellte sowohl als junges Mädchen wie als Nonne an sich und andere hohe Ansprüche. Sie gab sich in Paris nicht dem ersten besten Scholaren hin, sondern schenkte ihre Zuneigung dem angesehensten Philosophen ihrer Zeit. Sie nahm das Studium der lateinischen Antike ernst und drang tief in die Materie ein. Alle Halbheiten, sei es in der Liebe oder im Klosterdienst, lehnte sie ab. Ihre einzige Autorität, der sie sich anvertraute und der sie sich beugte, hieß Abaelard.

Auf die Gebräuche der Zisterzienser und Prämonstratenser verzichtete sie für ihre Klostergemeinschaft in Paraklet.[13] Von Beginn an verschlossen sich die Zisterzienser der Seelsorge für Nonnen und mieden jeden Kontakt zu Frauen. 1134 untersagte das Kapitel jede Aufnahme von Nonnen in den Orden, ohne jedoch verhindern zu können, daß seit Ende des 12. Jahrhunderts das weibliche Element an der Peripherie Fuß faßte. Die Prämonstratenser beendeten zwar erst 1140 das gemeinsame Leben von Mönchen und Nonnen in Doppelklöstern, aber auch Norbert von Xanten, der Gründer dieses Ordens, kam als Vorbild nicht in Frage, da seine Regel an Brauch und Herkommen gebunden blieb und den Idealen Paraklets nicht entsprach. Das von Abaelard ausgearbeitete Modell eines Doppelklosters, in dem Männer und Frauen dienen sollten, scheiterte jedoch.

Der Magister hatte zunächst den Liebes- und Klagebrief mit einigen nüchternen Belehrungen beantwortet, Einsamkeit und andächtiges Beten empfohlen, um zu Ruhe und Reinheit zurückzufinden. Ein erprobtes Mittel dafür schien ihm die Vertiefung in die Passion des Heilands, die eine empfindsame Frau zu Tränen rühren mußte und sie ihre allzu menschliche Vergangenheit vergessen lassen würde. Half alles nichts, dann blieb immer noch die Kasteiung des Fleisches übrig, die die Seele retten würde.[14]

Damit gab sich jedoch seine Partnerin nicht zufrieden. In einer Epistel über Prinzipien des religiösen Lebens kam sie auf die Fundamente christlicher Existenz zu sprechen. Das Wesen sah sie in der Erfüllung evangelischer Gebote, die für Religiöse genauso verbindlich waren wie für Laien. Jedes Darüber betrachtete sie als schädlich. Mönche und Nonnen unterschieden sich von Durchschnittschristen nur durch ihr Keuschheitsgelübde.

Das genügte Heloi'se vollauf, denn sie wollte ja nicht „Überchristen“ erziehen! Da die Schwestern besitz- und ehelos lebten, durften sie sich in Speise und Trank den Gewohnheiten von Prälaten, Kanonikern und devoten Laien angleichen. Auf diesem Sektor etwa Verbote zu verschärfen erhöhte ihrer Meinung nach nicht geistliche Verdienste. Eingefahrene Gewohnheiten dürften nicht zum Gesetz, zur Regel werden. Über allem ständen die evangelischen Gebote. Nie und nirgendwo habe Jesus Fleischspeisen verworfen oder sie den Mönchen untersagt. Es gelte auf die Vorbereitung zum Einzug in das Gottesreich zu achten, nicht aber auf Äußerlichkeiten, wie jene Verworfenen, die sich wie Erwählte gebärdeten, sich aber dann als Heuchler entpuppten. Nur Juden hielten an äußeren Werken fest, Christen aber zeichneten sich durch ihre innere Gesinnung aus. Liebe trenne die Söhne Gottes von den Söhnen des Teufels. Nur durch Tugend erworbene Verdienste zählten vor Christus. Deshalb sorgten sich wahre Christen auch hauptsächlich um den inneren Menschen, schmückten ihn mit einem Tugendkranz und säuberten ihn von Lastern, während sie die äußere Fassade wenig kümmere. Heloi'se gelangte zu dem Schluß: nicht die Tat, sondern die Gesinnung entscheidet, Gott sieht in das Herz, nicht auf die Hände.[15]

Abaelard entwickelte diese Maxime zu einer ethischen Theorie. Er definierte menschliche Handlungen als moralisch indifferent und wertete sie allein nach ihren zugrunde liegenden Absichten.[16] Seine *Ethik* stammt aus dem Ende der dreißiger oder dem Beginn der vierziger Jahre, während der zitierte Brief älteren Datums ist. Daher dürfen die Bemerkungen Heloi'sens Originalität beanspruchen. Ähnliches gilt für die Prinzipien der neuen religiösen Lebensweise, die der Magister in seinem Antwortschreiben und seiner Nonnenregel *(Regula sanctimonialium)* konkretisierte und gleichzeitig zu einer Art „Frauenlob“ hochstilisierte. Er konzidierte, daß es keine christlichen Speiseverbote gäbe. Auch warnte er vor der Wahl von Äbtissinnen aus Adelsgeschlechtern, welche dann in der Regel die Interessen ihrer Sippen, nicht die ihrer Klöster vertraten, plädierte jedoch im gleichen Atemzug für aristokratische Gesinnung und gediegene Bildung, lehnte Unwissenheit und Mittelmaß ab, weil sie das Schriftstudium unmöglich machten. Wer die Schrift nicht befrage, der liebe Gott nur wenig und vermöge nicht, zu ihm aufzusteigen. Nur die Enthüllung des Schriftsinnes eröffne den Menschen den Zugang zum Höchsten.[17]

Neueren Forschungen zufolge verfaßte er 1125/26 einen „Dialog“ zwischen einem Christen, einem Heiden und einem Juden, in dem er die Frage beantworten wollte, was zu einem Christen gehörte. Seine Antwort: ein Leben in Glauben, in der Vernunft und gepflegter Eloquenz. Das hieß, daß Theologie nur auf der Basis der klassischen Tradition möglich war.[18] Mochte in diesen Gedanken religiöse Toleranz mitschwingen, so blieb ganz eindeutig das Christentum Ziel aller rationalen Erkenntnis.[19] Die Askese, die Abaelard Heloi'se nahelegte, spielte im „Dialog“ keine Rolle. Im Gegenteil. Die Natur verbiete es, daß man den Körper quäle, Reinlichkeit verschmähe, sich im Schmutz wälze und ekelerregende Speisen schlucke. So etwas sei töricht und nutzlos, denn christliche Philosophie verlange Genügsamkeit, nicht Abtötung.[20]

Daher konnte sein Hinweis auf Askese auch nicht die *ultima ratio* sein. Vielmehr beherrschte Abaelard schon in den zwanziger Jahren die Idee einer Vernunftreligion, die auch Heloi'se zu Beginn der dreißiger Jahre bewegte. Sie diente ihm zur Selbstdarstellung eines überragenden Menschen. Wir begegnen hier der Selbstbefreiung des Individuums im Rahmen einer Berufsgruppe, nämlich der Magister städtischer Schulen, die sich als Stand organisierten und sich ihrer wachsenden Bedeutung in Kirche und Welt bewußt wurden.[21] In den konservativen Klostergemeinschaften, die starr an ihren Gebräuchen festhielten, mußte Abaelard genauso scheitern wie in der Scholastikerschule von Laon, wo Magister nach alten Mustern dozierten, gar nicht zu reden von Männern wie Bernhard von Clairvaux, die als Gralshüter mönchischer Meditation voller Argwohn auf „Dialektiker“ vom Schlage des bretonischen Gelehrten blickten. Der Gejagte entwickelte in Paraklet ein Gemeinschaftsideal, das antike Weisheit und evangelische Vollkommenheit zu einer Vision normativen Lebens für Bildungschristen verband.[22]

Heloi'se ging noch einen Schritt weiter. Sie interpretierte die Worte des heiligen Paulus über das heilsgemäße Leben als Weisung für alle Christen, nicht nur für Priester, Mönche und Nonnen. Ein Mehr bedeutete ihr schon die Profeß. Jedes Zuviel lehnte sie mit Argumenten der Vernunft und des Evangeliums ab. Sie zitierte Jesus, der den Seinen ein süßes Joch und eine gar leichte Last auferlegt und alle Mühseligen und Beladenen zu sich gerufen hatte. Sie befragte die Apostelakten und rief Petrus in den Zeugenstand, der es eine Versuchung Gottes genannt hatte, den Jüngern ein schweres Joch auf den Nacken zu legen, „... das weder die Väter noch wir zu tragen vermöchten". Er bestärkte Heloi'se in ihrem Glauben an die Gnade Jesu und die Seligkeit. Sie verlangte deshalb auch von Abaelard, den Nonnen nicht zu viele Chorpflichten und Psalmodien aufzubürden, sondern die weiblichen Schwächen zu berücksichtigen.[23]

In welch krassem Gegensatz befand sich diese *vita religiosa* zu Auffassungen weiblicher Eiferer aus den Reihen des flämischen Patriziats Ende des 12. Jahrhunderts, die unter dem Namen Beginen in die Geschichte eingingen! Von Maria von Oignis wissen wir z. B., daß sie sich aller Mittel zum Leben entblößte und vom Bettel kümmerlich ernährte. Sie suggerierte sich die Leiden Jesu in einer Intensität, daß sie eines Tages zum Messer griff und sich ein Stück Fleisch aus ihrem Körper schnitt, das sie darauf begrub. Eine Gesinnungsgenossin, Christina von St. Trond, wollte durch extreme Selbstquälereien erreichen, daß sie nach dem Tode wieder auferstand und dann alle Ungläubigen bekehrte. Sie sprang in die eisigen Wasser der Mosel, stieg in siedende Wasserkessel und ging durch offene Feuer. Nächtelang saß sie auf Gräbern und beweinte die Sünden der Toten. Armut bedeutete für diese Frommen innere Erneuerung. Ihnen genügte nicht mehr persönliche Bedürftigkeit, sondern sie wollten zusammen mit den Bettelarmen leben, um ihre Atmosphäre gleichsam in sich aufzunehmen. Extreme Askese war bei ihnen nicht die Ausnahme, sondern die Regel. Abscheu vor Berührungen durch Männer trieb absonderliche Blüten. Klara von Montefalco wollte lieber in der Hölle schmoren, als sich von einem Manne betasten zu lassen. Ihren Mitschwestern berichtete sie von nächtlichen Passionserlebnissen, die deren Neugier weckten, weshalb sie ihr nach dem Tode das Herz aus dem Leibe rissen, um Spuren der Kreuzigung zu finden.[24]

Diese pervertierte Frömmigkeit war Heloi'se genauso fremd wie der übersteigerte Eucharistiekult der Beginen und Zisterzienserinnen, mit dem diese ihre Aufstiegssehnsüchte zum Heiland befriedigten.

Gibt es also in dieser Beziehung keine Vergleichsmöglichkeiten oder Parallelen zu der Äbtissin von Paraklet und ihrem Idol, so drängt sich ein Blick auf die unfreiwillige Gründung des westfranzösischen Doppelklosters Fontevrault 1100/01 durch den bretonischen Wanderprediger Robert von Arbrissel auf, den Abaelard hochschätzte und ihn einen Herold Christi nannte.[25]

Robert hatte als Bußprediger Männer und Frauen um sich geschart, mit denen er von Dorf zu Dorf, von Weiler zu Weiler pilgerte und die Welt zur Einkehr und zum Frieden aufforderte. Nachts teilte er das Lager mit seinen Jüngerinnen, um sich einer aus irischem Brauch wohlbekannten Askese, dem weißen Martyrium, zu unterziehen. Dagegen lehnte er übertriebene Kasteiungen, die zur Zerstörung des Leibes führten, ab.[26] Der Episkopat machte diesem freien Wanderleben 1100 ein Ende, als Bischof Peter II. von Poitiers den Eremiten zur festen Niederlassung in Fontevrault zwang. Robert versuchte darauf die Institutionalisierung des von ihm praktizierten Zusammenlebens von männlichen und weiblichen Religiosen (Syneisaktentum) im Klosterrahmen zu realisieren, um auf solche Weise ein ideales Christentum vorzuführen, in dem Kleriker, Mönche, Laien, Frauen und Männer eine Gemeinschaft bildeten, in der es keine Stände *(ordines)* mehr gab, sondern nur noch Arme in Christo *(pauperes Christi).* Das Experiment mißlang, rasch trennten sich Nonnen von den Laienschwestern, Kleriker von Mönchen, und das Standesdenken hielt erneut seinen Einzug. 1102 verließ der enttäuschte Gründer seine Stiftung und überließ sie Damen aus dem westfranzösischen Hochadel. Hersendis, Tochter des Grafen der Champagne, ergriff die Initiative und leitete bis zu ihrem Tode 1112 den Konvent. Ihr folgte Petronilla von Chemillé, die 1115 den Titel einer Äbtissin annahm.[27] Von einer Zusammenarbeit oder gar einer Seelenverwandtschaft, wie bei Abaelard und Heloi'se, zwischen ihr und dem Armutsapostel, war keine Rede. Im Gegenteil, Robert stimmte nur unter dem Zwang der äußeren Umstände ihrer Wahl zu. Fluchtartig verließ er Fontevrault und widmete sich wieder seinem Wanderdasein. Petronilla aber entsprach nicht seinem Wunsche auf dem Sterbebett, ihn auf den Friedhof des Klosters inmitten seiner Jüngerinnen zu bestatten, sondern beerdigte ihn in der Abtei. Der Biograph Roberts, der Mönch Andreas, berichtet in der *Vita altera*, daß sein Held die

Unterordnung der Männer unter die Frauen forderte, damit sich jene durch Demut und Selbstentsagung das jenseitige Heil verdienten. Das heißt, daß Robert auch das Doppelkloster als hervorragende Gelegenheit für Mönche betrachtete, sich in temperierten Kasteiungen im Konsortium von *sanctimoniales* zu üben. Er konnte dabei durchaus an die im 12. Jahrhundert üblichen freieren Umgangsformen von Brüdern und Schwestern in Klöstern, wie etwa in England, anknüpfen.[28] Mit der Äbtissinnenerhebung Petronillas siegte jedoch die Aristokratisierung des Klosters, das trotz seiner bipolaren Strukturierung eine Benediktinerabtei herkömmlichen Typs blieb.

Mochten sich die ursprünglichen Intentionen der beiden Bretonen ähneln und feminines Kolorit zeigen, so differierten sie dennoch in der Zielsetzung, das heißt in der Rolle, die sie der Frau im religiösen Leben zubilligten.

Abaelard rückte gleichsam Heloi'se in das Zentrum seines Reformideals, während für Robert Hersendis und Petronilla eher als Störfaktoren fungierten. Nicht zu übersehen ist schließlich, daß der engagierte Bußprediger mit seinen Keuschheitsproben in dem weiblichen Gefolge letztendlich nur Subjekte zur religiösen Vervollkommnung des Mannes erblickte. Andererseits eröffnete es den Frauen auch Wege, sich aus den traditionellen Banden der patriarchalischen Gesellschaft zu befreien. Denn er wies auch Ehefrauen nicht zurück, was der Lehrer Abaelards, Roscelin, scharf verurteilte, weil sie dadurch ihre Männer der Hurerei auslieferten.[29]

Heloi'se strebte nach dem rechten Maß und dem rechten Weg zu irdischer Vollkommenheit und Ausgeglichenheit. Sie wird von der Forschung in die Nähe von Humanisten und Reformatoren gestellt.[30] Bekanntlich meinte Erasmus von Rotterdam, Christus habe für Mönche und Laien nur eine Religion verkündet und beide Stände auf das Evangelium verpflichtet. Ähnlicher Argumente bediente sich auch die Äbtissin von Paraklet. Dennoch sind Unterschiede in der Geisteshaltung unübersehbar, vor allem gegenüber Luther. Für ihn gab es kein Fortschreiten in den Tugenden, sondern nur in der Gnade. Gott führte den Menschen gegen sein Wollen und Planen von einer Gnade zur anderen. Daher dachte Luther auch nicht an die Vervollkommnung des Mönchtums, sondern ausschließlich an das Gericht, so wie es

Bekehrung der Thais durch den Eremiten Pafnutius.
Holzschnitt von A. Dürer aus der Erstausgabe der Werke Hrotsvits.
Nürnberg 1501

Tafel 17

Selbstbildnis einer Nonne.
Buchillustration zum Homiliar der Nonne Guda. Um 1150

Tafel 18

Otto I. und Adelheid mit Otto II. knieen vor dem thronenden Christus.
Elfenbeinarbeit, 10. Jahrhundert

Tafel 19

Kirche des Kanonissenstifts St. Cyriakus zu Gernrode/Harz,
gegründet 961 durch Markgraf Gero, der seine Schwiegertochter Hathui
als erste Äbtissin einsetzte

Christus krönt Otto II. und Theophanu.
Elfenbeinarbeit, 10. Jahrhundert

Tafel 20

Tafel 21

Otto I. zwischen Edgith und Adelheid,
Putzritzzeichnung im Obergeschoß des Kreuzganges des Magdeburger Doms.
Mitte des 13. Jahrhunderts

Tafel 22

Gisela und Konrad II.
Miniatur Mitte des 11. Jahrhunderts

Tafel 23

Gisela beim Einzug in eine Kirche.
Miniatur aus der ersten Hälfte des 11. Jahrhunderts

Tafel 24

vom Kreuz aus erging. Dieses Gericht sollte in der Gegenwart hingenommen und nachvollzogen werden.[31]

Heloi'se vertraute demgegenüber auf die inneren Kräfte des Menschen, die zur Tugend fähig waren und sich die Gnade Gottes eroberten. Für sie vollzog sich die Erlösung im Menschen, nicht außerhalb wie bei Luther. Abaelard folgerte daraus, daß die Kreuzigung kein Garant der Erlösung sei, weil er im Widerspruch zu Paulus den Zorn Gottes fürchtete, da der Mensch Willensfreiheit besaß, um sich eigenverantwortlich für Gott oder den Teufel zu entscheiden. Ergo erwiesen sich Fleischwerdung und Passion letztendlich als überflüssig, ja sinnlos![32]

Diese Konsequenz seiner Vernunftreligion erschien vielen Zeitgenossen als Ketzerei, weshalb er auch nicht von ungefähr auf zwei Konzilien verurteilt wurde. Daraus wird einsichtig, warum Heloi'se die Leidensgeschichte übergeht. Jede mystische Versenkung nach Art der Beginen blieb ihr fremd. Sie konzentrierte sich vielmehr auf die Humanisierung des Klosterlebens, um es zu einer Stätte rechten Lebens einer auserwählten Gemeinschaft umzuwandeln. Geistes-, nicht Geburtsadel sollten über deren Führung entscheiden. Die Ablehnung der Adelskomponente hatte nichts mit antifeudaler Gesinnung zu tun. Für die Armen der Welt empfand Heloi'se keine Sympathien. Wie Abaelard galt ihr die Armut der Armen keineswegs als Ausweis einer heilsgemäßen Lebenshaltung mit dem Verzicht auf irdische Güter, weil ihre *paupertas* erzwungen, nicht freiwillig war und daher gar nicht zu persönlicher Vollkommenheit führen konnte. Wie sollte man denn auch von einem armen Teufel, der sich von Almosen ernährte, erwarten, daß er sein elendes Dahinvegetieren nach den Maßstäben der Vernunft gestaltete![33] Verharrte er doch in dumpfer Unwissenheit und war auf die Leitung anderer angewiesen. Mit seiner Existenz bezeugte er nur, daß es einen Glauben der Philosophen und einen des Volkes gab, das sich lediglich seiner rohen Sinne, nicht jedoch seines Verstandes zu bedienen wußte.[34]

Diese klassenspezifische Mentalität fand im 12. Jahrhundert weite Verbreitung. So warnte etwa Hildegard von Bingen vor der gleichen Behandlung von Armen und Reichen, da man doch auch nicht Ochsen und Schafe in einen Stall sperre. Gott wolle nicht, daß die Niederen über die Höheren aufstiegen. Abaelard nannte in seinen Hymnen die existierende Welt die beste und vollkommenste aller Welten, die ihres Schöpfers würdig sei.[35] Sie, Himmel und Sterne gehörten den freiwilligen Armen, die Gottesfurcht von allen Übeln befreite, damit sie als Reiche in den Himmel einziehen konnten.

Individuelle Armut bei kollektiver Opulenz bedeutete für ihn Befreiung von den Sorgen des Alltags, Muße für das Studium und die Seelsorge. Heloi'se betrachtete diesen Lebensstil, der die Sorge um den Körper einschloß, als Ideal für eine weibliche Bildungsaristokratie. Deshalb scheint ein Vergleich von Tristan und Isolde mit unserem Paar abwegig, da der Konflikt zwischen Leidenschaft und sozialer Verpflichtung nicht mit der Passion und religiösen Bindungen parallelisiert werden kann.[36] Domestizierung und Humanisierung der Gefühle erfolgten bei Heloi'se und Abaelard über die Ratio und elitäre Bibelinterpretation. Ihre Liebe war von Anfang an gewollt, nicht durch einen Liebestrank zufällig ausgelöst. Zwei Seelenverwandte fanden zueinander, brachen nicht in eine Ehe ein. Sie eilten ihrer Epoche voraus und schreckten vor kühnen Konsequenzen nicht zurück.

Abaelard hatte seine Gründung dem johanneischen Helfer und Tröster, dem Parakleten, einer Parallelgestalt zu Jesus, geweiht. Nach dem Johannesevangelium vertrat dieser gewissermaßen nach der Himmelfahrt Christi den Erlöser auf Erden in der Gestalt des Heiligen Geistes, der in den einzelnen Christen, die ein vollkommenes Leben führten, seinen Sitz nahm. Abaelard sah im Philosophen den Geistträger, weil der Paraklet die letzte Wahrheit zu vermitteln hatte. Das Johannesevangelium repräsentiert sich ganz als Geistesevangelium, als ein Buch der Worte, nicht der Wunder des Heilands. Der Paraklet wirkt daher in ihm auch als Prediger, als Geist der Wahrheit, der seine Jünger in alle Wahrheiten einführt.[37] Mit der Übergabe des Klosters Paraklet an Heloi'se tradierte der „Tröster" einer Frau die Leitung einer elitären Gemeinschaft, in der Nonnen nach Selbstverwirklichung mit Hilfe von Klassiker- und Bibelstudien strebten, um sich aus der Vormundschaft ererbter antifemininer Klosterregeln zu befreien.[38]

Die in den Briefen propagierte christliche Humanitas hob sich nicht nur erheblich von den strengen Gewohnheiten der Zisterzienser, dem Antifeminismus der Karthäuser oder dem Hungerheroismus italienischer Eremiten ab, sondern sie überwand auch die äußersten Grenzen monotheistischer Religion, wenn Heloi'se bei ihrer Entscheidung für ein Leben im Kloster als Autorität Abaelard vor Gott plazierte – eine unerhörte Blasphemie im 12. Jahrhundert.[39] In derartigen Passagen läßt sich der von Engels als Ausgangspunkt für echte Menschenliebe apostrophierte „Egoismus des Herzens" erahnen, der erforderlich ist, um sich „zum Menschen an sich" zu erheben, der ansonsten nur eine reine Spukgestalt bliebe.[40]

Die von Heloi'se engagiert verfochtene humanistische Vernunftreligion abaelardscher Prägung beweist, daß „die Welt längst den Traum von einer Sache besaß", ohne sie wirklich zu besitzen, daß es sich zwischen Vergangenheit, Gegenwart und Zukunft nicht um einen großen Gedankenstrich handelt, sondern daß es realiter um die Vollziehung der Gedanken der Vergangenheit in der Geschichte geht.[41]

Agnes von Poitou
Ein Leben in Sorge und Frömmigkeit

Frühling auf St. Suidbertswerth, das heute Kaiserswerth heißt und zu Düsseldorf gehört, damals aber nicht mehr war als eine Insel im Rhein. Man schreibt Anfang April des Jahres 1062, und König Heinrich IV., gerade elfeinhalb Jahre alt, ist mit seiner Mutter Agnes, die für ihn die Regentschaft führt, von einem Osteraufenthalt in Utrecht her hier eingetroffen. Auch Erzbischof Anno von Köln findet sich ein – Anno, der als Gottesmann ebenso tief religiös wie als Mensch und Politiker herrisch und rücksichtslos ist. Lange schon mißbilligte er diese Regentschaft, die Art, wie sie geführt wird, und nun ist er entschlossen, ihr im Verein mit einigen Helfern ein Ende zu bereiten. Nach einem festlichen Mahl lockt er den Herrscher auf eines seiner prächtig ausgestatteten Schiffe, „und dazu ließ sich der arglose, an nichts weniger als an eine Hinterlist denkende Knabe leicht überreden. Kaum aber hatte er das Schiff betreten, da umringen ihn die vom Erzbischof angestellten Helfershelfer seines Anschlags; rasch stemmen sich die Ruderer hoch, werfen sich mit aller Kraft in die Riemen und treiben das Schiff blitzschnell in die Mitte des Stroms. Der König, fassungslos über diese unerwarteten Vorgänge und unentschlossen, dachte nichts anderes, als daß man ihm Gewalt antun und ihn ermorden wolle, und stürzte sich kopfüber in den Fluß, und er wäre in den reißenden Fluten ertrunken, wäre dem Gefährdeten nicht Graf Ekbert (von Braunschweig) nachgesprungen und hätte er ihn nicht mit Mühe und Not vor dem Untergang gerettet und aufs Schiff zurückgebracht. Nun beruhigte man ihn durch allen nur möglichen freundlichen Zuspruch und brachte ihn nach Köln." So schildert uns die Ereignisse Lampert von Hersfeld, einer der bedeutendsten Chronisten jener Zeit.[1]

Und Agnes, die Kaiserin? Nichts lag ihr ferner, als ebenso willensstark zu handeln, wie es ihr Sohn versuchte. „Traurig zog sie von dannen", wie eine andere Quelle berichtet[2] –, fort von der Stätte jenes unerhörten Überfalls, der – sicher nicht ganz treffend – manchmal auch als „Staatsstreich von Kaiserswerth" bezeichnet wird. Sie suchte nicht dem jungen König zu folgen oder gar, wozu sie jedes Recht gehabt hätte, die Entführer zur Verantwortung zu ziehen. Statt dessen begab sie sich auf ihre privaten Güter und nahm das Vorgefallene zum Anlaß, sich von der Lenkung der Reichsgeschäfte zurückzuziehen, ja mehr: sich durch Eide zu verpflichten, der Regentschaft für immer zu entsagen.

An einem Wendepunkt ihres Lebens wurde die höchste Dame im Reich, wie wieder Lampert sagte, „durch ihr persönliches Mißgeschick belehrt, wie rasend schnell das Gras irdischen Ruhmes verdorrt, wenn ein Hauch Gottes dareinbläst"[3]. Jedoch: Was war dies für ein Leben, wodurch wurde es bestimmt? Wie verlief es vor und nach dem geschilderten Ereignis? Und war das Zagen, das schnelle Aufgeben, wie es sich hier zeigt, eine typische Eigenart der geborenen Südfranzösin?

Denn sie ist eine Tochter dieses Landstrichs, aus hochadligem Geschlecht.[4] Ihr Vater, Herzog Wilhelm V. von Aquitanien und Poitou, der wie ein kleiner König sein Gebiet beherrschte und dem man zuweilen den Beinamen „der Große" zugelegt hat, unterhielt Beziehungen nach Kastilien und Navarra, nach Dänemark und Deutschland. Verstrickt in die Händel der damaligen Welt – so wurde ihm etwa die italienische Königskrone von den dortigen Großen angeboten, die er jedoch nach reiflicher Überlegung ausschlug –, war er doch auch, schon in der Jugend hochgebildet, voll Interesse an Kunst und Wissenschaft. In dem von ihm regierten Bereich lag Cluny, von wo her die bedeutendste Klosterreformbewegung jener Zeit ihren Weg nahm; der damalige Leiter der Abtei, der berühmte Odilo, war ihm freundschaftlich verbunden. Auf der Höhe seiner Macht, nach fast fünfunddreißigjähriger Regierungszeit, ging er schließlich 1029 selbst ins Kloster, dem Beispiel seiner Ahnen und Amtsvorgänger folgend, und starb ein Jahr darauf. Seine weit jüngere Frau Agnes, die Tochter des ebenso mächtigen Grafen von Burgund, heiratete nach seinem Tode ihren Vasallen Gottfried Martell von Anjou. Gierig nach Einfluß und Macht, hatte sie zwei ihrer Stiefsöhne aus der Herrschaft verdrängt, und noch als ihre leiblichen Söhne Poitou regierten, erscheint sie eine lange Zeit hindurch neben ihnen. 1049 trennte sich ihr Gatte von ihr, und etwa ein Jahrzehnt später nahm sie den Nonnenschleier – sie, die vier Klöster gegründet hatte und wie ihr einstiger Gemahl, Herzog Wilhelm, von einer tiefen Religiosität, trotz allen profanen Strebens, erfüllt war. Bei ihm und ihr stand somit am Ende ihres Lebens der gleiche Schritt, der sie wegführte aus dem Treiben der Welt, in der sie sich reichlich umgetan hatten, und hin zu Gott, wie sie fest glaubten.

Solchergestalt waren also die Eltern der Agnes, denen die Tochter wohl um 1025 in die Wiege gelegt wurde. Über ihre Kindheit und frühe Jugend wissen wir fast nichts; nur eine Urkunde, die ein Jahr nach dem Tode ihres Vaters ausgestellt wurde, erwähnt die damals vielleicht Sechsjährige zusammen mit ihrem ältesten Stiefbruder, Wilhelm dem Dicken, zu jener Zeit Herzog von Aquitanien; eine weitere führt sie 1036/37 neben dessen Gemahlin Eustachia auf. Ob sie sich wie diese damals in einem Kloster befand, ob sie danach bei ihrer Mutter Aufenthalt nahm, ist nicht mit letzter Sicherheit auszumachen. So recht ins Licht tritt sie erst, als Heinrich III., zweiter römisch-deutscher König aus dem Geschlecht der Salier, im Jahre 1042 um sie werben ließ und sich im Jahre 1043 mit ihr vermählte.

Heinrich, zu dieser Zeit Mitte der Zwanzig, war schon einmal verheiratet gewesen – mit Gunhild, der Tochter des dänischen Königs Knut. Sein Vater, Konrad II., König seit 1024 und drei Jahre später in Rom zum Kaiser erhoben, hatte die Verlobung der beiden aus politischen Gründen zustande gebracht; die Freundschaft mit jenem mächtigen Herrscher, der schließlich neben seinem Stammland auch über England, Schottland und Norwegen gebot, war ihm sogar eine Abtretung von Gebieten im Norden des Reiches wert gewesen. Gunhild, seit 1036 dann Heinrichs Frau, starb jedoch schon zu einer Zeit, als dieser noch Thronfolger war. Die Verbindung mit Agnes hat der junge Salier, der seit dem Tode des Vaters (1039) das Reich allein regierte, wohl nicht vorrangig aus Liebe gesucht: ihn trieb dazu gewiß auch die Aussicht, durch sie Frieden im Westen zu schaffen und seinen Einfluß in Burgund sowie auch in Italien zu stärken. Hierfür setzte er sich über kritische Stimmen hinweg, welche die geplante Ehe wegen zu naher Verwandtschaft der beiden Partner – sowohl Heinrich als auch Agnes stammten von König

Heinrich I. ab – als kanonisch nicht zulässig erklären wollten.[5] Im Herbst des Jahres 1043 fanden zu Besançon das erste Treffen des zukünftigen Paares und die Verlobung statt; wenig später wurde Agnes in Mainz zur Königin gesalbt. Bei der Hochzeit in Ingelheim Ende November waren „fast alle Fürsten aus allen Teilen des römischen Reiches zugegen: Bischöfe, Herzöge, Markgrafen, Grafen, dazu unzählige weitere Fürsten, die andere Ämter bekleideten."[6]

Diese Hochzeit ist bekannt geworden durch ein spektakuläres Ereignis: König Heinrich III., so berichtet ein gewöhnlich gut unterrichteter Chronist, „achtete die eitle Gunst der Spielleute für nichts und schickte sie, die darüber traurig waren, mit leeren Händen fort"[7]. Ob man dies nun, wie es öfter geschieht, als Vertreibung von der Feier oder gar als Verweisung vom Hofe anzusehen hat, ist nicht recht auszumachen – auf jeden Fall aber paßt es gut zu dem überlieferten Bild des Herrschers. Er, von dem es hieß, er sei nach seinem Sieg von 1044 über die Ungarn noch auf dem Schlachtfeld barfuß und in einem härenen Gewand vor einem mitgeführten Splitter vom Kreuze Christi auf die Knie gesunken, suchte wirklich zeit seines Lebens das Ideal vom *rex et sacerdos* (König und Priester), wie es in jener Zeit vertreten wurde, zu verwirklichen. Das tiefreligiöse Demutsbewußtsein, das sich in der geschilderten Handlung zeigt, paarte sich bei ihm mit einer stark ausgeprägten Überzeugung von der Würde seines „Amtes". Bei dessen Ausübung waren Recht und Friede Leitmotive seines Handelns, was hieß: Ruhe und Sicherheit im Innern sowie „Zügelung" der Völker an den Grenzen des Reiches. Zielstrebig und mit dem aus seinen Anschauungen hergeleiteten Pflichtbewußtsein suchte er dies zu verwirklichen. Das römisch-deutsche Regnum befand sich unter ihm unbestreitbar auf einem Machthöhepunkt, wenn auch während der letzten Jahre seiner Regierung Krisenzeichen – konkret: eine zunehmende Unzufriedenheit und Aufsässigkeit der Großen – nicht zu übersehen waren.

Es überrascht nicht, daß neben einem solchen Regenten, dessen schwerblütiger Ernst und düstere Verschlossenheit, ja oftmalige Starrheit ihn für viele als unnahbar erscheinen ließ, die Gattin weit in den Hintergrund tritt. Daß sie Heinrich fast stets auf seinen Zügen durch das Reich begleitete, überliefert uns kein Chronist; wir können es aber mit ziemlicher Sicherheit aus den vielen Interventionen in den von ihm ausgestellten Herrscherurkunden erschließen. Dieser Umstand spricht dafür, daß es keine Probleme oder gar Zwistigkeiten zwischen den Ehepartnern gab – jedenfalls hören wir auch davon nichts. Und ganz bestimmt haben sich beide zumindest in einem Punkt bestens verstanden: in ihrer Sorge für die kirchliche Reformbewegung. Der junge Salier hat diese, die einen Eckpfeiler seiner Politik darstellte, nach Kräften gefördert; ihm ist es zu einem guten Teil zuzuschreiben, daß sie nach Rom übergriff. Man denke nur an die zu Ende des Jahres 1046 durchgeführte Synode von Sutri, auf der er drei rivalisierende Päpste ab- und einen deutschen Bischof als Papst einsetzte, von dem er die Erneuerung der Kirche erwartete. Wenig später suchte er sich, nachdem dieser Papst Clemens II. am Weihnachtstag des genannten Jahres die Kaiserkrönung an ihm und Agnes vollzogen hatte, durch die Annahme der Würde eines römischen Patricius den Primat bei zukünftigen Papstwahlen zu sichern. Gewiß war hier Machtinteresse im Spiel, aber daneben auch unverkennbar ein Interesse an der „Reinheit" der Kirche, was andere Maßnahmen des Herrschers zeigen – das Vermeiden jedes Anflugs von Simonie (Ämterkauf) bei den von ihm vollzogenen Bischofsernennungen etwa oder das Präsidieren auf Synoden. In der Förderung der Klosterreform dürfte ihm schließlich seine Gemahlin, deren enge Verbindungen zu Cluny bekannt sind, nicht nachgestanden haben; vielleicht hat sie ihn, wie vermutet wurde, an die sich damals in Frankreich und Burgund ausbreitende Gottesfriedensbewegung mit ihren zeitweilig geltenden Fehdeverboten herangeführt. Schon damals war sie wohl mehr mit frommen als mit profanen Dingen befaßt, beraten durch ihr eng verbundene Geistliche, von denen Heinrich, gewiß auf ihren Rat hin, ihren Kaplan Egilbert 1045 zum Bischof von Passau erhob.

In einem Zeitraum von sieben Jahren hat Kaiserin Agnes ihrem Gemahl fünf Kinder geboren. Die älteste Tochter des Paares, Mathilde, erblickte 1045 das Licht der Welt; sie wurde 1059 mit Rudolf von Rheinfelden, dem Herzog von Schwaben, vermählt (der sie wohl nicht, wie eine wenig später entstandene Notiz uns glauben machen will, zuvor entführte), erreichte aber nur ein Alter von fünfzehn Jahren. Anders Judith und Adelheid, die im Frühjahr 1047 bzw. im Herbst 1048 geborenen weiteren

Töchter; erstere heiratete zunächst den König Salomon von Ungarn, mit dem man sie 1058 verlobt hatte, und später den polnischen Herrscher; sie starb um die Mitte der neunziger Jahre. Adelheid war wie ihre Halbschwester Beatrix, Tochter Heinrichs III. und der Gunhild, für den geistlichen Stand bestimmt und folgte der Genannten, die 1062 starb, als Äbtissin der beiden Reichsklöster Quedlinburg und Gandersheim. Sie selbst verschied um 1095.

Nach den drei Mädchen folgte dann endlich – im Jahre 1050, und wenn man dem bereits öfter zitierten Chronisten Lampert folgen möchte, am 11. November – der langersehnte erste männliche Sproß: Heinrich, der Thronfolger, als König später der vierte seines Namens.[8] Er hätte erst Konrad geheißen, berichtet eine Quelle, hätte dann aber den Namen empfangen, den schon sein Vater und sein Urgroßvater trugen. Am letzten Märztag, dem Ostersonntag 1051, erhielt er in Köln durch den dortigen Erzbischof Hermann die Taufe; wie ausdrücklich von seinem Vater, dem Kaiser, gewünscht, war Abt Hugo von Cluny, der Nachfolger Odilos, sein Pate. Schon Monate vorher, zu Weihnachten 1050, hatte Heinrich III. seinem Söhnchen im sächsischen Pöhlde von den Großen des Reiches Treue und Gehorsam schwören lassen; knapp drei Jahre später erfolgte in Tribur dann eine regelrechte Königswahl des vom Vater als Nachfolger designierten Knaben. Frühere Herrscher hatten sich mit einem solchen Akt mehr Zeit gelassen; Heinrich III. selbst war bei seiner Königskrönung zehn Jahre alt. Fühlte er, der oft von Krankheiten Geplagte, schon zu Anfang der fünfziger Jahre sein Ende nahen?

Jedoch sollte ihm sein zweiter, 1052 geborener Sohn Konrad noch im Tode vorangehen. Er beschloß sein kurzes Leben schon am 10. April 1055; das Herzogtum Bayern, das ihm wenige Monate zuvor übertragen worden war, erhielt danach die Kaiserin Agnes.

Allerdings dürfte, da man von keinem längeren Aufenthalt ihrerseits dort zu jener Zeit weiß, diese Einsetzung wohl ebenso nominell gewesen sein wie vorher diejenige ihrer beiden Söhne (auch Heinrich, der ältere, hatte Bayern einmal für kurze Zeit besessen). Der Dukat sollte ihr wohl „als eine Art Wittum" dienen, als eine Einnahmequelle, worauf auch eine Äußerung des Geschichtsschreibers Lampert hindeutet, er sei ein „Privatbesitz" der Kaiserin gewesen.[9]

Diese wurde jedoch sehr bald nach jener Verleihung vor die komplizierte Aufgabe gestellt, welche in den folgenden Jahren ihr Leben bestimmen sollte und sie in das Licht der Öffentlichkeit führte. Nach kurzem, schwerem Leiden starb der Kaiser Heinrich III., noch nicht 39 Jahre alt, am 5. Oktober 1056 in der Harzpfalz Bodfeld. Ihm folgte in der Herrschaft sein Sohn Heinrich, für den seine Mutter die Regentschaft übernahm. Vor seinem Hinscheiden hatte der Kaiser die dabei anwesenden Fürsten noch einmal auf Heinrich IV. verpflichtet und den damals knapp sechsjährigen Knaben dem Schutz des Papstes Viktor II. anvertraut. Wir hören nichts davon, daß er selbst seine Gemahlin als Regentin vorsah; jedoch wurde der Papst, der sein Bischofsamt in Eichstätt, das er zuvor innegehabt hatte, beibehielt und somit weiterhin zu den deutschen Reichsfürsten zählte, zunächst ihr vorrangiger Berater. Gewiß ist es ihm, der wohl bald nach der Beisetzung des Kaisers den neuen Herrscher nach Aachen führte und dort feierlich auf den Königsthron erhob, wesentlich zu danken, daß die hier beschriebene Veränderung problemlos erfolgte.

Wenn das, wie sich bald zeigen sollte, nicht so blieb, wenn das Verbleiben der obersten Gewalt bei der Kaiserin und die Verwaltung aller nötigen Regierungsgeschäfte durch sie schließlich Probleme in Hülle und Fülle heraufbeschwor, so lag dies gewiß nicht an ihrem subjektiven Wollen. Die starke Persönlichkeit ihres Gemahls dürfte sie zu seinen Lebzeiten tief beeindruckt haben, seine Politik, an Erfolgen ja wahrlich nicht arm, ihr als einzig richtige erschienen sein. So suchte sie diese fortzuführen, in seinem Sinne das Reich zu leiten – auch mit denselben Männern, die schon dem Kaiser gedient hatten. Nachdem Papst Viktor im Frühjahr 1057 nach Italien zurückgekehrt war (wo er schon wenige Monate später starb), waren es die beiden rheinischen Erzbischöfe Liutpold von Mainz und Anno von Köln, die ihr dann zur Seite standen. Daneben aber ging bald der Stern des Bischofs Heinrich von Augsburg auf; schon im Jahre 1058 wird verzeichnet, daß sein Rat am Hofe am meisten gelte, und kurz vor der Entführung von Kaiserswerth hieß es gar, er habe damals dort „präsidiert".[10] Sicherlich ist diese Behauptung nicht aus der Luft gegriffen, denn Agnes, die ja, wie man dem bisher Ausgeführten unschwer entnehmen kann, für ihre neue Aufgabe wenig Voraussetzungen mitbrachte, hat dem in politischen Dingen erfahrenen Mann bedingungslos vertraut und ihn mit zahlreichen Ländereien und Rechten belohnt. Nicht zuletzt deshalb wohl und auch wegen seines hochfahrenden Wesens hatte er Feinde in großer Zahl, zu denen auch der junge König Heinrich gehörte. Der Geschichtsschreiber Lampert, der an einigen Stellen seiner „Annalen" recht giftig werden konnte, beschuldigte ihn unverblümt, ein intimes Verhältnis mit der Kaiserin zu haben und führt die zu Anfang geschilderte Wende in der Reichsregierung von 1062 direkt auf den Haß zurück, den die übrigen in eine Abseitsstellung gedrängten Fürsten gegen ihn hegten.[11]

Heinrich hatte den Augsburger Bischofsstuhl 1048 ebenso wie Anno die Kölner Erzbischofswürde 1056 direkt von Kaiser Heinrich III. erhalten. Die Einsetzung solcher geistlichen Würdenträger durch den Herrscher – welche ihm dann auch für die Reichsverwaltung als „Beamte" zur Verfügung standen und deshalb nicht selten mehr nach ihrer politischen als nach ihrer geistlichen Eignung ausgesucht wurden – war ein ganz wesentliches Charakteristikum des „ottonisch-salischen Reichskirchensystems", dem das römisch-deutsche Reich seine Stärke entscheidend verdankte. Heinrich hat dieses Recht virtuos gehandhabt, wenn er es auch, worauf schon hingewiesen wurde, nicht zuließ, daß sich ein Kandidat „simonistisch" seine Würde erkaufte. Auch seine Witwe Agnes ist von der damals üblichen Praxis nicht abgewichen, was nicht verwundert, da sie ja im Sinne des Vaters das Reich für den Sohn unbeschadet bewahren wollte. So erhob sie wie ihre Vorgänger in der Regel Angehörige der Hofkapelle, das heißt aus dem Kreise der am Hof lebenden Geistlichkeit, welcher dort die gottesdienstlichen Angelegenheiten erledigte und die Pflichten der königlichen Kanzlei versah; diese Kapelle kann ohne weiteres als eine Pflanzschule für zukünftige Bischöfe angesehen werden. Otto von Regensburg, Einhard von Speyer, Gundechar von Eichstätt verdanken der Kaiserin ihre Ernennung[12], weiterhin auch Männer, die in der folgenden Zeit eine wichtige Rolle spielten. Gunther von Bamberg gehört zu ihnen, von hoher Bildung und aus altem Adel, der mit Agnes einen langen Streit führte um entfremdete Besitzungen seiner Kirche, deren Rückgabe Kaiser Heinrich kurz vor seinem Tode verfügt hatte. Agnes zögerte die Rückgabe jedoch hinaus und bot obendrein einer Äbtissin Schutz, welche Gunther wegen Mißwirtschaft abgesetzt hatte. Der Zwist, in dessen Verlauf der Bischof einmal sogar von seinen Feinden bezichtigt wurde, er betreibe die Entmachtung der „rasenden Furie" Agnes, konnte erst nach Jahren beigelegt werden. Drei der von der Kaiserin erhobenen Erzbischöfe bzw. Bischöfe, sämtlich Männer der Reform, sollten später Heinrich IV. schwer zu schaffen machen, als dieser seinen erbitterten Kampf mit dem Papsttum führte: Burchard II. von Halberstadt (erhoben 1059) und Gebhard von Salzburg (erhoben 1060) waren zu jener Zeit unversöhnliche Feinde des Saliers; Siegfried I. von Mainz (erhoben 1060) dagegen hatte zwar zu Anfang 1076 jene berühmte Synode von Worms geleitet, welche, von Heinrich unterstützt, Papst Gregor VII. absetzte, war jedoch dann sehr schnell im Lager der Gregorianer zu finden. So erreichte er eine Lösung vom Bann, den der Papst zunächst über ihn verhängt hatte.

Hatte Agnes keine glückliche Hand bei der Auswahl ihrer Kandidaten? Gab man ihr, der in diesen Dingen vielleicht recht Unerfahrenen, zweifelhafte Ratschläge? Oder war die Zuspitzung der Probleme, die nur wenige Jahre darauf erfolgen sollte, damals in keiner Weise vorauszusehen? Der Eindruck einer folgenschweren Besetzungspolitik verstärkt sich noch, wenn man den Blick auf die Herzogtümer lenkt. Erst knapp ein Jahr war die Regentschaft der Kaiserin alt, da wurde durch den Tod Herzog Ottos von Schweinfurt Schwaben vakant; hier ist unverzüglich Rudolf von Rheinfelden, der mächtigste Mann im ganzen südwestlichen Deutschland, eingesetzt worden, dem man zudem die Verwaltung Burgunds anvertraute. Agnes hat es noch erlebt, daß dieser Herzog, dem sie damals auch, um ihn fester an das salische Haus zu binden, ihre älteste Tochter Mathilde verlobte, von den Fürsten als zweiter König im Reich gegen ihren Sohn aufgestellt wurde; dies geschah im März 1077. Weit früher rächte sich, daß sie Bayern zu Anfang 1061 aus der Hand gab, an Otto von Northeim, der aus einem der führenden sächsischen Hochadelsgeschlechter stammte und unter den Fürsten gewiß Rudolf an Gewichtigkeit nicht nachstand. Als einer der Helfershelfer Annos war er bereits am Handstreich von Kaiserswerth beteiligt; in der Mitte der siebziger Jahre war er König Heinrichs entschiedenster Gegner im großen Sachsenaufstand und unterstützte danach sowohl den Gegenkönig Rudolf (bis 1080) als auch dessen bedeutungslosen Nachfolger Hermann von Salm. Er ist wohl nur deshalb nicht selbst zu einem solchen Gegenkönig erhoben worden, weil er zu mächtig war – auch noch ohne seine Herrschaft in Bayern, dessen Herzogswürde ihm König Heinrich 1070 nach einer (vielleicht bestellten) Hochverratsanklage wieder abnahm. Anders verhielt sich die Sache zunächst in Kärnten: Der für dieses Land zu Weihnachten 1056 als Herzog ernannte Konrad (III.), aus dem Geschlecht der rheinischen Pfalzgrafen, hat es wohl niemals betreten und war Inhaber der genannten Würde „nur dem Namen nach". Als er jedoch 1061 starb, folgte ihm Berthold von Zähringen, der sich ebenfalls später mit Heinrich IV. überwarf und in den siebziger Jahren neben dem Rheinfeldener und Herzog Welf I. von Bayern zu den Führern der fürstlichen Opposition gegen den Salier zählte.

Diese Männer allerdings waren nur Hauptexponenten eines Prozesses, der sich in der hier behandelten Zeit deutlich sichtbar vollzog und schließlich in eine Konfrontation zwischen Adel und Königtum mündete. Schon Kaiser Heinrich III. hatte in seinen letzten Jahren mit einer Adelsopposition zu kämpfen, die wohl vor allem hervorgerufen wurde durch seine Bestrebungen, mit Hilfe von Ministerialen, das heißt unfreien Dienstmannen, den inneren Landesausbau voranzutreiben und sie auch als Ratgeber zu benutzen. Unter der Regentin Agnes herrscht in dieser Beziehung eine gewisse Zweigleisigkeit: zum einen scheint sie bemüht gewesen zu sein, die Ministerialen weiterhin für jene Aufgaben in Anspruch zu nehmen, was die Heranziehung des *serviens* Kuno bei der Erziehung des jungen Herrschers ebenso wie die Urkunden für einen gewissen Otnand, der schon vor 1056 hervorgetreten war, belegen. Zum anderen aber hat sie, wie eben ausgeführt, Hochadlige in bereits exponierter Stellung mit wichtigen Ämtern begabt, was diese dazu nutzten, ihre Macht, so gut es ging, noch zu vergrößern. Auch daß der Adel sich jetzt in einigen Gebieten zusammentat, um unabhängig vom Königtum „Frieden und Recht" zu schützen, spricht nicht für die Stärke von Agnes' Regentschaft. Zwei derartige Versammlungen führten die lothringischen Fürsten 1056 und 1059 in Andernach durch, eine weitere ist aus Ottelmannshausen bei Königshofen, im östlichen Franken gelegen, bekannt. Hier sollen die Teilnehmer am 21. Juli 1058 sich besonders dafür eingesetzt haben, das Räuberunwesen einzudämmen. Gewiß dürfte auch die Kaiserin, deren Itinerar sie – freilich nur in Deutschland, nicht in Italien oder Burgund – in allen Regionen des Herrschaftsgebietes oft als präsent ausweist, sich um Friedenswahrung und Rechtsprechung bemüht haben; jedoch erfolgte zum Beispiel ihre Einflußnahme bei gefährlichen Situationen recht ungleichmäßig. Bereits im Frühjahr 1057 empörten sich sächsische Fürsten gegen die neue Regierung und wollten, wenn man Lampert von Hersfeld folgen will, den kleinen Heinrich absetzen, ja sogar töten; jedoch fiel der Aufstand bald zusammen, da sich seine Führer gegenseitig im Kampf aufrieben. Ein Eingreifen der Regentin ist kurz danach in Franken zu beobachten, wo eine Rebellion der Herren von Gleiberg unterdrückt wird. Auch hat sie im Spätherbst 1059 zwischen ihrem Günstling, dem Bischof Heinrich von Augsburg, und einem Grafen in einem Streit (um den Augstgau?) vermittelt. Dagegen tat sie nichts, als etwa zur gleichen Zeit der eben erhobene Herzog Ordulf von Sachsen den Erzbischof Adalbert von Bremen und seine Kirche mit Kampf und Raub überzog. Die Klagen und Beschwerden des letzteren verhallten ungehört, ja brachten ihm von seiten des Herzogs, der wohl nichts weniger fürchtete als den königlichen Knaben, nur Spott ein. Auch Adalberts Amtsbruder Anno von Köln, der sich in gleicher Weise wie jener der Kriegszüge und Brandschatzungen des lothringischen Pfalzgrafen Heinrich zu erwehren hatte, erhielt von Agnes keine Hilfe, ein Grund mehr gewiß, daß er zu Anfang des Jahres 1062 als Führer geheimer Treffen von unzufriedenen Fürsten erscheint, welche gegen die Kaiserin und ihre Art der Regierung Stimmung zu machen suchten.

Auch die auswärtige Politik stand weitgehend unter keinem guten Stern. Vorrangig hatte man sich mit Ungarn auseinanderzusetzen. Hier regierte seit 1046 König Andreas, dessen Beziehungen zum Reich durch einen Wechsel von Kampf und Botmäßigkeit gekennzeichnet waren. Nach mehreren Grenzkriegen unter Heinrich III. war schließlich zwischen beiden Herrschern im letzten Lebensjahr des Kaisers wieder ein Friede angebahnt worden, den Andreas im Jahre 1058 dann mit Agnes definitiv abzuschließen suchte. Dies geschah auch. Nach einer Beratung der deutschen Fürsten – wohl auf dem Reichstag zu Augsburg im Juni jenes Jahres – zog der Hof im Frühherbst an die östliche Reichsgrenze, wo gleichzeitig mit dem Abschluß eines Paktes die schon erwähnte Verlobung von Agnes' Tochter Judith mit Salomon, dem Sohn des Andreas, stattfand. Das Mädchen erhielt dann in Ungarn den Namen Sophie.

Schon bald jedoch hatte dieses Bündnis unglückliche Ereignisse für das Reich und damit auch für Agnes im Gefolge. Gegen König Andreas erhob sich sein Bruder Bela, und die Kaiserin war 1060 gezwungen, dem arg Bedrängten militärische Hilfe zu senden. Nichtsdestoweniger entschloß sich dieser, nach dem Eintreffen der deutschen Aufgebote sein Land im Stich zu lassen und mit seiner Gattin, seinem Sohn Salomon und dessen Braut ins Reich zu fliehen. Bela verfolgte den Zug mit überlegener Heeresmacht und griff ihn schließlich nahe der Grenze an. Sein Sieg war vollständig, König Andreas fiel. Die Führer der Deutschen gerieten wie große Teile ihrer Männer in Gefangenschaft; Salomon und Judith/Sophie konnten sich mit knapper Not retten und flüchteten nach Melk. Agnes hat in der Folgezeit zwar die Friedensangebote Belas zurückgewiesen, jedoch auch nichts unternommen, um Salomon die Gewinnung des ungarischen Thrones zu ermöglichen. Die Zeiten waren vorüber, in denen die ungarischen Herrscher die Lehnshoheit des römisch-deutschen Kaisers anerkennen mußten; in knapp einem Jahrzehnt hatte sich in dieser Beziehung das Bild grundlegend gewandelt.

Die Schwächen und Halbheiten, welche in der ungarischen Frage bereits deutlich zum Ausdruck kommen, zeigen sich jedoch noch weit deutlicher bei einer Betrachtung der von der Regentin und ihren Beratern betriebenen Rompolitik. In Rom hatte während der Jahre nach der Synode von Sutri die Kirchenreform immer mehr Platz gegriffen, besonders unter Papst Leo IX., dem vormaligen Bischof von Toul, einem Verwandten Kaiser Heinrichs, den dieser noch selbst erhoben hatte. Jetzt begannen zwei Männer dort ihr Wirken, welche die entschiedene Durchsetzung der *libertas ecclesiae*, der Freiheit der Kirche von jeder weltlichen Gewalt, auf ihre Fahnen geschrieben hatten. Der eine war Humbert, Kardinalbischof von Silva Candida, der den Vorrang des römischen Stuhles vor allen anderen verfocht und den Begriff der Simonie nachhaltig erweiterte: nicht mehr nur die Vergabe der Kirchen gegen Geld sei darunter zu verstehen, sondern jeder Empfang geistlicher Ämter aus den Händen eines Laien. Wichtiger aber noch als Humbert, der schon 1061 starb, wurde der Mönch Hildebrand, der später als Papst Gregor VII. den berühmt-berüchtigten *Dictatus papae* verkündete – mit solchen Leitsätzen wie: Allein der römische Bischof darf universal heißen; ihm haben alle Fürsten die Füße zu küssen; er darf von niemandem gerichtet werden; ihm ist es gar erlaubt, Kaiser abzusetzen.

An solche radikalen Konsequenzen war während Leos Pontifikat noch nicht zu denken; er blieb mit Heinrich III. in gutem Einvernehmen, obwohl nicht alle seine Handlungen im Sinne des Reiches waren. Seinen Nachfolger Viktor II. sahen wir beim Tode des Kaisers an dessen Seite und als Stütze von Agnes in deren ersten Monaten als Regentin; aber dann zeigte sich sehr deutlich, daß die Saat, die nicht zuletzt der erste Mann des Reiches in Rom gelegt hatte, eben für dieses Reich eine Drachensaat war. Wenige Tage nach Viktors Tod bereits erhob man in Rom den Kardinal Friedrich von Lothringen auf den Stuhl Petri, ohne mit dem deutschen Königshof in Verbindung zu treten – *rege ignorante* sagt ein bayrischer Annalist dazu kurz, aber treffend. Hinter diesem Papst Stephan IX. stand sein Bruder Gottfried „der Bärtige", Herzog von Ober- und später auch Niederlothringen, der schon während der Regierung Heinrichs III. diesem durch wiederholte Rebellion des Leben schwer gemacht hatte; er heiratete 1054 Beatrix, die Witwe des mächtigen Markgrafen Bonifaz von Tuszien, und kam so auch in Italien zu großem Einfluß. Stephan, dem radikalen Flügel der Reformer zuzurechnen, hat später jedoch noch um Bestätigung bei Agnes nachgesucht, und diese hat sie ihm nicht versagt. Wahrscheinlich hat sie, da die Persönlichkeit des neuen Papstes ihr ebenso genehm war wie dessen Legat Hildebrand, gar nicht erkannt, daß hier gegen das kaiserliche Gewohnheitsrecht gehandelt wurde – zumindest aber hat sie die Vorgänge nicht so wichtig genommen, wie sie es hätte tun müssen. Wundert es da, daß man in Rom auf diesem Wege weiterging? Das Papstwahldekret, das 1059 während des Pontifikats des – allerdings mit Zustimmung der Agnes ein Jahr zuvor erhobenen – Papstes Nikolaus II. erlassen wurde, zeigt deutlich die Handschrift des Kardinals Humbert, welcher seine oben erwähnten Leitsätze kurz vorher in seinen „Drei Büchern gegen die

Simonisten" veröffentlicht hatte: Es legte die Bestimmung des Oberhauptes der römisch-katholischen Kirche in das Ermessen der Kardinäle; dem jungen König Heinrich wurde in unbestimmter Formulierung ein Recht dabei zugestanden; von einem Primat des deutschen Herrschers bei der Papstwahl ist nicht mehr die Rede. Dazu vollzog des Papsttum auch eine politische Schwenkung: War Leo IX. noch wenige Jahre früher mit einem Heer gegen die Normannen in Unteritalien gezogen, so führte Nikolaus, ebenfalls im Jahre 1059, eine Aussöhnung mit ihnen herbei. Ihre bisher illegitimen Eroberungen wurden anerkannt, ihre Fürsten avancierten zu Vasallen der Kurie und mußte darüber hinaus versprechen, jedem rechtmäßig gewählten Papst Unterstützung zu gewähren. Richteten sich diese Maßnahmen auch in erster Linie gegen den römischen Adel, der den Reformpäpsten mehr als einmal Widerstand geleistet hatte, so wurden doch auch durch die genannte Belehnung Rechte des Reiches verletzt. Dazu kam weiter das immer stärkere Zusammengehen des Papsttums mit der Pataria, einer Volksbewegung in Mailand, welche Forderungen der Kirchenreformer aufgriff und sich gegen den simonistischen und verheirateten Klerus der Stadt, aber auch gegen den dortigen Erzbischof Wido wandte (der überdies noch gezwungen wurde, dem Papst einen Gehorsamseid zu leisten). All das konnte sich selbst eine schwache Reichsregierung nicht bieten lassen, und so kam es schließlich noch unter Nikolaus mit ihr zum Bruch. Eine Synode deutscher Bischöfe, bei der Anno von Köln stark hervortrat, erklärte 1061 die von diesem Papst erlassenen Verfügungen für ungültig; ein von ihm abgesandter Bote wurde am Hof nicht mehr vorgelassen. Wirklich brisant aber wurde die Lage erst nach seinem am 20. Juli 1061 erfolgten Tod; jetzt übersandte der römische Adel König Heinrich die Abzeichen der Würde eines römischen Patrizius und bat die Reichsregierung, einen neuen Papst zu ernennen. Und wieder einmal zögerte Agnes, bis die Maßnahmen der Reformpartei sie schließlich zum Handeln zwangen. Denn Hildebrand, jetzt unbestrittener Führer der Erneuerer, ließ nunmehr – wiederum ohne Wissen und Willen des Reiches, aber unter dem Schutz der Normannen – den Bischof Anselm von Lucca zum Papst erheben und am 1. Oktober in Rom inthronisieren. Erst nach Bekanntwerden dieses Aktes wurden die führenden Kräfte im

Reich aktiv: vier Wochen später, nämlich am 28. Oktober 1061, wies man in Basel die Wahl dieses Papstes, der sich Alexander II. nannte, zurück und erhob einen Vertreter des lombardischen Episkopats, der sich dort zahlreich um den König versammelt hatte, in dieses höchste geistliche Amt: Cadalo von Parma, einen Mann ebenfalls noch aus der Ära Heinrichs III., aus einer vornehmen Familie stammend, die riesige Besitztümer in den Grafschaften Verona und Vicenza besaß. Damit war das Schisma perfekt: Cadalo (Honorius II.) stand gegen Alexander; zwischen dem deutschen Hof und den römischen Reformern gab es weder Weg noch Steg mehr.

Es war wohl diese letztgenannte Tatsache, durch die Kaiserin Agnes endgültig überfordert wurde, und zwar psychologisch und politisch. Denn Cadalo, der ja sicher auf ihre Hilfe gehofft hatte – mußte er doch erst einmal nach Rom kommen und sich dort durchsetzen –, sah sich in dieser Erwartung getäuscht: wieder einmal wurde, wie schon so oft, eine mit großer Bravour begonnene Aktion auf halbem Wege abgebrochen. Man kann darüber spekulieren, ob diese Entscheidung (oder besser Nichtentscheidung) überhaupt noch ihr oder bereits allein ihren Beratern zuzuschreiben ist, denn wenige Wochen nach den Baseler Ereignissen tat sie einen Schritt, der schon die letzte Phase ihres Lebens sichtbar einleitete. Wahrscheinlich in Mainz, am Grabe ihres Gatten, bekundete sie ihre endgültige Hinwendung zu einem Gott wohlgefälligen Leben, indem sie den Schleier nahm. Man hat mit Recht gesagt, daß sie auf solche Weise „der Welt entsagte, ohne sich jedoch von der Welt abzuschließen“[13]: Sie trat nicht in ein Kloster ein, behielt formell auch die Regierung und weilte weiter am Hof, entzog sich aber fortan der Verantwortung für die durchzuführende Politik, die sie, wie man annehmen kann, bisher doch in gewissem Maße bestimmt hatte. Nun aber wurde anderen – wohl in erster Linie Bischof Heinrich von Augsburg – das Feld überlassen, was ganz unbestreitbar eben in jener Zeit zur Zunahme der Klagen über die Zustände am Hof und im Reich führte. Von Geringschätzung des Rechtes ist da die Rede, ebenso von Bestechlichkeit und davon, daß die „wohlmeinenden“ Stimmen der Reichsfürsten nichts mehr galten. Wie schon erwähnt, warf man Agnes darüber hinaus eine unsittliche Beziehung zu Heinrich von Augsburg vor, und nicht genug damit: auch die Erziehung ihres Sohnes sei von ihr vernachlässigt und diesem nicht beigebracht worden, was gut und rechtens sei. Aus all dem nahmen die Verschwörer von Kaiserswerth ihren Antrieb zum Handeln: Sie entmachteten die Kaiserin und stürzten gleichzeitig mit ihr den verhaßten und hochfahrenden Augsburger Bischof.

Für die damalige Zeit galt der minderjährige König als regierungsfähig; wer ihn in seiner Gewalt hatte, hatte faktisch auch die Gewalt im Reich. Nach Kaiserswerth lag die entscheidende Verantwortung für dessen Geschicke beim Kölner Erzbischof Anno; die Kaiserin saß, wie wir wissen, zunächst untätig abseits. Gewiß hatte sie der überraschende Anschlag tief erschüttert und ihr Verlangen nach einem religiösen Leben weiter gestärkt. So bittet sie nunmehr den Abt und die Mönche des berühmten oberitalienischen Klosters Fruttuaria, südlich von Turin, um Aufnahme in ihre Gemeinschaft und empfiehlt sich, zutiefst zerknirscht und von Reue geplagt, deren geistlicher Fürbitte, denn „Eure Vermittlung (bei Gott) ist das wahre Heil“. Ganz ähnlich hatte sie schon kurz nach dem Hinscheiden ihres Gemahls an Abt Hugo von Cluny geschrieben und neben dessen Beistand für den kleinen König Heinrich eine solche Fürbitte auch für den Verstorbenen erbeten.[14]

War nach dem Anschlag von Kaiserswerth in Agnes zunächst der Gedanke übermächtig, ihre „Schuld“, die sie besonders durch die Erhebung des Cadalo zum Papst auf sich geladen zu haben glaubte, mit dem Eintritt in ein Kloster zu sühnen, so konnte sie schließlich doch von ihren Vertrauten davon überzeugt werden, für die folgenden Jahre noch im weltlichen Stand zu verbleiben. Man hat früher angenommen, sie wäre bereits im Laufe des Jahres 1062 oder spätestens zu Beginn 1063 nach Italien aufgebrochen; jedoch war das nicht der Fall.[15] Sie hielt sich im Gegenteil während der nächsten Jahre weiter in Deutschland auf, lebte den größten Teil dieser Zeit wohl zurückgezogen auf ihren Gütern, ist jedoch auch einige Male – vielleicht schon im November 1062, bestimmt aber im Januar und im Juli 1064 – wieder am Hofe nachweisbar. Daß sie damals erneut auch Einfluß auf die Reichsregierung gewann, ist eine nicht ganz unbegründete Vermutung – war sie, die nach wie vor alles daran setzte, ihrem Sohn Heinrich die Herrschaft so gut wie möglich zu sichern, doch während dessen Unmündigkeit die Leiterin des salischen Hauses, und dies dürfte sie, für eine gewisse Zeit freilich nur, zu erneuter Aktivität in der „Welt" angespornt haben. Jedenfalls finden wir sie auch an der Seite ihres Sohnes, als dieser am 27. März 1065 in Worms die Schwertleite empfing und damit die Regierung selbst übernehmen konnte. In den nächsten acht Wochen begleitete sie ihn ebenfalls, wie eine erhebliche Anzahl ihrer Interventionen in Urkunden ausweist; auch wurde damals auf ihren Wunsch hin ihr Kaplan Altmann zum Bischof von Passau erhoben. Erst Ende Mai oder Anfang Juni 1065 dürfte sie eine fernere Anwesenheit in Deutschland nicht mehr für nötig gehalten haben und über die Alpen in Richtung Süden gezogen sein.

Nach einem längeren Aufenthalt in dem bereits genannten Fruttuaria erreichte sie schließlich, wohl um die Wende Oktober/November, ihr Reiseziel: Rom, die „Ewige Stadt". Petrus Damiani, der Mönch und Eremit und eifrige Förderer der Reform, hat ihren Einzug dort sehr anschaulich beschrieben: nicht als Herrscherin nahte sie, sondern demütig als Büßerin; ihren Leib umhüllten grobe wollene Gewänder; ein mehr als armseliger Klepper diente ihr als Reittier; statt der Krone trug sie den Schleier, statt des Zepters hielt sie den Psalter in den Händen. Damiani war es auch, bei dem sie die Beichte ablegte; jedoch fand dieser keine Schuld an ihr. Er empfahl ihr aber, in ihrem bußfertigen Lebenswandel fortzufahren und führte sie in der Folge zu einem Leben, das ganz der Abkehr von der Welt, der Meditation und Kontemplation gewidmet war. Zwischen Petrus und Agnes dürfte sich schnell eine enge Beziehung ergeben haben; eine Schrift des ersteren mit dem Titel „Über den vergänglichen Ruhm der Welt und die Verachtung der Zeitläufte" ist der Kaiserin gewidmet. Petrus Damiani stellte weiterhin auch die Verbindung zu Papst Alexander II. her; auch ihn hat Agnes gebeten, sie von ihren Sünden freizusprechen, unter denen die Erhebung eines eigenen Papstes die schwerste war. Alexander nun zeigte sich in ihrem Fall ebenso als Politiker wie als Menschenkenner: er sah die bedingungslose Ergebenheit, die die unglückliche Frau ihm entgegenbrachte, und nutzte sie aus. Die Absolution erteilte er ihr nur unter strengen Auflagen: durch Nachtwachen, Gebet und Fasten sollte sie dem heiligen Petrus, das heißt dem apostolischen Stuhl, für ihre „Verfehlungen" Genugtuung leisten – vor allem aber: sie sollte der Kirche (was auch heißt: der römischen) mit allen ihren Kräften dienstbar sein. Agnes hat letzteres sehr ernst genommen. Sie, die die Lossprechung ersehnt hatte und gewiß als Befreiung empfunden haben wird, ließ sich in der Folgezeit unbedenklich für das Papsttum einspannen. Ihre drei Reisen nach Deutschland, die sie in einer Zeitspanne von acht Jahren unternahm, zeigen das deutlich. Die erste, sehr beschwerliche, weil im Winter durchgeführte, geschah 1066/1067 in direktem Auftrag Alexanders, der hoffte, mit ihrer Hilfe von König Heinrich Beistand gegen den Normannenfürsten Richard von Capua zu erhalten. Im März 1067 ist die Kaiserin in Regensburg bezeugt; danach besuchte sie ihren Vertrauten, Bischof Altmann von Passau, und beide gründeten an diesem Ort ein Kloster zu Ehren des heiligen Nikolaus. Fünf Jahre später, 1072, finden wir Agnes wiederum in Deutschland, wo sich inzwischen durch die energischen Aktivitäten ihres Sohnes, die bereits erste Erfolge zeigten, die politische Lage grundlegend verändert hatte. Heinrichs IV. oft recht rigoroses Umspringen mit den Fürsten hatte ihm damals Rudolf von Rheinfelden zum Feind gemacht, und seine Mutter sollte nun eine Versöhnung zwischen beiden herbeiführen. Wiederum stand Papst Alexander dahinter, als diese, „umgeben von einer stattlichen Anzahl von Äbten und Mönchen", zu denen auch Abt Hugo von Cluny gehörte, die ihr auferlegte Mission ausführte. Sie gelang, eine Einigung kam zustande. Immer noch hatte die Mutter bei ihrem Sohn Erfolg. Und zwei Jahre später beobachten wir das gleiche, als Agnes zum dritten und letzten Mal von Italien aus über die Alpen zog. Alexander war damals schon gestorben; seinen Platz als Oberhaupt der römischen Kirche hatte jetzt Hildebrand, der Mönch, inne, der als Gregor VII. Geschichte gemacht hat. Ihm war die Kaiserin noch enger verbunden als Alexander; sie kam schon zu seiner Weihe nach Rom, um sich ihm zur Verfügung zu stellen. Auch an der Synode von Sutri (1073) hat sie teilgenommen und soll hier einigen deutschen Bischöfen die Bitte vorgetragen haben, gewisse der Simonie schuldige Berater des jungen Königs Heinrich mit dem Bann zu belegen. Wie schon hieraus zu ersehen ist, handelte Papst Gregor nur folgerichtig, wenn er sie „um des Friedens der Kirche willen" ein weiteres Mal zu ihrem Sohn beorderte. Mehr als früher wird ihre Reise diesmal zu einer kirchlichen Gesandschaft, die, wie man aus vielen Quellen erfährt, Beachtung im Reich erregte. Begleitet von Bischof Rainald von Como, der in Rom zu ihrem engsten Umgang gehörte, sowie von einem weiteren Bischof und zwei päpstlichen Legaten fand sie sich bei Heinrich im Frühjahr 1074 ein. Sie brachte den König auch jetzt zum Nachgeben, indem sich dieser sowohl des Umgangs mit seinen gebannten Ratgebern als auch der Simonie für schuldig bekannte; jetzt aber wolle er, wie er beteuerte, die Kirche im Reich von jenem Frevel reinhalten. Gregor hat diese Erklärung mit Triumph zur Kenntnis genommen, er wußte, was er an Agnes hatte. Er schrieb ihr in diesem Zusammenhang: „Wir freuen uns und frohlocken in Gott, daß ... die Frucht Eurer Bemühungen ... Gott zu Lob und Ruhm, uns zur Freude und Euch zur Herrlichkeit vollkommener Wiedervergeltung herangewachsen ist. ... Wir wissen fürwahr, daß Ihr für den Frieden und die Eintracht der universalen Kirche vielfach tätig seid.“[16]

Wie bekannt, kam es dann 1076 doch noch zum Bruch zwischen König und Papst, die fortan mehrere Jahrzehnte lang den „Investiturstreit“ miteinander ausfochten. Auf einer Synode unter Vorsitz des Erzbischofs Siegfried von Mainz wurde im Januar die Absetzung Gregors VII. beschlossen, und König Heinrich verlieh dieser Forderung in einem Schreiben an „Hildebrand“ Nachdruck. Des Papstes Antwort ließ nicht lange auf sich warten: Auf der Fastensynode jenes Jahres, die Mitte Februar zusammentrat, tat er Heinrich in den Bann und löste alle seine Untertanen vom Treueid. Agnes hat diesem aufsehenerregenden Vorgang, den Gregor in die Form eines Gebetes an den heiligen Petrus kleidete, persönlich beigewohnt, was einer Billigung gleichkam. Sie trat damals nicht für ihren Sohn ein, sondern nannte im Gegenteil dessen Handlungsweise „verbrecherisch“.[17] Dennoch haben ihre Vermittlungsversuche, auf die Dauer gesehen, wohl nicht aufgehört. Noch nach dem spektakulären Canossagang des Königs im Januar 1077, durch den dieser mit großer Mühe die Lösung vom Bann erreichte, traf sie in Piacenza mit ihm zusammen und dürfte ihn dort ermahnt haben, den Weg des Einvernehmens mit dem Papst nicht wieder zu verlassen. Mit diesem Treffen aber endet das, was wir über ihre religiös-politische Wirksamkeit wissen; am 14. Dezember 1077 ist Agnes, die ihre letzten Jahre wahrscheinlich in einem römischen Kloster verbracht hat, gestorben. Auch ihre letzte Ruhestätte fand sie in Rom – in einer Seitenkapelle des alten Petersdoms.

Es bleibt ein Fazit dieses Lebens zu ziehen. Das ist nicht leicht, denn schon die Stimmen der Zeitgenossen widersprechen sich, wenn sie über Agnes urteilen. Es sei „zum großen Schaden des Reiches" gewesen, daß auf den starken Kaiser Heinrich in der Regierung eine Frau und ein Kind gefolgt seien, sagt Adam von Bremen in seiner „Hamburgischen Kirchengeschichte"[18], und jener Annalist, der im bayrischen Kloster Niederaltaich die Reichsgeschichte aufzeichnete, warf ihr vor, daß sie sich „als ein Weib von den Ratschlägen dieser und jener leicht bestimmen" ließ.[19] Humbert von Silva Candida, der entschiedene Gegner der Laieninvestitur, zielte, obwohl er ihren Namen nicht nannte, ganz sicher auf Agnes, wenn er die „Anmaßung der Frauen" kritisierte, die es wagten, mit Ring und Stab Bischöfe einzusetzen.[20] Differenzierter beurteilte Lampert von Hersfeld die Kaiserin. Er lobte zunächst ihr Geschick, mit dem sie es nach dem Tode ihres Gemahls dahin brachte, daß im durch die neue, veränderte Lage gefährdeten Reich keine Unruhen ausbrachen; später jedoch stellte er sich, wie so oft, auf die Seite der Reichsfürsten, welche es schwer ertrugen, daß ihre Stimmen während der Regentschaft wenig galten.[21] In der folgenden Zeit, wohl durch die Turbulenzen des Investiturstreits beeinflußt, verklärte sich dann das Bild der Herrscherin. Der anonyme Autor der Lebensbeschreibung Heinrichs IV. aus dem Anfang des 12. Jahrhunderts rühmt ihre Reife, Weisheit und strenge Sitten.[22] Er sah damit Agnes ganz ähnlich wie kurz zuvor der Chronist Frutolf von Michelsberg, der sie ebenfalls weise, aber auch tüchtig nannte.[23]

Blickt man jedoch von heute her zurück, so kann man zumindest die letzterwähnte Einschätzung kaum teilen. Die Regentschaft der Agnes verlief nicht glücklich für das Reich, und das hat subjektive wie objektive Ursachen. Was die ersteren anbelangt, so besaß die Kaiserin wohl nichts weniger als jenen „männlichen Geist", den man ihr – gewiß, um nach den Maßstäben der damaligen Gesellschaft ihr Wirken mit einem zugkräftigen Argument aufzuwerten – auch hat bescheinigen wollen.[24] Eher könnte man einen solchen Geist in Theophanu vermuten, die sich am

Ende des 10. Jahrhunderts in einer ähnlichen Situation befand, aber während ihrer Regentschaft die Zügel des Reiches entschieden fester in der Hand hielt. Sie, nicht Agnes, wurde deshalb in einer Urkunde direkt „vermännlicht" – *Theophanius imperator* hat man sie dort genannt.[25] Heinrichs III. Gemahlin hatte dagegen nichts vom Herrscherwillen ihrer Eltern geerbt, nur die Frömmigkeit war in ihr ebenso stark wie in jenen. Die Führung der Reichspolitik in den ihr auferlegten fünfeinhalb Jahren dürfte ihr mehr Last als Lust gewesen sein. Sie fügte sich dem Zwang, die Herrschaft für ihren Sohn bewahren zu müssen, hatte wohl auch den besten Willen, diese Aufgabe gut durchzuführen. Jedoch ist das im Endeffekt derart mißlungen, daß man jene Zeit jüngst als „Krise der salischen Monarchie" gekennzeichnet hat. Allerdings, und das mit vollem Recht, nicht sie allein. Die letzten Jahre Kaiser Heinrichs III. wurden in diese Bewertung einbezogen, besonders wegen der fürstlichen Opposition gegen diesen Herrscher, die sich in Lothringen ebenso wie in Bayern und Sachsen merklich regte. Daneben jedoch zeigte sich bereits auch einigenorts der erste Widerstand gegen den sakralen Charakter des Königtums, der von der Kritik an gewissen Handlungen und Haltungen Heinrichs – nicht zuletzt auch an seiner Ehe mit Agnes, die als unkanonisch und einem radikalen Traktatschreiber gar als inzestuös galt – seinen Ausgang nahm. Mithin war es bereits ein schweres Erbe, das Agnes 1056 antrat, und einige Vorgänge, die von ihr und dem Hof nicht oder kaum zu beeinflussen waren, machten es ihr nicht leichter. Zu ihnen gehört, daß die Emanzipation der Kirche von der weltlichen Gewalt nicht mehr aufzuhalten war und gerade in jenen Jahren gewaltige Fortschritte machte – man denke an die Kampfschrift des Kardinals Humbert oder an das Papstwahldekret. Auch ist gerade damals neben anderen sozialen Prozessen auch eine stetig fortschreitende Differenzierung der Adelsklasse im Reich festzustellen, die es nicht wenigen Großen erlaubte, entscheidende Herrschaftsrechte in ihrer Hand zu konzentrieren. Diesen Prozeß allerdings hat Agnes, wie wir sahen, bei einigen von ihnen durch die Verleihung von Herzogtümern noch gefördert, einen Prozeß, der schließlich zu ihrer Entmachtung in Kaiserswerth führte. Gewiß war ihr Ziel Kontinuität, eine bruchlose Weiterführung der Politik ihres Gatten; aber hatte man diesen – und auch das wiederum besonders in den letzten Jahren – um seines zunehmend autokratischen Regierungsstils willen gescholten, so wurde ein solcher jetzt weitgehend ersetzt durch das Gegenteil: Hilflosigkeit, Unentschlossenheit, in manchem gar Passivität. Die fast zwangsläufig eintretende Folge war, daß der Adel, der schon vor 1056 seine Forderung auf Teilhabe an der Herrschaft nachdrücklich erhoben hatte, jetzt immer stärker aktiv wurde, wobei ihm das Geschlecht der Regentin eine nicht zu unterschätzende „Argumentationshilfe" geboten haben dürfte. Denn wie oft wird Agnes von jenen Kräften, die nach Kaiserswerth die Führung an sich rissen, die Meinung gehört haben: „Es gehöre sich nicht, daß eine Frau das Reich regiere"?[26] Und wird sie andererseits, wenn ihr politische Fehler wie die Erhebung des Gegenpapstes in Basel bewußt wurden, sich dies nicht auch selbst gesagt haben? Jedenfalls dürften das fromme Leben in Rom, das sie in ihren letzten Jahren führte, die Freundschaft mit Petrus Damiani und später mit Abt Johann von Fécamp, die Sorge um die Ausbreitung der Kirchenreform auch in Deutschland, die Unterstützung und materielle Förderung von Klöstern ihrem Wesen weit eher entsprochen haben als vorher der Kampf um weltliche Dinge. Ihr lag Gehorchen weit mehr als Befehlen (was das Papsttum weidlich ausnutzte); ihre Stärke war – und das ist, alles in allem, durchaus positiv zu sehen – das Vermitteln, nicht die Konfrontation. Und so hat sie schließlich doch ihr Leben, welches weitgehend geprägt war von Sorge und Frömmigkeit, in Frieden beschlossen.

Äbtissin Hildegard von Bingen
Die rheinische Prophetin

Hildegard wurde 1098 in Bermersheim in Rheinhessen, dem Stammsitz der Edelfreien von Bermersheim, als zehntes und letztes Kind des Edelfreien Hildebert von Bermersheim und dessen Frau Mechthild geboren. Über die Familie von Hildegards Mutter ist nichts weiter bekannt. Von Hildegards neun Geschwistern sind sieben dem Namen und teilweise auch ihrer sozialen Stellung nach überliefert. Ihr Bruder Hugo war Domkantor an der Mainzer Kathedrale, ihr Bruder Roricus Kanonikus in Tholey an der Saar, ihre Schwester Clementia lebte als Nonne im Kloster auf dem Rupertsberg, das später Hildegard als Äbtissin leitete.[1] Bereits mit acht Jahren wurde sie einem Kloster übergeben und damit ihr gesamter weiterer Lebensweg festgelegt. Sie zog 1106 in das Benediktinerkloster auf dem Disibodenberg, an der Einmündung der Glan in die Nahe gelegen, ein. Dieses Kloster gehörte zu den bedeutenden seiner Art und erlebte gerade in der Zeit, als die junge Hildegard hier Nonne war, eine Blüte. Das junge adlige Mädchen wurde der erzieherischen Obhut der Meisterin Jutta von Sponheim anvertraut, die der Frauenklause vorstand, welche Juttas Vater, Graf Stephan von Sponheim, zu Beginn des 12. Jahrhunderts an das Mönchskloster anbauen ließ. Zwischen 1112 und 1115 legte Hildegard das feierliche Gelübde einer Nonne ab und empfing aus der Hand Bischof Ottos von Bamberg den Schleier. 1136, nach dem Tode Juttas von Sponheim, wurde sie zur „Meisterin" des Frauenklosters auf dem Disibodenberg. Die von den Mönchen Gottfried und Theoderich verfaßte Lebensbeschreibung (Vita) schildert Hildegard als eine von frühester Kindheit an durch ständige Krankheiten und Schwäche gezeichnete Frau. Doch traten frühzeitig ihre überdurchschnittlichen Geistesgaben hervor. Sie hatte visionäre Vorstellungen entwickelt. „Weibliche Scheu" aber und die „Furcht vor dem Gerede der Leute und dem verwegenen Urteil der Menschen" hätten Hildegard vor deren Niederschrift zurückschrekken lassen, wie die Vita berichtete.[2] Doch diese anfängliche Zurückhaltung gab sie schließlich auf und schuf in ihrer zweiten Lebenshälfte ein umfangreiches literarisches Werk.

Von herausragender Bedeutung sind Hildegards drei große Visionsschriften: *Scivias* (Wisse die Wege), *Liber vitae meritorum* (Das Buch der Lebensverdienste), *Liber divinorum operum* oder *De operatione Dei* (Welt und Mensch)[3]. Diese Visionstrilogie begründete ihren Ruf als bedeutende Prophetin. Sie stellte die christliche Lehre und das christliche Weltbild in bilderreicher, symbolisch verschlüsselter Sprache dar. Zugleich enthalten diese Schriften jeweils umfangreiche Auslegungen der visionären Bilder. Hildegards Weltanschauung hatte Gott, Mensch und Welt in ihrem wechselseitigen Verhältnis zum Inhalt. Belehrend, ermahnend und kritisierend wandte sich die Äbtissin in diesen Schriften an das katholische Christentum und die Gesellschaft ihrer Zeit. Ihre Visionen und Reflexionen hatten einen deutlich ideologischen Akzent. Hildegard, die auch als bedeutende Liedautorin Ansehen genoß, verfaßte 77 geistliche Gesänge und 1 Singspiel *(Ordo virtutum)*[4]. Ihr vielseitiges Werk umfaßt darüber hinaus eine Reihe naturkundlicher Schriften[5], Auslegungen der Evangelien, Heiligenviten, Erklärungen des Athanasischen Glaubensbekenntnisses und der benediktinischen Mönchsregel, ein Buch über eine Geheimsprache *(Die lingua ignota)*[6] und schließlich eine Vielzahl von Briefen und Sendschreiben. Die von den bereits zu Lebzeiten Hildegards begonnene und kurz nach ihrem Tod vollendete Vita enthält auch umfangreiche autobiographische Auskünfte der Äbtissin.[7] Von ihrem literarischen Schaffen stehen uns bislang nur ihr erstes Visionswerk *Scivias* und die musikalischen Schriften in einer vollständigen kritischen Edition zur Verfügung.[8]

Hildegard und ihre Biographen bekundeten mehrfach, daß sie keinerlei reguläre, systematische Ausbildung genossen habe. Trotzdem waren ihre Kenntnisse entgegen diesen Beteuerungen keineswegs gering. So kannte sie hervorragend die Bibel, insbesondere das Alte Testament, ferner waren ihr die Liturgie und die Schriften der Kirchenväter vertraut. Auch die lateinische Sprache muß ihr im wesentlichen bekannt gewesen sein. Sie wurde durch den Mönch Volmar vom Disibodenberger Kloster in Bibelkunde unterrichtet und mit der patristischen und lateinischen Literatur bekannt gemacht. Volmar wirkte schließlich von 1141 bis 1173 als Lehrer, Sekretär, Berater und Korrektor bei der Fertigstellung von Hildegards Schriften aufs engste mit ihr zusammen. Außer ihm assistierte vor allem ihre Mitschwester Richardis von Stade bei der 1141 beginnenden Abfassung von Hildegards erstem großen Visionswerk mit dem Titel *Scivias*. Die Vita berichtet, Volmar habe als Hildegards *Symmysta* (Mitwisser der Geheimnisse) lediglich die Grammatik korrigiert, ohne jegliche inhaltliche Veränderungen vorgenommen zu haben.[9] Zu den ins Vertrauen gezogenen Personen gehörte auch bald der Abt Kuno, der dem Kloster auf dem Disibodenberg von 1136 bis 1155 vorstand.

Noch war Hildegards Wirksamkeit weitgehend auf ihr Kloster beschränkt, doch das sollte sich in dem Maße ändern, wie die Botschaft von den geheimnisvollen Visionen der Äbtissin auf dem Disibodenberg der kirchlichen Obrigkeit zu Ohren kam bzw. ihr zugetragen wurde. Der Abt Kuno legte dem Erzbischof Heinrich von Mainz, der die Oberherrschaft über das Kloster Disibodenberg ausübte, und dem Mainzer Domkapitel die bereits vorliegenden Niederschriften von Hildegards Visionen vor und brachte so – gewiß nicht ohne auf die eigene Reputation bedacht zu sein – den Stein ins Rollen. Denn der Mainzer Erzbischof nutzte die Gelegenheit der in Trier tagenden Synode (30. November 1147–Februar 1148), um direkt dem Papst und anderen hohen Prälaten der katholischen Kirche Kunde von der Sehergabe der Äbtissin Hildegard zu geben. Daraufhin wurde eine Gesandtschaft zur Äbtissin geschickt, um sich an Ort und Stelle von den außergewöhnlichen Gaben der Frau zu überzeugen. Anschließend erhielt die Synode einen Bericht und Papst Eugen III. ließ sich die fertigen Teile von Hildegards Werk *Scivias* vorlegen. Er soll daraus sogar den Versammelten einige Auszüge vorgetragen haben. Der direkte Zuspruch des ebenfalls auf der Synode anwesenden Bernhard von Clairvaux – mit ihm hatte Hildegard einen kurzen Briefwechsel – bewog den Papst schließlich zu einer offiziellen Entscheidung: Hildegard wurde die Erlaubnis zuteil, „alles, was sie im Heiligen Geiste erkenne, kundzutun".[10] Das Kloster auf dem Disibodenberg erhielt aufgrund der nun nachgewiesenen außerordentlichen Begabung seiner Äbtissin ein ehrenvolles offizielles Glückwunschschreiben vom Papst. Hildegards Ruf als Visionärin breitete sich aus. Viele aus dem Adel stammenden Töchter begehrten Einlaß in ihr Kloster. Die Äbtissin ihrerseits achtete strikt auf die adlige Abstammung der zukünftigen „Bräute Christi“. Die von ihr auf diese Weise betriebene soziale Auslese und die an Festtagen von den Nonnen in der Liturgie demonstrativ zur Schau gestellte Wohlhabenheit und äußere Pracht veranlaßte Tenxwind, die Meisterin des Kanonissenstiftes St. Marien in Andernach, Hildegard besorgt und nicht ohne Vorwürfe die Frage vorzulegen, wie die Sitten auf dem Disibodenberg noch mit den Geboten apostolischer Armut und Einfachheit übereinstimmten.[11] Hildegard reagierte selbstbewußt und adelsstolz. Dieser Briefwechsel aus den Jahren 1148 bis 1150 läßt aristokratisches Ständedenken und urchristliches Gleichheitsgebot unvermittelt aufeinanderprallen. Zugleich bringt der Antwortbrief Hildegards sehr gut ihr eigenes Selbstverständnis als Frau und gottgeweihte Jungfrau, die sich über die Mehrzahl ihrer Geschlechtsgenossinnen erhebt, zum Ausdruck. Hildegard hielt ihre Antwort im Unterschied von Tenxwinds Schreiben bewußt unpersönlich in der Art einer göttlich inspirierten Botschaft: „Das Weib möge sich mit großer Zurückhaltung *(verecundia)* in seinem Gemach verborgen halten. Denn die Schlange hat dem Weib die großen Gefahren schrecklicher Zügellosigkeit eingeblasen. In welcher Hinsicht? Die Form des Weibes strahlte und blitzte in der ersten Wurzel, in der die Urform eines jeden Geschöpfs ihre Ausprägung erhielt. In welcher Hinsicht? In zweierlei Hinsicht: einerseits bezüglich einer vom Finger Gottes stammenden sinnvollen Einrichtung, andererseits bezüglich himmlischer Schönheit. O welche Herrlichkeit von Geschöpf, das Du in der Sonne Deinen Grund gelegt hast und von dort her die Erde Dir unterwirfst! Daher sprach der Apostel Paulus, der zum Höchsten emporflog und auf Erden schwieg, um nicht zu enthüllen, was verborgen war: ‚Das Weib, das der männlichen Gewalt seines Ehemannes unterworfen ist und mit ihm in der ersten Rippe verbunden ist, muß eine große Schamhaftigkeit besitzen, damit es die Ehre seines Gefäßes, das dem Mann gehört, nicht an fremder ungebührlicher Stelle fortgeben oder entblößen muß. Solches möge sie gemäß dem Wort tun, das der Herrscher über die Erde sprach, indem er den Teufel spottete:

Was Gott verbunden hat, soll der Mensch nicht trennen.' ... Darum möge das Weib auch nicht eitel mit seiner Haartracht umgehen, sich nicht schmücken und sich nicht durch die Pracht einer Krone oder eines Goldgegenstandes in Positur setzen, wenn es nicht der ausdrückliche Wunsch seines Mannes ist, dessen eingedenk, was dem Mann in gebührlichem Maße gefällt.

Dies alles gilt nicht für die Jungfrau. Diese steht vielmehr in der Einfachheit und Unberührtheit des schönen Paradieses, das niemals verdorrt aussehen wird; vielmehr wird sie immer in der frischen Kraft der Blüte verweilen, die dem Reis gehört. Für die Jungfrau gilt nicht die Vorschrift, ihre Haarpracht zu bedecken. Sie verhüllt sich vielmehr aus dem eigenen freien Willen in tiefster Demut: denn der Mensch verhülle die Schönheit seiner Seele, damit sie der Habicht im Hochmut nicht raubt.

Die Jungfrauen sind mit der Heiligkeit im Heiligen Geist und in der Morgenröte der Jungfräulichkeit verbunden. Darum mögen sie auch zum Hohen Priester wie ein Gott geweihtes Brandopfer gehen. Kraft der Erlaubnis und der Offenbarung durch den geheimnisvollen Anhauch von dem Finger Gottes ziemt es sich deshalb auch für die Jungfrau, ein weißes Gewand anzulegen, indem sie dies als klaren Hinweis ihrer Vermählung mit Christus versteht ... Über das Ansehen einer jeden Person gibt auch Gott das abschließende Urteil. Er zielt dabei darauf, daß sich der geringere Stand *(ordo)* nicht über den höheren erhebt, wie es der Satan und der erste Mensch taten, die höher hinaus wollten, als es ihre Stellung erlaubte. Welcher Mensch sperrt auch seine gesamte Herde – Ochsen, Esel, Schafe, Böcke – in einen einzigen Stall, damit sie beieinander bleiben? Möge also auch hier die rechte Abgrenzung voneinander *(discretio)* walten, damit nicht verschiedenartiges Volk, das in einer Herde versammelt wurde, aus Überheblichkeit und aus Beschämung über die trennenden Unterschiede auseinandergestreut wird; vor allem aber auch damit der moralische Anstand hier keinen Schaden nimmt, wenn sie sich gegenseitig aus Haß zerfleischen, sobald der höhere Stand über den niederen herfällt oder der niedere sich über den höheren erhebt. Gott hat ja im Volk Unterschiede gesetzt, auf Erden wie auch im Himmel, indem er auch dort Engel, Erzengel, Throne, Herrschaften, Cherubim und Seraphim voneinander schied. Und sie alle werden von Gott geliebt, ohne daß sie die gleichen Namen tragen ... Dies wurde von dem lebendigen Licht und nicht von einem Menschen gesagt. Wer es vernimmt, der schaue und glaube, woher es sei."[12]

Trotz allen Symbolismus drückt Hildegards Brief deutlich ihr Anliegen aus. Als Adlige und als Gott geweihte Jungfrau widerstrebte ihr zutiefst jegliche Gleichmacherei. Ihre Weltanschauung von der Gottgewolltheit der Standesunterschiede, von Demut und „Diskretion", im Sinne der Abgrenzung der Stände, als obersten Tugendkräften und die besondere Verehrung Marias als „adliger Jungfrau" gibt auch ihrem ersten großen Visionswerk *Scivias* das Gepräge. 1151 war es nach zehnjähriger Arbeit vollendet. In 26 Visionen schilderte die Äbtissin darin die Rolle von Gott, Christus, Heiligem Geist, Mensch und Kirche im universellen Heilsgeschehen. Sie verwendete dabei Symbole aus der Bibel und der Patristik, die in ihrer bildnerischen Kraft geradezu zur gegenständlichen künstlerischen Umsetzung animierten. Der Text der Visionen, deren oftmals sehr weitschweifige Auslegungen, hinter denen man deutlich die belehrende Absicht erkennt, und schließlich die in den Handschriften enthaltenen Bildtafeln verweisen aufeinander und ergänzen sich zu einem beeindrukkenden Ganzen.[13] Ein beredtes Beispiel des Hildegardschen Symbolismus aus „Scivias" ist ihre Erklärung der Stellung der Kirche in der Welt, die sie in der 5. Schau des 2. Buches als Verkündigung einer himmlischen Stimme gibt: „Das sind große Geheimnisse. Betrachte die Sonne, den Mond und die Sterne. Ich habe die Sonne gemacht, auf daß sie leuchte am Tag. Den Mond und die Sterne habe Ich gebildet, damit sie Licht geben in der Nacht. Die Sonne bedeutet meinen Sohn. Wenn die Nacht zu Ende geht, erhebt sich die Sonne und erleuchtet die Erde. So wurde mein Sohn, der von meinem Herzen ausgeht, am Ende der Zeiten aus der Jungfrau geboren als das Licht der Welt. Der Mond versinnbildet die Kirche, die meinem Sohn in wahrer, heiliger Brautschaft vermählt ist. Wie der Mond beständig wächst und abnimmt, aber nicht aus sich selber brennt, sondern sein Licht an der Sonne entzündet, so ist auch die Kirche in stets wechselnder Bewegung. Viele ihrer Kinder wachsen an Tugenden. Andere ermatten, weil ihre Sitten unbeständig sind oder Widerwärtigkeiten ihre Kräfte zersplittern. Häufig wird die Kirche in ihrem geheimnisvollen Werden von reißenden Wölfen angefallen. Boshafte Menschen, seien es schlechte Christen, Juden oder Heiden, bereiten ihr schwere Kämpfe. Aber die innere Glut, all dieses zu ertragen, empfängt sie nicht aus sich, sondern in Mir wird sie durch meinen Sohn erleuchtet, damit sie im Guten verharre. Die Sterne endlich, die in verschiedener Helligkeit funkeln, deuten auf die mannigfachen Stände in der Einheit der Kirche.“[14]

Die bildliche Darstellung von Hildegards Endzeitvision durch eine ganzseitige Miniatur des Rupertsberger *Scivias*-Kodex[15] enthält drei markante Teile: links oben sind fünf wilde Tiere – ein feuriger Hund, ein gelber Löwe, ein fahles Pferd, ein schwarzes Schwein und ein grauer Wolf – abgebildet, die nach dem Text von *Scivias* „den wilden, wider sich rasenden Lauf von fünf zeitlichen Reichen“[16] charakterisieren sollen. Diesen fünf Zeitaltern ordnete Hildegard nun jeweils charakteristische Menschentypen zu, die ihr Zeitalter symbolisieren sollen. Wie aus vergleichbaren Angaben an anderen Stellen ihrer Werke ersichtlich wird, stellt der „feurige Hund“ das Symbol ihrer eigenen Zeit dar. Von der himmlischen Stimme, die Hildegard jeweils den Sinn ihrer Visionen erklärt, gibt sie folgende Interpretation des Symbols: „Menschen von bissigem Charakter werden diesem Zeitlauf angehören. Sie selber dünken sich feurig, aber in der Gerechtigkeit Gottes brennen sie nicht“.[17] Der „gelbe Löwe“ wiederum soll das Symbol eines Zeitalters mit kampfeslustigen Menschen sein, die gleichfalls die göttliche Gerechtigkeit mißachten; die Reiche dieser Zeit würden entsprechend der gelben Farbe allmählich verblassen und in Schwäche verfallen. Das „fahle Pferd“ steht für eine Zeit mit Menschen voller Sünden, Begierden und Tugendverachtung und von innen wie von außen zerstörten Institutionen. In dem späteren Werk *De operatione Dei* wird diese Periode als Ankündigung des Kommens des Antichrist gedeutet. Das „schwarze Schwein“ symbolisiert die unmittelbare Nähe der Antichrist-Zeit; unter seinem Symbol agieren der Vision gemäß Menschen, die auf vielfache Weise das „göttliche Gesetz“ verletzten, Unzucht begingen und eine „heuchlerische Heiligkeit“ zur Schau stellten. In *De operatione Dei* wurde als Merkmal dieser Zeit noch die allgemeine Unruhe hervorgehoben, die aus dem Widerstreit von rechtgläubigen und abtrünnigen bzw. moralisch verdorbenen Menschen entspringe.[18] Der „graue Wolf“ schließlich ist das Symbol der Zeit des Antichrist:

„Zu jenen Zeiten werden die Menschen untereinander viel Raub verüben, an Machthabern und an anderen, denen das Glück günstig war. Wegen ihrer Verschlagenheit erscheinen sie in diesen Kämpfen nicht schwarz und nicht weiß, sondern grau. Sie stürzen die Häupter der Reiche und teilen ihre Länder auf. Dann wird die Zeit kommen, in der die Seelen vieler irre werden. Der Irrtum wird sich von der Hölle bis zum Himmel auftürmen. Die Kinder des Lichtes werden in die Kelter des Martyriums geworfen, weil sie den Sohn Gottes nicht verleugnen, aber den Sohn des Verderbens, der mit Teufelskünsten seine Pläne durchzusetzen versucht, verwerfen."[19] Diesem Symbol und dieser Prophezeiung entspricht auf der Miniatur rechts unten die Gruppe von Menschen, die vor einer Teufelsfratze stehen, die einmal oben und ein zweites Mal unten zu sehen ist: damit werden Aufstieg und schließlicher Fall des Antichrist und die Erschütterung des Volkes durch die Erkenntnis, vom Antichrist betrogen worden zu sein, versinnbildlicht. Die unten links abgebildete eigenartige weibliche Gestalt – eine Mischung aus herrscherlicher Hoheit und Teufelsgebärerin – soll die Kirche und ihr Haupt symbolisieren: ihre untere Körperpartie veranschaulicht die Leiden der Kirche und der Ausbruch der Teufelsfrucht symbolisiert das Fruchtbarwerden der Ränke der offenen und versteckten Feinde der Kirche. Die Kirche erscheint so der Vision gemäß als eine von inneren Widersprüchen und Kämpfen zwischen Anhängern und Verfolgern des Glaubens gezeichnete Gestalt; in der bildlichen Darstellung symbolisiert gerade der buntgescheckte Leib der weiblichen Person die Kirche. Die Vollendung der Kirche in allen ihren Gliedern läßt Hildegard in der Erklärung der Visionsbilder mit der Zerstörung der Weltordnung am „Jüngsten Tag" zusammenfallen.[20] Die auf der Miniatur rechts oben erscheinende Gestalt symbolisiert Christus, in dessen Person die „Mauer der Erkenntnis des Guten und Bösen" und „die Mauer des menschlichen Wirkens" als wesentliche Stützen des göttlichen Heilsgebäudes unauflösbar miteinander verbunden sind und mit ihrer exponierten Plazierung im Bildganzen auch den schließlichen Sieg des katholischen Glaubens. Diese Endzeitprophetie Hildegards zeigt sehr prononciert die scharfe Kritik der Äbtissin an ihrer Zeit, an ihren Zeitgenossen und auch am Zustand der Kirche.

Hildegard von Bingen war eine Vertreterin des symbolistischen Denkens, welches sich in der damaligen Zeit zunehmend der Deutung der Menschheitsgeschichte zuwandte. Mit der Hervorhebung der unmittelbaren Inspiration durch den „Heiligen Geist“ bzw. den „Geist Gottes“ trat sie auch als ausgesprochene Spiritualistin hervor. Zugleich begründete sie damit ihre eigene Prophetengabe, die sie von der schulmäßigen Theologie der damaligen Scholastik abgrenzte. In deutlicher Mißbilligung äußerte sie sich z. B. über die scholastische Analyse des Gottesbegriffs, wie sie durch Gilbert de la Porrée vorgenommen wurde: „Gott kann nicht durchsucht und durchsiebt werden nach Menschenart, weil in Gott nichts ist, was nicht Gott ist“, sagt sie in einer schriftlichen Stellungnahme zu dem umstrittenen Thema.[21] Hildegard betonte wiederholt, daß ihre Visionen weder traumhaften, nachtwandlerischen, psychopathischen, ekstatischen noch philosophischen Ursprungs seien. Prophetie, so stellt B. Töpfer fest, „erschöpft sich keineswegs im rein Kontemplativen, in dem individuellen Wunsch nach tieferer Erkenntnis, sondern sie stellt einen im höchsten Grade wirksamen moralisch-ethischen Faktor dar, geeignet, Strauchelnde auf den rechten Weg zu führen“[22]. Als exponierte Form von Weltanschauung in der Kirche konnte sie die Erklärung und Verteidigung von kirchlicher Lehre und kirchlichen Institutionen mit der Geißelung innerer Mißstände in ihr sowie apokalyptischen Endzeitvisionen verbinden. Hildegards Kritik zielte dabei sowohl auf katholische Christen als auch auf Häretiker, Juden und „Heiden“.

Über der Fertigstellung ihres Werkes *Scivias* wurde Hildegard jäh in eine entscheidende Machtprobe mit dem Abt vom Kloster Disibodenberg gerissen. Die Äbtissin beabsichtigte, sich durch die Neugründung eines Klosters auf dem Rupertsberg, an der Einmündung der Nahe in den Rhein, gegenüber von Bingen gelegen, unabhängig zu machen. Doch der Abt Kuno widersetzte sich lange Hildegards Plänen. Zudem galt es, die Besitzverhältnisse der Neugründung zu klären, da sowohl die Mainzer Domherren als auch Graf Bernhard von Hildesheim über entsprechende Rechte an dem von Hildegard ausgewählten Ort verfügten. Mit der Unterstützung der Gräfin Richardis von Stade – der Mutter von Hildegards Nonne Richardis – und in einem äußerst zähen Ringen erreichte Hildegard schließlich gegen den Widerstand der Disibodenberger Mönche ihr Ziel. Mit 18 Nonnen machte sie sich 1150 auf den Weg zum Rupertsberg, um das Kloster noch vor seiner endgültigen Fertigstellung zu beziehen. Die anfänglichen Schwierigkeiten müssen sehr groß gewesen sein, auch unter den eigenen Verwandten und Nonnen hatte die Äbtissin mit manchen Unmutsbezeugungen zu kämpfen. Hildegard, so berichtet die Vita, habe das Terrain ihrer Niederlassung von den Besitzern durch Schenkungen der Gläubigen, durch Bezahlung oder Tausch erworben. Sie unterstellte das Kloster direkt dem Mainzer Erzbischof, um die Einmischung eines weltlichen Vogtes zu umgehen. Dem Disibodenberger Abt gestand sie lediglich gewisse Aufsichtsrechte hinsichtlich der geistlichen Betreuung der Nonnen und bei der Verwaltung der Güter zu.[23] Am 1. Mai 1152 kam es dann zur urkundlich bezeugten Weihe der Rupertsberger Kirche durch den Mainzer Erzbischof, der auch einigen Nonnen die Weihe erteilte und dem Kloster einen Mühlenplatz in der Nähe von Bingen zum Geschenk machte. Das Kloster bot Platz für etwa 50 Nonnen, Priester, für Gesinde und Gäste. Es konnte durch zahlreiche Schenkungen und Stiftungen adliger Gönner und Verwandter Hildegards seinen Besitz erweitern und sich stabilisieren. Doch die Mönche vom Disibodenberg sahen die Besitzungen des dortigen Frauenklosters als ihr Eigentum an und enthielten dem Rupertsberger Kloster dessen Einkünfte vor. 1155 machte sich die Äbtissin trotz Erkrankung zum Disibodenberg auf, um Abt und Mönche zur Übergabe des Güterverzeichnisses zu zwingen und damit ihre Besitzansprüche auf Grund und Boden geltend zu machen. Dies gelang ihr auch. Doch erst unter dem Nachfolger des 1155 verstorbenen Abtes Kuno erfolgte eine endgültige Klärung der Streitfragen. 1158 bestätigte der Erzbischof von Mainz in zwei Urkunden dem Rupertsberger Kloster seine Besitzungen und stellte einen Vergleich hinsichtlich Besitzungen und geistlichen Befugnissen zwischen beiden Klöstern an. Die Nonnen konnten nun ihren alltäglichen und festtäglichen Obliegenheiten in Meditation, Lesungen, Gesang, Bücherabschreiben und Handarbeiten nachgehen. In 22 Ortschaften hatte das Kloster Besitzungen, auf dem Rupertsberg und in der Umgebung wurden dem Kloster gehörende Weingüter bewirtschaftet. Die Äbtissin genoß einen hohen Ruf als Autorität in Fragen der Glaubenslehre, der Gesundheitspflege und als Ratgeberin in vielen Fragen des Alltags. Doch Hildegard mußte auch Enttäuschungen von einigen Nonnen hinnehmen, die ihrem adligen Standesbewußtsein gemäß die Strenge und Disziplin der Äbtissin nicht mehr erdulden oder aber sich nach mehr Macht und Ansehen umschauen wollten. Trotz erbitterten Widerstandes konnte sie nicht den Weggang ihrer Nonne Richardis verhindern, die ihr so hilfreich bei der Abfassung ihres Erstlingswerks *Scivias* zur Seite gestanden hatte. Richardis übernahm schließlich auf Betreiben ihres Bruders, des Erzbischofs Hartwig von Bremen, die Funktion einer Äbtissin im Stift Bassum bei Bremen. Hildegard sah einzig weltliche Ehrsucht und Intrige am Werk, als ihre Nonne 1151 den Rupertsberg verließ. Selbst den Erzbischof von Mainz und den Papst hatte Hildegard bemüht, um den Weggang der von ihr hoch geschätzten Richardis zu verhindern. Die von Hildegard in dieser Angelegenheit versandten und empfangenen Briefe sind Zeugnisse ihrer Leidenschaftlichkeit, ihres Zorns über offenkundiges Unrecht und des Schmerzes über den Verlust eines ihr sehr nahestehenden Menschen. In ihrem verletzten Stolz bekennt sie, lieber auf Gott zu hoffen, als den Fürsten zu vertrauen. Der Mensch müsse, so schrieb sie der nunmehrigen Äbtissin Richardis in bitterem Schmerz, „wie ein Adler sein Auge auf die Sonne richten“, wenn er sich Gott zuwende.[24] Es ist dies eines von Hildegards Lieblingssymbolen, wenn sie Geradlinigkeit, Stolz und Erhabenheit eines gläubigen Menschen anpries.

Die Äbtissin vom Rupertsberg war eine weithin geachtete und gefragte Korrespondenzpartnerin. Ihr Briefwechsel ist ein wertvoller Spiegel ihrer Persönlichkeit. Zu ihrem Korrespondentenkreis gehörten der Papst und der römisch-deutsche Kaiser, Herrscher aus dem Geschlecht der Staufer und deren Anverwandte, ferner König Heinrich II. von England und dessen Frau Eleonore von Aquitanien, die Grafengeschlechter von Sponheim und von Stade, Bischöfe, Mönchs- und Nonnenkonvente, Priester, Äbte und einzelne Geistliche oder Laien innerhalb und außerhalb des Römisch-deutschen Kaiserreiches. Bemerkenswert und einflußreich waren auch ihre Schreiben an den Klerus einzelner Städte. Von der Korrespondenz Hildegards mit dem deutschen König und Kaiser Friedrich Barbarossa sind vier Briefe der Äbtissin an den Herrscher und ein Brief von ihm an Hildegard überliefert. Sie stand dem Staufer in den ersten Jahren seiner Regierungszeit äußerst wohlwollend gegenüber und huldigte ihm offen. Nach 1154 kam es zu einer persönlichen Begegnung beider in der Kaiserpfalz Ingelheim, über deren Inhalt und Verlauf keine Einzelheiten bekannt sind. 1163 stellte Kaiser Friedrich I. dem Rupertsberger Kloster eine Schutzurkunde aus, wofür die Äbtissin sehr dankbar war. In den Folgejahren scheint sich das Verhältnis Hildegards zu Friedrich I. aber stark abgekühlt zu haben, was auch auf die Einsetzung von drei Gegenpäpsten durch den Kaiser gegen den 1159 mehrheitlich gewählten Papst Alexander III. zurückzuführen ist. Das achtzehnjährige Schisma von 1159 bis 1177 fiel in Hildegards Amtszeit auf dem Rupertsberg und bewirkte auch im deutschen Klerus ernsthafte Spannungen und Auseinandersetzungen. Der Erzbischof Heinrich von Mainz, dem Hildegard zu einem beträchtlichen Teil ihren Aufstieg und den des Rupertsberger Klosters zu verdanken hatte und den sie gegen Vorwürfe der Vergeudung von Kirchengütern verteidigte, hatte 1152 nicht die Wahl Friedrichs I. zum König unterstützt. Friedrich ließ ihn 1153 durch päpstliche Legaten absetzen. Sein Nachfolger im Amt des Mainzer Erzbischofs war der königliche Kanzler Arnold, der die Gunst Friedrichs besaß. Es war dieser Erzbischof, der 1158 mit der Unterzeichnung offizieller Urkunden den lang anhaltenden Rechtsstreit zwischen dem Disibodenberger und dem Rupertsberger Kloster beendete und dem Hildegard zu Dank verpflichtet war. Von 1157 bis 1160 kam es in Mainz zu blutigen Auseinandersetzungen um die von Arnold verlangten Mittel für die Unterstützung des Italienfeldzuges des Kaisers. Die Stadt verweigerte deren Zahlung. 1160 wurde der Erzbischof in Mainz von seinen Widersachern ermordet. Im gleichen Jahr hatte Papst Alexander III. ihn in den Bann getan. Arnolds Amtsnachfolger Konrad I., der 1161 sein Amt antrat, stand auf der Seite des vom Kaiser abgelehnten Papstes Alexander III. Als er 1165 auf dem Hoftag zu Würzburg im Unterschied zu den meisten weltlichen und geistlichen Fürsten den vom Kaiser verlangten Treueid und die Ablehnung von Alexander III. als rechtmäßigen Papst verweigerte, setzte ihn Friedrich I. ab. Hildegard vertrat damals die Position Konrads und hatte sich von der staufischen Kirchenpolitik abgewendet. An die Stelle des abgesetzten Erzbischofs setzte Friedrich Barbarossa seinen Kanzler Christian von Buch, der bis 1183 die Erzbischofswürde trug und bedingungslos den Kaiser gegen Alexander III. bis zur schließlichen Versöhnung beider im Jahr 1177 unterstützte. In diesem komplizierten Spannungsfeld zwischen den unterschiedlichen Interessen von Kaiser, Papst und Teilen des Klerus und auch auf dem Hintergrund wachsender Spannungen im Klerus selbst erhob die Äbtissin mit ihren Briefen ihre warnende prophetische Stimme. Oft muß sie in Bedrängnis gekommenen Äbten gegen die Intrigen von Mönchen Mut und Kraft zusprechen oder schlaff und bequem gewordenen ernsthaft ins Gewissen reden. Aber auch allzu strengen Oberen schickt sie Briefe mit der Emahnung zu Milde und Barmherzigkeit. Sittenverfall, lähmende Trägheit, Eitelkeit und Verweltlichung griffen in vielen Klöstern um sich und veranlaßten die Äbtissin zu eindringlichen Worten der Umkehr. Hildegards moralische Appelle zielen sowohl auf die traditionellen Werte Glaube, Liebe und Hoffnung als auch und vor allem auf die freiwillige Befolgung von Demut, Zucht und Ordnung durch die Mönche und Nonnen. Sowohl dem Anspruch auf Selbstverwirklichung als auch dem Rückzug in die Vereinsamung tritt sie wiederholt entgegen und hält sie für unvereinbar mit den Normen des benediktinischen Klosterlebens. Die umfangreiche Korrespondenz der Rupertsberger Äbtissin veranschaulicht ihre große Autorität als Klosteroberhaupt, Moralistin und Theologin in Deutschland, den Niederlanden und Frankreich. Zwar waren die meisten Briefe sehr prophetisch und offiziell gehalten, aber Hildegard wußte offensichtlich recht gut, den Ton und die Worte auf die Stellung ihrer Briefpartner und den Anlaß auszurichten, zu dem sie sich äußerte. Dies trifft auch ganz allgemein auf ihren Umgang mit den Menschen zu, wie die Vita berichtet.[25]

In ihrem 61. Lebensjahr begann Hildegard die Arbeit an ihrem zweiten großen Visionswerk unter dem Titel *Liber vitae meritorum.* Die Entstehungszeit dieses Werkes (1158–1163) war durch den Beginn des langjährigen Schismas und durch innere Unruhen unter den Nonnen des Rupertsberger Klosters gekennzeichnet. Hildegard berichtet in ihrer Autobiographie, daß es in jener Zeit Unmut unter einigen Nonnen gegeben habe, die „das unausstehliche Gerede über die reguläre Disziplin, mit der ich sie zügeln wollte", nicht ertrugen. Freilich habe es daneben auch „gute und weise Schwestern“ gegeben.[26] In diesem Werk gibt Hildegard nun gerade den mannigfachen moralischen Konfliktsituationen des Menschen in der Welt einen dramatischen Ausdruck: sie läßt 35 personifizierte Paare von Tugenden und Lastern in ein dramatisches Streitgespräch eintreten. Dann werden die verwerflichen Folgen der Laster, deren Bestrafung und die entsprechenden Bußhandlungen der Menschen vorgeführt. Als Gipfel aller Laster geißelt die Äbtissin einmal den Unglauben, dann wieder und mit noch größerem Nachdruck den Hochmut. In ihm sieht sie den Keim allen Übels und setzt ihm als Pendant die „Mutter aller Tugenden“, die Demut, entgegen. Die Tugenden verstand Hildegrad als Gotteskräfte, die dem Menschen verliehen werden, und als menschliches Vermögen zum moralisch guten Handeln. Energisch wandte sie sich auch gegen Verzagtheit und Hoffnungslosigkeit. Während das Gute für Hildegard immer und überall auf Gott zurückgeht – Gott sei das höchste Gut und er lasse keine Tat ohne Lohn –, entsprang das Böse den Versuchungen des satanischen Widersachers und menschlicher Schwäche. Als Moralistin scheint sie sogar in eigener Sache zu sprechen, wenn in der Vision einem Oberen folgendes differenzierte Vorgehen gegenüber seinen Untergebenen empfohlen wird: „Der Meister achte darauf, wie er die Rute der Zucht, mit der er seine Schüler anfichten soll, in seinen Händen halte. Für solche, die ein hartes und rauhes Wesen haben, halte er ständig die Peitsche bereit; denn er würde sie nur noch widerspenstiger machen, wenn er ihnen aus irgendwelchen Nützlichkeitserwägungen heraus gestatten würde, ihren eigenen Willen zu bekommen. Ja, sie würden ihn, wenn sie könnten, sogar dem Tod übergeben. Zu jenen aber, die nur mit einem kleinen Licht leuchten, rede er in aller Milde, weil er sie, wenn er sie mit aller Härte bedrängen wollte, gänzlich auslöschen könnte und nur noch schlechter als zuvor machen würde.“ Dem schließt die Prophetin folgenden Ausspruch an, der gleichsam ihr Wahlspruch sein könnte: „Denn die guten Lehrer gleichen dem reinen Äther, da sie mit diskretem Maß und in rechter Zucht ihre Schüler leiten.“[27] In Hildegards Ethik sind Kosmos- und Moralordnung de facto nicht unterschieden. Die Krone der Schöpfung, der Mensch, ist zum moralischen Handeln aufgerufen, da gerade ihm die Vernunft eignet. Denn Vernunft ist nach Hildegard wesentlich das Vermögen zur Unterscheidung von Gut und Böse, das dem Menschen verliehen wurde. Von Gott läßt Hildegard sowohl das moralisch Gute, das heißt die Tugenden, als auch alle Ordnung und Lebenskraft, das heißt die *viriditas* (Lebensfrische, Grünkraft, Fruchtbarkeit), ihren Ausgang in die Welt nehmen. Fast selbstverständlich ist dabei dann die unübertreffbare Rolle des moralischen Ideals, das Hildegard durch die gottgeweihte Jungfrau und ihr Urbild Maria repräsentiert sieht. Zwar wird Hildegard nicht müde, immer wieder ihre eigene Zeit als eine „weibische Zeit" zu verurteilen, aber eine grundsätzliche moralische Abwertung der Frau gegenüber dem Mann wird man ihr nicht zuschreiben können. In einem ihrer Lieder preist sie die jungfräuliche Maria als Überwinderin der weiblichen Schwäche und das Symbol der gnadenvollen Hinwendung Gottes zum weiblichen Geschlecht:

> „Den Tod, den eine Frau gebracht,
> hat eine lichte Jungfrau überwunden.
> So ruht der höchste Segen
> – vor jeder Kreatur –
> auf der Gestalt der Frau.
> Denn Gott ist Mensch geworden
> in einer Jungfrau, einzig geliebt und gesegnet."[28]

In der Zeit zwischen 1151, dem Abschluß ihres ersten großen Visionswerks *Scivias*, und 1158, dem Beginn der Arbeit an dem *Liber vitae meritorum*, hatte Hildegard eine Reihe weiterer Schriften verfaßt. Außer den bereits erwähnten Briefen und Sendschreiben ist ihr Buch *De lingua ignota* über eine Geheimsprache zu nennen, das bislang noch nicht erklärt werden konnte. Auch ihr musikalisches Schaffen gedieh weiter. Von zunehmendem Interesse in der Gegenwart sind vor allem ihre naturkundlichen Schriften aus dieser Zeit unter dem Titel *Subtilitates diversarum naturarum creaturarum* (Vom inneren Wesen verschiedener Naturen in der Schöpfung), die unter den veränderten Titeln *Liber simplicis medicinae* (Buch von der elementaren Medizin) oder auch *Physica*, sowie *Liber compositae medicinae* (Buch von der zusammengesetzten Medizin) oder auch *Causae et curae* (Buch von dem Grund und Wesen und der Heilung der Krankheiten) auf uns gekommen sind und einer kritischen Sichtung und Edition harren. In ihren naturkundlichen bzw. heilkundlichen Schriften steht das Verhältnis von Gott, Welt und Mensch im Mittelpunkt ihrer Überlegungen. In eigenartiger Weise läßt Hildegard die ganze den Menschen umgebende Natur und über sie vermittelt auch Gott an der Heilung des kranken Menschen teilhaben. Beschreibung des Kosmos und des Menschen und biblische Überlieferung sowie die Wiedergabe magisch-abergläubischer Heilpraktiken aus der Volkstradition sind bei Hildegard ebenso anzutreffen wie sehr detaillierte Beschreibungen ihrer heimatlichen Flora und Fauna und die auf antike Quellen zurückgehende Temperamentenlehre und Humoralpathologie. Pflanzen, Tieren, Elementen und Metallen werden bestimmte heilende oder auch schädigende Wirkungen zugesprochen und Rezepturen nach bestimmten Indikationen zusammengestellt. Sehr genau berichtete Hildegard im 2. Buch der *Physica* z. B. über die unterschiedliche Wasserqualität von Main, Rhein, Donau, Mosel und Nahe sowie Glan. Genaue Beobachtung wechselt oft mit Symbolismen, moralischen Wendungen und tiefstem Aberglauben ab. Ihre naturkundlichen Schriften stellen ein noch tiefer zu erschließendes vorwissenschaftliches Vademecum der Medikamenten- und Therapielehre, der Pathologie und Anthropologie, der Botanik und Zoologie sowie Mineralogie dar. Setzt man die Echtheit der überlieferten Schriften voraus, so ist der Kenntnisreichtum und die Liebe zur Natur in ihnen als ein Beweis der Weltzugewandtheit der Äbtissin zu deuten. Freilich läßt sie bei Erfolg oder Mißerfolg der angeratenen Therapien immer den Finger Gottes durchblicken.[29]

Hildegard war eine sehr dynamische Persönlichkeit. Sie verstand ihr Klosterdasein keinesfalls als einen Abschied von der Welt: gerade die konfliktvolle Einheit von „beschaulichem Leben" und „tätigem Leben" zu praktizieren, war eines ihrer Ziele. Erstaunen löste es allerdings aus, in welchem Maße sie als gottgeweihte Jungfrau und Klostervorsteherin das „tätige Leben" praktizierte. Seit 1158 unternahm sie in beinahe regelmäßigen Abständen Predigtreisen zu Wasser und zu Pferd, die entlang großer Flußläufe in große Städte und bedeutende Klöster führten. Ihre erste Reise 1158/59 führte am Main entlang von Mainz über Wertheim und Würzburg bis nach Bamberg. Die zweite

Reise ging die Mosel aufwärts über Trier, wo die Äbtissin 1160 eine Pfingstpredigt hielt. 1161 und 1163 unternahm sie eine dritte Predigtreise den Rhein abwärts bis nach Köln und wahrscheinlich noch weiter. Die vierte und letzte Predigtreise führte die Äbtissin 1170/71 in hohem Alter nach Schwaben über Maulbronn, Hirsau nach Zwiefalten. Ihre Vita berichtet, daß sie in Köln, Trier, Metz, Würzburg und Bamberg vor „Geistlichkeit und Volk" dieser Städte „den Willen Gottes kundgetan" habe. Von diesen öffentlichen Predigten der Äbtissin sind die in Köln und Trier gehaltenen überliefert. In ihnen geißelte sie u. a. den Lebenswandel des Klerus und rief zur Buße und Umkehr auf. Für eine Nonne und Äbtissin ist das Auftreten Hildegards beispiellos in der Geschichte des benediktinischen Mönchtums. Tatsächlich gab es zu dieser Zeit für einen dem katholischen Dogma verhafteten Menschen Anlaß zur Beunruhigung. Denn seit der Jahrhundertmitte machte verstärkt eine neue Häresie von sich reden, deren Anhänger sich *Pauperes Christi* nannten und die später allgemein als Katharer bekannt wurden. Zwar wurden 1163 in Köln einige Katharer zum Feuertod verurteilt, doch setzte die wirksame Kritik dieser Gegner der katholischen Machtkirche, ihre Anprangerung des luxuriösen Lebensstils des Klerus und die Propagierung von Armut und Askese als wahrhaftes Glaubensideal dem Klerus tüchtig zu. Viele Gläubige waren von dem Leben und den Lehren der Häretiker offensichtlich beeindruckt. Die Äbtissin vom Rupertsberg erkannte die Gefahr und setzte sich mit den Katharern in Rede und Schrift kämpferisch auseinander. Für ihr Auftreten als Bußpredigerin und antikatharische Ideologin der feudalen Machtkirche sind vor allem ihre Predigt in Köln und das auf Bitten des Mainzer Domkapitels verfaßte Schreiben gegen die Katharer wichtige überlieferte Zeugnisse. Sie stammen aus der Zeit um 1163/64.

Nachdem Hildegard auf ihrer dritten Predigtreise vor „Klerus und Volk" von Köln eine flammende Moralpredigt gehalten hatte, wandte sich der Domdekan Philipp an die Äbtissin mit der Bitte, jene Predigt an den Kölner Klerus zu senden. Diese schriftliche Fassung ist überliefert. Bittere Worte der Anklage gegen den Lebenswandel des Klerus stehen am Anfang von Hildegards Botschaft: „Ihr aber seid widerstandslos jeder daherkommenden weltlichen Mode ergeben. Daher seid ihr einmal

Soldaten, dann wieder Knechte und ein andermal possenreißende Sänger. Mit euren Verwandlungskünsten könnte ihr aber allenfalls die Fliegen im Sommer verscheuchen. Ihr müßtet auch kraft der Lehre der Schriften, welche vom Feuer des Heiligen Geistes geschaffen wurden, die Eckpfeiler der Kirche sein, die sie so stützen wie die Eckpfeiler, die die Enden der Erde tragen. Doch ihr liegt am Boden und seid der Kirche keine Stütze. Vielmehr flüchtet ihr in die Höhle eurer Wollust und gebt wegen eures ekelerregenden Reichtums, Geizes und anderer Verblendungen euren Untergebenen keinen Unterricht und erlaubt ihnen auch nicht, euch um Belehrung zu bitten, indem ihr äußert: ‚Wir können doch nicht alles schaffen.'" Und anklagend fährt sie wenig später fort: „Denn euer Verstand ist getrübt, weil ihr in euch keinerlei Begriff des Guten habt, so daß ihr einen rechtschaffenden Lebenswandel führtet. Ihr seid auch großer Unsicherheit und dem Zweifel ausgesetzt, da eure Werke euch nicht die richtige Antwort geben – als wüßtet ihr gleich einem Trunkenen nicht, was ihr tut, sobald ihr tut, was die Wahl des Verstandes und eures Willens verlangt. Daher ist alle Weisheit, die ihr euch überall aus den Schriften und der Lehre verschafft habt, dem Schlund eures Eigensinns zum Opfer gefallen. Denn was ihr tastend und schmeckend einmal zu eurem Wissen gemacht habt, das tatet ihr ausschließlich um eurer eigenen Bedürfnisse und der Feistigkeit eures Fleisches willen – ganz wie ein kleines Kind, das sich in seiner Einfalt seines Tuns nicht bewußt ist." Die Gefahr des Katharertums beschreibt sie danach: „Aber ich, der ich bin, sage den mir Zuhörenden: In jener Zeit, wenn sich dies zuträgt, wird es über euch zusammenstürzen durch ein irrendes Volk, das noch schlechter als das derzeitige Volk ist, das euch überall verfolgen und eure Taten enthüllen wird. Über euch wird es sagen: ‚Diese sind Skorpione in ihren Sitten und Schlangen in ihren Werken.'" Die Katharer charakterisiert sie hier so: „Das Volk nun, das dies tun wird, ist vom Teufel verführt und geschickt worden. Bleichen Antlitzes kommt es daher und wird sich den Anschein völliger Heiligkeit geben und sich den höheren weltlichen Prinzipien verschreiben. Über euch werden sie so reden: ‚Warum behaltet und duldet ihr diese bei euch, die die ganze Erde mit ihren schändlichen Sünden beflecken? Denn diese sind trunksüchtig und ausschweifend. Wenn ihr sie aber nicht vertreibt, so wird die ganze Kirche zerstört werden.' Das Volk, welches so von euch redet, trägt billige Kopfbedeckungen von fremdartiger Färbung; es wird mit einem ordentlichen Haarschnitt umhergehen und sich den Menschen in allen seinen Sitten als sanftmütig und ruhig präsentieren. Es verabscheut auch die Habgier, es hat kein Geld und pflegt bei seinen verborgenen Handlungen eine derartige Zurückhaltung, daß kaum einer der seinen gefaßt werden kann. Der Teufel nämlich ist bei diesen Menschen, indem er sich ihnen in seinem verborgenen Glanz zeigt, so wie er am Anfang der Welt vor dem Fall gewesen ist, und er nimmt das Gehabe eines Propheten an ..."[30] Die von den so verteufelten Irrgläubigen bekundete unübertreffbare Keuschheit, Enthaltsamkeit und Verachtung des weiblichen Geschlechts, die angeblich alles von den Katholiken in dieser Richtung vorgeführte in den Schatten stellen könne, denunzierte Hildegard sodann als Lockruf grundverdorbener Verführer und Sektierer. Was diese öffentlich verabscheuten, täten sie dann heimlich. Diese „Ungläubigen" werden dem verdorbenen Klerus durch Hildegards prophetischen Mund als „Zuchtrute Gottes" zur Bestrafung aller von ihm begangenen Missetaten erklärt: sie seien der Keim jener Verführer, welche unmittelbar der Ankunft des „Jüngsten Tages" vorangingen; die Fürsten und andere weltliche Große würden schließlich nach deren Entlarvung über sie herfallen und sie wie „tolle Wölfe" erschlagen; dem würde die „Morgenröte der Gerechtigkeit" folgen, und der zur Gottesfürchtigkeit zurückgekehrte Klerus würde dann wie reinstes Gold erstrahlen und so für lange Zeit überdauern; dem würden aber in der Gegenwart viele Kriege vorangehen, durch die der Klerus für seine verfehlten Sitten bestraft würde. Hildegard hielt die Katharer für noch verdorbener als die Juden und sah die gesamte Kirche gefährdet, solange jene nicht vertrieben worden sind.

Auch in dem Sendschreiben, das sie gegen die Katharer verfaßte und um dessen Zusendung die Mainzer Prälaten ersuchten, ließ Hildegard ihren unbändigen Zorn an den Häretikern aus, die sie mit vor- und zurücklaufenden Krebsen und giftigen Skorpionen verglich. Sie rief auch hier wieder zur aktiven unerbittlichen Auseinandersetzung mit diesen und zu ihrer Vertreibung auf, weil ansonsten der Fluch Gottes auf Gelehrte, Priester und weltliche Große herabführe.[31]

Wie G. Koch zeigte, waren sowohl die betont asketische Lebensführung der Katharer als auch der bei ihnen gelegentlich vorkommende Libertinismus im Sexualverhalten ein Ausdruck ein und derselben weltanschaulichen Grundhaltung, das heißt der Verachtung alles Materiellen, wie auch ein Ausdruck ihres Protestes gegen die herrschende Sittenordnung. Damit wurde aber keine Erniedrigung der Frauen ausgedrückt. Vielmehr wurde ihnen bei den Katharern eine soziale Rolle und Geltung zuteil, die ansonsten in der damaligen Gesellschaft nahezu unmöglich war. Gerade deshalb erfreute sich diese verfolgte religiöse Gemeinschaft eines regen Zuspruchs durch Frauen. Freilich bezog sich das katharische Postulat der Gleichstellung beider Geschlechter nur auf das Geistlich-Ideelle. Die Katharer drängten ferner auch den kirchlichen Marienkult zurück, was durchaus nicht als Ausdruck einer Frauenverachtung angesehen werden muß.[32] Die heftigen Angriffe Hildegards auf die Katharer sind aber begreiflich, wenn man die gesamte Weltanschauung, Ethik und die ausgesprochene Vorliebe der Äbtissin für den Marienkult berücksichtigt. Auch politische Überlegungen spielten bei ihrer Kritik an den Katharern eine Rolle.

Zwischen 1163 und 1174 entstand Hildegards letztes großes Visionswerk *Liber divinorum operum* oder *De operatione Dei.* In zehn Visionen entwirft sie hier eine umfassende Kosmostheologie und Heilsgeschichte. Dieses dritte Visionswerk knüpfte an *Scivias* an. Das Verhältnis von Gott, Welt und Mensch steht im Mittelpunkt der Visionen, wobei der Kosmos sowohl in seinem stabilen Bau als auch in heilsgeschichtlicher Dimension vorgestellt wird. Gegenwartskritik und Zukunftsschau lassen noch einmal die äußerst kritische Haltung der Äbtissin zur aktuellen Lage der Kirche und menschlichen Gesellschaft hervortreten. Doch bei aller kritischen Haltung ist die Akzentuierung von Ordnung und Harmonie als Wesensmerkmale des von Gott geschaffenen Kosmos auffallend. Ohne daß die Katharer direkt genannt oder attackiert werden, dürften gerade sie es sein, die von Hildegards entschieden vertretener These getroffen werden sollen, daß das Böse im Kosmos keinen Seinsbestand habe.[33] Die Macht und der Einfluß des dreieinigen Schöpfer-, Erlöser- und Rächergottes ist für Hildegard unantastbar und überall und immer etwas Gutes. Immer wieder hatte sie aber auch hervorgehoben, daß es keine direkte und irgendwann erreichbare Erkenntnis dieses Gottes für den irdischen Menschen geben könne. Allein in der Schöpfung könne der Mensch Gott in seinem Wirken sehen, ohne ihn direkt schauen zu können. Damit wird der Mensch von Hildegard auf den Glauben und die Demut verwiesen und vor jeglicher Selbstverwirklichung gewarnt. Hildegard war von katharischer Verdammung und Verteufelung der bestehenden Welt ebenso entfernt wie von einer pantheistischen Vergottung der Welt und des Menschen. Auch die Propagierung mystischen Zusammentreffens des Menschen mit dem unbekannten Gott lag ihr fern und wäre ihr wohl als unerlaubte Abkürzung der Heilsgeschichte erschienen. Der Mensch lebt für Hildegard grundsätzlich bis zum „Jüngsten Tag“ in einer entfremdeten Situation, aus der er aus eigener Kraft und ohne Mitwirkung Gottes nicht herausfinden könne. Doch war sie viel zu sehr Moralistin, um daraus den Schluß auf Passivität und Ausgeliefertsein zur allgemeinen Maxime zu erheben. Vielmehr ist der Mensch grundsätzlich zur Aktivität und zur Suche nach dem rechten Maß aufgerufen. Insofern ist Hildegards gesamtem Welt- und Menschenbild eine dramatische Spannung, ein ständiger Wechsel der Perspektiven und Schauplätze eigen, wenngleich Anfang und Ende des Weltdramas von vornherein feststanden. Eine beeindruckende bildliche Umsetzung der Hildegardschen Visionen ihres letzten großen Werkes enthält die in Lucca aufbewahrte Prachthandschrift mit zehn ganzseitigen Miniaturen des *Liber divinorum operum.* Eine Miniatur zeigt die personifizierte *Charitas*, welche von Gott-Vaters „Güte“ überragt wird; sie trägt in den Händen das Lamm als Symbol der „Milde“ und unter ihren Füßen liegt das „Böse“ in Gestalt des Teufels und der Schlange. Damit wird gleichsam das optimistische Eingangsmotiv vom schließlichen Sieg des Guten über das Böse abgebildet. Ein weiteres bedeutendes weltanschauliches Motiv veranschaulicht uns die Miniatur mit dem „Kosmosmenschen“.[34] Es handelt sich um das seit der Antike bis in unsere Zeit immer wieder variierte Mikrokosmos-Makrokosmos-Motiv, das den Menschen in den Mittelpunkt der Welt stellt und als deren originalgetreues Abbild versteht. Auf der berühmten Miniatur hält Gott den kreisrunden Kosmos vor seiner Brust. Von einer genau beschriebenen Anzahl von Feuer-, Luft- und Wassersphären umgeben, von mannigfachen Kräften beeinflußt und in ein von Gott gewolltes Maß- und Koordinatensystem hineingestellt, erscheint der Mensch im Mittelpunkt der göttlichen Schöpfung und zugleich am „Kreuzweg der weltlichen Sorgen".[35] Für dieses so eindrucksvoll in der Miniatur wiedergegebene Visionsbild Hildegards lesen wir in *De operatione Dei* die folgende Erklärung der Äbtissin: „Mitten im Weltenbau steht der Mensch. Denn er ist bedeutender als alle übrigen Geschöpfe, die abhängig von jener Weltstruktur bleiben. An Statur ist er zwar klein, an Kraft seiner Seele jedoch gewaltig. Sein Haupt nach aufwärts gerichtet, die Füße auf festem Grund, vermag er sowohl die oberen als auch die unteren Dinge in Bewegung zu versetzen. Was er mit seinem Werk in rechter oder linker Hand bewirkt, das durchdringt das All, weil er in der Kraft seines inneren Menschen die Möglichkeit hat, solches ins Werk zu setzen. Wie nämlich der Leib des Menschen das Herz an Größe übertrifft, so sind auch die Kräfte der Seele gewaltiger als die des Körpers, und wie das Herz des Menschen im Körper verborgen ruht, so ist auch der Körper von den Kräften der Seele umgeben, da diese sich über den gesamten Erdkreis hin erstrecken. So hat der gläubige Mensch sein Dasein im Wissen aus Gott und strebt in seinen geistlichen wie weltlichen Bedürfnissen zu Gott. Geht es in seinen Unternehmungen gut vorwärts oder glücken sie auch nicht: immer richtet sich sein Trachten auf Gott, da er Ihm in beidem seine Ehrfurcht ununterbrochen zum Ausdruck bringt. Denn wie der Mensch mit den leiblichen Augen allenthalben die Geschöpfe sieht, so schaut er im Glauben überall den Herrn. Gott ist es, den der Mensch in jedem Geschöpf erkennt. Weiß er doch, daß er der Schöpfer aller Welt ist."[36] Der „Kosmosmensch" Hildegards bzw. des Luccheser Kodex entpuppt sich also als Symbol einer Weltanschauung, die man als kommunizierenden Anthropo- und Theozentrismus bezeichnen kann: der Mensch und Gott werden als Zentralgestalten begriffen, die aufeinander verweisen. Hildegard hob in ihrem Werk zwar die dienende Rolle der Frau gegenüber dem Mann hervor. Gleichzeitig ließ die Rupertsberger Äbtissin aber beide gemeinsam und in wechselseitigem Angewiesensein aufeinander ihre Rolle als Ebenbilder Gottes und als Beherrscher der Schöpfung ausüben.

Die Prophezeiung der Zukunft im Rahmen einer Endzeitvision schließt den *Liber divinorum operum* ab. Hildegard läßt dort auf die von ihr so scharf kritisierte „weibische Zeit“ ihrer eigenen Gegenwart unmittelbar eine Friedenszeit folgen, in der es zur Wiederherstellung der Gerechtigkeit kommen soll. Die Waffen werden in ihr verboten werden und nur noch Gerätschaften zur friedlichen und nützlichen Arbeit erlaubt sein, verkündete Hildegard. Aller überflüssiger Reichtum würde verschwinden und jeder Stand ein rechtschaffendes Dasein führen. Die Weissagungen der Propheten würden in diesen kommenden Tagen von Frieden und Beständigkeit in Erfüllung gehen und der Anbruch des „Jüngsten Tages“ angekündigt werden. Hildegard ließ diese prophezeite kommende Friedenszeit jedoch durch Völlerei, Eitelkeit und Mord in Perioden des Niedergangs und Verfalls übergehen, die ihren Höhepunkt in der Ankunft des „Antichrists“ finden sollten. Erst danach folge die Ankunft des Heils durch die Errichtung der Macht von Christus. Dieses insgesamt düstere Szenarium knüpft direkt an die entsprechenden Endzeitvisionen aus Hildegards Erstlingswerk *Scivias* an. Heilsgeschichte war für die Prophetin vom Rupertsberg kein gerader Weg nach unten in die Hölle oder nach oben in die Erlösung, sondern ein unaufhörliches Auf und Ab. Bemerkenswert ist die scharfe Kritik Hildegards an der allgemeinen Verweltlichung des Klerus und die Forderung nach einer deutlichen Trennung von weltlichem und geistlichem Stand, wie sie sie in ihrem letzten Visionswerk vorträgt. Ebenfalls prophezeite sie die Auflösung des Römischen Kaiserreichs in viele Einzelherrschaften und den Machtschwund des päpstlichen Stuhles.[37] Hildegards prophetische Gedanken stellten einen wesentlichen Schritt zur Wiederbelebung chiliastischer Ideen dar.[38] Insgesamt aber war sie konservativ eingestellt und ihre Zukunftsvision im Vergleich zu der des Joachim von Fiore wesentlich unklarer und unübersichtlicher.[39]

Unbeständigkeit und Wandelbarkeit waren für Hildegard von Bingen wesentliche Charakteristika der Welt des Menschen. Darin ging sie mit anderen Geschichtstheologen ihrer Zeit, wie z.B. mit Otto von Freising, konform. Wenn sie immer wieder auf den Kampf zwischen Geist und Fleisch als Grunderlebnis des menschlichen Daseins einging, so war das sicherlich u.a. ihrer gesamten patristischen Denkhaltung geschuldet; doch ihr persönlicher Kampf gegen die sie immer wieder heimsuchenden schwe-

Christus krönt Heinrich II. und Kunigunde.
Miniatur vom Anfang des 11. Jahrhunderts

Tafel 25

Eine Dame bringt einem Gelehrten einen Kranz von Rosen.
Französisch, gegen 1280

Heloi'se und Abaelard. Kapitell von der Concièrgerie in Paris.
13. Jahrhundert

Tafel 26

Absolutionskreuz zum Zeichen der Vergebung aller Sünden, wie es Heloi'se für den toten Abaelard von Petrus Venerabilis, dem Abt des Klosters Cluny, erbeten hat

Tafel 27

Otto-Adelheid-Pfennig,
wohl in Magdeburg 2. Hälfte 10./Anfang 11. Jahrhundert geprägt.
In der Umschrift (rechts): AHTELHET

Beatrix und Friedrich Barbarossa.
Siegel der Stadt Gelnhausen, vor 1248

Tafel 28

Herrscherin als Friedensstifterin.
Speculum humanae salvationis.
Frühes 14. Jahrhundert

Tafel 29

Ritter mit zwei Edelfrauen im Kriegszelt.
Heidelberger Manessehandschrift. Um 1300

Tafel 30

Höfischer Tanz.
Miniatur aus dem 14. Jahrhundert

Tafel 31

Hildegard von Bingen, dargestellt als Visionärin,
auf deren Haupt die göttlichen Weisungen einströmen,
sowie der ihre Visionen niederschreibende Mönch.
Miniatur zu Hildegards „Scivias"-Schrift

Tafel 32

ren Erkrankungen dürfte sie bestimmt in jener weltanschaulichen Position bestärkt haben.

In den für sie so fruchtbaren und zugleich kampferfüllten fünfziger und sechziger Jahren des 12. Jahrhunderts laborierte sie zweimal an länger währenden Erkrankungen, die sie zu strenger Bettruhe oder zu starker Einschränkung ihrer Aktivitäten zwangen: einmal 1158 bis 1161, also in der Zeit, zu der sie mit der Arbeit am *Liber vitae meritorum* begann und ihre erste Predigtreise unternahm; ein zweites Mal, und hier besonders schwer, von 1167 bis 1170. Ihre gesamte schriftstellerische, predigende und öffentlich-politische Wirksamkeit wie ihr Äbtissinnendasein fiel in die zweite Hälfte ihres Lebens und verlangte ihr ständig mehr an Kraft und Selbstbehauptung ab. In dieser Frau, die sich selbst so fühlte „wie eine Feder, die ohne jedes Gewicht von Kräften sich vom Wind dahinwehen läßt“[40], steckte ein enormes Maß an Leidensfähigkeit und Kampfeswillen, an Spannkraft und Sendungsbewußtsein. Diesem tief religiösen Menschen war das Erlebnis der Freude gerade dort möglich, wo er die göttliche Prophetie, Weisheit und Wunderkraft am Werke ahnte – für Hildegard offensichtlich die Stunden ihrer Visionen, Sendschreiben, Mahnpredigten und der Genesung von Fieberkrämpfen und körperlicher Erstarrung. Schon zu Lebzeiten strahlte sie eine enorme Autorität und Faszination auf ihre Umwelt aus und wurde als Heilige verehrt. Ehrfurcht, Wunschbildprojektion, Hoffnung auf und Glaube an Wunder und Demutshaltung gingen in dieser Heiligenverehrung eine eigenartige Symbiose ein und waren ein allgemeines Kennzeichen der Mentalität jener Zeit. Auch Hildegard wurde gerade darum um Heilungswunder und Teufelaustreibungen gebeten, wie ihre Vita mitteilt.

Die Äbtissin konnte in der Mitte der sechziger Jahre für ihr Kloster auf dem Rupertsberg mit dem Kloster Eibingen eine Tochtergründung gewinnen, welche sie nach teilweiser Zerstörung erwarb, restaurieren und schließlich beziehen ließ. Regelmäßig stattete Hildegard dort ihre amtlichen Besuche ab. Mit dem Tod des Mönches Volmar, des langjährigen Sekretärs und Beraters der Äbtissin sowie Propstes ihres Klosters auf dem Rupertsberg, verlor sie 1173 einen ihrer engsten Mitarbeiter, der ihr über 30 Jahre bei der Redigierung ihrer Schriften eine unersetzliche Hilfe war. Wieder gab es Streit mit dem Kloster vom Disibodenberg, das einen Nachfolger des Verstorbenen zum Rupertsberg schicken sollte. Erst nachdem sich die Äbtissin an Papst Alexander III. und ihren Neffen, Propst Wezelin aus Köln, um Vermittlung gewandt hatte, entsandte Abt Helenger vom Disibodenberg den Mönch Gottfried als Propst und Sekretär auf den Rupertsberg. Dieser begann die Niederschrift der Hildegard-Vita, verstarb jedoch bereits im darauffolgenden Jahr. Als neuer Propst wurde dann Hildegards Bruder Hugo eingesetzt. Bei der Vollendung ihres letzten großen Visionswerkes *Liber divinorum operum* wurde ihr seitens der Abtei St. Eucharius in Trier Hilfe zuteil. Diese Turbulenzen zwischen 1173 und 1176 waren noch nicht die letzten in Hildegards Amtszeit als Äbtissin. Zwischen 1178 und 1179 stand das Rupertsberger Kloster unter dem Interdikt des Mainzer Episkopats, das heißt die Glocken des Klosters hatten zu schweigen, Psalmen und Lesungen durften nur ganz leise vorgetragen werden, der öffentliche Gottesdienst war untersagt und auch der Kommunionempfang nicht möglich. Hildegard hatte es gewagt, einen Exkommunizierten gegen den Willen der Mainzer Oberen und trotz nicht aufgehobener Exkommunikation des Toten bestatten zu lassen. Sie weigerte sich, der Anordnung auf Exhumierung der Leiche aus dem Boden des Rupertsberger Klosters Folge zu leisten. Hier spielten neben diesem konkreten Anlaß offensichtlich auch Macht- und Prestigefragen zwischen der Äbtissin und den Mainzer Oberen hinein. 1179 gab der Erzbischof Christian jedoch nach und verfügte von Rom aus die Revision des Interdikts. Am 17. September 1179 verstarb Hildegard von Bingen.

Von 1177 bis 1180 hatte der Mönch Wibert von Gembloux, ein Bewunderer Hildegards, das Amt des Propstes auf dem Rupertsberg und bis zu ihrem Tode als Hildegards Sekretär ausgeübt. Der Mönch Theoderich aus Echternach vollendete zwischen 1180 und 1190 die Niederschrift der Vita. Das war von zwei mit Hildegard persönlich bekannten Äbten aus Trier und Echternach veranlaßt worden. Hildegards Kloster beantragte nach dem Tod der Äbtissin offiziell deren Heiligsprechung. Die Mainzer Geistlichkeit erhielt am Beginn des 13. Jahrhunderts den päpstlichen Auftrag, alle Zeugnisse von Hildegards Leben und ihre Schriften zu sammeln und nach Rom zu senden. Die Akten gingen an den Papst, wurden zur Korrektur und Ergänzung nach

Mainz zurückgesandt und schließlich wieder zur Einleitung des Heiligsprechungsverfahrens durch den Papst Mitte des 13. Jahrhunderts angemahnt. Das Kanonisationsverfahren kam jedoch nicht zustande. Das entsprechende Aktenmaterial liegt jedoch vor, und Hildegard von Bingen wurde und wird trotz der nicht erfolgten offiziellen Heiligsprechung bis in die heutige Zeit als Heilige verehrt.

Der Prior der Zisterzienserabtei Eberbach, Gebeno, stellte um 1220 in dem *Speculum futurorum temporum* (Zukunftsspiegel) die oben geschilderten Endzeitvisionen aus Hildegards Werken *Scivias* und *Liber divinorum operum* sowie einige Briefauszüge zusammen. Damit sollten die Schriften der Verstorbenen direkt zur Bekämpfung von Häretikern und Pseudo-Propheten eingesetzt werden. Diese Sammlung fand eine weite Verbreitung und prägte über lange Zeit das Bild der Nachwelt über Hildegard. Während des großen Schismas in der katholischen Kirche am Ende des 14. und zu Beginn des 15. Jahrhunderts wurden ihre Prophezeiungen als Voraussagen des aktuellen Zustandes der Kirche aufgenommen. So führte Pierre d'Ailly, einer der führenden Konziliaristen auf dem Konstanzer Konzil, in einer Schrift Hildegard von Bingen und Joachim von Fiore als seriöse Zeugen und vorausschauende Ankünder des fortschreitenden Verfalls in der Römischen Kirche aufgrund von Schisma und Gehorsamsverweigerung an.[41] Die Prophetin erschien zunehmend als eine Art Wahrsagerin. Im 16. Jahrhundert wurden erstmals das Visionswerk *Scivias* und die Briefe Hildegards gedruckt. Sowohl Anhänger als auch Gegner der Reformation beriefen sich auf ihre Prophezeiungen. Der deutsche Frühaufklärer Gottfried Arnold vermerkte in seiner „Unpartheyischen Kirchen- und Ketzerhistorie" mit Verwunderung und Anerkennung, wie Hildegards Endzeitprophezeiungen, die nach seiner Meinung vom „Greuel und Untergang der Pfaffen zeugen", in der katholischen Welt einen so breiten Widerhall fanden.[42] Im 19. und 20. Jahrhundert erfuhren und erfahren Person und Werk Hildegards wiederum eine große Aufmerksamkeit. Biographien, wissenschaftliche Abhandlungen, Texteditionen, Übersetzungen, festliche Würdigungen und Konferenzen sowie Freundeskreise erschlossen die Gedankenwelt der mittelalterlichen Prophetin für die Gegenwart.[43] Dabei kommen nicht selten ideologische Ambitionen konservativer und kulturkritischer Couleur zu Wort. Es wird eine „Hildegard-Renaissance“ proklamiert, um die aktuellen Probleme im Verhältnis von Mensch und Natur sowie des menschlichen Daseins überhaupt besser verstehen und lösen zu können. Das vertiefte historische Verständnis für das widerspruchsvolle Wirken der Äbtissin wird nicht wenig von der wciteren kritischen Erschließung ihrer Schriften abhängen.

Beatrix von Burgund
Gefährtin Barbarossas in Freud und Leid

Am 9. Juni 1156 wurde Beatrix, Gräfin von Burgund, Tochter des Grafen Rainald III. von Burgund und dessen Ehegattin, Agathe von Oberlothringen, in Worms durch Erzbischof Hillin von Trier zur deutschen Königin gekrönt.[1] Die Krönung einer Frau noch vor der Ehe stellt wohl ein seltenes, aber kein einzigartiges Ereignis dar. Weniger ungewöhnlich war die Tatsache, daß Beatrix bei ihrer Heirat zwischen 12 und 14 Jahren alt war, Friedrich I. Barbarossa dagegen mehr als 30 Jahre zählte.[2] Dieser Altersunterschied ist für das Mittelalter keine abnorme Erscheinung. Bei den vorrangig politisch motivierten Heiraten des Adels spielte der Altersunterschied eine untergeordnete Rolle.

Etwa eine Woche nach ihrer Krönung wurde Beatrix auf einem glänzenden Hoftag, der vom 10. bis 17. Juni in Würzburg stattfand, mit Friedrich Barbarossa vermählt. Der Erzbischof Humbert von Besançon und ihre beiden Verwandten, die Grafen Stefan von Mâcon und Dietrich von Mömpelgard, führten dem Kaiser die Braut zu. Der Hochzeit wohnten die mächtigsten Fürsten des Reiches bei. Zu nennen sind: Herzog Matthäus von Oberlothringen, ein Schwager des Kaisers und der Onkel der Braut, Herzog Friedrich IV. von Schwaben, Herzog Heinrich von Sachsen, beides Vettern des Kaisers, Markgraf Albrecht der Bär, Pfalzgraf Otto von Wittelsbach, die Erzbischöfe Hillin von Trier, ein enger Freund des Kaisers, und Wichmann von Magdeburg, die Bischöfe Otto von Freising – der berühmte Geschichtsschreiber –, Eberhard von Bamberg und Gebhard von Würzburg, die Äbte Wibald von Stablo und Corvey, Markward von Fulda, Fidelio von Reichenau und viele andere mehr. Besondere Würde wurde den Hochzeitsfeierlichkeiten durch die Anwesenheit des Herzogs Wladislaw von Böhmen und des Bischofs Daniel von Prag sowie einer Gesandtschaft König Heinrichs II. von England, die kostbare Geschenke überreichte, verliehen. Auch italienische Große, wie der Graf Guido von Biandrate und Bischof Ardicio von Como, waren anwesend.

Wer war Beatrix von Burgund, und wie kam es zu dieser Würzburger Heirat? Das Geburtsjahr der Beatrix ist unbekannt. Frühzeitig starben ihre Eltern, so daß sie im zarten Kindesalter als einziger Nachkomme ihrer Familie eine stattliche Herrschaft, die Grafschaft Burgund, erbte. Über das Leben der Beatrix bis zu ihrer Hochzeit weiß man sehr wenig. Unter der Aufsicht eines Oberstallmeisters erlernte sie als junges Mädchen das Reiten nach der Sitte vornehmer adliger Damen. Des weiteren kann man annehmen, daß sie bereits früh eine gediegene Ausbildung im Schreiben und Lesen erhielt. Sie beherrschte französisch, lateinisch und italienisch – später dann auch deutsch.[3] Außer Frage steht wohl auch, daß man sie in religiösen Dingen intensiv unterrichtete. Obwohl ihre Ausbildung bei ihrer Hochzeit noch nicht abgeschlossen gewesen sein dürfte, führte man Friedrich eine Frau zu, die für die damalige Zeit über ein hohes Bildungsniveau verfügte. Sie stammte auch aus einer Familie, in welcher gebildete Frauen keine Ausnahme darstellten. Von der Schwester ihres Vaters wird berichtet, daß sie sich mit ihrer guten Kenntnis des Lateinischen hohes Ansehen erworben hätte. Auch ihre Großmutter, Adelheid von Lothringen, galt als Förderin der Wissenschaften.

Burgund nahm in der Politik Friedrich Barbarossas von Beginn an einen bedeutenden Platz ein. Bereits kurz nach seinem Herrschaftsantritt 1152 hatte sich Friedrich mit Berthold IV. von Zähringen, der den Titel eines Rektors von Burgund trug und dessen Einflußsphäre sich auf das Gebiet nordöstlich des Genfer Sees beschränkte, über Gebietsansprüche einigen müssen. In einem Vertrag gestand Friedrich Berthold u. a. zu, ihm beim Erwerb der Erbschaft der Beatrix behilflich zu sein.[4] Sicherlich erhielt Friedrich diesbezüglich bereits umfangreiche Informationen über die junge Gräfin von Burgund, die rechtmäßige Erbin dieses Territoriums. In diesem Zusammenhang wird ihm und seinen Beratern vielleicht bewußt geworden sein, welche strategische Bedeutung diese Grafschaft vor allem für seine Italienpolitik haben konnte. Was etwa 70 Jahre später der nach Burgund verheiratete Engländer Gervasius von Tilbury über die strategische Lage des Arelats – südlich der Grafschaft gelegen – sagte, traf mit Einschränkungen auch auf die Grafschaft Burgund zu. Gervasius mahnte den späteren Kaiser Otto IV., daß es in seinem Reich kein Land gäbe, welches so günstig gelegen sei. Allen Untertanen des Reiches könne man von dort aus leicht Hilfe bringen, aber auch Schaden zufügen. Sowohl die Deutschen als auch die Franzosen und Spanier sowie die, die über See aus Afrika kämen, wie auch die Lombarden, Genuesen und Pisaner gelangten leicht und mühelos dorthin.[5]

Es läßt sich nicht mit letzter Sicherheit sagen, ab wann Friedrich eine Ehe mit Beatrix konkret in seine politischen Pläne einbezog. Nach seiner Thronerhebung im März 1152 betrieb er jedenfalls erst einmal seine Scheidung von Adela, der Tochter des Markgrafen Diepold von Vohburg, mit der er seit einigen Jahren vermählt war.[6] Eine Ehescheidung war im Mittelalter eine äußerst schwierige und langwierige Angelegenheit. Getrennt konnte die Ehe nur werden, wenn akzeptable Gründe im Sinne der kirchlichen Eheauffassung vorlagen, so daß der Papst seine Zustimmung geben konnte. Friedrich und seine Berater führten drei Gründe für die Scheidung ins Feld. Den Quellen aus der zweiten Hälfte des 12. Jahrhunderts und des beginnenden 13. Jahrhunderts ist zu entnehmen, daß Adela von Vohburg Ehebruch und Unfruchtbarkeit vorgeworfen wurden. Beide Argumente reichten allerdings für eine Scheidung nicht aus. Ausschlaggebend wurde schließlich der dritte Grund: die zu nahe Verwandtschaft der beiden Ehepartner. Möglicherweise hat Friedrich I. Wibald von Stablo, einem seiner engsten Berater, zum Beweis für diese Aussage eine Familiengenealogie überlassen, die dieser bei seinen Verhandlungen an der Kurie benutzte.[7] Verwundern darf es dennoch nicht, daß derselbe Verwandtschaftsgrad, nämlich der sechste, kein Hindernis für seine spätere Vermählung mit Beatrix von Burgund war. Friedrichs erste Ehe wurde im März 1153 in Konstanz geschieden.

Beatrix mag dies alles nicht verborgen geblieben sein. Man kann darüber hinaus annehmen, daß sie über ihren künftigen Gatten gut unterrichtet war. Schließlich herrschte Friedrich seit 1152 als deutscher König und sehr schnell – bereits 1155 – konnte er auch die Kaiserkrone erlangen. Vor ihrer Vermählung hat er außerdem auch 1153 einmal Burgund besucht. Zu dieser Zeit traf er zudem erstmals mit dem mächtigen Grafen Wilhelm

Genealogische Übersicht zu Beatrix von Burgund (Ausschnitt)

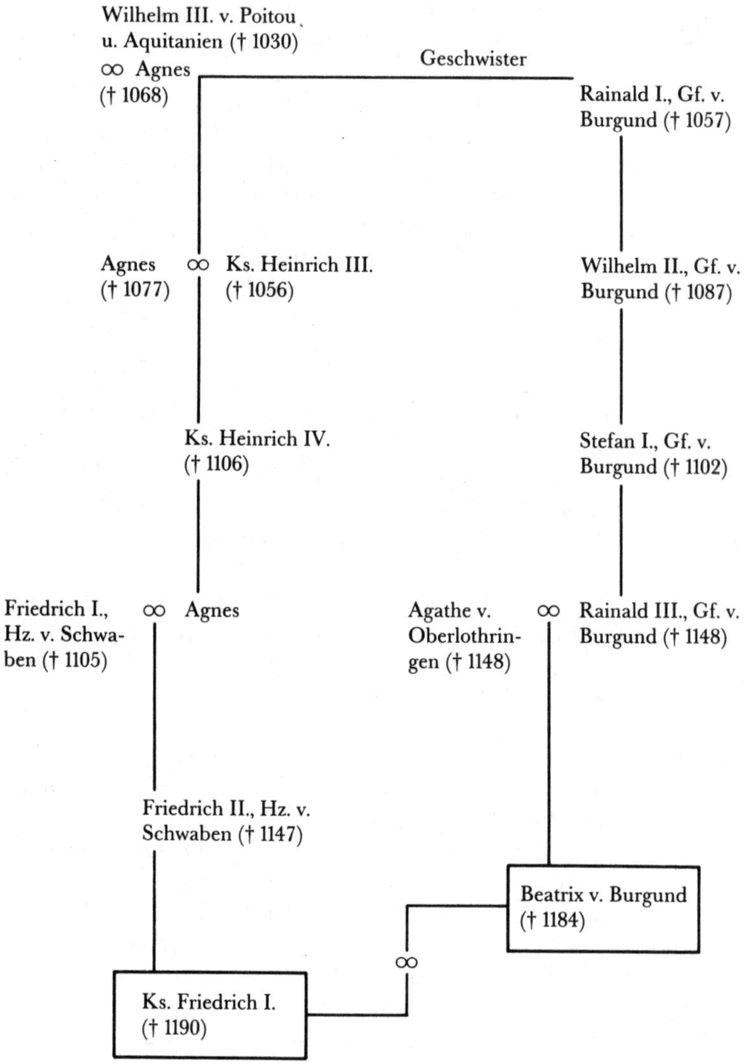

Verwandtschaftliches Verhältnis von Friedrich I. und Adela von Vohburg

(nach Wibald von Stablo)

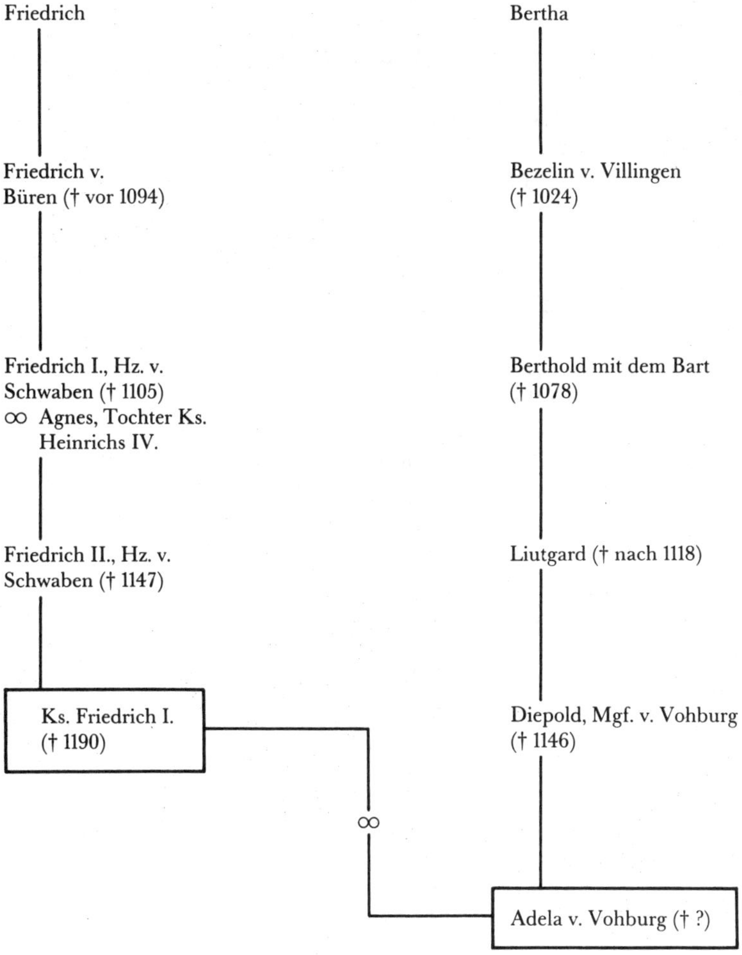

von Mâcon, dem Onkel und Vormund der Beatrix, zusammen. Wilhelm hatte nach dem Tod von Beatrix' Eltern die Nichte in seine strenge Obhut genommen, so daß Zeitgenossen diesen Lebensabschnitt der Gräfin in Dole bei Besançon als Gefangenschaft charakterisierten.[8] Der Graf von Mâcon hatte außerdem das Erbe seiner Nichte in seinen vollen Besitz übernommen, so daß er sicherlich aus Eigennutz an einer Eheverbindung zwischen seiner Verwandten und dem deutschen König nicht interessiert gewesen sein dürfte. 1155 starb jedoch Wilhelm von Mâcon und damit war ein wichtiges Ehehindernis beseitigt. Außerdem haben der erste Italienzug 1154/55 und die damit verbundenen Schwierigkeiten bei der Überquerung der Alpen die burgundischen Heiratspläne Friedrichs sicherlich günstig beeinflußt. Neben der beschriebenen strategischen Bedeutung der Grafschaft Burgund dürften die 5000 Ritter, welche die Braut als Mitgift in die Ehe zu bringen versprach, von besonderem militärischen Wert gewesen sein.[9] Burgund paßte am besten in Friedrichs Vorstellungen über die Italienpolitik, die er viel konsequenter und traditionsbezogener – so wie die Karolinger, Ottonen und Salier – als sein Vorgänger im Königsamt, sein Onkel Konrad III., betreiben wollte. Letztlich kann man in Herzog Matthäus von Oberlothringen einen gewichtigen Fürsprecher dieser Verbindung sehen. Matthäus war mit einer Schwester Barbarossas vermählt, und Agathe, Beatrix' Mutter, war seine Schwester. Der Herzog war also mit beiden künftigen Ehepartnern verwandt. Da Matthäus bereits von Beginn der Herrschaft Friedrichs an dessen Hof weilte, wird er nicht ohne Einfluß auf die Entscheidung des Kaisers geblieben sein. Dem Zustandekommen dieser Ehe haben so neben den genannten politischen, militärischen wie ökonomischen auch familiäre Gründe den Weg geebnet.[10] Ein durch seinen Berater Wibald von Stablo befürwortetes Heiratsprojekt mit einer byzantinischen Prinzessin hatte damit wenig Chancen.

Friedrich erhielt mit dieser Heirat nicht nur die 5000 Ritter aus Burgund als Mitgift, sondern auch den Besitz der Stadt Besançon und weitere Rechtstitel in der Grafschaft Burgund. Es boten sich zudem günstige Voraussetzungen, über diesen unmittelbaren Machtbereich weiter nach Süden Ansprüche geltend zu machen.

1157 zogen Beatrix und Friedrich nach Burgund. In Besançon fand einer der großen Hoftage statt, der ihr zukünftiges Leben richtungweisend prägte. Der Kanzler des Papstes Hadrian IV., Roland, war erschienen und stellte im Namen des kirchlichen Oberhauptes provozierende Forderungen zur Unterordnung des Kaisers unter das Papsttum. Die Übersetzung von *beneficium* durch Rainald von Dassel, den Kanzler des Kaisers, mit „Lehen" aus einem Brief des Papstes, der auf die päpstliche Herkunft des Kaisertums hinwies, erregte die Gemüter. Als Roland sich daraufhin erdreistete, die Frage zu stellen: „Von wem hat der Kaiser das Kaisertum, wenn nicht vom Papst?", brach ein Sturm der Empörung unter den Anhängern des Kaisers los.[11] In prinzipiellen Frage durfte man sich dem Papsttum nicht unterordnen. Eine besondere Zuspitzung erhielten die Auseinandersetzungen dann durch die auf ökonomische und politische Unabhängigkeit und Selbständigkeit gerichtete Politik der oberitalienischen Kommunen. Der Versuch Friedrichs, die alten traditionellen Reichs- und Königsrechte, welche vor allem von den Städten in Oberitalien entfremdet worden waren, wieder herzustellen, führte zu zahlreichen Italienzügen des Kaisers. An diesen nahm Beatrix sehr oft teil.

In Besançon geschah aber auch Erfreuliches. Ganz Burgund erwies den Neuvermählten zahlreiche Ehren. Durch Beatrix vermittelt, fanden sich am kaiserlichen Hof Dichter und andere Künstler ein, die ritterliche Lebensformen in der Umgebung des kaiserlichen Paares zur Geltung brachten.[12] Dem Hoftag in Besançon im Jahre 1157 und dem eindrucksvollen Hoftag von Mainz 1184 werden im Zusammenhang mit der Durchsetzung ritterlicher Lebensformen am Hofe Barbarossas eine große Bedeutung zugemessen. Es steht außer Frage, daß Beatrix bei der Einführung dieser kulturellen Neuerungen ein besonderer Anteil zukommt.

Beatrix wurde bereits sehr früh als Kaiserin bezeichnet, obwohl sie noch nicht gekrönt war. Ihre Krönung erfolgte erst auf dem vierten Italienzug am 1. August 1167. In Diplomen, die anläßlich der Hochzeitsfeierlichkeiten für die burgundischen Klöster Bellevaux, La Charité, La Grace-Dieu, Charlieu und Acey ausgestellt wurden, erscheint sie mit dem Titel *imperatrix Romanorum semper augusta.* Diese Urkunden sind nicht im Original überliefert, so daß sie nur eine verminderte Beweiskraft für die Annahme haben, daß Beatrix schon sehr früh imperiale Herrschaftsfunktionen erfüllte.[13] Außerdem läßt sich denken, daß die Kanzlei den Titel in der Auseinandersetzung mit dem Papsttum als Waffe benutzte, um kaiserliche Machtansprüche deutlich zu machen. 1157 taucht aber in einer Originalurkunde die bedeutsame *consors regni*-Formel auf, die auf eine aktive Mitbeteiligung der Königin an der Herrschaft schließen läßt.[14] Hinzu kommt, daß Friedrich sehr bald, vielleicht auch bereits 1157, Wibald von Stablo den Auftrag erteilte, für Beatrix einen Siegelstempel anfertigen zu lassen und diesen nach Aachen zu schicken, wo sich die junge Königin längere Zeit aufhielt.[15] Durch den italienischen Geschichtsschreiber Acerbus Morena ist uns überliefert, daß Kaiser und Kaiserin nach einer Festkrönung in Pavia an einem Tisch zusammen mit den anwesenden Bischöfen zur rechten und linken gespeist hätten.[16] Am staufischen Hof legte man offensichtlich auf die Gleichrangigkeit von Königin bzw. Kaiserin und dem Kaiser besonderen Wert. Später wurde es üblich, daß die Gemahlin des Herrschers an einem separaten Tisch speiste. In bedeutsamen Vertragsvereinbarungen fand die Königin zudem häufig Beachtung. Friedrichs Haltung zu Beatrix und auch die Wertschätzung des Hofes ihr gegenüber wird in den Urkunden allzu deutlich. Häufig wurde nur im Superlativ von ihr gesprochen. *Dilectissima, carissima* und *illustrissima* lauten die von großer Verehrung zeugenden Bezeichnungen.[17] Von dem bereits erwähnten Acerbus Morena aus Lodi besitzen wir eine der ausführlichsten Beschreibungen der Beatrix, die erahnen läßt, welche Ausstrahlung sie auf ihre Umgebung ausgeübt haben muß. Acerbus schrieb: „Beatrix aber, die Ehefrau des Kaisers, selbst aus einem edlen Geschlecht der Provinz Burgund stammend, war von mittlerer Statur, aber schöner gerader Gestalt, mit goldschimmernden Haaren, sehr schönem Antlitz, blendend weißen und gutgestellten Zähnen, kleinem Mund, hellen, freundlichen und gewinnenden Augen, bescheidenem Blick, reizenden Händen und zierlichem Körperbau. In ihren Reden züchtig, wohl unterrichtet und fromm, war sie ganz ihrem Gemahl ergeben, verehrte ihn als ihren Gebieter und liebte ihn als ihren Gatten: nicht bloß glückbringende, wie ihr Name besagte, sondern auch überaus glücklich.“[18]

Wenn dieses Bild auch etwas idealisierend erscheint, so dürfte Beatrix an der Seite Friedrichs eine vertrauensvolle Rolle zugefallen sein, die über die Mutterfunktionen und die Förderin kultureller Werte hinausging. Möglicherweise war sich Friedrich der Wirkung seiner Frau auf die Öffentlichkeit bewußt, so daß sie fast ständig in seiner Umgebung zu finden ist. Beatrix wird außerdem so klug gewesen sein, ihren Platz in dieser „Männergesellschaft“ zu bestimmen, um sich dadurch Einfluß zu sichern. Zudem muß beachtet werden, daß die von Männern geschriebenen Geschichtsquellen jener Zeit die Aktivitäten der Frauen nur selten zur Kenntnis nahmen.

Am 18. Juli 1164, während des dritten Italienzuges, wurde in Pavia der langersehnte Stammhalter namens Friedrich geboren. Beatrix wird zu dieser Zeit vielleicht 21 oder 22 Jahre alt gewesen sein. Waren nun, wenn man sich an den Wunsch Friedrichs nach Kindern im Zusammenhang mit der Scheidung von Adela von Vohburg erinnert, Schwangerschaften der Beatrix bereits in den Jahren von 1156 bis 1164 möglich? Eine Tochter namens Beatrix soll 1162 geboren worden sein.[19] Aber es gibt noch einen weiteren Hinweis.

Fünf burgundische Äbte hatten in jener Zeit – vor 1162 – einen Brief an die Äbtissin Hildegard von Bingen gerichtet, die in dem Ruf stand, Wunder zu vollbringen und dessen Überbringerin Beatrix gewesen sein soll. In diesem Brief heißt es u. a.: „Die Überbringerin dieses Briefes ist aber eine adlige Frau und Gattin eines geliebten Mannes. Sie kommt in tiefer Frömmigkeit zu dir, sehr schlicht, obgleich sie zu Pferd und mit großem Gefolge reisen könnte. Der Grund ihres Kommens ist folgender: Schon lange Zeit blieb sie unfruchtbar, obwohl sie zu Anfang einigen Knaben das Leben schenkte. Da diese aber starben und sie keine weiteren Kinder gebar, sind sie und ihr Gatte tief betrübt. Das ist es, weshalb sie zu dir, der Magd und Vertrauten Christi, ihre Zuflucht nimmt. Sie hofft zuversichtlich, du werdest durch deine Verdienste und Beten bei Gott erlangen, daß sie noch fruchtbar werde und sie gesegnete Frucht ihres Lebens zur Fortpflanzung ihres Geschlechts Christus darbieten könne. Daher ersuchen auch wir dich, gebeten von ihr und ihrem Gemahl, du wolltest in diesem Anliegen für sie bei Gott eintreten, auf daß sie gewürdigt werden, zu erlangen, wonach sie sich sehnen.“[20] Trifft die Aussage des Briefes auf Beatrix zu, dann kann man unschwer erahnen, wie schwer das Leben dieser jungen Frau an der Seite Barbarossas war. Die zierliche Erscheinung der Königin, die Acerbus Morena beschrieb und die durch die Untersuchung des Skeletts im Dom zu Speyer bestätigt wurde, zeigen an, daß sie wahrscheinlich in diesen jungen Jahren nur mit Komplikationen Mutterfreuden entgegensehen konnte. Aus den vorliegenden Quellen kann man schließen, daß der erste länger lebende Sohn eine Frühgeburt war.[21] Als die Eltern Ende des Jahres nach Deutschland zurückkehrten, mußten sie ihn in Italien in der Obhut des Grafen Wilhelm von Montferrat zurücklassen. Die Anstrengungen der Rückreise über die Alpen und durch Burgund hätte der kleine und schwache Neugeborene vermutlich nicht überlebt.[22] Friedrich Barbarossas Freude über den Sohn läßt sich aus einigen Urkunden ablesen. So aus einer Urkunde vom 1. November 1164, die in Ulm für sein, seiner Gattin und seines Sohnes Seelenheil dem Prämonstratenserkloster Weisenau ausgestellt wurde und die dem Kloster Schutz und den Besitzstand bestätigte. Wörtlich heißt es hier: „für uns und unsere teuerste Gefährtin Kaiserin Beatrix und unseren über alles geliebten Sohn, den jungen Friedrich."[23] Nach den Gepflogenheiten des hohen Adels handelnd, bestimmte Friedrich seinem geliebten Sohn bereits im ersten Lebensjahr mit politischem Kalkül eine englische Prinzessin zur Braut.[24]

Schon Ende des Jahres 1165 schenkte die zierliche Beatrix zur Freude Barbarossas einem zweiten Sohn, Heinrich, das Leben. Insgesamt wissen wir von mindestens elf Schwangerschaften der Königin: Zehn Kinder sind mit Namen bekannt.

Beatrix	geb. 1162/63	gest. etwa 1174
Friedrich A	geb. 18. 7. 1164	gest. 1169
Heinrich	geb. Nov. 1165	gest. 26. 9. 1197
Konrad A =		
Friedrich B	geb. Febr. 1167	gest. 20. 1. 1191
Tochter	geb. Okt./Nov. 1168	gest. Ende 1184
Otto	geb. Juni/Juli 1170	gest. 2. 1. 1200
Konrad B	geb. Febr./März 1172	gest. 15. 8. 1196
Rainald	geb. Okt./Nov. 73	gest. 1174/1178
Wilhelm	geb. Juni/Juli 75	gest. 1178

Philipp	geb. Febr./März 1177	gest. 21. 6. 1208
Agnes	geb. 1179	gest. 8. 10. 1184.[25]

Die Verfasserin eines Troubardourliedes beschrieb etwas eigenwillig die Beschwernisse einer Schwangerschaft:

„Mir steht zwar wohl der Sinn nach einem Mann,
Doch Kindergebären nur himmlische Strafe sein kann.
Deine Brüste schwellen und hängen vom Leib,
Und nichts als Entbehrungen bringt das Leben dem Eheweib."[26]

Für Beatrix trafen diese Beschwerden einer Schwangerschaft sicherlich auch zu. Sie wurden sehr wahrscheinlich noch dadurch verstärkt, daß Beatrix Friedrich bei seiner Herrschaftstätigkeit, die im Umritt durch die Reiche Deutschland, Italien und Burgund erfolgte, fast immer begleitete. Friedrich unterließ es, seine Gemahlin, wie er das zu Beginn des zweiten Italienzuges 1158 tat, in einer sicheren Pfalz unterzubringen. Zu denken wäre diesbezüglich an die Pfalzen Dole in Burgund und Hagenau im Elsaß, zu denen beide Eheleute eine engere Beziehung hatten.[27] Den Grund für diese Verhaltensweise Friedrichs muß man sicherlich darin sehen, daß er seiner Gattin einen wichtigen Anteil an der Herrschaftsausübung zugestand. Wie ist dieser Anteil an der Herrschaftsausübung zu charakterisieren?

Für Burgund ist die Frage der Herrschaftsausübung einigermaßen sicher zu beantworten. Es kam nicht von ungefähr, daß die burgundischen Großen dem Gefolge des Kaisers zuströmten. Hinweise gibt es dafür, daß Beatrix Friedrich bei seiner burgundischen Politik beriet, so bei der Bestellung der Legaten für diesen Reichsteil.[28] Für Burgund gibt es außerdem Belege, daß Beatrix selbständig politische Entscheidungen zumindest in dem Gebiet traf, das sie von ihrem Vater geerbt hatte. Von Beatrix sind elf Diplome zumeist für kirchliche Institutionen in Burgund bekannt.[29] In den letzten Lebensjahren überließ Friedrich seiner Gemahlin fast vollständig die Regierungstätigkeit in diesem Territorium. Im September 1178 huldigte der Graf Heinrich von Bar persönlich der Kaiserin und ihrem Sohn Otto, er schwor den Treueid und verpflichtete sich durch Eid zur Leistung von Mannschaftsdiensten.[30] Im selben Jahr, 1178, war Beatrix in

Vienne zur burgundischen Königin gekrönt worden, was auf ihre herrschaftliche Stellung im gesamten burgundischen Teilreich nicht ohne Auswirkung geblieben sein dürfte. Daß Beatrix im Vergleich zu ihrem Gemahl kirchenpolitisch ausgleichender agierte, zeigt sich in einer Reihe von Privilegien für Klöster verschiedener Orden. In den Jahren 1181 bis 1184 erhielten die Benediktinerabtei Romainmoutier, die Zisterzienserabtei Rosières und das Cluniazenserpriorat St. Rambert in Vaux bei Poligny Urkunden.[31] Während Friedrich gegen die Cluniazenser eingestellt war, unterstützte Beatrix diese. Die 1173 von ihr angeregte Gründung eines Hospitals für kranke Frauen in Francheville nördlich von Daume-les-Dames zwischen Lure und Luxeuil ist nicht nur ein Akt der Frömmigkeit gewesen, sondern verfolgte sicher auch politische Ziele. Beatrix war wahrscheinlich, unterstützt von Friedrich, bemüht, in der Grafschaft Burgund eine eigene staufische Nebenlinie zu begründen. In diesem Zusammenhang versuchte sie, die Rechte eines zukünftigen Grafen von Burgund zu sichern. In den bisher angesprochenen Urkunden ist deshalb immer wieder die Rede von den Erben *(heredes)* der Grafschaft. Königin Beatrix verfügte als Gräfin von Burgund zur Erreichung dieses Ziels in Burgund über eine eigene Hofhaltung. Die Urkunden, die Beatrix ausstellen ließ, sind von burgundischen Notaren verfaßt und geschrieben worden. Einflüsse der kaiserlichen Kanzlei lassen sich kaum feststellen. Man folgte wohl mehr Traditionen der päpstlichen Kanzlei. Beatrix Verdienst dürfte es in erster Linie gewesen sein, daß Friedrich mit einem Großteil des burgundischen Adels, vor allem mit der burgundischen Kirche, in gutem Einvernehmen Politik treiben konnte. Der Kaiser fand in den Verwandten der Gattin die meiste Unterstützung. Die Grafen von Mâcon, von Lenzburg, von Vienne (Dauphiné), das Herzogtum der Bourgogne, die Grafen von Toulouse und von Baux sowie der Abt von Cluny standen vor allem zum Kaiser. In Auseinandersetzungen mit dem französischen Feudalstaat wandten sie sich nicht selten um Unterstützung an ihn.[32]

In Dole wurde auf Veranlassung Friedrichs eine repräsentative Pfalz errichtet, die der Herrscherin oft als Aufenthaltsort bei ihren Burgundreisen diente.[33] Inwieweit Beatrix ihren Einfluß auf Bischofserhebungen im burgundischen Teilreich geltend machen konnte, wissen wir nicht. Möglicherweise hat sie vermittelnd in die langwierigen Auseinandersetzungen zwischen den Bürgern von Besançon und ihrem Stadtherrn, dem Erzbischof, in den sechziger Jahren des 12. Jahrhunderts eingegriffen, wobei Friedrich die Interessen des Kirchenfürsten zu wahren suchte. Die Brüder Rainald und Hugo, *milites* und Bürger von Besançon, die vielleicht zu den Führern der Empörung gegen den Erzbischof gehörten, um 1167 dem kaiserlichen Bann verfielen und deren Vermögen vom Fiskus eingezogen wurde, erscheinen späterhin in Beziehungen zur Königin. Zumindest Rainald läßt sich als Zeuge in einer Urkunde der Beatrix vom 14. Mai 1183 nachweisen.[34] Es ist also nicht auszuschließen, daß sich die Bürger von Besançon an die Herrscherin mit der Bitte gewandt hatten, einen gewissen Ausgleich zwischen den verfeindeten Parteien zu vermitteln.

Aus den Urkunden erfahren wir darüber hinaus von zwei Geistlichen, die wahrscheinlich zum Gefolge der Königin gehörten. Es handelt sich um einen Magister Arnaldus und den Notar der Beatrix, den Magister Daniel, der auch gleichzeitig Kapellan Barbarossas gewesen ist. Beide, Daniel und Arnaldus, weisen darauf hin, daß die Beziehungen zwischen dem deutschen Reichsgebiet und Burgund sehr eng gewesen sind. Daniel war von 1178 bis 1195 kaiserlicher Legat für Burgund, und auch Arnaldus erscheint 1173 in einer Abmachung zwischen dem Kaiser und dem Prior von Chaux als Zeuge.[35]

Bedeutsam ist, daß Beatrix schreiben und lesen konnte, ihr wurden Kenntnisse der lateinischen, italienischen, französischen und deutschen Sprache nachgesagt.[36] Der Analphabet Friedrich Barbarossa verfügte somit in seiner unmittelbaren Nähe über eine „vertraute Person", die seine Berater und Schreiber begutachten konnte. Durch seine Gattin war Friedrich eine weitgehend unabhängige Urteilsfindung möglich. Bei der meist überhöhten und idealisierenden Darstellung, die Kaiser Friedrich I. bereits von seinen Zeitgenossen erfahren hat und die er von heutigen Historikern ebenso erfährt, erscheint es geradezu als „Majestätsbeleidigung", wenn man auf folgenden Hinweis nachdrücklich aufmerksam macht. Radulf von Diceto, ein Zeitgenosse Friedrichs, bezeichnet diesen einmal als *vir uxorius.* Pikanterweise liefert Radulf zudem eine Interpretation dieses Begriffes, der der wortwörtlichen Übersetzung „ein Mann, der der Frau zugehörig ist" sehr nahe kommt. Gleichsam frevelhaft wäre es natürlich zu sagen, Friedrich hätte unter dem „Pantoffel" gestanden.[37] Wahrscheinlicher ist indessen, daß Radulf auf die enge, sich gegenseitig ergänzende Lebens- und Tätigkeitsgemeinschaft hinweisen wollte. Nutzte Barbarossa die augenscheinliche Anziehungskraft seiner Gemahlin hinsichtlich seiner Burgundunternehmungen, so hatte Beatrix in Italien gleichwohl eine ähnliche Aufgabe zu erfüllen. Nach dem Hoftag von Besançon des Jahres 1157 und der damit verbundenen Zuspitzung des Konfliktes mit dem Papst begann Friedrich im Juni 1158 seinen zweiten Italienzug. Die junge Gemahlin blieb vorerst in der Pfalz Kaiserslautern zurück. Als sich die Kämpfe um Mailand, dem Hauptwidersacher des deutschen Herrschers in Oberitalien, nicht zu seinen Gunsten entwickelten, forderte Friedrich seine Gattin und seinen Vetter Heinrich den Löwen mit Truppenkontingenten zur Unterstützung an. Gunther der Dichter interpretiert diesen Zug der Königin nach Italien zeitgemäß: Die Liebe zum Gemahl und die ehelichen Bindungen hätten Beatrix veranlaßt, die nicht ungefährliche Reise über die Alpen anzutreten.[38] Diese Aufforderung Friedrichs an seine Ehefrau zeigt, daß er gewillt war, sie in seine Herrschaftspraxis vertrauensvoll einzubeziehen. Beatrix erschien im Juli 1159 mit den Truppenverstärkungen vor Crema, das der Kaiser gerade belagerte. Wohl aus Sicherheitsgründen hielt sich die Königin im vermeintlich sicheren Lodi auf, wo sie bei ihrer Ankunft von den Einwohnern mit Jubel empfangen wurde. Von dort zog sie wenig später nach San Bassano, ein Kastell, das aus noch sicherer Entfernung die Beobachtung der Kämpfe um Crema erlaubte. Gunther, der wohl in der Umgebung der Königin wirkte, sie und später ihre Kinder unterrichtete und erzog, begründet dieses Entfernen vom Hauptkampfplatz damit, daß Beatrix' keusche Blicke nicht mit den Abscheulichkeiten des Krieges befleckt werden dürften.[39] Verschiedene Quellen weisen darauf hin, daß sich Friedrich immer wieder vom Kampfgetümmel entfernte und seine Ehefrau aufsuchte. Beatrix Aufenthaltsorte erscheinen somit wie Ruhepunkte in Friedrichs Handeln auf dem italienischen Kriegsschauplatz. Natürlich mußte auch Beatrix ihre Aufenthaltsorte je nach Situtation wechseln. Die Zuspitzung der Kämpfe mit Mailand, dem Haupt der lombardischen Städte, und das Zerwürfnis zwischen Kaiser und Papst beeinflußten das Leben der Köngin nachhaltig. Bezeichnend ist, daß Beatrix auch in Italien offensichtlich eine vermittelnde und ausgleichende Rolle zufiel. Obwohl die Königin nur wenige Tage im neuerbauten Palast in Lodi verbringen konnte – stürmisch angreifende Mailänder hatten sie zum fluchtartigen Verlassen dieses Ortes gezwungen –, wandten sich die Bewohner Mailands nach der Einnahme ihrer Stadt durch die Kaiserlichen an die Herrscherin, um gnädige Fürbitte beim zornigen und zu allen Strafmaßnahmen bereiten Kaiser zu erlangen. Da allerdings den Bürgern von Mailand der Zutritt zur Königin verwährt wurde, warfen diese kleine Kreuze zum Zeichen ihrer Demut und Unterwürfigkeit vor das Gemach der Beatrix. Durch ihre Fürsprache konnte wahrscheinlich vielen Mailändern das Leben gerettet werden. Interessanterweise schworen die mit den Mailändern verbündeten Städte die Einhaltung der Friedensbedingungen nicht nur gegenüber dem Kaiser, sondern auch der Königin.[40] Auch später wurde bei wichtigen Staatsverträgen, wie etwa dem Vertrag von Venedig im Jahre 1177, ihre bedeutsame Herrschaftsstellung berücksichtigt. 1177 versprach sie im Zusammenhang der Aussöhnung mit dem Papsttum, Papst Alexander III. ebenfalls als rechtmäßiges Oberhaupt der Kirche anzuerkennen.[41] Sicherlich wurde in diesen Verträgen das relativ hohe Alter des Kaisers – er war etwa 55 Jahre alt – beachtet. Sollte nämlich der Kaiser plötzlich zu Tode kommen, dann hätte Beatrix als Regentin für ihre noch jungen Söhne die Herrschaft übernehmen müssen. Freilich mochten die Vertragspartner in der ausgleichenden und vermittelnden Wirkung der Kaisergattin eine gewisse Garantie für die Einhaltung der Verträge gesehen haben. Die Einbeziehung der Beatrix, die nun am 1. August 1167 in Rom zur Kaiserin gekrönt worden war, hatte aber auch noch einen weiteren Grund. Die Ehe Beatrix mit Friedrich Barbarossa wurde von einigen Zeitgenossen als ungültig angesehen, weil bereits die Scheidung Barbarossas von Adela von Vohburg unrechtmäßig gewesen sei.[42] Die vertragliche Einbindung der Kaiserin wirkte diesen Stimmen nun entgegen. Die Quellen geben allerdings keine Auskunft, ob die Erwähnung der Kaiserin in diesen Verträgen auf ihre eigene Initiative zurückging. Selbstverständlich war mit dieser indirekten rechtlichen Anerkennung der Ehe auch die Zukunft ihrer bisher geborenen Kinder gesichert.

Wie Beatrix, Friedrich und ihr Sohn Herrschaft in Italien auszuüben verstanden, zeigt eine ungewöhnliche Begebenheit im Jahre 1178, während des letzten Aufenthaltes der Kaiserin im italienischen Reichsteil. Friedrich erwarb in Turin für sich und seinen Sohn Heinrich vom Bischof von Vercelli für 2 580 Pfund Silber die Hafenrechte und Zolleinnahmen am Cerro und an der Sesia. Der Kaiser überwies diese Rechte und Einnahmen an die Kaiserin, und diese wiederum verzichtete auf die Erhebung aller damit verbundenen Abgaben. Es dürfte kein Zweifel bestehen, daß solch eine Aktion wesentlich zur Steigerung des Ansehens der kaiserlichen Familie beitrug, wobei die Verzichtsleistung besonders die Kaiserin in einem Licht der Mildtätigkeit erscheinen ließ.[43]

Bei den Gefahren, die der Krieg in Italien mit sich brachte, mußte auch die kaiserliche Familie des Todes gewärtig sein. Nach der Eroberung Roms 1167 brach im kaiserlichen Heer eine schreckliche Seuche aus, die viele Opfer forderte. Zum selben Jahr berichtet Gottfried von Viterbo, daß die Kaiserin bei Pontremoli im Apennin in größte Lebensgefahr geriet, als sie sich eigenhändig mit zwei Schilden gegen starken Pfeilbeschuß schützen mußte. Der Rückzug aus Italien, der aufgrund der Seuchenopfer erfolgen mußte, wandelte sich bald zur Flucht. Die lombardischen Städte nutzten die Schwäche des Kaisers und bedrängten ihn immer stärker. Beatrix und Friedrich wurden in einer gefährlichen Lage getrennt, wobei Beatrix unfreiwillig in Susa zurückbleiben mußte. Nur mit Mühe konnten beide ins rettende Burgund entkommen.[44] Nach der Schlacht von Legnano im Mai 1176, die für Friedrich unglücklich ausging, galt der Kaiser für einige Tage als vermißt. Beatrix hatte schon Trauerkleidung angelegt, als sie mit Freude erfuhr, daß Friedrich noch lebte. Einige Tage nach der Schlacht tauchte der Totgeglaubte in Pavia auf.[45]

Daß Beatrix trotz aller Güte und Weltgewandtheit auch Haß empfinden konnte, zeigt ein Ereignis aus dem Jahre 1174. Beatrix und Friedrich befanden sich auf dem fünften Italienzug. Gottfried von Viterbo erzählt, daß sich die Kaiserin nicht wenig gefreut habe, als der Kaiser Susa – die Stadt ihrer einstigen Demütigung im Jahre 1167 – in einem Akt der Rache in Flammen aufgehen ließ.[46] Hier wird deutlich, daß auch Beatrix sich bestimmten Ereignissen emotional nicht entziehen konnte. Ihre Ängste und Freuden teilen uns die Quellen der Zeit aber höchst selten mit. Es fällt deshalb aus heutiger Sicht schwer, diese Frau mit den Wertmaßstäben unseres Jahrhunderts zu werten. Die menschliche Seite ihrer Persönlichkeit wird jedoch manchmal durch Menschen in ihrer unmittelbaren Umgebung widergespiegelt, so durch Gunther. Er macht aus seiner Zuneigung zu Beatrix kein Hehl.[47] Gunthers Zeugnis ist deshalb so wichtig für uns, weil er zum ständigen Gefolge der Kaiserin gehörte wie auch der Kämmerer Friedrich von Aachen. Beatrix verfügte wohl nicht nur in Burgund, sondern auch im italienischen und deutschen Reichsteil über eine eigene Hofhaltung. Das unterstreicht die eigenständige Rolle der Kaiserin.

Herrschaft wurde im Mittelalter durch persönliche Anwesenheit ausgeübt, das heißt, der Herrscher und auch die Herrscherin zogen ständig umher, von Ort zu Ort, von Pfalz zu Pfalz, von Bischofssitz zu Bischofssitz, von Stadt zu Stadt und von Kloster zu Kloster. Auch im deutschen Reichsgebiet begleitete Beatrix ihren Gatten häufig. An den verschiedenen Plätzen wurde mit adligen Amtsträgern beraten und Gericht gehalten. Urkunden wurden ausgestellt, die kaiserliche Anordnungen und Verfügungen in Kraft setzten. Ruhe fand Beatrix mit ihren Kindern nur selten in der Pfalz Hagenau im Elsaß.[48] Vielleicht konnte sie sich nur hier persönlich der Kindererziehung widmen. Ansonsten werden diese Aufgabe ausgesuchte Leute, Ministerialen und Geistliche des kaiserlichen Hofes, erfüllt haben. Auf Gunther den Dichter verwiesen wir bereits. Der Zufall will es, daß wir aus zwei Urkunden der Kaiserin den Lehrer ihres Sohnes Konrad, Manegodus, kennen. Er war ein Geistlicher.[49]

Bei großen Feierlichkeiten war es selbstverständlich, daß die Kaiserin anwesend war. Auf diesen Festen konnte die Herrscherin auch Geschichts- und Traditionsbewußtsein zeigen. Es muß Beatrix ein besonderes Anliegen gewesen sein, als sie Weihnachten 1165 in Aachen an der von Friedrich angeregten Heiligsprechung Kaiser Karls des Großen teilnahm. Sie überreichte in diesem Zusammenhang dem Aachener Münster goldene Gefäße und kostbare Seidengewänder als Geschenk. Über dem Grab des Heiligen in Aachen ließen Beatrix und Friedrich einen Leuchter anbringen, auf dem in einer Inschrift der Schutz der Mutter Gottes erbeten wurde. Weiterhin soll in einem Schrein, der ein Relief mit dem Porträt der Kaiserin getragen hat, eine Armreliquie verwahrt worden sein.[50] Beatrix folgte durch diese Handlungsweise ganz dem imperialen Denken Friedrich Barbarossas, in welchem Karl der Große als Vorfahre und Reichsgründer eine wichtige Rolle spielte.

Fragt man nach dem Stellenwert, der Beatrix an der Seite ihres Mannes zukam, dann erhält man auch in der Beschreibung der Vorgänge von Chiavenna im Jahre 1176 von Quellenautoren des Mittelalters selbst die Antwort. Burchard von Ursberg und die Stader Annalen geben ziemlich detailliert Auskunft über das vermeintlich schicksalhafte Treffen von Friedrich Barbarossa und seinem Vetter, Herzog Heinrich dem Löwen. Der Kaiser erbat vom Herzog von Sachsen und Bayern Hilfe für seine italienischen Unternehmungen, die letzterer ablehnte. In dieser Verweigerung sahen viele den Ausgangspunkt für die Entmachtung des mächtigen Herzogs. Beatrix soll bei diesem Treffen zugegen gewesen sein. In den Stader Annalen heißt es, daß sich der Kaiser dem Herzog zu Füßen geworfen und um Hilfe gebeten habe. Beatrix hinter Friedrich stehend, soll sich zu ihm niedergebeugt und mit folgenden Worten aufgerichtet haben: „Erhebe dich Herr und gedenke dieses Falles, auch Gott möge dessen eingedenk bleiben."[51] Sicherlich unbewußt deutet der Verfasser dieser Stelle der Stader Annalen die Funktion der Herrscherin an. Scheinbar im Hintergrund agierend, gleichsam als Gewissen und Stütze fungierend, hat Beatrix ihrem Gatten zur Seite gestanden. Wohl meist unauffällig handelnd, unterstützte sie die Politik Friedrichs in Burgund, Italien und im deutschen Reich. Dieses scheinbare Agieren im Hintergrund ist die entscheidende Schwierigkeit bei der genauen Festlegung der Herrschaftsfunktion der Kaiserin. Vielleicht war Beatrix überhaupt die letzte Herrscherin im Reich, die aktiv Herrschaft ausübte. Später wurde die *consors regni*-Formel in Urkunden nur noch als schmückendes Beiwerk benutzt. Von den burgundischen Urkunden abgesehen, hat Beatrix keine eigenen Diplome ausgestellt. Dafür erscheint sie nicht selten als Fürsprecherin oder Fürbitterin in Urkunden Barbarossas. Man kann also annehmen, daß sich Empfänger von Urkunden vorher an die Kaiserin wandten und deren Mithilfe erbaten. Im dunkeln bleibt, inwieweit sie auf die

Besetzung der Kanzlei Einfluß nahm. Es ist für die Urkundenforschung fast unmöglich, diese Einflußnahme der Kaiserin zu erweisen. Schriftvergleiche und Diktatübereinstimmungen, Aufbau und Synthax der Urkunden, also weitgehend diplomatische Untersuchungskriterien, helfen diesbezüglich kaum weiter. Über die Herkunft der Schreiber wissen wir meist recht wenig. Neben der Unterstützung militärischer Aktionen, wie sie Beatrix während des zweiten Italienzuges zu leisten hatte,[52] nahmen repräsentative Aufgaben einen weitaus größeren Raum in der Herrschaftstätigkeit der Kaiserin ein. Als sie, der Kaiser und ihr Sohn, König Heinrich, sich zum Beispiel am Festtag der Apostel Peter und Paul am 29. Juni des Jahres 1178 in Magdeburg nach einer Festkrönung dem Volk zeigten, wollten sie nicht nur kaiserliche Macht demonstrieren, sondern auch ihre Unterstützung für den Erzbischof Wichmann von Magdeburg in den Auseinandersetzungen mit dem Herzog von Sachsen und Bayern, Heinrich dem Löwen, zum Ausdruck bringen. Freilich konnte die Herrscherin nicht direkt Einfluß auf die Regierung des Reiches ausüben. Diesem Anliegen standen u. a. die Rechtsgewohnheiten des Mittelalters entgegen, welche die Frau benachteiligten. Trotzdem muß ihr indirekter Einfluß erheblich gewesen sein. Bei der Neubesetzung des flandrischen Bistums Cambrai im Jahre 1167 hat Beatrix ihre Interessen mit Diplomatie durchgesetzt. Selbst Angriffe des mächtigen Erzbischofs Philipp von Köln auf das Unterstellungsverhältnis des Bistums Cambrai – es gehörte zur Kirchenprovinz Reims und sollte nun Köln unterstellt werden – wußte die Gemahlin Barbarossas abzuwehren. In diesem Fall waren zwar Verwandte der Kaiserin betroffen, wichtig ist jedoch die Tatsache, daß sich Beatrix über die geschickte Beeinflussung Friedrichs mit ihren Anliegen durchsetzen konnte. Für ihr hohes Ansehen spricht auch, daß das Abbild der Kaiserin auf einer Münze, dem sogenannten Wetterauer Pfennig, erscheint.[53] Im deutschen Reichsgebiet war Beatrix unverkennbar eine ernstzunehmende politische Persönlichkeit.

Ganz in diesem Sinne erschien die Gemahlin Friedrichs 1184 zu den Feierlichkeiten anläßlich der Schwertleite ihrer Söhne in Mainz. Heinrich und Friedrich wurden mit dieser Schwertumgürtung zugleich zu Rittern und vollwertigen Trägern von Macht erhoben. Übereinstimmend berichten verschiedene Autoren davon, daß Friedrich Barbarossa – die Mitwirkung der Kaiserin wird man wohl vermuten dürfen – zu diesem Zweck zum Pfingstfest in Mainz einen Hoftag mit bisher nicht gekannter Prachtentfaltung veranstaltete. Die Stadt Mainz faßte die vielen Gäste nicht. In der Ebene zwischen Main und Rhein war deshalb eine Feststadt aus Hütten und bunten Zelten errichtet worden. Am Pfingstsonntag fand eine Festkrönung statt. Kaiserin, Kaiser und ihr Sohn, König Heinrich, zeigten sich anschließend mit festlichem Ornat in einem Festumzug dem Volk. Die Großen des Reiches versahen beim folgenden Festmahl die Hofämter des Truchseß, Marschalls, Kämmerers und Mundschenks. Teilnehmer aus Burgund, Frankreich, Italien, Illyrien, Spanien, England und aus den verschiedenen Teilen des deutschen Reiches hatten sich eingefunden. Ein riesiger Aufwand mußte betrieben werden, um Speisen und Getränke herbeizuschaffen. Ritterspiele, Gelage und der Vortrag erlesener Dichtung gaben dem Fest einen eindrucksvollen Charakter. Unter den Dichtern ragten an Ansehen Guiot de Provins und Heinrich von Veldeke besonders hervor. Guiot gab seinen Eindruck des Festes wieder, indem er es mit denen des großen Alexander und des Königs Artus verglich. Am Pfingstmontag fand sodann die Schwertleite der Kaisersöhne statt. Die neuberufenen Ritter ließen anschließend durch das Verteilen von Geschenken an das Volk ihre ritterliche Freigiebigkeit erkennen. Die anderen Großen schlossen sich diesem Beispiel an, wobei sie an Ritter, Spielleute, Kreuzfahrer und das niedere Volk Pferde, Kleider und Geld verschenkten. Bis zum nächsten Tag folgten glanzvolle Kampfspiele der zahlreich anwesenden Ritter. Giselbert von Mons nannte sicher etwas zu großzügig 20000 Ritter, die sich beteiligt hätten. Die Kaisersöhne und selbst der über sechzigjährige Kaiser nahmen an den ritterlichen Übungen des Turniers teil. Am Nachmittag dieses Tages mußte das Fest wegen eines starken Unwetters unterbrochen werden. Zelte und die eigens für das Fest errichtete Holzkirche stürzten ein. Man wertete dieses Unwetter als ein Zeichen Gottes, das Unglück ankündigte. Dem letzten Tag des Festes war die Regelung wichtiger politischer Fragen des Reiches vorbehalten.[54]

Für Beatrix war dieses Fest der letzte große öffentliche Auftritt an der Seite ihres Gatten. Anschließend trennten sie sich. Beatrix zog nach Burgund, und Friedrich widmete sich erneut den Problemen seiner Herrschaft in Italien. Am 15. November 1184 starb die Kaiserin etwa 40jährig.[55] Ihr Sohn Heinrich wohnte etwa ein Jahr später der Beisetzung ihres Leichnams im Dom zu Speyer bei. Es mutet widersprüchlich an, daß man über die Reaktion Friedrichs zum Tod seiner geliebten Gattin und treuen Mitstreiterin kaum etwas erfährt. Der als hartherzig geltende Heinrich der Löwe soll sich beim Tod seiner Ehefrau, nach der Aussage zumindest einer Quelle, ganz anders verhalten haben. Er eilte, Eide brechend, aus dem Exil, in welches er nach dem Prozeß und der Entmachtung von 1180 verbannt war, zu seiner verstorbenen Gemahlin.[56] Von Friedrich ist diesbezüglich nichts überliefert. Die italienischen Angelegenheiten waren ihm wohl wichtiger. Betrachtet man sich den Reiseweg des Kaisers im Jahre 1184, dann dürfte er sich im November des Jahres in der Gegend von Vicenca aufgehalten haben. Anfang Dezember ist er in Cividale, dem politischen Mittelpunkt des Patriarchats von Aquileja, nachweisbar. Weihnachten 1184 weilte er in Brescia. Anfang 1185 sah man ihn in Bergamo und Lodi. Sein Zug hatte die Richtung nach Burgund eingeschlagen. Am 11. Februar 1185 ist er jedoch in der Pfalz Reggio gewesen. Er zog nach Süden. Die wertvollen Mathildischen Güter, eine wichtige Einnahmequelle in Italien, waren ihm wohl wichtiger als der Abschied von seiner verstorbenen Gattin. Erst im Herbst 1186 wird ein Besuch am Grab seiner Gemahlin angenommen. Bevor Friedrich sich 1189 auf den Kreuzzug begab, machte er im Hochstift Besançon eine Schenkung zum Seelenheil seiner Gemahlin. Eine Geste des Kaisers, die vermuten läßt, daß er ahnte, was ihn auf dem bevorstehenden Kreuzzug ins Heilige Land erwartete. Möglicherweise zeigte ihm der Tod seiner Gattin nun an, wie nahe auch er, der fast Siebzigjährige, dem Ende seiner Lebensbahn war.[57]

Neben Beatrix mütterlich-familiären, beratenden und herrschaftlichen Funktionen sowie ihrem religiösen Engagement, das sich in der Förderung von Klöstern ausdrückte, ist auch ihrer kulturellen Verdienste zu gedenken. Außergewöhnliche Bildung und Kenntnisse ermöglichten es ihr, Zugang zu den großen Dichtern ihrer Zeit zu finden. Verbunden mit der Ausprägung ritterlicher Lebensweise und Kultur zog Beatrix eine Reihe von Troubadoure aus verschiedenen Ländern an staufische Pfalzen und den kaiserlichen Hof. Sie erscheint gleichsam als Mittelpunkt vielfältiger literarischer Strömungen, die aus Frankreich und besonders aus Flandern, wo ihre Verwandten, die Grafen von Flandern, die Troubadourdichtung förderten, ins deutsche Reichsgebiet gelangten. 1167 überreichte Walter von Arras seinen Abenteuerroman *Ille et Galeron* der Kaiserin. In einem vorangestellten Loblied sagte er: „Diese Herrin ist sehr klug und weise, und das sind ihre Erbtugenden."[58] Es ist nicht unwahrscheinlich, daß sich die Kaiserin selbst in der Dichtkunst versuchte. An einem kostbaren Reliquienschrein im Dom zu Speyer soll ein Gedicht aus der Feder der Herrscherin gestanden haben. Hinzuweisen ist auch auf ihre Förderung des Bauwesens. Der Dom von Freising, dessen Neubau 1160 begann, fand die Unterstützung der Kaiserin. Am Portal der Kirche ist sogar ein Bildnis der Burgunderin erhalten.[59] Bis ins 17. Jahrhundert soll auf ihrem Grab im Dom zu Speyer eine Inschrift vorhanden gewesen sein:

> „Von Antlitz schön und liebenswürdigen Geistes,
> das Heim mit Tugend zierend und mit schönen Kindern,
> beste Gefährtin für den Mann in Leid und Freude,
> ruht hier des Kaisers Friedrich teure Beatrix."[60]

Die verhältnismäßig wenigen, aber doch eindrucksvollen Quellenaussagen über das Leben der Beatrix von Burgund zeugen von einer Frau, die sich als Gattin eines der herausragendsten Herrscher des Mittelalters durchaus würdig erwies. Ihren Einfluß auf die politischen und kulturellen Entwicklungen der Zeit darf man nicht unterschätzen. Es ist keineswegs ein Zufall, wenn das Urteil eines unbekannten Verfassers in den *Gesta di Federico* über die Persönlichkeit der Burgunderin etwas überschwenglich ausfällt.

> „... sie habe Venus an Schönheit, Minerva an Verstand
> und Juno an Macht übertroffen, ihr sei niemand
> gleichgekommen, außer die Gottesmutter Maria,
> welche Beatrix gerne den Vorrang gelassen haben."[61]

Reduziert man diese letzte Aussage auf einen realen Kern, dann ist die Kaiserin Beatrix von Burgund unter den bekannten Stauferfrauen in Hinsicht auf ihr Bildungsniveau, ihre tatsächliche Machtausübung und ihr Engagement in religiösen Dingen die bedeutendste an der Seite eines Stauferherrschers gewesen.

Eleonore von Aquitanien
„Königin mit den zwei Kronen“

Die Gestalt der Eleonore ist eine der wenigen Frauenpersönlichkeiten des westeuropäischen Hochadels aus der Zeit des vollentfalteten Feudalismus, die in der Geschichtsschreibung und in der Literatur bis zum heutigen Tag gegenwärtig sind.

Legenden umgaben das Leben dieser ungewöhnlichen Frau noch vor ihrem Tode. Die mittelalterliche Geschichtsschreibung und lange Zeit auch die historische Forschung sahen in ihr die Königin, die ihren Gatten, König Ludwig VII., auf dem 2. Kreuzzug begleitete, unterwegs ihre eheliche Treue verletzte und sich noch vor der Rückkehr in die Heimat mit Gedanken der Trennung von ihrem ersten Gemahl trug. Diese fand statt, nachdem Heinrich von Anjou Plantagenet, der spätere König Heinrich II. von England, in ihr Leben getreten war. Aber auch diesem habe sie kein Glück gebracht, da sie, schön, ehrgeizig und berechnend, ihre gemeinsamen Söhne zu einem Aufstand gegen den Vater verleitete, dessen Mißlingen ihr lange Gefangenschaft eingebracht habe. Durch den Tod ihres zweiten Gemahls und später ihres Sohnes Richard Löwenherz sei ihr für kurze Zeit eine politische Rolle zugefallen, die bedeutend war.[1]

Wer war diese Frau wirklich, was hat sie bewegt, wo lag ihre Schuld, und was hat sie dennoch bewirkt?

Eleonore, in den zeitgenössischen Quellen auch Aanor, Aenordis, Helionordis, am häufigsten aber Alienor genannt, war die älteste Tochter des söhnelosen Herzogs Wilhelm X. von Aquitanien aus dem Geschlecht der Grafen von Poitou. Ihm gehörten ausgedehnte Gebiete in Mittel- und Südfrankreich zwischen der Loire und den Pyrenäen. Durch ihre Großmutter besaß sie Erbanspruch auf die Grafschaft Toulouse. Da in Südfrankreich Lehnserbrecht für Frauen galt, sollte ihr beim Tode des Vaters auch dessen reiches Erbe zufallen.[2]

Als der Herzog im Alter von 36 Jahren auf einer Pilgerreise

unerwartet verstarb, zählte Eleonore erst etwa vierzehn Jahre. Aber dem Vater war noch Zeit geblieben, seine Erbtochter dem Schutz des französischen Königs anzuempfehlen. Als oberster Lehnsherr hatte der König diesen Schutz der Witwen und Waisen seiner Lehnsträger zu gewährleisten, eine Pflicht, an die man sich in diesem Falle besonders gern erinnern ließ. König Ludwig VI. hatte einen Sohn, und die Erbtochter des Herzogs von Aquitanien war eine gute Partie, denn das aquitanische Erbe verschaffte dem König von Frankreich direkten Zugang zu den ihm bisher nur formal unterstellten, wirtschaftlich blühenden Gebieten Südfrankreichs mit dem wichtigen Handelszentrum Poitiers und den reichen Hafenstädten Bordeaux und La Rochelle. Deshalb beeilte sich der schwerkranke Ludwig VI., die beiden jungen Leute, seinen fünfzehnjährigen Sohn Ludwig und die etwa gleichaltrige Eleonore, zu vermählen. Unter Leitung seines treuen und äußerst gewandten Ratgebers, Abt Suger von St. Denis, wurde ein stattliches Hochzeitsgeleit von 500 Rittern ausgerüstet und auf den Weg geschickt, das überaus kostbare Geschenke für die Braut mit sich führte. Eilends bereitete man die Hochzeitsfeierlichkeiten vor. Die Trauung erfolgte am 25. Juli 1137 in der Kathedrale Saint-André von Bordeaux. Die Stadt war Ort der anschließenden Festlichkeiten. Das Schloß l'Ombrière, in dem Eleonore ihre Jugend verbracht hatte, nahm aus gegebenem Anlaß neben den Gesandten des französischen Königs auch die mächtigen Vasallen der Herzöge von Aquitanien auf. Das gewöhnlich mehrere Tage dauernde Fest mußte jedoch vorzeitig beendet werden, da die fortschreitende Krankheit Ludwigs VI. das Schlimmste befürchten ließ. Auf der Reise nach Poitiers, wo die Jungvermählten die Herzogskrone von Aquitanien empfangen sollten, im Schloß Taillebourg erst, betraten Eleonore und Ludwig ihre Hochzeitskammer. Aber es blieb ihnen wenig Zeit füreinander. Der Tod König Ludwigs VI. am 1. August 1137 erforderte ihren eiligen Aufbruch nach Paris, wo sie wenige Tage später, am 8. August, zum König und zur Königin von Frankreich gekrönt wurden.

Über die ersten Ehejahre der beiden hüllen sich die Geschichtsschreiber in Schweigen. Gewisse Rückschlüsse lassen die politischen Unternehmungen Ludwigs VII. in diesen Jahren zu. Mit großer Härte unterdrückte er einen Aufstand der Bürger von

Poitiers, die 1130 den Kampf um kommunale Freiheiten aufgenommen hatten. Dann versuchte er 1141, allerdings erfolglos, die Rechte Eleonores auf die Grafschaft Toulouse durchzusetzen. Schließlich unterstützte er die Scheidung des Reichsmarschalls Raoul von Vermandois von dessen erster Gattin, da sich seine Schwägerin Petronilla von Poitou, Eleonores Schwester, in den Kopf gesetzt hatte, diesen zu ehelichen. Das verwickelte Ludwig VII. 1142/43 in eine kräftezehrende Fehde mit dem Onkel der verstoßenen Frau, Graf Thedbald IV. von Blois-Champagne. Diese Handlungen und auch die Tatsache, daß viele für Aquitanien ausgestellte Urkunden den Namen des Königs und der Königin tragen, lassen auf ein gutes Einvernehmen der Gatten und einen gewissen politischen Einfluß Eleonores schließen. Das war aber kein durchweg günstiger.[3] Mochte die kriegerische Auseinandersetzung um die Ehe der Petronilla von Poitou für das Königtum noch eine positive Bedeutung haben, weil sie einen der mächtigen Vasallen, Raoul von Vermandois, auch familiär enger an das Königtum band, so war das Vorgehen gegen die Bürger von Poitiers sicher nicht geeignet, deren Verhältnis zur französischen Krone und zur aquitanischen Herzogsmacht zu entspannen. Erst durch Eingreifen des Kanzlers, Suger von St. Denis, gelang es, den König zur Mäßigung zu bewegen und zu verhindern, daß Söhne und Töchter der Bürger als Geiseln fortgeführt wurden.[4] Der Vorfall scheint dem Kanzler die Mißgunst der Königin eingebracht zu haben, denn er wurde danach monatelang von den Sitzungen des königlichen Rates ferngehalten, und solche Störungen des Verhältnisses zwischen König und Kanzler wiederholten sich.

Die ersten Ehejahre des französischen Königspaares überschattete auch der Streit mit der Kurie um die Neubesetzung des Erzbistums Bourges und das Verbrechen von Vitry-en-Perthois, wo während des Champagnefeldzuges 1142/43 die gesamte in der Kirche Asyl suchende Bevölkerung umkam, da ein Feuer, das die königlichen Truppen in den Straßen der Stadt gelegt hatten, auch die Kirche ergriff.[5] Diese Ereignisse veranlaßten den jungen, streng religiös erzogenen, ursprünglich für die kirchliche Laufbahn bestimmten Herrscher über sein Handeln nachzudenken. Er begann sich dem politischen Einfluß Eleonores zu entziehen und entschloß sich, das Mittel zu ergreifen, das die Kirche allen Gläubigen zur Tilgung ihrer Sünden anbot, die Teilnahme am Kreuzzug. Gerade hatte der Fall von Edessa die für die Kreuzfahrerstaaten bedrohliche Lage voll ins Licht gerückt und Papst Eugen III. den Zisterzienserabt Bernhard von Clairveaux mit der Kreuzzugspredigt betraut.

Eleonore begleitete ihren Gemahl auf dem 2. Kreuzzug (1147–1149). Das hatte nichts Außergewöhnliches an sich. Das Kreuzzugsgelübde wurde schon zuvor und auch später von zahlreichen Ehepaaren abgelegt. Auf dem ersten Kreuzzug hatte selbst die schwangere Gemahlin Raymonds de Saint-Gilles ihren Mann begleitet und unterwegs einen Sohn zur Welt gebracht. Eleonore meinte es mit ihrem am 31. März 1146 gegebenen Gelöbnis ernst. Sie scheint selbst auch an der Vorbereitung des Kreuzzuges mitgewirkt, in ihren aquitanischen Ländern Teilnehmer geworben und Geld für das Kreuzzugsunternehmen aufgebracht zu haben.[6] Es wäre jedoch sicher verfehlt, ein allzu tiefes religiöses Gefühl hinter dieser Aktivität zu vermuten. Der Kreuzzug versprach für die etwa Sechsundzwanzigjährige zugleich auch eine zeitlang Ausbruch aus der Gleichförmigkeit des Hoflebens, das gewohnte Freiheiten ihrer aquitanischen Heimat vermissen ließ und wo durch die Bigotterie Ludwigs VII. ein ungezwungener Umgang mit dem Gatten immer schwieriger geworden war. Zudem hatte die Kreuzzugsteilnahme in ihrer Familie Tradition. Eleonores Großvater, Wilhelm IX., der berühmte, erste namentlich bekannte Troubadour, hatte sich ihr verschrieben, und Eleonores Oheim und Kindheitsgefährte Raimund herrschte über das Fürstentum Antiochia. Wie die Königin brachen im Juni 1147 auch die Gräfin von Blois, Sybille von Anjou, Gräfin von Flandern, Faydide von Toulouse und Florine von Burgund mit den Kreuzfahrern auf. Diese Damen wollten auf ihren alltäglichen Komfort nicht ganz verzichten, führten ihre Dienerinnen und viel Bagage mit. Die Königin übertraf jedoch alle mit einer großen Anzahl von Bediensteten und Packwagen. Letztere bargen Teppiche, Zelte, Kleidung für verschiedene Tages- und Jahreszeiten, Sättel, Zaumzeug, Waschbecken, Karaffen, Schmuck, Toilettengegenstände und Küchenutensilien. Das war eine große Belastung für das Heer und ist von Kirchenfürsten und Chronisten sehr gerügt worden.[7] Dennoch erreichten die Kreuzfahrer nach etwa vier Monaten, am 4. Oktober 1147,

Konstantinopel, wo sie während einer dreiwöchigen Ruhepause am byzantinischen Kaiserhof von Manuel I. eine glanzvolle Bewirtung erfuhren. Dann folgte ein beschwerlicher und gefahrvoller Weg nach Kleinasien durch Kilikien, auf dem das französische Heer große Verluste erlitt und Ludwig bei einem Überfall der Truppen des Sultans von Iconium nur mit Mühe sein Leben retten konnte. Der Rest des Heeres erreichte am 18. März 1148 Antiochia. Auch hier wurde das königliche Paar mit großem Prunk empfangen. Besonders herzlich war die Aufnahme Eleonores durch den Fürsten. Eleonores Freude an geistreichen Gesprächen – ihre Beredsamkeit noch im hohen Alter erwähnt die Chronistik[8] – fand volle Befriedigung, denn Raimund war nicht nur ein unvergleichlicher Haudegen, in der Reitkunst und in Turnieren unüberwindlich, er liebte auch die Dichtkunst der Troubadoure, beherrschte wie sein Vater eine heitere und amüsante Erzählweise, liebte die höfische Kultur und sprach die vertraute *langue d'oc.* Außerdem brachte der Aufenthalt am Hofe ihres Oheims Eleonore mittelbar in Berührung mit dem politischen Wirken der tatkräftigen und streitbaren Königin Melisende von Jerusalem. Melisende hatte nach dem Tode ihres Gatten, Fulko von Anjou, für ihren minderjährigen Sohn die Regentschaft übernommen und „zeigte sich im großen und ganzen den zentrifugalen Bestrebungen der Jerusalemer Barone gewachsen“[9]. Sie war es auch, die angesichts der bedrohlichen politischen Lage gemeinsam mit Eleonores Oheim das Hilfeersuchen an Papst Eugen III. gerichtet hatte, das bei der Vorbereitung des 2. Kreuzzuges eine wichtige Rolle spielte. Möglicherweise hatte Eleonore auch eine persönliche Begegnung mit dieser Königin – der später ihr großjähriger Sohn in einem regelrechten Krieg die Macht entreißen mußte –, als am 24. Juni 1148 in Akkon eine Zusammenkunft zwischen dem Staufer Konrad III., Ludwig VII., Königin Melisende, Balduin III., dem Patriarchen und den Jerusalemer Notabeln stattfand. Auf jeden Fall war Eleonore in den Streit ihres Gatten mit Fürst Raimund von Antiochia über die Strategie des französischen Kreuzzugsheeres verwickelt, der auch Melisendes Interessen berührte. Ludwig VII. bestand darauf, um sein Gelübde zum Besuch der Heiligen Stätten erfüllen zu können, nach Jerusalem weiterzuziehen. Das Hilfeersuchen Melisendes und Raimunds dagegen ging von der aus ihrer Sicht notwendigen Rückeroberung der verlorenen Gebiete der Grafschaft Edessa und der militärischen Unterstützung des Fürstentums Antiochia aus, ein Ziel, das diese Fürsten auch weiterhin verfolgten. Eleonore nahm offenbar leidenschaftlich für ihren Oheim Stellung und wollte mit ihrer Weigerung, Ludwig nach Jerusalem zu folgen, vermutlich den politischen Plänen ihres Oheims Nachdruck verleihen. Ludwig war verständlicherweise über das Verhalten seiner Frau enttäuscht und auch eifersüchtig wegen der vertrauten Gespräche, die sie in ihrer ihm mitunter schwer verständlichen Muttersprache mit ihrem Oheim führte. Angestachelt von Feinden Eleonores in seinem Gefolge zwang er sie, mit ihm aus Antiochia aufzubrechen. Die Härte dieser ehelichen Auseinandersetzung spürt man daraus, daß Eleonore die Auflösung ihrer Ehe androhte, indem sie deren Ungültigkeit wegen zu naher Verwandtschaft anführte.[10]

Die tiefe Verstimmung des Königspaares war in der Folgezeit nicht mehr zu überbrücken, obwohl Ludwig an einer Versöhnung mit seiner Frau wohl nicht nur wegen ihres reichen Erbes gelegen war. Auf Betreiben des Kanzlers, Suger von St. Denis, dem gerade am Erhalt des letzteren für das Königtum lag, schaltete sich Papst Eugen III. zugunsten der Aufrechterhaltung der Ehe ein. Er verbot, weiterhin über die zu nahe Verwandtschaft zu sprechen und ließ beiden bei ihrer Rückkehr in seiner Residenz zu Tusculum anläßlich der erneuten Einsegnung ihrer Ehe das Hochzeitszimmer richten.

Die Versöhnung blieb jedoch nur äußerlich. Eleonore, die gegen 1150 ihre zweite Tochter, Alix, geboren hatte, drängte auf Scheidung. Sie fühlte sich am französischen Königshof in ihrer Lebensführung eingeschränkt. Bei Ludwig kam die ihm anerzogene, ausgeprägte religiöse Grundhaltung immer mehr zum Durchbruch, was bei der heiteren, weltoffenen Aquitanierin durchaus nicht auf Gegenliebe stieß. Sie fand, daß sie eher einen Mönch, denn einen König geehelicht habe.[11] Eleonores Troubadourgroßvater, dessen Lebensauffassung sie in ihrer Jugend wohl nicht unwesentlich beeinflußt hat, verweist in seinem Vers „Abschied von der Welt“ auf jene südliche Lebenshaltung. „Verliebt war ich und fröhlich sehr, doch unser Herr will's jetzt nicht mehr; ... Ihr Freunde, ist's mit mir soweit, gebt prächtig mir ein letzt Geleit; ich hielt auf Lust und Herrlichkeit, mocht's hier, mocht's in der Ferne sein."[12] Ihm wenig wohlwollende Zeitgenossen bezeichneten Wilhelm IX. auch als einen unmäßigen Liebhaber und Feind aller Sittenreinheit. Der in den Augen der Hofkreise skandalöse, freie Umgang Eleonores mit Männern, die sie nach Troubadourweise verehrten, schien sich leicht in diese Familientradition einzufügen. Der Hofklatsch bemächtigte sich der Königin und fand durch die Geschichtsschreiber des ausgehenden 12. und 13. Jahrhunderts starke Verbreitung. Seinen Stoff schöpfte er, wie man heute weiß, zu einem guten Teil aus der kollektiven mentalen Erfahrung, für die Ehebruch der Vasallen mit der Frau des Lehnsherrn, auch innerhalb von Verwandtschaftsverhältnissen, an der Tagesordnung war.[13] Ausschlaggebend für die Lösung der Ehe Ludwigs VII. mit Eleonore waren solche Verdächtigungen kaum.

Die Stellung Eleonores am französischen Hof hing mehr als die jeder anderen adligen Frau von der Erfüllung ihrer Pflicht ab, gesunde männliche Nachkommen zu gebären. Als Königin von Frankreich hatte sie die Erbfolge zu sichern. Das war nicht nur für das Königsgeschlecht selbst das Entscheidende, sondern auch für die Hofkreise. Daran hing deren materielle Sicherheit, die durch den Wechsel der Dynastie bei Ausbleiben des Erben gefährdet werden konnte. Nach fünfzehnjähriger Ehe glaubte man, auf einen Thronerben nicht mehr hoffen zu dürfen.[14] Das hauptsächlich wird Eleonores Stellung am Hofe erschwert haben. Die Bekanntschaft mit Heinrich von Anjou Plantagenet war schließlich ausschlaggebend für die von Eleonore energisch betriebene Trennung von Ludwig. Der König selbst hatte nach der Geburt seiner zweiten Tochter die Hoffnung auf einen Thronfolger aus dieser Ehe aufgeben müssen und nahm den Spruch des im März 1152 unter Vorsitz des Erzbischofs von Sens tagenden Konzils von Beaugency über die Ungültigkeit seiner Ehe mit Eleonore wegen zu naher Verwandtschaft an. Die als legitim anerkannten Töchter verblieben bei ihrem Vater, das Herzogtum Aquitanien im Besitz Eleonores. Ludwig hatte anläßlich einer letzten gemeinsamen Reise im Spätherbst 1151 seine Dienstleute aus den aquitanischen Besitzungen zurückgezogen und damit sichtbar einen wichtigen Teil seiner eheherrlichen Rechte noch vor der Ungültigkeitserklärung der Ehe mit Eleonore von Aquitanien aufgegeben. Die Abwicklung der Eheauflösung läßt darauf schließen, daß Eleonore auf Ludwig VII. auch weiterhin Anziehung ausgeübt hat. Schönheit, gepaart mit Klugheit, Tatkraft und Würde – Eigenschaften, die Eleonore in hohem Maße besaß –, vermochten beständig zu fesseln. Bei den Geschichtsschreibern brachte sie sich dabei in den Verdacht der Oberflächlichkeit durch ihr Verlangen nach höfischer Huldigung. Eine provencalische Quelle des 13. Jahrhunderts sagt ihr nach, daß „sie sehr bedacht auf Preis und Ehre und schöne Worte zu ihrem Lobe“ war.[15] Darin folgte sie ganz dem Ideal der Minnelyrik. Einer der bekanntesten Troubadoure, Bernart de Ventadorn, hat vermutlich Eleonore die Kanzone gewidmet, aus der die folgenden Zeilen stammen:

„Bald kenn ich mich vor Lust nicht mehr:
wem ich mich weihe, ahnt ihr's denn?
Wag ich's, daß ich mein Glück euch nenn?
Sie, die Höchste, darf ich lieben! ...
Sie schreitet schlank und froh daher,
nie, daß ich irgend Holdres fand;
an Hoheit, Schönheit und Verstand
ist ihr Reichtum nicht zu zählen.
Nirgends läßt sie's woran fehlen,
einzig ist sie nicht so kühn,
wenn sie sich des Nachts entkleidet,
mich in ihr Gemach zu ziehn,
eng in der Schlinge ihres Arms ...“[16]

An den Hof Ludwigs VII. war Eleonore auch für kurze Zeit der von ihrem Vater geschätzte Troubadour Marcabru gefolgt.

Die Lösung der Ehebande bedeutete keine völlige persönliche Handlungsfreiheit für Eleonore, denn als Oberlehnsherr übte Ludwig VII. über die Elternlose und Unvermählte Königsschutz aus und behielt das Zustimmungsrecht im Falle eines neuen Eheschlusses. Das gab ihm rechtlich die Möglichkeit, auf erneute Eheabsichten Eleonores im Interesse der französischen Krone Einfluß zu nehmen. Aber schon während der unverzüglichen Abreise Eleonores in die aquitanische Heimat zeigte sich, wie wirkungslos dieser Königsschutz war. Mit knapper Not entging sie nur durch einen fluchtartigen Aufbruch aus Blois, wo sie mit ihrem kleinen Gefolge eine Rast eingelegt hatte, und durch eine Änderung ihrer Reiseroute zweimal der Ehenötigung durch jüngere, nichterbberechtigte Adelssöhne. Es waren der junge Graf Thibaud von Champagne und Gottfried von Anjou. Durch eine notfalls erzwungene Vermählung mit der reichen Erbin, das war damals nicht ungewöhnlich, hofften sie eine angesehene gesellschaftliche Stellung zu erobern, und dafür waren sie auch bereit, Gewalt anzuwenden. Wahrscheinlich beschleunigte diese Erfahrung Eleonores Schritt, knapp zwei Monate nach der Trennung von Ludwig VII. eine neue Ehe einzugehen, noch dazu eine Ehe, die der König und der französische Hof aus politischen Erwägungen nicht billigen konnten.

Es war der junge Herzog der Normandie, Heinrich von Anjou Plantagenet, dem sie ihre Hand gab. Den Beinamen Plantagenet verdankte das Geschlecht der Vorliebe Gottfrieds des Schönen von Anjou, dem Vater Heinrichs, den Jagdhut mit einem Ginsterzweig zu schmücken. Eleonore hatte Heinrich Plantagenet schon bei seiner Lehnshuldigung am französischen Königshof kennengelernt, und er schien ihr nicht gleichgültig geblieben zu sein. Die Geschichtsschreibung, die Eleonore lange Zeit aufgrund tendenziöser Gerüchte und sehr vager Verdächtigungen als kapriziöse und oberflächliche Frau sehen wollte, war geneigt, ihren Entschluß unter dem Aspekt der Leichtlebigkeit und Wankelmütigkeit zu betrachten. Es erscheint aber notwendig, ihre Entscheidung etwas tiefer zu ergründen und zu überdenken, was von beiden Seiten für diese Ehe, in die sie ja als gereifte Frau eintrat, gesprochen hat.

Eleonore war von Kindheit an auf die Stellung in der Welt vorbereitet. Fünfzehn Jahre war sie Königin von Frankreich gewesen, und ihr Blick richtete sich wohl kaum nach rückwärts. Sie suchte ihre künftige Position nicht im Umfeld des aquitanischen Adels. Ihr zukünftiger Gatte mußte an Gütern ebenbürtig und wenigstens Anwärter auf einen der europäischen Königsthrone sein. Und genau das traf auf Heinrich Plantagenet zu. Er entstammte einem der angesehensten Adelsgeschlechter seiner Zeit. Sein Großvater Fulko von Anjou hatte die bereits erwähnte Königin Melisende von Jerusalem geheiratet und trug dadurch eine Königskrone. Der Vater Heinrichs aber, Gottfried der Schöne von Anjou Plantagenet, war durch die Verheiratung mit der

Witwe Kaiser Heinrichs V., Mathilde, auch Schwiegersohn des englischen Königs Heinrich I. Mathilde, die „Kaiserin" *(imperatrix)*, wie sie vorzugsweise die angelsächsischen Urkunden und Geschichtsschreiber nennen,[17] und durch Gottes Gnade Königin des römisch-deutschen Reiches *(Dei gratia Romanorum regina)*, wie es auf ihrem Siegel steht,[18] diese imposante Frauengestalt der europäischen hochmittelalterlichen Geschichte hat nicht nur auf ihren Sohn, Heinrich Plantagenet, einen prägenden Einfluß ausgeübt und ihm zeitlebens mit ihrem Rat, auch in politischen Angelegenheiten, zur Seite gestanden, sondern war auch Vorbild für ihre Schwiegertochter Eleonore.[19] Nicht zufällig gaben Heinrich und Eleonore ihrer erstgeborenen Tochter den Namen der Großmutter.

Da die „Kaiserin" als legitime Anwärterin auf die Nachfolge ihres Vaters, des englischen Königs Heinrich I., auch für die politische Vorgeschichte des Königtums von Heinrich Plantagenet und Eleonore eine wichtige Rolle spielt, soll diese hier etwas näher betrachtet werden: Um der Dynastie möglichst noch zu seinen Lebzeiten einen männlichen Thronerben zu sichern und gleichzeitig die Position der englischen Könige auf dem Festland zu stärken, hatte Heinrich I. seine verwitwete Tochter mit dem Grafen von Anjou, Gottfried dem Schönen, verheiratet. Aus dieser nicht problemlosen Ehe gingen drei Söhne, Heinrich, Gottfried und Wilhelm hervor. Nach dem Tod ihres Vaters konnte sich Mathilde trotz des ihr 1131 von den englischen Baronen und Freiherren geleisteten Eides als englische Königin nicht durchsetzen. Der überwiegende Teil des englischen Hochadels erkannte Stephan von Blois als König an. Mathilde gab sich aber nicht geschlagen. Während Gottfried von Anjou Plantagenet die zum Erbe seiner Frau gehörende Normandie unterwarf und in der Folgezeit zu einem modernen Lehnsfürstentum ausbaute, versuchte die *imperatrix* mit Unterstützung ihres Halbbruders Robert, Graf von Gloucester, die Macht König Stephans in England zu brechen. Es gelang sogar, 1141 in der Schlacht bei Lincoln ihren Widersacher gefangenzunehmen. Danach erkannte eine aus Geistlichen und Adligen bestehende Versammlung Mathilde als Herrscherin an. Sie übte vorübergehend in London die Regierungsgewalt aus, konnte sich aber wegen ihrer Unumgänglichkeit nicht behaupten. Durch hohe finanzielle Forderungen hatte sie auch die Bürger von London gegen sich. Als die Frau König Stephans mit einem Heer nach London vorrückte, mußte sie nach Oxford fliehen. Später gelang es Stephans Frau, die Streitmacht Mathildes in Winchester einzuschließen und Robert von Gloucester auf der Flucht gefangenzunehmen. Ihn benutzte sie als Geisel, um die Befreiung ihres Gemahls zu erzwingen. Die Lage der *imperatrix*, die sich jetzt auch Königin oder Herrin der Engländer nannte, verschlechterte sich zusehends. Ihr Ehemann, Gottfried Plantagenet, dachte nicht daran, die englischen Ambitionen seiner Frau zu unterstützen.[20] Als der befreite König Stephan Mathilde in Oxford belagerte und sich die Situation weiter zuspitzte, versuchte ihr Bruder Robert, bei dem sich der neunjährige Sohn Mathildes, Heinrich Plantagenet, befand, ihr zu Hilfe zu kommen, aber sein Heer war für einen Entsatz zu klein und Mathilde entging der Gefangenschaft nur dadurch, daß sie sich im tiefen Winter von einem der Burgtürme abseilen ließ und mit drei sie begleitenden Rittern, ganz in weiße Gewänder gehüllt, über das Eis der Themse nach Walingford floh.[21] Da ihr Westengland mit Unterstützung ihres Halbbruders geblieben war, hielt sich Mathilde bis 1148 mit ihrem Sohn Heinrich in Gloucester und Bristol auf. Hier wurde Heinrichs Bildung durch ihren Kanzler, den Magister Mathiou, vervollständigt. So erhielt er Zugang zu dem Kulturgut, das am Hofe seines Großvaters, Heinrich I. von England, gepflegt worden war, der als Förderer von Literatur und Kunst in die englische Geschichte eingegangen ist. Vielleicht wurde er hier auch schon mit der damals hochaktuellen Geschichte des Königreichs Britannien bekannt.[22] Die späteren Charaktereigenschaften Heinrichs, die seine Herrscherpersönlichkeit vorprägten und dem etwa zwölf Jahre jüngeren Mann Eleonore gegenüber intellektuelle Ebenbürtigkeit, ja Überlegenheit verliehen, formten sich sehr früh. Von Kindheit an hatten seine Mutter und ihre Umgebung in ihm das Bewußtsein genährt, legaler Erbe des englischen Thrones zu sein. Er erfuhr schon im Knabenalter, welche Anstrengungen auch dann noch auf ihn warteten, wenn es ihm gelingen würde, den englischen Königsthron zu besteigen. Seine gediegene Bildung, wozu auch Kenntnisse der lateinischen Sprache und der Geschichte des Hauses Plantagenet gehörten, wurde nach der Rückkehr auf das Festland von seinem Vater durch die Vermittlung von Erfahrungen in der Verwaltung eines modernen Staatswesens bereichert.

Seine Absicht, den englischen Königsthron einzunehmen, hatte Heinrich schon vierzehnjährig bewiesen, als er auf eigene Faust König Stephan mit einer kleinen Streitmacht zu bezwingen suchte, zwei Jahre darauf noch einmal, wenn auch wiederum ergebnislos.

Eleonore trat also 1152 ein politisch ehrgeiziger, früh gereifter, agiler und vielseitiger junger Mann gegenüber, ein Mann, dessen Vorzüge im Vergleich zu ihrem ersten Gatten außerdem darin bestanden, daß er ohne Bigotterie den Freuden des Lebens, der Kunst und Literatur zugetan war. Das mußte nicht nur emotional, sondern auch rational für die gereifte Frau von Bedeutung sein, die ihre familiäre und gesellschaftliche Verpflichtung, den Thronerben und weitere Kinder zu gebären, die Träger eines künftigen Großreichs der Plantagenets sein konnten, genau kannte.[23] Außerdem versprach die Familientradition der Plantagenets, in der Herrscherinnen ja durchaus politische Macht ausgeübt hatten, Eleonore eine ihren Ehrgeiz befriedigende Stellung an der Seite ihres zweiten Mannes.

Heinrich seinerseits erfuhr durch die Verbindung mit der Erbin des Herzogtums Aquitanien eine enorme Machtsteigerung gegenüber dem französischem Königtum. Es entstand ein feudaler Machtkomplex, der von den Pyrenäen bis zur Nordsee reichte. Heinrich erhielt damit ökonomisch und militärisch Ressourcen, die es ihm erlauben würden, seine eigenen Ansprüche auf den englischen Königsthron nachhaltiger als bisher geltend zu machen. Auch sprachen Eleonores Mut, Ausdauer und Zähigkeit, die sie auf dem 2. Kreuzzug und in der Vorbereitung ihrer Ehescheidung bewiesen hatte, dafür, daß sie ihn bei seinen Vorhaben wirksam unterstützen konnte, wie er es von seiner Mutter gewohnt war. Da Eleonore eine außerordentlich anziehende Frau war, störte ihn ihr Alter nicht, zumal Mathilde seinem Vater auch zehn Lebensjahre vorausgehabt hatte. Zu ehelicher Treue im strengsten Sinne mußte er sich in einer Zeit, die dem Mann in moralischer Hinsicht größte Freiheiten zugestand, ohnehin nicht verpflichtet fühlen, solange davon nicht die gesellschaftliche Stellung der Königin berührt wurde, wie es durch die feste, dauerhafte Bindung an eine andere Frau geschehen konnte. Da sein Vater es vollbracht hatte, der in der Adelshierarchie über ihm stehenden Mathilde Respekt abzufordern und sich als Eheherr durchzusetzen, stand für Heinrich Plantagenet wohl außer Zweifel, daß ihm das bei Eleonore auch gelingen würde.

Erfüllten sich die Erwartungen Eleonores in ihrer zweiten Ehe mit Heinrich von Anjou Plantagenet?

Zunächst versuchte der verlassene Gatte Ludwig VII., die Jungvermählten durch militärischen Druck an der Verwirklichung ihrer hochfliegenden Pläne zu hindern und die Position des französischen Königtums gegenüber dem normannisch-aquitanischen Machtblock zu verbessern. Er versicherte sich dabei der Unterstützung von Heinrichs jüngerem Bruder, des Grafen Gottfried von Anjou, und fiel in die Normandie ein. Als Vorwand für diesen Kriegszug konnte er sich darauf berufen, daß man sein Zustimmungsrecht zur Ehe seiner Vasallin Eleonore übergangen hatte. Er war aber Heinrich Plantagenet militärisch nicht gewachsen und mußte Friedensverhandlungen einleiten. Während Eleonore auf dem Festland ihr erstes Kind von Heinrich erwartete, nahm dieser dann zum wiederholten Male den Kampf mit König Stephan um den englischen Königsthron auf. Da Stephans einziger legitimer Sohn bald darauf starb und seine Lage durch die Opposition der englischen Großen unhaltbar geworden war, adoptierte er Heinrich am 6. November 1153 im Vertrag von Westminster und machte ihn damit zum Thronerben. Bereits im darauffolgenden Jahr verstarb Stephan, und nach einer abenteuerlichen Überfahrt bei stürmischer See und Nebel erfolgte die Krönung Heinrichs und der bereits wieder im siebenten Monat schwangeren Eleonore am 19. Dezember 1154 in Westminster durch den Erzbischof Theobald von Canterbury. Die Bevölkerung brachte dem Herrschaftsantritt Heinrichs II. und Eleonores große Anteilnahme entgegen, denn jetzt durfte man endlich auf eine längere Periode des Friedens hoffen. Am 28. Februar 1155 brachte die Königin ihren zweiten Sohn, Heinrich, zur Welt. Weitere Söhne folgten: Richard, in die Geschichte als „Richard Löwenherz“ eingegangen, 1157; Gottfried am 23. September 1158 und Johann, der später den Beinamen „Ohneland“ erhielt, Ende Dezember 1166. Nur der erstgeborene, Wilhelm, starb im zarten Kindesalter. Heinrich, der zweitgeborene, ein anmutiger Knabe mit gewinnendem Wesen, wurde zum Thronerben bestimmt. Die übrigen drei Söhne und auch die

Vorfahren Eleonores und ihrer beiden Gatten / Kinder aus beiden Ehen und Nachkommen der Plantagenets

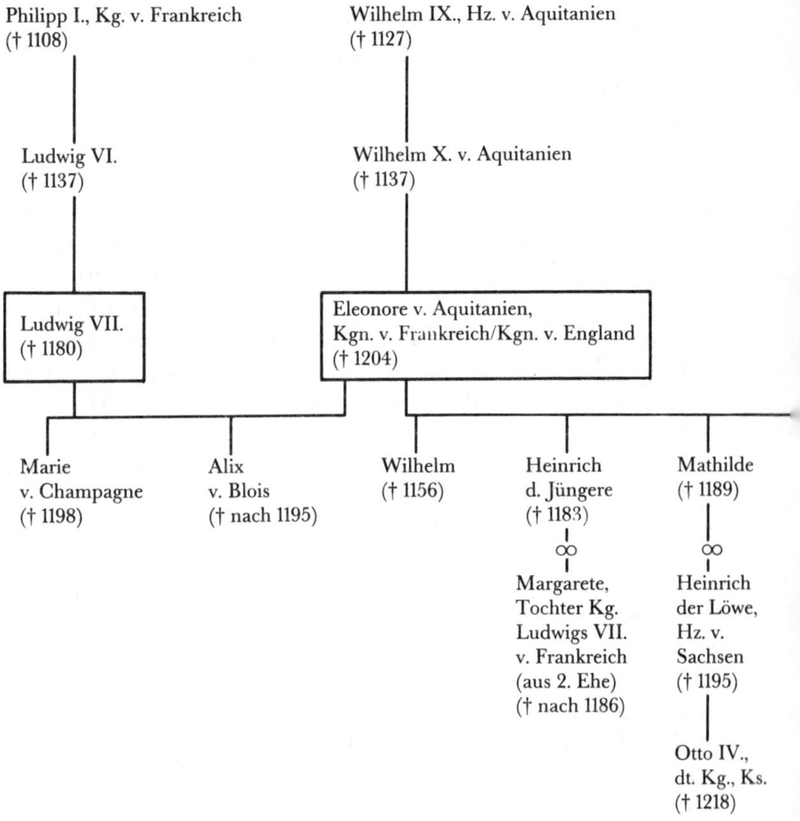

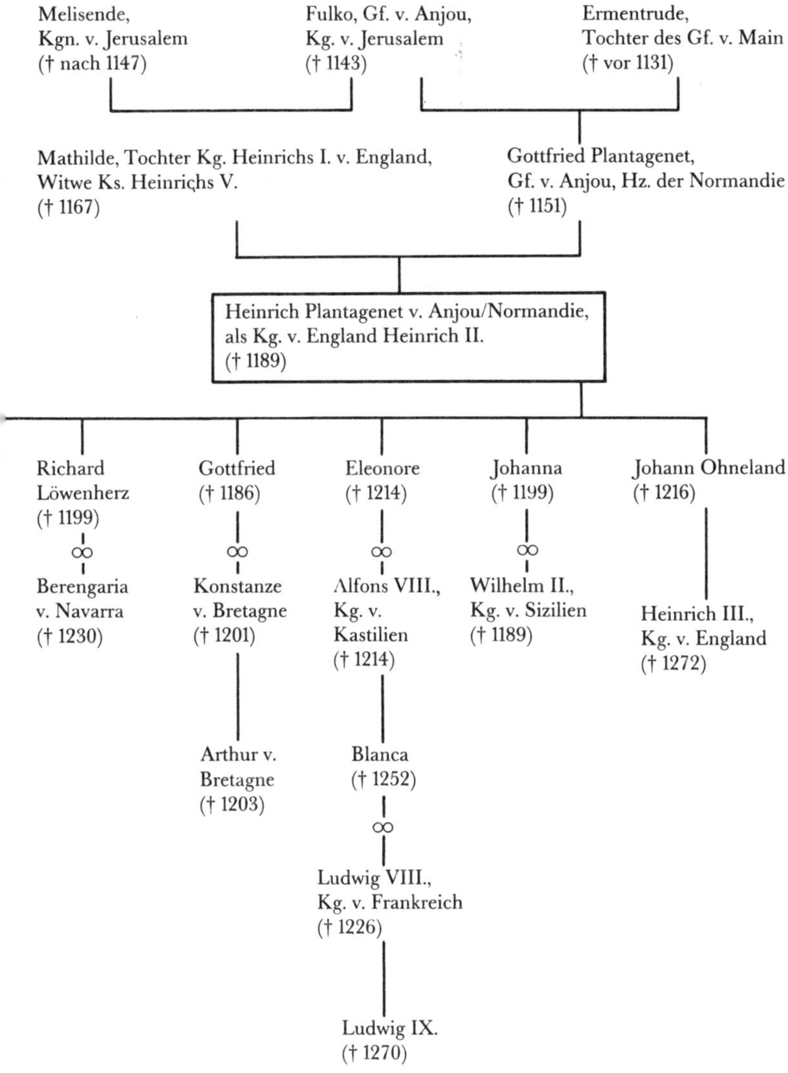
Melisende,
Kgn. v. Jerusalem
(† nach 1147)
Fulko, Gf. v. Anjou,
Kg. v. Jerusalem
(† 1143)
Ermentrude,
Tochter des Gf. v. Main
(† vor 1131)
Mathilde, Tochter Kg. Heinrichs I. v. England,
Witwe Ks. Heinrichs V.
(† 1167)
Gottfried Plantagenet,
Gf. v. Anjou, Hz. der Normandie
(† 1151)
Heinrich Plantagenet v. Anjou/Normandie,
als Kg. v. England Heinrich II.
(† 1189)
Richard
Löwenherz
(† 1199)
∞
Berengaria
v. Navarra
(† 1230)
Gottfried
(† 1186)
∞
Konstanze
v. Bretagne
(† 1201)
Arthur v.
Bretagne
(† 1203)
Eleonore
(† 1214)
∞
Alfons VIII.,
Kg. v.
Kastilien
(† 1214)
Blanca
(† 1252)
∞
Ludwig VIII.,
Kg. v. Frankreich
(† 1226)
Ludwig IX.
(† 1270)
Johanna
(† 1199)
∞
Wilhelm II.,
Kg. v. Sizilien
(† 1189)
Johann Ohneland
(† 1216)
Heinrich III.,
Kg. v. England
(† 1272)

Töchter, Mathilde, Eleonore und Johanna, waren ausersehen, durch günstige Eheverbindungen die überragende kontinentale Macht Heinrichs II. und Eleonores zu stützen.

Kinder der ersten Ehe Eleonores mit Ludwig VII. von Frankreich

Marie (1145–1198) ∞ Graf von Champagne
Alix (1150– nach 1195) ∞ Graf von Blois

Kinder der zweiten Ehe mit Heinrich II. von England

Wilhelm (1153–1156)
Heinrich d. Jüngere (1155–1183) ∞ Margarete von Frankreich
Mathilde (1156–1189) ∞ Heinrich d. Löwen
Richard Löwenherz (Richard I., 1157–1199) verlobt mit Adelaide von Frankreich, ∞ Berengaria von Navarra
Gottfried (1158–1186) ∞ Konstanze von der Bretagne
Eleonore (1162–1214) ∞ Alfons VIII., König von Kastilien
Johanna (1165–1199) 1. ∞ Wilhelm II., König von Sizilien, 2. ∞ Graf Raimund VI. von Toulouse
Johann Ohneland (1166/67–1216) 1. ∞ Hadwisa von Gloucester, 2. ∞ Isabella von Angoulême

Die Königin konnte durch die Geburt des Thronerben, den reichen Kindersegen überhaupt, und ihre aufopfernde Rolle als Mutter und Gemahlin ihr gesellschaftliches Ansehen wesentlich erhöhen und der ungünstige Ruf, den ihr die Geschichtsschreiber während ihrer ersten Ehe nachgesagt hatten, geriet fast in Vergessenheit. Aber das wird erst nach 1172 deutlicher sichtbar. Für die ersten zwanzig Ehejahre ist die Überlieferung knapp. Informationen über Eleonores Leben an der Seite Heinrichs II. bieten vor allem Verzeichnisse des obersten Schatzamtes (Pipe Rolls). Weitere Aufschlüsse geben das Itinerar des Königs und der Königin sowie Urkunden für das Herzogtum Aquitanien.

Offensichtlich waren die ersten Bemühungen des englischen Königspaares darauf gerichtet, seine Herrschaft in England fest zu verankern. Hatte bereits der Großvater des Herrschers, König Heinrich I., wesentliche Grundlagen für die Festigung der Zentralgewalt in England geschaffen, so gelang es nun seinem Enkel, die Macht der Barone weiter einzuschränken. Innerhalb weniger Jahre befanden sich alle Territorien und Herrschaftsrechte Heinrichs I. in seiner Hand. Zu einer ständigen Institution wurde das schon auf Heinrich I. zurückgehende Institut der „Reiserichter" ausgebaut, mit dessen Hilfe die Wirksamkeit der königlichen Gerichtsbarkeit wesentlich erhöht werden konnte. Diese Einrichtung ermöglichte die Kontrolle der örtlichen Gerichts- und Verwaltungsbeamten, der Sheriffs, festigte dadurch die Verbindung der von den Baronen abhängigen Ritterschaft mit dem Königtum und überwachte die Rechnungslegung der Sheriffs gegenüber dem königlichen Schatzamt. Auch als Förderer von Kunst und Literatur setzte Heinrich II. die Politik seines Großvaters fort. Für die Begründung seiner Großreichskonzeption, der auch Eleonore Zeit ihres Lebens verbunden blieb, galt sein Interesse besonders der Geschichtsschreibung. Auf seine Anregung gehen der normannischen Tradition verbundene Werke wie der Roman de Rou und die Chronik der Normannen des Benoît de Sainte-Maure zurück. Am ergiebigsten für die Reichsauffassung Heinrichs II. ist die *Historia Regum Britanniae*, die Galfred von Monmouth gegen 1136/37 abgeschlossen hatte. Darin wird er als Nachkomme des legendären Königs Arthur gesehen, dem die Historia breiten Raum widmet und den sie als Herrscher über Irland, Island, Gotland, Norwegen und Teile Galliens darstellt.

Fest begründet war die Herrschaft der Plantagenets in der Normandie. Dort hatte Heinrichs Vater wesentliche Grundlagen für einen zentralisierten, weitgehend unabhängigen Machtbereich geschaffen, und nach dessen Tod nahm die *imperatrix*, die bis zu ihrem Lebensende in Rouen residierte, die Interessen des Sohnes zuverlässig wahr.[24]

In der Bretagne, in Anjou, Maine und besonders in Aquitanien rissen die Versuche der Grafen und der mittleren Feudalgewalten nicht ab, sich der Kontrolle ihres Lehnsherrn zu entziehen. Im Ringen um die schrittweise Herausbildung der französischen Zentralgewalt bot ihnen Ludwig VII. und mehr noch sein Sohn Philipp II. August gegen Heinrich Plantagenet Unterstützung. Die Mehrzahl der festländischen Besitzungen der Plantagenets waren infolgedessen nur zu halten und machtpolitisch einzusetzen, wenn ihre Vasallen und Dienstleute die häufige persönliche Präsenz des Herrschers zu gewärtigen hatten, straffe Kontrolle, aber auch militärisches Eingreifen für Stabilität sorgten. Trotz aller physischen Leistungsfähigkeit hätte Heinrich II. diese Anforderungen wohl kaum bewältigen können, wenn ihm nicht außer seiner Mutter Mathilde auch Eleonore und später besonders sein Sohn Richard beigestanden hätten.

Eleonores Anteil an der Herrschaftsausübung auf dem Kontinent und in England zu Lebzeiten Heinrichs läßt sich nicht genau bestimmen. Eine förmliche Übergabe der Regentschaft erfolgte auch später nur in einem Ausnahmefall, nämlich durch ihren Sohn Richard, unmittelbar nach dem Tod Heinrichs II.

Nach dem Itinerar und den Rechnungslegungen scheint sie im sechsten gemeinsamen Regierungsjahr 1159/60 aber in England de facto die Regentschaft ausgeübt zu haben. In diesem Jahr zeichnet sie 21mal Staatsausgaben und -einnahmen ab. Sie läßt in Gloucestershire den Sheriff Rechnung legen, entlohnt in Hereford Söldner und vergütet Gebäudeinstandsetzungen. Im Gegensatz zu den sonst für den Haushalt der Königin gezeichneten geringen Posten, bezieht sie in jenem Jahr größere Summen für die Hofhaltung. Damit erklären sich auch beträchtliche Weinkäufe und -transporte, die von ihr gezeichnet wurden. In den ersten Regierungsjahren ist die Königin, hin und wieder aber auch außerhalb dieses vermutlichen Regentschaftsjahres, mit Ausgaben verzeichnet, die nicht ihren eigenen Unterhalt, das *Corredium*, betreffen. 1158/59 entlohnt sie z. B. die Besatzungen von Welton und Northamptonshire. Ab 1163 finden sich jedoch in den Pipe Rolls keine Eintragungen mehr, die auf die Ausübung souveräner Rechte hinweisen. Nach 1164 hören selbst Ausgaben für den Unterhalt der Königin auf. Regentschaft scheint Eleonore 1165/66 noch einmal in Anjou und Maine ausgeübt zu haben. Mitte Mai 1165 hatte Heinrich sie hier mit den Kindern Mathilde und Richard zurückgelassen. Im November brachte sie in Angers, dem Zentralort der Grafschaft Anjou, ihre jüngste Tochter, Johanna, zur Welt. Zu Lichtmeß des folgenden Jahres weilten auch ihre Kinder Gottfried und Eleonore bei ihr. Nach der Geburt ihres letzten Kindes, Johann, in Oxford zog sich Eleonore nach Aquitanien zurück. Eine zunehmende Entfremdung der Gatten deutet sich an.

Alles spricht dafür, daß Eleonore in ihrem etwa zwölf Jahre jüngeren Mann ihren Herrn und Meister gefunden hat. Die Anforderungen, denen sich Heinrich II. in England beim Ausbau einer starken Zentralgewalt stellen mußte, die kompromißlose Auseinandersetzung um die Unterordnung der katholischen Kirche unter den König und die ständigen politischen, mit hartem militärischem Durchgreifen verbundenen Aktionen, um die differenzierten Machtverhältnisse in den französischen Besitzungen der Plantagenets fest in den Griff zu bekommen, machten Heinrich II. zu einem Herrschertyp, wie ihn sich Eleonore an ihrem Hochzeitstag schwerlich hatte vorstellen können. Der sympathische junge Mann wurde zu einem Ehetyrannen. Vielleicht konnte ihm Eleonore, die ihm wegen ihrer feinen Sitten, ihres geselligen Wesens und ihrer kulturellen Neigungen vor allem zur Repräsentation nötig war, nachsehen, daß er seinem Äußeren geringe Pflege angedeihen ließ und es ihm zuweilen an höfischen Umgangsformen mangelte. Schwerer zu verwinden waren sein Jähzorn und seine Rachsucht, seine Unfähigkeit, gegenüber bezwungenen Feinden einzulenken. Hinzu kamen Mißtrauen und das Bestreben, Heinrich den Jüngeren, den Thronerben, der Mutter zu entfremden. Das waren Züge, die Eleonore, die aufgewachsen war in der Aufbruchstimmung der Minnedichtung und des Doppelklosterwesens von Fontevrault, die über Herrschafts- und Lebenserfahrung verfügte, sicher abstoßen mußten. Wie andere Frauenpersönlichkeiten ihrer Familie war sie nicht bereit, sich der Eheauffassung ihrer Zeit zu beugen und das Frauenbild der katholischen Kirche, welches sich in der Frühscholastik herausgebildet hatte, zu akzeptieren. Ihr Gatte Heinrich dagegen, obwohl sonst nicht gerade bigott, machte sich diese Auffassung ganz zu eigen. Selbst in Aquitanien, dem von seiner Frau in die Ehe eingebrachten Herzogtum, setzte Heinrich seine Eheherrschaft rigoros durch. Wie Ludwig VII. hatte er nach feudalem Recht mit der Eheschließung über die Lehen seiner Gemahlin Gewalt erhalten, durfte sich *dux Aquitanorum* nennen, und die Vasallen legten ihm den Lehns- und Treueid ab. Aber während Ludwig VII. Besitzveränderungen, bei denen es um ererbtes Familiengut ging, meistens nur mit Zustimmung Eleonores vornahm, geschah das bei Heinrich äußerst selten. Nur vier der von Eleonore selbst veranlaßten Urkunden sind nicht von Heinrich konfirmiert worden. In der Ehe mit Ludwig hatte Eleonore dagegen selbst einmal eine Urkunde des Königs bestätigt. Dennoch erfüllte Eleonore bis 1166, als sie etwa fünfundvierzigjährig ihr letztes Kind austrug, die ihr nach den gesellschaftlichen Normen zufallenden Pflichten. Sie reiste mit den Kindern zu ihrem Mann, wenn er es wünschte, nahm die Ausstattung der ältesten Tochter in Augenschein,[25] verblieb, wo die Vertretung des Herrschers staatspolitisch notwendig schien, und fand sich mit ihm zu gemeinsamer Repräsentation an den weihnachtlichen Hoffesten zusammen. So hielten sie gemeinsam 1159 in Falaise, 1161 in Le Mans, 1162 in Baieux, 1163 in Cherbourg Weihnachtshof ab. Seit etwa Mitte der sechziger Jahre gehen die Wege des Herrscherpaares jedoch mehr und mehr auseinander. Heinrich II. widmete sich dem heranwachsenden Thronerben. Im Februar 1165 richtete er dem Elfjährigen einen eigenen Haushalt ein. Während Eleonore ihrem letzten Kind, Johann, in Herford das Leben schenkte, verbrachte der König mit dem jungen Heinrich das Weihnachtsfest in Poitiers. Seit Eleonore 1166 ihren Aufenthalt wieder in Aquitanien genommen hatte, wo ab Sommer 1172 ihr Sohn Richard Löwenherz die Herzogsgewalt ausübte, traf sie ihren Gemahl anscheinend nur noch, als er 1169 in Frankreich weilte und anläßlich des Weihnachtshofes 1172 in Chinon. Die Entfremdung verstärkte sich, seit Heinrich II., wohl nach dem Tod seiner Mutter, ein festes Verhältnis mit Rosamunde Clifford, der Tochter eines normannischen Vasallen, eingegangen war. Er reizte Eleonore auch dadurch, daß er sie von der Krönung ihres ältesten Sohnes, Heinrichs des Jüngeren, am 14. Juni 1170 in der Westminster Abtei ausschloß. Im Grunde genommen ging es Heinrich II. hier um einen politischen Schachzug gegen Ludwig VII. Eine von dessen Töchtern aus zweiter Ehe, Margaret, hatte man mit Heinrich dem Jüngeren verheiratet. Die junge Frau befand sich in Eleonores Obhut, sollte aber nicht gemeinsam mit dem englischen Thronerben gekrönt werden, damit das französische Königtum keinen Machtanspruch in England geltend machen konnte. Im Gegensatz zu früheren Ehejahren, hatte der König Eleonore von diesen Absichten offensichtlich nicht in Kenntnis gesetzt, und unwissend war sie in diesen Schachzug mit einbezogen worden, bei dem auch ihr Ansehen als Königin auf dem Spiele stand. Eine scharfe Reaktion Ludwigs VII. auf diese Brüskierung des französischen Königshauses war zu erwarten. Tatsächlich reagierte Ludwig mit Kriegshandlungen gegen Heinrich II., und nicht nur das, es gelang ihm auch, den jungen König von England, seinen Schwiegersohn, auf seine Seite zu ziehen und gegen den Vater aufzuwiegeln. Heinrich der Jüngere war verbittert, daß er sich zwar König nennen, aber nicht an der Ausübung der Regierungsgewalt teilnehmen durfte. Ludwig VII. unterließ nichts, diese Unzufriedenheit zu nähren. Im Gegensatz zu Heinrich II. förderte er auch die der Mentalität seiner Zeit entsprechenden Neigungen seines Schwiegersohnes für großzügige Gastlichkeit und ritterliche Spiele. Schließlich nahm der junge König Heinrich seinem Vater gegenüber eine so entschiedene Haltung ein, daß er auf einer Versammlung des hohen Lehnsadels, die dieser 1173 nach Limoges einberufen hatte, dessen Ansinnen ablehnte, aus seinem Besitz einige Burgen zum Heiratsgut seines jüngeren Bruders, Johann Ohneland, beizusteuern. Der junge König sprach zugleich auch für seine Brüder Richard und Gottfried. Außerdem forderte der Sohn nun öffentlich seinem Königstitel entsprechende Herrschaftsrechte. Den *Gesta Regis Henrici Secundi* zufolge geschah das auf den Rat Ludwigs VII. und der Feinde Heinrichs II. in England und in der Normandie.[26] Weit entfernt, dem Drängen seines Ältesten nachzugeben, versuchte Heinrich es mit strengerer Kontrolle. Er entließ ihm verdächtige Personen aus dem Gefolge des jungen Königs und behielt ihn bei der Abreise aus Limoges an seiner Seite. Er schien ihn wieder stärker an sich binden zu wollen. Aber Heinrich der Jüngere floh des Nachts aus dem gemeinsamen Schlafgemach und erreichte, bevor Heinrich II. ihn einholen konnte, das Hoheitsgebiet und den Hof Ludwigs VII. Mit dessen Unterstützung trat er in den offenen Aufstand gegen seinen Vater. Dieser Aufstand, an dem auch die jüngeren Brüder Richard und Gottfried beteiligt waren, erfaßte alle festländischen Besitzungen der Plantagenets außer der Normandie und griff auch auf England über. Ludwig VII. von Frankreich und der König von Schottland erkannten Heinrich den Jüngeren als rechtmäßigen König von England an. Ludwig ließ ihm ein Siegel anfertigen, mit dem er großzügig Schenkungsurkunden für alle diejenigen siegelte, die seinen Vater verlassen hatten und ihm helfen wollten, das englische Königtum in Besitz zu nehmen. Unter Aufbietung aller Reserven gelang es Heinrich II. innerhalb Jahresfrist, den Aufstand niederzuwerfen. Er nutzte dazu hauptsächlich ein in Brabant angeworbenes Söldnerheer. Das war eine für das 12. Jahrhundert noch wenig gebräuchliche Art der Kriegführung, aber da Heinrich mit dem Sold nicht knauserte und dafür seinen ganzen Besitz einschließlich seines diamantengeschmückten Prunkschwertes verpfändete, bot dieses Heer mehr Verlaß als das übliche Vasallenaufgebot. Hinzu kamen seine oft erprobte Überraschungstaktik und sein strategisches Geschick.

Eleonore stand fest an der Seite ihrer Söhne. Sie wurden auch von Eleonores Oheim und Ratgeber Raoul de Faye unterstützt. Als sich die Situation zugunsten ihres Gemahls entwickelte, dessen Jähzorn und Rachsucht ja bekannt waren, schien der Hof Ludwigs VII. der einzige sichere Zufluchtsort zu sein. Die vorausgesandten Söhne Richard und Gottfried und auch Raoul de Faye erreichten ihn, während die Königin, in Männerkleidern mit einer kleinen Eskorte nahe der Grenze zum Hoheitsgebiet des französischen Königs auf der Straße nach Chartres von Bewaffneten Heinrichs II. aufgegriffen wurde. Damit war sie ihm völlig ausgeliefert. Mit der Frau Heinrichs des Jüngeren wurde sie nach England gebracht und bis zum Tode Heinrichs II. als Gefangene, bei wechselnder Strenge der Verwahrung, behandelt. Mit seinen Söhnen schloß Heinrich II. Frieden, unter Bedingungen, die seinen jüngsten, am Aufstand nicht beteiligten Sohn, Johann Ohneland, auf Kosten der anderen großzügig belohnten. Daß sich Eleonore, die von ihren Kindern geliebt und verehrt wurde, in seiner Gewalt befand, war für den mißtrauischen Vater eine zusätzliche Garantie gegen erneute Rebellionen der Söhne.

Die Schuld an dem Aufstand ist allgemein Eleonore zugeschoben worden, selbst der Cluniazensermönch Richard de Poitevin, dessen ganzes Herz an der Dynastie der Herzöge von Aquitanien hing, ist davon nicht ausgenommen. Er benutzt ein Bild aus der englischen Sagenwelt und klagt:

„Sag mir, Adler mit den zwei Köpfen, sag mir: Wo warst Du, als Deine Jungen aus dem Nest flogen und es wagten, ihre Krallen gegen den König des Nordwindes zu richten? Du warst es – wir haben es vernommen –, der sie angetrieben hat, sich gegen ihren Vater zu erheben. Deshalb bist Du aus Deiner Heimat fortgeschleppt und in fremdes Land gebracht worden. Durch ihre friedfertigen Reden haben Deine Barone Dich listig getäuscht ... Ich flehe Dich an, Königin mit den zwei Kronen, höre auf, stän-

Kreuzfahrerehepaar.
Aus einem französischen Grabdenkmal

Tafel 33

Eleonores Tochter Mathilde mit ihrem Gemahl, Herzog Heinrich dem Löwen.
Dieses Krönungsbild zeigt an der Seite Heinrichs dessen Vorfahren,
an der Seite Mathildes deren Vater und dessen Mutter, die imperatrix.
Eleonore dürfte die am Rand in schlichter Kleidung
dargestellte Frau sein. Das Fehlen von Krone und Schleier weist darauf
hin, daß sie in den Augen des Künstlers Krone und Ehestand verwirkt hatte.
Helmarshausener Evangeliar 1173–1180

Blanca von Kastilien, die Enkelin Eleonores von Aquitanien.
Grabdenkmal

Tafel 34

Tafel 35

Der biblische König Salomon setzt seine Mutter auf den Thron.
Beide tauschen miteinander mittelalterliche Gesten aus.
Speculum humanae salvationis. Frühes 14. Jahrhundert

Tafel 36

Schneeballschlacht als höfische Kurzweil.
Wandmalerei um 1400 zur Dichtung des Minnesängers Neidhart von Reuental, der im frühen 13. Jahrhundert lebte

Tafel 37

Edelfrau zu Schiff.
Heidelberger Manessehandschrift. Um 1300

Tafel 38

Musikanten bei Hofe.
Italienische Miniatur des 13. Jahrhunderts

Tafel 39

Geselligkeit bei Hofe.
Französische Miniatur des 14. Jahrhunderts

Tafel 40

dig zu trauern; warum willst Du Dich in Kummer verzehren, warum jeden Tag Dein Herz mit Tränen betrüben? Kehre zurück, o Gefangene, kehre zurück in Deine Länder, wenn Du kannst ..."[27]

Tatsächlich aber sind die Ursachen für den Aufstand komplex, und Eleonores Verhalten muß differenzierter beurteilt werden. Da ist der junge König, dem Heinrich voller Mißtrauen selbst dann keine Herrschaftsbefugnisse einräumt, wenn er, der alte König, nicht in England anwesend ist. Da ist Ludwig VII., König von Frankreich, erster Gatte Eleonores und Schwiegervater des jüngeren Heinrich. Sein Ziel ist, die Macht der Plantagenets in Frankreich zu brechen, um das eigene capetingische Königtum zu stärken. Mit dem leicht lenkbaren, auf Turniere und höfischen Glanz versessenen Schwiegersohn, Heinrich dem Jüngeren, sah er dafür Chancen, die ihm dessen Vater niemals eingeräumt haben würde. Nicht Eleonore, sondern Ludwig VII. tritt bei der Vorbereitung und Unterstützung des Aufstandes der Söhne Heinrichs II. Plantagenet ganz eindeutig als zentrale Figur ins Blickfeld. Er hatte wahrscheinlich auch schon von langer Hand Raoul de Faye, Eleonores Oheim und Ratgeber, in seine Pläne einbezogen.

Schließlich sind da auch noch die mächtigsten Lehnsherren in Aquitanien, der Bretagne, in Maine und Anjou. Sie stellen faktisch ständig eine Potenz des Widerstandes gegen die Herrschaft Heinrichs II. dar. Eleonore mit ihrem Hof dagegen, einer Pflegestätte ritterlicher Kultur, hatte Sympathien beim aquitanischen Adel, die sich mit der Zeit auch auf ihren Sohn Richard übertrugen. Obwohl Richard formell als Herzog von Aquitanien waltete, oblag Eleonore nach Auffassung der Zeitgenossen die Verantwortung für das Tun Richards und seines fünfzehnjährigen Bruders Gottfried, deshalb wurde die Bestrafung der Mutter auch als gerecht empfunden und blieb ohne Kritik.[28]

Die Position Heinrichs II. aber war zur Zeit des Aufstandes in England durch den Verlauf der Auseinandersetzung um den Machtanspruch der katholischen Kirche vorübergehend geschwächt. Wohl hatte der König in mehrjährigem Ringen seine Autorität gegenüber dem englischen Klerus durchgesetzt und dessen konsequenten Wortführer, den Erzbischof von Canterbury, Thomas Becket, in die Knie gezwungen, aber man lastete

Heinrich nicht zu Unrecht an, der eigentliche Urheber der grausamen Ermordung des Prälaten zu sein. Seine Untertanen befanden sich – schließlich war der Mord in Gegenwart der für den Erzbischof betenden Gemeinde geschehen – in religiöser Erregung, zumal bald darauf über zahlreiche Wunder am Grab des Erzbischofs berichtet wurde. Der König hatte sich nur formal von der Tat distanziert. Die überzeugenden, für den mittelalterlichen Menschen so entscheidenden Gesten der Buße waren ausgeblieben. Heinrich brachte sie erst viel später, nach der Unterdrückung des Aufstandes auf dem Festland, dar, als er 1174 barfuß und im Büßergewand – einer schlichten, mit einem Strick gegürteten härenen Kutte – zum Grab des inzwischen Heiliggesprochenen zog und sich dort nach einer Nachtwache von den Mönchen geißeln ließ. Die Königsfamilie, vor allem natürlich Eleonore mit ihren älteren Söhnen, dürften diese Ereignisse nicht unberührt gelassen haben, auch wenn sich die Königin einer offiziellen Geste der Distanzierung von ihrem Gemahl enthalten zu haben scheint.[29] Auf dem Schuldkonto Heinrichs II. lastete in den Augen der englischen Barone auch die Machteinbuße, die sie durch ihn hatten. Alle diese Faktoren ermöglichten die Ausweitung des Aufstandes der Söhne auf England. Damit ist jedoch noch nichts über seine objektiven Ergebnisse gesagt. Sie waren widersprüchlich. Die Unterdrückung der Erhebung in England lag zweifellos im Interesse des weiteren Ausbaus der Königsmacht, für die Heinrich II. unermüdlich und nicht ohne sichtbare Ergebnisse arbeitete. Die Schwächung des riesigen Machtkomplexes der Plantagenets in Frankreich durch eine mögliche Verselbständigung seiner Teile unter Heinrichs Söhnen hätte es dagegen dem französischen König erleichtert, seinen Einfluß dort entscheidend zu vergrößern. Über Eleonores eigene nachträgliche Einschätzung der mit dem Aufstand zusammenhängenden Ereignisse sind aus den Quellen keine direkten Aussagen zu gewinnen. Sie scheint sich, um ein modernes Bild zu gebrauchen, während ihrer Gefangenschaft selbstkritisch sowohl mit den Ergebnissen als auch den Möglichkeiten eines anderen Verlaufs und mit ihrem bisherigen politischen Handeln überhaupt auseinandergesetzt zu haben. Dafür spricht, daß sie, deren Tapferkeit in kritischen Situationen mehrfach bezeugt ist, keinen Fluchtversuch unternommen hat, nicht ins Kloster, die „Zufluchtstätte für Ehegattinnen, die in Bedrängnis geraten waren"[30], ausgewichen ist und, als ihr selbständiges politisches Eingreifen in England später notwendig wird, beachtlichen Weitblick und Realitätssinn beweist. Die aus den Pipe Rolls, Urkunden und der Geschichtsschreibung ersichtliche Bewegungsfreiheit in den letzten Jahren ihrer Gefangenschaft läßt einen gewissen Respekt Heinrichs II. vor der Mutter seiner acht Kinder und der Bündnispartnerin seiner frühen Regierungsjahre, Furcht vor dem weiteren Entgleiten der Söhne und eine gewisse Rücksicht auf die Stimmung im Volk zugunsten der Königin erkennen. Die Erleichterung ihrer Haftbedingungen ist aber auch Resultat ganz praktischer Überlegungen des Königs. Auf jeden Fall gab der erzwungene langjährige Aufenthalt in England der Aquitanierin Gelegenheit, das Leben des englischen Volkes aus eigener Anschauung und nicht durch Schilderungen ihrer französischen Ratgeber kennenzulernen, und befähigte sie vielleicht auch, die Regierungsmaßnahmen ihres Gemahls im Nachhinein besser zu beurteilen. Ihre klugen Maßnahmen nach der Wiedergewinnung ihrer Freiheit lassen vermuten, daß sie in der Gefangenschaft vertiefte Kenntnisse der englischen Sprache erworben hat und auch Kontakte mit wohlinformierten Leuten pflegen konnte.

Eleonores Lage besserte sich spätestens 1183 entscheidend. Unmittelbar vor seinem Tode hatte der unheilbar erkrankte König Heinrich der Jüngere die Anwesenden gebeten, sich bei seinem Vater für die Aufhebung der Gefangenschaft der Mutter einzusetzen.

Heinrich II. war durch die Strapazen des Reisekönigtums und die ständigen Rebellionen seiner Söhne zu diesem Zeitpunkt physisch verbraucht. Seine Geliebte, Rosamunde Clifford, war schon 1177 im Kloster gestorben, und seine sonstigen Leidenschaften hatten ihn mit keiner Frau zusammengeführt, die Eleonore in irgendeiner Weise vergleichbar gewesen wäre. Das Nachlassen seiner Kräfte, in den letzten Lebensjahren war er krank und hinfällig, nötigte Heinrich, die Unterstützung Eleonores wieder zu suchen. Dafür bot sich schon 1183 eine staatspolitisch motivierte Gelegenheit, als der Sohn und Erbe des 1180 verstorbenen Königs Ludwig VII., Philipp II. von Frankreich, für seine Schwester Margarete, die Witwe des jungen Königs Heinrich, das Wittum der englischen Königinnen beanspruchte. Um diese Forderung abweisen zu können, mußte der rechtmäßige Anspruch Eleonores auf diese Besitzungen, die erst nach dem Tod der alten Königin an die Frau des Thronfolgers übergingen, demonstrativ zur Schau gestellt werden. Eleonore erhielt daher von diesem Zeitpunkt an die Erlaubnis, sich in den zu ihrem Wittum gehörenden Besitzungen frei zu bewegen.[31] Um diese Zeit weilte auch die älteste Tochter Mathilde mit ihrem Gatten, dem 1182 durch Friedrich Barbarossa verbannten Heinrich dem Löwen, und ihren Kindern am Hof Heinrichs II. Als Mathilde 1183 nach England kam, durfte Eleonore ihre Tochter in Salisbury empfangen. Im folgenden Jahr, 1184, wurde ihr der Landsitz Hede bei London zurückgegeben und erlaubt, ihre Tochter in der königlichen Residenz Winchester zu besuchen, wo diese von ihrem Sohn Wilhelm genaß. Dann weilte sie mit Mathilde und ihrer Familie in der landschaftlich reizvoll gelegenen Residenz Berkhampstead im Norden von London. Die Pipe Rolls verzeichnen auch ihren Aufenthalt in Oxford. Sie ist bei offiziellen Anlässen – wie z.B. 1184 auf einer Ratsversammlung in London – gemeinsam mit dem König, ihren Söhnen und dem sächsischen Herzogspaar zu sehen. Eine Art gesellschaftliche Rehabilitierung fand statt, als Eleonore im gleichen Jahr mit ihrer Familie am Weihnachtshoffest in Windsor teilnehmen konnte. Heinrich zeigte sich, wie bei allen öffentlichen Staatsanlässen, spendabel und belastete den königlichen Haushalt mit einem goldenen Sattel und einem scharlachroten Staatskleid für Eleonore. Als Gegenleistung für ihre teilweise zurückgewonnene Bewegungsfreiheit erwartete der König von seiner Gemahlin, daß sie seine Pläne zur Neuregelung der Thronfolge nach dem Tod Heinrichs des Jüngeren unterstützte. Unter Umgehung seines zweiten, in seinem aquitanischen Herzogtum die Regierungsgewalt recht erfolgreich wahrnehmenden Sohnes Richard, beabsichtigte er, den jüngsten, von Eleonore wenig beeinflußten Sohn Johann zu seinem Nachfolger zu machen und ihm gleichzeitig das Herzogtum Aquitanien zu übergeben. Das ließ sich nur durchsetzen, wenn man Richard zwang, das Herzogtum an seine Mutter zurückzugeben, die ein lebenslanges Anrecht darauf hatte. Um dieses Vorhaben zu verwirklichen, beorderte Heinrich Eleonore 1185/86 nach Frankreich. Richard suchte daraufhin, wie zuvor sein Bruder Heinrich der Jüngere, die Unterstützung des französischen Königs. Eleonore, die im Gegensatz zu ihrem Mann von Zeitgenossen als rüstig und maßvoll gezeichnet wird, scheint sich dagegen in dieser Situation zurückgehalten und auf eine baldige grundlegende Wende gehofft zu haben. Diese trat mit dem Tod Heinrichs II. am 6. Juni 1189 nahe Chinon in Frankreich ein. Mit diesem Datum beginnt für die sich nunmehr bereits ihrem siebzigsten Lebensjahr nähernde Königin der Lebensabschnitt, in dem ihr souveränes Handeln, ihre Klugheit und Entschlossenheit am greifbarsten hervortreten, nicht mehr überschattet von der überlegenen Herrscherpersönlichkeit, die Heinrich II. im Vollbesitz seiner Kräfte einmal gewesen war.

Als ihr Sohn Richard, der Thronerbe nach Gewohnheitsrecht, sofort nach dem Eintreffen der Todesnachricht seinen Getreuen, Wilhelm Marschall, nach England entsendet, um die Mutter zu befreien, bleibt diesem nichts mehr zu tun übrig. Eleonore hatte bereits ihre Freiheit wiedererlangt und bereitete schon die Krönung Richards vor. Sie reiste von Ort zu Ort, um ihrem Sohn den Treueid leisten zu lassen und Gefangene zu befreien, wobei es ihr nicht nur um Anhänger Richards und Leute ihres eigenen Hofes ging. „Lady Eleanor, die Königin", berichtet der Verfasser der „Taten König Heinrichs II.", „wurde aus dem Gewahrsam ihres Gemahls entlassen, in dem sie lange festgehalten worden war und, indem sie einen königlichen Hof um sich versammelte, zog sie nach ihrem Willen, auf königliche Weise von Stadt zu Stadt und von Burg zu Burg. Und sie befahl, alle Gefangenen aus ihren Gefängnissen oder ihren Verbannungsorten frei zu lassen."[32] Die Rundreise diente gleichzeitig der Kontrolle der Sheriffs. Verstöße gegen das Recht konnten namhaft gemacht werden. Die Königin war bemüht, die in den letzten Lebensjahren Heinrichs immer weniger geachtete Pflicht des Herrschers, Wahrer von Frieden und Recht der Untertanen zu sein, wieder zur Geltung zu bringen, was dem Ruf ihres Sohnes Richard nur von Nutzen sein konnte. Wie einst die Schwiegermutter Mathilde, die „Kaiserin", für ihren Sohn Heinrich, kämpfte sie jetzt für das Königtum Richards. Der Vorteil Richards gegenüber dem Vater war, daß er ein geordnetes Königtum vorfand, sein Nachteil, daß er durch seine seltene Anwesenheit auf der Insel wenig bekannt war und einen in England aufgewachsenen, mit dem Land bestens vertrauten, aber unberechenbaren Bruder, Johann Ohneland, neben sich hatte.

Richard bestätigte die Regentschaft Eleonores bis zu seiner Ankunft in England durch einen offiziellen Erlaß. Wie entschlossen Eleonore ihre Verantwortung wahrnahm, ist sehr gut daraus zu erkennen, daß sie einen Legaten des Papstes Clemens III., der in Dover landete, ohne zuvor die Erlaubnis des Königs oder seiner legitimen Erben eingeholt zu haben, zurückweisen und am Betreten Englands hindern ließ. An der Staatsverwaltung änderte sie nichts. Wie ihr Sohn legte sie Wert darauf, die bewährten Beamten und Getreuen Heinrichs II. an sich zu binden. Kanzler blieb Ranulf de Glanville, der die Regierungsgeschäfte im Einvernehmen mit der Königin wahrnahm.

Am 3. September 1189 fand die Krönung Richards zum König von England in der Westminsterkathedrale von London statt. Der mit großer Prachtentfaltung begangenen Krönungsfeier war die Aussöhnung mit den Feinden Richards vorausgegangen. Sein Bruder Johann wurde mit Besitzungen in der Normandie und in England überhäuft. Durch seine Vermählung mit Hadwisa von Gloucester kam er zudem zu einem der bedeutendsten Herzogtümer auf der Insel. Auch die illegitimen Söhne Heinrichs II. fanden Berücksichtigung. Der ältere, ein Geistlicher, sollte das Erzbistum York erhalten, der jüngere wurde reich mit weltlichen Gütern versehen. Sicher war Eleonore bei diesen Aussöhnungsmaßnahmen nicht unbeteiligt. Vor allem aber hatte sie es verstanden, das Fest so zu arrangieren, daß es die Popularität ihres Sohnes Richard, die er in England so sehr nötig hatte, festigen half. Die Königin, ihr Gefolge und der übrige Hofstaat erschienen in neuen, kostbaren Gewändern. Die Hofrechnungen nennen für Eleonores Kleider zehn Ellen scharlachroten Stoffes, dazu zwei Zobelfelle und Fehpelz. Für ihren Mantel wurden fünfeinhalb Ellen Seide, Feh und Zobel verarbeitet. Mit den Krönungsriten wohlvertraut, verfolgte sie mit wachsamen Augen die feierliche Handlung: Leistung des Krönungseides, Salbung, Einkleidung und als Höhepunkt die Krönung Richards. Den Ausklang bildete ein Festmahl für Adel und Klerus in der großen Halle von Westminster. Die Bürger von Winchester lieferten das Gastmahl und die von London die Getränke. Auch die Bürger der Krönungsstadt wurden im Freien reichlich bewirtet.

Getrübt wurde Richards Krönung allerdings dadurch, daß es in London, York und anderen Städten zu schweren Judenverfolgungen kam. Mit dem Argument, daß die unreine Quelle ihres Reichtums – viele von ihnen lebten von Wechselgeschäft und Pfandleihe – die Krönungsfeierlichkeiten entweihen könnte, falls sie Gelegenheit erhielten, dem König ihre Geschenke zu überbringen, hatte der Erzbischof von Canterbury für ihren Ausschluß vom Krönungsfest plädiert. Dadurch wurde das Gerücht laut, daß die Güter der englischen Juden auf Befehl des Königs konfisziert werden sollten. Die Ausschreitungen weiteten sich auch auf zahlreiche andere Städte in England aus.

Als Richard I. Löwenherz bald nach der Übernahme der Regierungsgeschäfte am 11. Dezember 1189 zum 3. Kreuzzug aufbrach, begann für die Königin erneut eine Zeit intensiver politischer Tätigkeit. Gemeinsam mit dem Kanzler und obersten Friedensrichter William Longchamp übte sie die Regierungsgewalt aus. Zuvor hatte der König seinen zum Erzbischof von London gewählten Halbbruder und seinen Bruder Johann Ohneland verpflichtet, sich während der nächsten drei Jahre von England fernzuhalten. Auf Bitten der Mutter war der letztere jedoch von diesem Eid entbunden worden, er blieb aber von den Regierungsgeschäften ausgeschlossen.

Die reiche Lebenserfahrung Eleonores riet ihr als ersten Schritt, für eine akzeptable Ehe des Königs Sorge zu tragen, um dem Königreich zu einem Thronerben zu verhelfen. Gerade angesichts der Gefahren des Kreuzzugs erschien ihr das dringend notwendig. Die Abfolge der Ereignisse legt nahe, daß sie ihr Vorgehen in dieser Angelegenheit mit Richard abgestimmt hat. Zwei Voraussetzungen mußten erfüllt werden: zunächst die offizielle Auflösung seines Verlöbnisses mit Adelaide von Frankreich, einer Tochter aus der zweiten Ehe Ludwigs VII. Dagegen stemmte sich deren Halbbruder, der französische König Philipp II. August, aus verständlichen Gründen äußerst hartnäckig, aber schließlich vergeblich. Heinrich II., dem die zukünftige Schwiegertochter anvertraut worden war, hatte mit ihr ein Kind gezeugt, und genau dieser Grund, der Richard schwerwiegende Argumente gegen diese Ehe gab, machte ihre standesgemäße Verheiratung außerhalb des Hauses Plantagenet unmöglich. Eleonores Sorge war es, eine passende Heiratskandidatin für ihren Lieblingssohn ausfindig zu machen. Sie einigte sich mit ihm auf Berengaria, die Tochter König Sanchos von Navarra, von der man sagte, daß sie nicht nur schön, sondern auch ehrenhaft und tapfer war. Richard kannte sie von einem früheren Aufenthalt in Pamplona. Eleonore erhoffte von der zukünftigen Schwiegertochter einen wohltuenden Einfluß auf den Sohn. Sie nutzte die Verzögerung des Kreuzzuges und führte dem König die Braut zu. Fast siebzigjährig überquerte Eleonore mit der jungen Frau die Alpen und reiste durch die Lombardei über Pisa und Neapel nach Brindisi. Dort konnte sie endlich Schiffe für die Überfahrt nach Sizilien auftreiben, um ihrem Sohn in Messina die Braut zu übergeben. Von hier aus brach Berengaria in der Obhut ihrer Schwägerin Johanna, der Witwe König Wilhelms II. von Sizilien, mit den Kreuzfahrern auf. Die Hochzeitsfeierlichkeit fand in Limassol auf Zypern statt. Eleonore aber trat von Messina aus die Heimreise an, auf der sie in Lodi Kaiser Heinrich VI. und seiner Frau Konstanze von Sizilien begegnete. Dem neugeweihten Papst Cölestin III. stattete sie in Rom eine Visite ab, von der sie die Bestätigung des Erzbischofs von York mit nach England nahm.

Als Eleonore im Juni 1191 in die Normandie zurückkehrte, hatte sich im Reich des englischen Königs eine angespannte Lage entwickelt. Johann Ohneland nutzte die Unbeliebtheit des Kanzlers William Longchamp aus und arrangierte eine Versammlung der englischen Großen in der St.-Pauls-Kathedrale von London, die den Kanzler absetzte. Für sich selbst nutzte Johann alle Mittel, um sich populär zu machen. Schließlich begann er Söldner anzuwerben und in Southampton eine Flotte zu konzentrieren, mit der leicht durchschaubaren Absicht, auch in den festländischen Besitzungen Richards Unruhe zu stiften. Zudem erhielt Eleonore Weihnachten davon Kunde, daß sich Philipp II. August von seinem Kreuzzugsgelübde hatte entbinden lassen. Es mußte ein Überraschungsangriff des französischen Königs erwartet werden, dem sich möglicherweise Johann Ohneland anschließen würde, um dafür von ihm mit der Normandie belehnt zu werden.

Die alte Königin ließ in dieser Situation die Burgen an der Grenze von Richards festländischen Besitzungen befestigen und ihrem Seneschalls Anweisungen für den Fall eines Angriffs überbringen. Dann setzte sie am 11. Februar 1192 nach England über, dementierte Nachrichten, denen zufolge Richard I. im Orient bleiben wollte, ließ ihm durch die Barone von Windsor, Oxford, London und Winchester den Treueid schwören und schnitt ihrem aufrührerischen jüngeren Sohn die Versorgungswege ab. Anschließend setzte sie alles daran, um Richard, der nur im Sinn hatte, seinen kriegerischen Ruhm zu vergrößern und unrealistischen Plänen für die Ausdehnung der Macht der Plantagenets im Orient nachhing, in sein gefährdetes Königtum zurückzurufen. In der Zwischenzeit bedurfte es ihrer ganzen Autorität, um Johann Ohneland in England zu halten, seine Vereinigung mit dem französischen König zu verhindern und ihn von größeren Unternehmungen gegen den Königsbesitz abzuhalten. Zugute kam ihr dabei gewiß ihre eigene Popularität. Diese hatte sich noch dadurch erhöht, daß Eleonore den König erfolgreich in Angelegenheiten der Abtei von Canterbury unterstützte[33] und es ihr auch gelungen war, die Aufhebung kirchlicher Interdikte zu bewirken, unter denen die Bevölkerung, wie z. B. 1192, sehr litt. Ein Geschichtsschreiber, Richard von Devizes, berichtet darüber: Königin Eleonore habe in der Diözese Ely Besitzungen besucht, die zu ihrem Wittum gehörten. Aus diesem Anlaß seien aus allen Weilern und Gütern Männer und Frauen mit kleinen Kindern gekommen, darunter solche mit bloßen Füßen, ungewaschenen Kleidern, ungeschnittenen Haaren. Sie seien in großem Kummer gewesen, für den es kaum Worte gäbe, ihn auszudrücken. Auch sei das kaum nötig gewesen, da die überall herumliegenden Körper eine deutliche Sprache gesprochen hätten. Die Königin, die die Ursache des Übels verstanden habe, sei sehr mitleidvoll gewesen und habe am Elend der Leute Anteil genommen. Sofort habe sie ihre eigenen Angelegenheiten vernachlässigt und die der Männer ihres Gefolges, sei nach London zurückgekehrt, um hier die Aufhebung des Interdikts zu fordern und ihren Untertanen dadurch ein christliches Begräbnis zu sichern.[34]

Nach langem qualvollem Warten auf die Rückkehr Richards erhielt die Königin Anfang 1193 Nachricht, daß ihr Sohn nach einer sechswöchigen Odyssee auf dem Mittelmeer mit kleinem Gefolge zwischen Aquileja und Venedig gestrandet und beim Durchqueren des Territoriums der Herzöge von Babenberg in

Österreich aus Rache für eine Beleidigung, die er dem Herzog Leopold vor Akkon zugefügt hatte, am 20. Dezember 1192 gefangengenommen worden sei. Monatelang blieb Eleonore über den Aufenthalt des Sohnes im Ungewissen. Aber die nunmehr über Siebzigjährige zeigte sich auch dieser Wendung der Dinge gewachsen. Sie sandte Boten nach Schwaben und Bayern aus, um den Ort der Gefangenhaltung auskundschaften zu lassen, veranlaßte eine strenge Bewachung der englischen Küste, hielt ihre Seneschalls ständig auf dem laufenden und Verbindung mit den englischen Baronen. Papst Cölestin machte sie in eigenhändig signierten Briefen heftige Vorwürfe, weil er die kirchlichen Mittel gegen die Feinde Richards zu lau gebrauche. Das richtete sich hauptsächlich gegen Kaiser Heinrich VI., der als oberster Lehnsherr Herzog Leopolds diesen deckte und für den Gefangenen, den er in eigenen Gewahrsam genommen hatte, ein hohes Lösegeld, die Summe von 150 000 Silbermark, forderte. Gleichzeitig galt es aber auch Philipp II. August, der mit Unterstützung Johanns Ohneland die Herrschaftsgebiete des englischen Königs auf dem Festland bedrohte.

Im April 1193 überbrachte der verbannte Kanzler William Longchamp Eleonore einen Brief Richards an den Obersten Richter und Statthalter, Walter von Coutances, in dem der König ihn aufforderte, die für das Lösegeld aufgebrachte Summe in die Hände seiner Mutter zu übergeben. Eleonore sollte auch den Überbringer bezeichnen. Die Modalitäten für die Zahlung des Lösegeldes waren so festgelegt worden, daß bei der Freilassung Richards 100 000 Silbermark sofort übergeben werden mußten, für den Rest waren Geiseln zu stellen. Für die Aufbringung der Lösegeldsumme wurden Verantwortliche aus allen drei Ständen, zwei Geistliche, zwei Edelleute und ein Bürger ausgewählt. Binnen kurzem konnte der Schatz in der Krypta der St.-Pauls-Kathedrale von London deponiert und von den kaiserlichen Gesandten geprüft werden.

Die Überbringung auf das Festland und an den kaiserlichen Hof war kein geringes Risiko. Es mußte mit Piraterie, aber auch mit dem Überfall der Leute Philipps II. August von Frankreich und Johanns gerechnet werden, deshalb ließ die Königin eine starke Eskorte von Schiffen zusammenstellen. Nachdem sie die Regierungsgeschäfte dem Erzbischof von Canterbury allein anvertraut hatte, brach sie selbst auf, um den Transport zu begleiten. In ihrem Gefolge hatte sie nur einige, ihr und ihrem Sohn Richard fest ergebene Leute, darunter den früheren Kanzler William Longchamp. Nach ihrer glücklichen Ankunft in Köln wurde Eleonore mit ihrer Begleitung noch eine zeitlang durch dort umgehende Gerüchte über eine Umstimmung des Kaisers durch die Feinde Richards in Unruhe gehalten. Der als Tag der Freilassung in Aussicht genommene 17. Januar verging. Man hörte, daß der französische König und Johann Ohneland dem Kaiser eine höhere Summe als das geforderte Lösegeld geboten haben sollten, wenn dieser Richard nicht freigeben würde. Schließlich war die Freilassung des englischen Königs an die für ihn fast unannehmbare Forderung gebunden worden, sein Land vom Kaiser zu Lehen zu nehmen. Nach dem Rat seiner Mutter ging Richard dennoch auf diese Forderung ein. Eleonore und ihre Umgebung wußten, daß die Rückkehr des Königs in sein Reich eine entscheidende politische Notwendigkeit darstellte, der Lehnseid an den Kaiser aber bald eine bloße Fiktion sein würde.[35]

Am 23. März 1194 kehrten Richard und Eleonore nach London zurück, wo dem König ein triumphaler Empfang bereitet wurde. Sein Seeabenteuer, die Unauffindbarkeit des Gefangenen, die aufregenden Nachrichten über seine Behandlung in der Gefangenschaft, sein ungebrochener Stolz und die Anstrengungen seiner Anhänger um die Befreiung des Königs hatten ihn zum Volkshelden gemacht. Die Balladen über ihn und Robin Hood, mit dem er in Verbindung gebracht wurde, die Sage über seine abenteuerliche Auffindung durch den Troubadourgenossen Blondel sind bis heute lebendig.

Eleonore nahm noch an der zweiten Krönung ihres Sohnes am 17. April 1194 in der Saint-Swithun-Kirche in Winchester teil, die nach der Lehnshuldigung für den Kaiser seine Souveränität als König von England unterstreichen sollte. Schließlich gelang es ihr auch noch, die Aussöhnung Richards mit seinem Bruder Johann Ohneland zu bewirken. Nachdem ihr diese große Sorge vom Herzen genommen war, zog sich Eleonore hinter die Klostermauern von Fontevrault zurück.

Die Abtei von Fontevrault war nicht irgendein durch plötzlichen Entschluß gewähltes Refugium. Die auf den Wanderprediger Robert von Arbrissel zurückgehende Klostergemeinschaft, in der Mönche und Nonnen nahe beieinander lebten, verkörperte auf geistlicher Ebene ein Ideal, das in bezug auf das Verhältnis der Geschlechter zueinander dem nahe kam, was Eleonore in frühester Jugend den Liedern der Troubadours entnehmen konnte. Den Klerikern war in dem Doppelkloster gegenüber den Frauen eine dienende Stellung zugewiesen. Die Gemeinschaft wurde von einer Frau geleitet. Eintretende Mönche hatten den Profeß in ihre Hände zu leisten und waren ihr Gehorsam schuldig. Das galt auch für den weiteren Klosterverband, zu dem schon 1119 eine stattliche Anzahl von kleineren Tochterklöstern gehörte. Gegen Mitte des 12. Jahrhunderts lebten etwa 5000 Personen in dem Orden. Zu seinen Förderern gehörten weibliche Mitglieder der aquitanischen Herzogsfamilie und schließlich auch Eleonores berühmter Großvater Wilhelm IX. Sie selbst setzte diese Familientradition fort. An allen wichtigen Stationen ihres Lebens erwies sich die enge Bindung Eleonores an das Mutterkloster von Fontevrault, das sie u. a. anläßlich ihrer beiden Eheschließungen und auch bei der öffentlichen Aussöhnung mit Heinrich II. mit reichen Schenkungen bedachte.[36]

Ob Eleonore sich in Fontevrault ganz aus dem politischen Leben fernhalten wollte, ist nicht sicher. Die formelle Ausübung von Grafenrechten ihres Enkels Otto von Braunschweig, des späteren Kaisers Otto IV., in Poitou und sein Auftreten als Herzog von Aquitanien in einigen Urkunden[37] lassen darauf schließen, daß sie gemeinsam mit ihrem Sohn Richard für den jungen Mann bestimmte politische Pläne ins Auge gefaßt hatte.

Richard hinterließ keinen Sohn, und der nach Lehnserbrecht dem Königtum der Plantagenets am nächsten stehende Enkel, Arthur von der Bretagne, war noch ein Kind, das sich in der Obhut einer politisch unberechenbaren Schwiegertochter, Konstanze von der Bretagne, und deren Parteigänger befand. Der am Hofe der Plantagenets aufgewachsene und erzogene älteste Sohn der sächsischen Herzogin, Otto, bemühte sich hingegen sichtbar, der Lebensart seines Onkels Richard Löwenherz nachzueifern. Der englische König seinerseits schätzte ihn sehr, und sicher war er auch Eleonores Lieblingsenkelsohn. Was lag näher, als ihn für eine eventuelle Nachfolge auf dem Thron der Plantagenets zu begünstigen und ihm dafür langfristig die Möglichkeit von Machtausübung und Sammlung von Herrschaftserfahrungen zu verschaffen. Richard suchte seinem Neffen 1195 auch durch die Planung einer Ehe mit der Tochter des Königs von Schottland nützlich zu sein. Der Plan blieb allerdings ohne Erfolg, da sich unerwartet noch ein Erbe für das schottische Königtum einstellte.[38]

Die feste Bindung Ottos von Braunschweig an den Herrschaftsbereich der Plantagenets zerschlug sich 1197 mit der Veränderung der Machtverhältnisse im deutschen Reichsgebiet beim Tod Kaiser Heinrichs VI. Jetzt richtete Richard Löwenherz, sicher in voller Übereinstimmung mit Eleonore, seine Anstrengungen darauf, den Neffen als erfolgreichen Bewerber für die Königswürde und den Kaisertitel zu präsentieren. Dafür wurden keine Geldmittel gescheut.[39] Der englische König und seine betagte Mutter dürften in der Wahl Ottos IV. durch eine dem Staufer Philipp von Schwaben feindliche Fürstengruppe eine tiefe Genugtuung für die ihnen durch Kaiser Heinrich VI. mit der geforderten Lehnshuldigung von dem gefangenen Richard angetane Demütigung und das nach Auffassung der Zeit einem Kreuzfahrer geschehene Unrecht gesehen haben.

Bald nach diesen Ereignissen, an einem Apriltag des Jahres 1199, traf die etwa achtundsiebzigjährige Königin wohl der schwerste Schlag ihres an Wechselfällen nicht armen Lebens. Man rief die Mutter an das Sterbelager Richards I. Bei der Belagerung eines Vasallen hatte ihn ein Pfeil tödlich verwundet. Die alte Königin kam noch zeitig, um am 6. April den letzten Willen ihres Sohnes entgegenzunehmen. Richard verfügte, daß sein Herz im Stammland der Plantagenets am Sitz der Herzöge der Normandie, in Rouen, und sein übriger Körper in Fontevrault, wo auch sein Vater ruhte, bestattet werden sollte. Eleonore sorgte für alles. Sie veranlaßte das feierliche Begräbnis in Fontevrault, übergab dem Kloster bedeutende Stiftungen für das Seelenheil Richards, bedachte seine Vertrauten und Diener mit reichlichen Geschenken, nahm in den folgenden Wochen die Beileidsbesuche der Familie und der Öffentlichkeit entgegen.

Danach unternahm sie alles in ihren Kräften Stehende, um den letzten noch verbliebenen Sohn in seinem Anspruch auf die Nachfolge von Richard I. zu unterstützen. Gemeinsam mit Johann zog sie nach Le Mans, das sich in der Hand der Parteigänger seines Neffen Arthur von der Bretagne befand. Sie unterwarfen die Stadt, schleiften die Stadtmauern und zerstörten die Burg und alle Steinhäuser. Während Johann danach in die Normandie weiterzog, verwüstete Eleonore im April 1199 mit dem berüchtigten Söldnerführer Mercadier Anjou und unterwarf es der Herrschaft ihres Sohnes.[40] Dann begab sie sich Anfang Mai auf eine Reise durch das mit Richards Tod an sie zurückgefallene Herzogtum Aquitanien. Ihr Weg führte sie über Loudun, Poitiers, Montreuil-Bonnin, Niort, Andilly, La Rochelle, Saint-Jean-d'Angely, Saintes nach Bordeaux. Der Zweck dieser Reise kann nur darin bestanden haben, durch ihre persönliche Anwesenheit die Präsenz der Herrscherfamilie zu demonstrieren, keine Machtlücke aufkommen zu lassen und Verbündete für das Königtum Johanns zu gewinnen. Sie entschied als Lehnsherrin anstehende Streitigkeiten, bestätigte Schenkungen, regelte Lehnshoheiten und verlieh Stadtrechte an alle bedeutenden Städte, die sie auf dieser Reise berührte. Damit sicherte sie Johann auch deren militärische Unterstützung, denn die Bürger übernahmen den militärischen Schutz ihrer Städte selbst. Den französischen König, dem von der Gegenpartei der zwölfjährige Arthur von der Bretagne anvertraut worden war, suchte Eleonore mit einer äußerst geschickten Diplomatie zum Stillhalten zu zwingen. Zwischen dem 15. und dem 20. Juli begab sie sich ungerufen zu ihm nach Tours, um den Lehnseid zu leisten.[41] Da sich Philipp II. August seiner Eheangelegenheiten wegen im Interdikt befand und auch anderwärts große Schwierigkeiten zu überwinden hatte, fand er sich bereit, einzulenken. Den Frieden sollte eine Ehe zwischen einer Nichte Johanns und dem französischen Thronerben Ludwig besiegeln. Die alte Königin nahm sich dieses Plans wiederum aufs lebhafteste an. Sie reiste in Begleitung des Erzbischofs von Bordeaux und des Söldnerführers Mercadier nach Kastilien, um eine der Töchter ihrer einzigen noch lebenden Tochter Eleonore und Alfons' VIII. von Kastilien nach Frankreich zu holen und dem französischen Thronfolger, dem späteren Ludwig VIII., zuzuführen. Es war Blanca von Kastilien. Der Hochzeit, die am 23. Mai 1201 stattfand, wohnte Eleonore nicht mehr bei. Von der Reise ermüdet, zog sie sich erneut nach Fontevrault zurück, ließ aber nicht nach, von hier aus durch ihre persönlichen Beziehungen dem König, ihrem Sohn, auf dem Festland Verbündete zu gewinnen.

Dennoch währte der Frieden nicht lange. Philipp II. August nahm die Mißstimmung des hohen Adels im Poitou zum Anlaß, um 1202 als Oberlehnsherr einzugreifen. Er konnte sich dabei auch Arthurs von der Bretagne bedienen, der von ihm zum Ritter geschlagen wurde und den Lehnseid für den größten Teil der Besitzungen der Plantagenets auf dem Festland leistete, darunter auch die Erblande seiner Großmutter. Arthur, ins Poitou entsandt, sollte sich dort mit dem rebellierenden Adel vereinigen.

Fontevrault schien für die alte Königin im offenen Krieg um ihr Herzogtum nicht mehr sicher. Sie brach deshalb in aller Eile auf, um hinter den Festungsmauern des Schlosses von Poitiers vor einem zu erwartenden Überfall Schutz zu finden. Aber Arthur war schneller und kreuzte bereits den Weg der Königin. Eleonore und ihr Gefolge retteten sich in die Burg Mirabeau, wo sie sich auf eine erbitterte Verteidigung einrichteten. Während sie ihre Belagerer durch Unterhandeln hinhielt, gelang es Eleonore, Boten an Johann nach Le Mans und an einen ihrer Getreuen in Chinon zu senden. Johann, der sich darüber im klaren sein mußte, welche schlimmen Folgen eine Geiselhaft seiner Mutter in den Händen ihres Enkels für ihn heraufbeschwören würde, setzte sich mit seinem Heer unverzüglich in Marsch und befreite Eleonore durch einen Überraschungsangriff, so daß sie ungehindert in ihr Kloster zurückkehren konnte.

Die Strapazen aber hatten ihre Spuren hinterlassen. Schon vor den Ereignissen von 1202 zeichneten Krankheit und Alter Eleonore zunehmend. So ist nicht sicher, ob sie von Fontevrault aus, wo sie nur noch ein Jahr zu leben hatte, den Zusammenbruch der Herrschaft der Plantagenets auf dem Festland bewußt miterlebte. Am 31. März oder 1. April 1204 schloß die Frau, der bis zuletzt von den Höhen und Tiefen der Existenz einer hochmittelalterlichen Herrscherin nichts erspart geblieben war, die Augen für immer. Ihre letzte Ruhestätte fand sie wie ihr Sohn Richard I. in Fontevrault.

Sucht man ein Fazit dieses Lebens zu ziehen, so scheint erwiesen, daß die bis auf den heutigen Tag überwiegend rezipierte negative Beurteilung in der zeitgenössischen Geschichtsschreibung und Legende hauptsächlich aus Eleonores Streben resultiert, sich in ihren beiden aufeinanderfolgenden Ehen einen Platz zu sichern, der nicht nur bestimmt war durch ihre Rolle als Gebärerin der Thronerben, sondern ihr die Möglichkeit bot, ihren klugen Verstand an der Seite eines tatkräftigen Mannes ungehindert zu beweisen. Damit stieß sie an im 12. Jahrhundert schon verfestigte Ehenormen. In ihrer ersten Ehe scheiterte ihr Streben nach einer geachteten Rolle am Hof vor allem am Ausbleiben des Thronerben. In ihrer zweiten Ehe stieß Eleonore auf eine starke Herrscherpersönlichkeit, die in ihrer Mentalität und in ihrem Lebensstil ganz und gar dem Ideal des adligen Familienoberhauptes entsprach, die Herrscherfamilie strikt auf sich bezog und ihr Verhältnis zu Frau und Kindern auf die Erhaltung des Geschlechts *(lignage)*, die Sicherung der Herrschaftsfolge, Machterweiterung durch die Ehen der Söhne und Ausdehnung des politischen Einflußbereiches über die Heiraten der nichterbberechtigten Töchter konzentrierte. Wie in vielen Adelsfamilien führte das zur Rebellion der nach größerer Selbständigkeit strebenden Söhne. Die Parteinahme der Mutter für die letzteren gegen den Ehemann war für die Zeitgenossen ein so unerhörter Verstoß gegen die Ehemoral, daß sie ihr Verbannung vom Hof, strenge Überwachung, langjährige Isolierung von der Familie und den Herrschaftsangelegenheiten einbrachte. Darüber hinaus waren ihr auch Kirchenstrafen angedroht.[42] Wenn von Heinrich II. gesagt werden kann, daß er ganz dem Ideal des adligen Familienoberhauptes entsprach, so kann für Eleonore nicht in Anspruch genommen werden, daß sie das Ideal einer Ehefrau ihres sozialen Milieus gewesen ist. Sie war schon für ihre Zeitgenossen eine außergewöhnliche Frau, außergewöhnlich im wahrsten Sinne; keine Ehefrau schlechthin, sondern ein Bündnispartner und zugleich eine wirkliche Herrscherpersönlichkeit. Deshalb konnten ihre Zeitgenossen Eleonores Schicksal nur mythologisch deuten. Man brachte sie mit den Weissagungen des mythischen Merlin, dem das siebte Buch der viel kommentierten und stark verbreiteten *Historia regum Brittanniae* gewidmet war, in Verbindung.[43] Sie war der zweigeteilte Adler, Adler des gebrochenen Bündnisses, dem erst der Drittgeborene seine Freiheit zurückbringen würde. Der drittgeborene Sohn Eleonores war Richard I. Löwenherz, zu dem sie zeitlebens ein besonders inniges Verhältnis hatte. Vermutlich kannte die literarisch interessierte Königin diese Weissagung und hat während der Zeit ihrer Gefangenschaft aus ihr Kraft geschöpft.

Stellt man die Frage, wieviel historisch Vorwärtsweisendes sich in Eleonores Wirken findet, so muß die Antwort unter dem Blickpunkt der unterschiedlichen feudalen Staatsgebilde und politischen Zusammenhänge, in denen sie wirkte, differenziert ausfallen.

In ihrer Ehe mit Ludwig VII. unterstützte sie dessen politisches Wirken zur Bändigung der regionalen Gewalten in ihrem aquitanischen Herzogtum. In der Perspektive diente dies der Stärkung der französischen Zentralgewalt, die noch ganz am Anfang ihres langen komplizierten Weges stand. Eleonores Engagement für den 2. Kreuzzug diente der Steigerung des Ansehens des christlichen Herrscherpaares, das durch die Ereignisse von Vitry[44] zweifellos sehr gelitten hatte.

Die Annullierung ihrer Ehe mit Ludwig VII. lag im Interesse der Sicherung der ununterbrochenen Herrschaftsfolge der französischen Könige aus dem Hause der Capetinger. Die Lösung des aquitanischen Herzogtums aus dem unmittelbaren Königsbesitz war demgegenüber das kleinere Übel, das später wieder rückgängig gemacht werden konnte. Die subjektiv verständliche Verbindung Eleonores mit dem Herzog der Normandie, Heinrich Plantagenet, dessen Pläne und Absichten auf den englischen Königsthron der Herzogin bekannt gewesen sein müssen, hat zu schweren Belastungen vor allem für den staatlichen Zentralisierungsprozeß in Frankreich geführt, die sich noch bis in das späte Mittelalter auswirkten. Dieser Konfliktstoff war durch die normannische Eroberung Englands 1066 schon angelegt, wurde aber durch die von Eleonore unterstützte und mitgetragene Großreichspolitik Heinrichs II. außerordentlich zugespitzt, da die kontinentalen Besitzungen des englischen Königspaares die Ländereien der französischen Krone mehr und mehr einschnürten.

In die Großreichspolitik Heinrichs II. und Eleonores gehört auch die Ehe ihres zweitältesten Sohnes mit der vermeintlichen französischen Thronerbin. Diese Ehe sollte den Einfluß der Plantagenets in Frankreich verstärken. Durch die Geburt des Thronfolgers in der dritten Ehe Ludwigs VII. wurde dieser Plan zum politischen Bumerang. Jetzt nutzte Ludwig VII. diese Verbindung für seine eigenen Vorhaben und brachte Vater und Sohn Plantagenet in Widerspruch zueinander. Die Rolle der Königin in diesem Konflikt war beeinflußt durch ihre Vertrauten und

Höflinge, aber letztlich Folge von Heinrichs autoritärem Handeln, das Eleonore nicht mehr als Verbündete an der Herrschaft teilhaben ließ.

In ihrem ererbten Herzogtum förderte Eleonore insbesondere durch ihre Städtepolitik den Landesausbau. Privilegien erhielten sowohl ganze Kommunen als auch einzelne Kaufmannsfamilien.[45]

Diese der weiteren Entfaltung der Städte förderliche Politik kam in der Perspektive, bei der Einbeziehung Aquitaniens in das Herrschaftsgebiet der französischen Könige, dem Zentralisierungsprozeß zugute.

Nicht zu leugnen ist der Einfluß Eleonores auf die Ausprägung der höfischen Kultur. Außer den Erfahrungen ihrer Kindheits- und Jugendjahre im Schloß l'Ombrière am Hof des Vaters, stand ihr hierfür auch die persönliche Kenntnis des byzantinischen Hoflebens und der adligen Lebensweise in der orientalischen Umgebung des Fürsten von Antiochia zur Verfügung. Dichter, Sänger und Musikanten suchten ihre Umgebung. Ein positiver kultureller Einfluß ging von der Aquitanierin auch über ihre Töchter aus. Keine von ihnen wurde, wie das nicht unüblich war, im frühesten Kindesalter aus dem Haus gegeben. Mathilde und Johanna, elfjährig vermählt, lebten bis zu diesem Zeitpunkt am Hofe der Plantagenets und hatten dort schon bestimmte kulturelle Einflüsse aufnehmen können. Die mit acht oder neun Jahren nach Kastilien vergebene Eleonore wuchs dort mit ihrem nur drei Jahre älteren Gatten, Alfonso VIII., gemeinsam in einer höfischen Umgebung auf, deren Lebensstil dem ihrer Mutter Eleonore nahe kam. Bezeichnend für die Wirkung der Persönlichkeit Eleonores auf ihre Töchter, sicher aber auch für ihre Liebe zu ihnen, ist die Bindung der beiden Töchter aus erster Ehe, Marie und Alix, an die Mutter. Aufgeschlossenheit für die geistigen Interessen Eleonores besaß besonders die ältere Tochter, Marie von Champagne, die wie Alix gern den Hof der Mutter aufsuchte. Auch sie liebte Gesang und Dichtkunst, förderte und regte sie an. Sowenig man Eleonores vielschichtige, an Erfahrungen reiche Persönlichkeit auf ihre Stellung im Hofleben und ihre Beziehung zu Kunst und Literatur reduzieren kann, sowenig ist zu bezweifeln, daß sie persönlich und über ihre Familie viel zur Verbreitung der höfischen Kultur beigetragen hat. Trotz aller gegenteiligen Bemühungen Heinrichs II. hat die starke Persönlichkeit Eleonores auch die dem Thron am nächsten stehenden beiden Söhne mitgeprägt. Von Heinrich dem Jüngeren ist bekannt, daß er zur Großzügigkeit bis zur Verschwendung neigte, das ritterliche Leben liebte und von Turnier zu Turnier gezogen ist. Richard I. liebte die Minnelieder der Troubadours, eiferte dem aquitanischen Urgroßvater nach und verfaßte wie dieser eigene Kanzonen, und er warf sich eilends in das „Abenteuer" der Kreuzzüge. Beide lebten nach dem Moralkodex des Adels, der in hohem Maße ritterlichen Kampfgeist und Großzügigkeit forderte.[46] Das waren Normen, die sich Eleonore von Jugend an fest eingeprägt haben mußten. Was Eleonore, die nach dem Tod Heinrichs II. mit ganzem Einsatz für die Thronfolge der Söhne und die Stabilisierung ihrer Herrschaft gekämpft hat, ihnen nicht in dem Maße zu geben vermochte, waren jene Eigenschaften, welche die erfolgreiche Regierung ihres Vaters gewährleistet hatten: zähe politische Konzentration auf die Niederhaltung des hohen Adels, Einordnung der Kirche in das Herrschaftskonzept, Verbindung mit dem niederen Adel mittels Handhabung der Gerichtsbarkeit, persönliche Sparsamkeit und großzügiger Einsatz der finanziellen Ressourcen zur richtigen Zeit und am richtigen Ort. Sie selbst hat den Blick für diese Herrschaftserfordernisse wahrscheinlich erst im reiferen Alter erworben.

Insgesamt fragt man sich, wenn man das Leben der unermüdlichen Frau überschaut, nach den Ursachen für das offensichtliche Mißverhältnis zwischen ihrer persönlichen Leistung und den objektiven Ergebnissen. Man wird sie in der Tatsache finden, daß die Großreichskonzeption der Plantagenets, nach dem Muster des Kaiserreichs und in Antithese zu ihm, der Eleonores politisches Handeln vorwiegend diente, nicht mehr den Bedingungen und Ergebnissen der Entwicklung der europäischen Feudalstaaten an der Wende vom 12. zum 13. Jahrhundert entsprach. In Frankreich, dem festländischen Zentrum der Machtausdehnung der Plantagenets, war die staatliche Konzentration in den einzelnen Lehnsfürstentümern so weit fortgeschritten, daß sie auf die Dauer von einer äußeren Macht schwer beherrschbar geworden waren. Die als Stellvertreter des Familienoberhauptes eingesetzten Söhne Heinrichs II. und Eleonores wurden in diesen Prozeß integriert und handelten nicht in erster Linie als Repräsentanten eines gemeinsamen Reiches der Plantagenets, sondern als Lehnsfürsten, bekämpften sich untereinander und den Vater als ihren Lehnsherrn. Auf der anderen Seite schritt die Stärkung der Position des französischen Königtums beständig voran und trat unter Philipp II. August in eine neue, intensivere Phase ein,[47] so daß auch von dieser Seite für die Realisierung der Großreichspläne der Plantagenets, in die Eleonore eingebunden war, der Boden immer brüchiger wurde.

Anhang

Abkürzungen

Die in den Monumenta Germaniae historica edierten Quellen werden wie folgt zitiert:

MGH	Monumenta Germaniae historica
SS.	Scriptores rerum Germanicarum
SS. in us. schol.	Scriptores rerum Germanicarum in usum scholarum
SS. rer. Germ. nova series	Scriptores rerum Germanicarum nova series
DD.	Diplomata regum et imperatorum Germaniae
DH.I.	Diplom Heinrichs I.
DO.I.	Diplom Ottos I.
DO.III.	Diplom Ottos III.
DH.II.	Diplom Heinrichs II.
DK.II.	Diplom Konrads II.
DH.III.	Diplom Heinrichs III.
Const.	Constitutiones et acta publica imperatorum et regum
DFr.I., DDFr.I.	Urkunde, -en Friedrichs I.

Anmerkungen

Zu Hrotsvit von Gandersheim

1 Vgl. dazu R. Köpke, Hrotsuit von Gandersheim, Berlin 1869, S. 238.

2 Vgl. Hrotsvithae opera, ed. P. von Winterfeld, MGH SS. rer. Germ., Berlin 1902; Hrotsvitha von Gandersheim. Werke in dt. Übertragung von H. Homeyer, München, Paderborn, Wien 1973. Im folgenden werden im Text gekennzeichnete Zitate ohne weiteren Hinweis nach dieser Ausgabe zitiert.

3 H. Hoffmann, Buchkunst und Königtum im ottonischen und frühsalischen Reich (Schriften der MHG 30, I), Stuttgart 1986, S. 10, S. 91 ff.

4 Die Anfänge des Klosters Gandersheim (Primordia coenobii Gandeshemensis) sind während der Regierungszeit Ottos II. nach einem Brand, der die Klosterkirche um 970 zerstörte, entstanden. Der Text des Gedichtes ist lediglich in einem Druck überliefert, den der ehemalige Sekretär der Äbtissin von Gandersheim Pastor J. G. Leuckfeld 1709 nach einer verlorengegangenen Handschrift veranlaßt hatte. Vgl. K. Langosch, Geschichte der Textüberlieferung der antiken und mittelalterlichen Literatur, Bd. II, Zürich 1964, S. 164.

5 Homeyer, Dt. Übertragung, S. 64.

6 Die sächsischen Frauenklöster insgesamt waren berühmt für ihren hohen Bildungsstand. Die hier erzogenen Frauen besaßen oft eine höhere Bildung als ihre Männer. Vgl. dazu H. Grundmann, Die Frauen und die Literatur im Mittelalter, in: Archiv für Kulturgeschichte 26 (1936), S. 135 f.

7 MGH DO. II., Nr. 201, 979, September 27, S. 228.

8 G. Glauche, Schullektüre im Mittelalter, München 1970, bes. S. 62 ff.

9 Hrotsvithae opera, hrg. von H. Homeyer, München – Paderborn – Wien 1970, Einführung, S. 8.

10 Homeyer, Dt. Übertragung, S. 64.

11 Zur Anzahl der Kanonissen vgl. K. H. Schäfer, Die Kanonissenstifter im deutschen Mittelalter, Kirchenrechtliche Abhandlungen, hrg. von K. Stutz, 43/44 (1907), S. 140.

12 Insassen von Stiften brauchten bei der Aufnahme kein Gelübde abzulegen, lediglich ein Keuschheits- und Gehorsamsversprechen abzugeben, was auch die Möglichkeit eines Austritts offenließ. Sie durften ihr Vermögen behalten, Urlaub nehmen, Besuche empfangen und besaßen oftmals eigene Wohnungen. Schäfer, Kanonissenstifter, S. 14, 119 ff; S. Shahar, Die Frau im Mittelalter, Frankfurt-Main, 1986, S. 133 ff.

13 Homeyer, Dt. Übertragung, S. 28 nimmt an, daß in Gandersheim wie auch in Neuenheerse, Herford und Essen die auf der Aachener Synode 816 beschlossene freiere Form der Benediktinerregel galt. Erst gegen Ende des 10. Jh. lokkerten sich in Gandersheim die Sitten. Thangmar klagt in seiner Vita Bernwardi, daß sich Luxus, Überfluß und extravagante Sitten eingestellt hätten. Der Gehorsam sei erlahmt und jeder tue, was er wolle. Thangmari Vita Bernwardi, ed. G. H. Pertz, MGH SS. IV., Hannover 1841, S. 765, cap. 14.

14 Vita Hathumodae, ed. G. H. Pertz, MGH SS. IV., c. 5, S. 168.
15 Primordia coenobii Gandeshemensis, v. 96ff. 110, 176.
16 G. Zimmermann, Ordensleben und Lebensstandard. Die cura corporis in den Ordensvorschriften des abendländischen Hochmittelalters, 2 Bde. (Beiträge zur Gesch. des alten Mönchtums und des Benediktinerordens 32), Münster 1973, S. 140.
17 Homeyer, Dt. Übertragung, S. 64.
18 Ebenda, S. 143.
19 Diese Sicht wird auch in ihren Gesta Ottonis deutlich, als sie sagt, sie berichte nicht von Kriegszügen und Kämpfen, da das Sache der Männer und nicht Sache des schwachen weiblichen Geschlechts sei. Vgl. S. Reiter, Weltliche Lebensformen von Frauen im 10. Jh. Das Zeugnis der erzählenden Quellen, in: Frauen in der Geschichte VII, hrsg. von W. Affeldt, A. Kuhn (Geschichtsdidaktik, Studien, Materialien 39), Düsseldorf 1986, S. 115.
20 Dazu Homeyer, Dt. Übertragung, S. 115.
21 Widukind von Corvey, Res gestae Saxonicae I, 33, ed. P. Hirsch/H.-E. Lohmann, MGH SS. in us. schol., 5. Aufl., Hannover 1936, S. 47. Zu diesem Vorgang B. Pätzold, Die Auffassung des ostfränkisch-deutschen Reiches als „Regnum Saxonum" in Quellen des 10. Jh. vornehmlich bei sächsischen Geschichtsschreibern, in: W. Eggert/B. Pätzold, Wir-Gefühl und Regnum Saxonum bei frühmittelalterl. Geschichtsschreibern, Weimar 1984, S. 217; H. Beumann, Widukind von Corvey, Weimar 1950, S. 220ff.
22 Vgl. Adso Dervensis, De ortu et tempore Antichristi nocnon et tractatus qui ab eo dependunt, ed. D. Verhulst, Turnhout 1976. Vgl. auch R. Konrad, De ortu et tempore Antichristi. Antichristvorstellungen und Geschichtsbild des Abtes von Montier-en-Der, Kallmünz 1964; W. Goez, Translatio imperii, Tübingen 1958.
23 Zum gesamten Problem ausführlich Pätzold, Auffassung, S. 223ff.
24 K. Bosl, Der „Adelsheilige". Idealtypus und Wirklichkeit, Gesellschaft und Kultur im merowingischen Bayern des 7. und 8. Jh., in: Speculum historiale, Festschrift für J. Spörl, München 1965, S. 176ff.
25 K. Sonnleitner, Selbstbewußtsein und Selbstverständnis der ottonischen Frauen im Spiegel der Historiographie des 10. Jahrhunderts, in: Geschichte und ihre Quellen. Festschrift für F. Hausmann, Graz 1987, S. 119.
26 M. Schütze-Pflugk, Herrscher- und Märtyrerauffassung bei Hrotsvit von Gandersheim, Wiesbaden 1972, S. 70ff., 82;
27 Ähnlich formuliert auch Widukind von Corvey, I, 36 die bei der Krönung Ottos I. 936 durch den Erzbischof genannten Aufgaben des Herrschers.
28 Neben der Marienlegende ist dies in drei weiteren Legenden der Fall. Die sechs Dramen haben ausnahmslos positive Frauengestalten als Hauptpersonen.
29 Homeyer, Dt. Übertragung, S. 64.
30 St. Beissel, Die Verehrung U. L. Frau in Deutschland während des Mittelalters, Freiburg 1896, S. 42 f.; M. Lemmer (Hrsg.), Mutter der Barmherzigkeit. Mittelalterliche deutsche Mirakelerzählungen von der Gottesmutter, Leipzig 1986, S. 241 ff.
31 Shahar, Frau im Mittelalter, S. 38f.

32 F. Graus, Volk, Herrscher und Heiliger im Reich der Merowinger, Prag 1965, S. 69 ff.
33 Homeyer, Dt. Übertragung, S. 76.
34 Aus dieser Anschauung heraus wird auch die Stilisierung der beiden ottonischen Königinnen Mathilde und Adelheid, der Mutter bzw. Gattin Ottos I., als Heilige in ihren in der zweiten Hälfte des 10. Jh. nach dem Vorbild der merowingischen Vita Radegundis entstandenen Lebensbeschreibungen möglich, welche damit zugleich als Bestandteil der sakralen Herrschaftlegitimierung des sächsischen Königshauses angesehen werden müssen. Vgl. S. Wittern, Frauen zwischen asketischem Ideal und weltlichem Leben. Zur Darstellung des christlichen Handelns der merowingischen Königinnen Radegunde und Balthilde in hagiographischen Lebensbedingungen des 6. und 7. Jahrhunderts, in: Frauen in der Geschichte VII, bes. S. 276 f., sowie H. Beumann, Die sakrale Legitimierung des Herrschers im Denken der ottonischen Zeit, in: Wege der Forschung 178, 1971, S. 190.
35 Homeyer, Dt. Übertragung, S. 158.
36 Diese Attribute sind Topik und Eigenschaften aller Heiligen in frühmittelalterlichen Viten.
37 Homeyer, Dt. Übertragung, S. 176.
38 Ebenda, S. 112.
39 Ebenda, S. 204 f.
40 H. Fichtenau, Lebensordnungen des 10. Jahrhunderts. Studien über Denkart und Existenz im einstigen Karolingerreich (Monographien zur Geschichte des Mittelalters 30, I, II), Stuttgart 1984, Bd. II, S. 403 ff.
41 Homeyer, Dt. Übertragung, S. 243 f.
42 Homeyer, Dt. Übertragung, S. 101 f.
43 Vgl. G. Duby, Drei Ordnungen. Das Weltbild des Feudalismus, Frankfurt-Main 1986 (Suhrkamp Taschenbuch: Wissenschaft 596), Fichtenau, Lebensordnungen I, S. 11 ff.
44 L. Zoepf, Das Heiligen-Leben im 10. Jahrhundert, Leipzig – Berlin 1908, S. 112.
45 Fichtenau, Lebensordnungen II, S. 330 f.
46 So auch K. M. Wilson, The Saxon Canocess Hrotsvit of Gandersheim, in: Medieval Women Writers, hrsg. von K. M. Wilson, Athens (Georgia) 1984, S. 41.
47 Ebenda.
48 Vgl. zur Rezeptionsgeschichte Köpke, Hrotsuit, S. 14–25.

Zu Kaiserin Adelheid

1 M. Uhlirz. Die rechtliche Stellung der Kaiserinwitwe Adelheid im deutschen und italischen Reich, in: Zeitschrift der Savigny-Stiftung für Rechtsgeschichte, Germanistische Abteilung 74 (1957), S. 86.
2 I diplomi di Ugo e di Lothario di Berengario II e di Adalberto, ed. L. Schiaparelli (Fonti per la storia d'Italia 38), Rom 1924, S. 139–144, Nr. XLVI u. XLVII.
3 Ebenda, S. 255 f., Nr. III.

4 Ebenda, S. 282 f., Nr. XIV.
5 Vgl. dazu: Th. Vogelsang, Die Frau als Herrscherin im hohen Mittelalter. Studien zur „consors-regni"-Formel, Göttingen – Frankfurt (M) – Berlin (West) 1954, S. 20.
6 Hrotsvit von Gandersheim, Gesta Ottonis, ed. P. von Winterfeld, in: Hrotsvithae opera (MGH, SS. in us. schol.), Berlin 1902, Vers 469 f., S. 215 f.
7 Odilo von Cluny, Epitaphium domine Adelheide auguste, ed. G. H. Pertz (MGH, SS. 4), Hannover 1841 (Nachdruck 1982), S. 636–649. Neuedition: Festschrift zur Jahrtausendfeier der Kaiserkrönung Ottos des Großen, II., Die Lebensbeschreibung der Kaiserin Adelheid von Abt Odilo von Cluny, bearb. von H. Paulhart, Graz – Köln 1962, S. 45–54. Die Kapitel-Verweise beziehen sich auf die Monumenta-Ausgabe. Die Zitate sind leichte Bearbeitungen der Übertragung von Hüffer/Wattenbach: Das Leben der Kaiserin Adelheid von Odilo von Cluny. Nach der Ausgabe der MGH, übersetzt von H. Hüffer, bearb. von W. Wattenbach (Die Geschichtsschreiber der deutschen Vorzeit, 2. Gesamtausgabe 35), 3. Aufl., Leipzig 1939.
8 Odilo, c. 2
9 Siehe dazu: R. Köpke/E. Dümmler, Kaiser Otto der Große (Jahrbücher der Deutschen Geschichte), 2. Aufl., Darmstadt 1962, S. 191, Anm. 5.
10 G. Althoff, Adels- und Königsfamilien im Spiegel ihrer Memorialüberlieferung. Studien zum Totengedenken der Billunger und Ottonen (Münstersche Mittelalter-Schriften 47), München 1984, S. 147.
11 Hrotsvit, Gesta Ottonis, Vers 435 ff. Siehe dazu auch: M.-L. Portmann, Die Darstellung der Frau in der Geschichtsschreibung des frühen Mittelalters, Basel – Stuttgart 1958, S. 73.
12 Odilo, c. 3 f.
13 Hrotsvit, Gesta Ottonis, Vers 588–608. Siehe dazu: E. Karpf, Herrscherlegitimation und Reichsbegriff in der ottonischen Geschichtsschreibung des 10. Jahrhunderts (Historische Forschungen, 10), Stuttgart 1985, S. 127.
14 Köpke/Dümmler, Otto der Große, S. 198, Anm. 2.
15 Die Urkunden Konrads I., Heinrichs I. und Ottos I., ed. Th. Sickel (MGH, DD. I), Hannover 1879–1884 (Neudruck 1956), Nr. 368 f.
16 DO. I. 141.
17 Widukind von Corvey, Rerum Gestarum Saxonicarum libri tres, in Verbindung mit H.-E. Lohmann neu bearb. von P. Hirsch (MGH, SS. in us. schol.), 5. Aufl., Hannover 1935, III, 10, S. 109.
18 DO. I. 178.
19 E. Müller-Mertens, Die Reichsstruktur im Spiegel der Herrschaftspraxis Otto des Großen (Forschungen zur mittelalterlichen Geschichte 25), Berlin 1980.
20 DO. I. 238.
21 DO. I. 327.
22 G. Althoff/H. Keller, Heinrich I. und Otto der Große. Neubeginn auf karolingischem Erbe, Göttingen – Zürich 1985, S. 204.
23 G. Streich, Burg und Kirche während des deutschen Mittelalters. Untersuchungen zur Sakraltopographie von Pfalzen, Burgen und Herrensitzen (Vorträge und Forschungen, Sbd. 29), Teil I, Pfalz- und Burgkapellen bis zur staufischen Zeit, Sigmaringen 1984, S. 314.

24 J. F. Böhmer, Regesta imperii, II., Sächsische Zeit, 5. Abteilung, Papstregesten 911–1024, bearb. von H. Zimmermann, Wien – Köln – Graz 1969, Nr. 499f., S. 200f.
25 K. J. Leyser, Herrschaft und Konflikt. König und Adel im ottonischen Sachsen, Göttingen 1984, S. 91.
26 P. Corbet, Les saints ottoniens. Sainteté dynastique, sainteté royale et sainteté féminine autour de l'an Mil (Beihefte der Francia 15), Sigmaringen 1986, S. 261f.
27 Die Urkunden Ottos II. und Ottos III., ed. Th. Sickel (MGH, DD., II), Hannover 1888–1893 (Neudruck 1956–1957), Nr. 29.
28 DO. II. 109.
29 Mit den älteren Ansichten, die schon für diese Zeit von einer Entfremdung zwischen Mutter und Sohn ausgehen, hat sich bereits K. Uhlirz, Jahrbücher des Deutschen Reiches unter Otto II. und Otto III., Bd. 1, Otto II. 973–983 (Jahrbücher der deutschen Geschichte), Leipzig 1902, S. 73, Anm. 6 auseinandergesetzt, auf den hier verwiesen sei.
30 Ebenda, S. 192f.
31 Odilo, c. 6.
32 J. F. Böhmer, Regesta imperii, II., Sächsisches Haus 919–1024, 2. Abteilung, Die Regesten des Kaiserreichs unter Otto II. 955 (973)-983, neubearb. von H. L. Mikoletzky, Graz 1950, Nr. 771b.
33 Odilo, c. 6.
34 Ein kurzzeitiger Besuch am Hof Ottos II. in Memleben ist unsicher. Vgl. F. P. Wimmer, Kaiserin Adelheid, Gemahlin Ottos I., des Großen (Programm zum Jahresbericht über das königliche neue Gymnasium zu Regensburg für das Studienjahr 1888/89), Regensburg 1889, S. 84.
35 S. Voss, Herrschertreffen im frühen und hohen Mittelalter. Untersuchungen zu den Begegnungen der ostfränkischen und westfränkischen Herrscher im 9. und 10. Jahrhundert sowie der deutschen und französischen Könige vom 11. bis 13. Jahrhundert (Beihefte zum Archiv für Kulturgeschichte 26), Köln – Wien 1987, S. 59f.
36 Odilo, c. 7.
37 H. Beumann, Die Ottonen, Berlin (West) – Köln – Mainz 1987, S. 127.
38 W. Stürner, Peccatum und potestas. Der Sündenfall und die Entstehung der herrscherlichen Gewalt im mittelalterlichen Staatsdenken (Beiträge zur Geschichte und Quellenkunde des Mittelalters 11), Sigmaringen 1987, S. 54.
39 H. Beumann, Otto III. 983–1002, in: Kaisergestalten des Mittelalters, hrsg. von H. Beumann, München 1984, S. 76.
40 Ebenda, S. 131.
41 DO. III. 7a.
42 K. und M. Uhlirz, Jahrbücher des Deutschen Reiches unter Otto II. und Otto III., Bd. 2, Otto III. 983–1002 (Jahrbücher der Deutschen Geschichte), Berlin (West) 1954, S. 68. Zu diesen Vorgängen siehe auch: H. Fichtenau, Lebensordnungen des 10. Jahrhunderts. Studien über Denkart und Existenz im einstigen Karolingerreich, Erster Halbbd., Stuttgart 1984, S. 245f.
43 Die Briefsammlung Gerberts von Reims, bearb. von F. Weigle (MGH, Die Briefe der deutschen Kaiserzeit 2), Nr. 74, S. 105.

44 J. F. Böhmer, Regesta imperii, II, Sächsisches Haus 919–1024, 3. Abteilung, Die Regesten des Kaiserreichs unter Otto III. 980 (983)–1002, neubearb. von M. Uhlirz, Graz–Köln 1956, Nr. 983 n. Künftig zitiert als Böhmer/Uhlirz.
45 DDO. III. 35 und 36.
46 Vielleicht war Adelheid noch einmal im Juli 989 für ganz kurze Zeit am königlichen Hof – siehe Böhmer/Uhlirz 1014 a.
47 Odilo, c. 8.
48 So E. Hlawitschka, Vom Frankenreich zur Formierung der europäischen Staaten und Völkergemeinschaft 840–1046. Ein Studienbuch zur Zeit der späten Karolinger, der Ottonen und der frühen Salier in der Geschichte Mitteleuropas, Darmstadt 1986, S. 168, und F. Prinz, Grundlagen und Anfänge. Deutschland bis 1056 (Neue Deutsche Geschichte 1), München 1985, S. 168.
49 Böhmer/Uhlirz Nr. 1065–1067.
50 Die Tegernseer Briefsammlung. Froumund, hrsg. von K. Strecker (MGH, Epistolae selectae 3), Berlin 1925, Nr. 16, S. 16.
51 Fichtenau, Lebensordnungen, S. 242 geht davon aus, daß das Schreiben wahrscheinlich noch aus der Zeit der Regentschaft Adelheids für Otto III. stammt. Dagegen spricht sich M. Uhlirz (Böhmer/Uhlirz, 1141 c) mit gewichtigen Gründen für einen zeitlichen Ansatz des Schreibens zum Jahr 995 aus.
52 Odilo, c. 10.
53 Böhmer/Uhlirz, 1307 b, 1308 a und 1309 a–c.
54 Odilo, c. 13–17.
55 Odilo, c. 22.
56 Annales Quedlingburgenses, ed. G. H. Pertz, in: MGH, SS. 3, Hannover 1839, S. 76 (zum Jahr 999). Deutsche Übersetzung: Die Jahrbücher von Quedlinburg. Nach der Ausgabe der MGH übersetzt von E. Winkelmann, bearb. von W. Wattenbach (Die Geschichtsschreiber der deutschen Vorzeit, 2. Gesamtausgabe, 36), 2. Aufl., Leipzig 1891, S. 22 f.
57 Miracula domine Adelheidis, ed. G. H. Pertz (MGH, SS. 4), Hannover 1941 (Nachdruck 1982), S. 645–649. Neuedition von H. Paulhart, in: Festschrift zur Jahrtausendfeier der Kaiserkrönung Ottos des Großen, II, S. 45–54.
58 Miracula, c. l. Siehe dazu auch Fichtenau, Lebensordnungen, S. 89, der (Anm. 73) diese Mitteilung irrtümlich Odilo von Cluny zuschreibt.
59 H. Paulhart, Zur Heiligsprechung der Kaiserin Adelheid, in: Mitteilungen des Instituts für Österreichische Geschichtsforschung 64 (1956), S. 65–67.
60 Corbet, Les saints ottoniens, S. 68.
61 J. Wollasch, Das Grabkloster der Kaiserin Adelheid in Selz am Rhein, in: Frühmittelalterliche Studien 2 (1968), S. 143.

Zu Olga

1 H. Kindermann, Theatergeschichte Europas 5, Salzburg 1962, S. 560.
2 A. P. Mogiljanskij, „Ol'ga", tragedija Ja. B. Knjažnina, in: XVIII vek. Sbornik 3, Moskau, Leningrad 1958, S. 498–504; L. I. Kulakova, Jakov Borisovič Knjažnin (1742–1791), Moskau–Leningrad 1951.
3 Théâtre de l'Hermitage de Catherine II, 2 Bde., Paris 1799.

4 Ja. B. Knjažnin, Izbrannye proizvedenie (Biblioteka poeta), Leningrad 1961, S. 118–182.
5 P. P. Toločko, Drevnij Kiev, Kiev 1983, S. 18 ff.
6 E. Mühle, Die Anfänge Kievs (bis ca. 980) in archäologischer Sicht. Ein Forschungsbericht, in: Jahrbücher für Geschichte Osteuropas 35 (1987), S. 80–101.
7 Rauchspur der Tauben. Rądzwiłł-Chronik, hrsg. v. H. Graßhoff/F. Freydank/G. Sturm, Leipzig – Weimar 1986, S. 21 f.; vgl. jeweils auch die Übers. v. R. Trautmann, Die altrussische Nestorchronik. Povest' vremennych let (Slavisch-Baltische Quellen und Forschungen 6), Leipzig 1931.
8 Mühle, Anfänge Kievs, S. 84 ff.
9 Rauchspur, S. 62.
10 Geschichte der Kultur der Alten Rus', Bd. 1, Berlin 1959, S. 200 ff.
11 P. P. Toločko, Das Kiever Wohnhaus des 10.–13. Jahrhunderts, in: Das Altertum 28 (1982), H. 3, S. 169–176.
12 G. Ostrogorsky, Geschichte des byzantinischen Staates (Byzantinisches Handbuch 1,2), 3. Aufl., München 1963, S. 159.
13 Rauchspur, S. 38 ff.
14 Ebenda, S. 52.
15 Ebenda, S. 38.
16 Ebenda, S. 88.
17 Ibn Faḍlān's Reisebericht, hrsg. v. A. Zeki Validi Togan (Abhandlungen für die Kunde des Morgenlandes XXIV, 3) Leipzig 1939, S. 97.
18 Ebenda, S. XIX.
19 H. M. Chadwick, The Heroic Age, 2. Aufl. 1967 (1. Aufl. 1912); vgl. K. v. See, Was ist Heldendichtung?, in: Europäische Heldendichtung (Wege der Forschung 500), Darmstadt 1978, S. 1–40.
20 H. Uecker, Germanische Heldensage (Sammlung Metzler 106), Stuttgart 1972, S. 22 ff.
21 Rauchspur, S. 61 f.
22 Ebenda, S. 63.
23 Ebenda.
24 Ebenda, S. 65.
25 Ebenda.
26 M. Vasmer, Russisches Etymologisches Wörterbuch, 1, Heidelberg 1953, S. 581.
27 Constantinus Porphyrogenitus, De caerimoniis aulae byzantinae, Bonn 1829, S. 596.
28 Die Werke des Metropoliten Ilarion, hrsg. v. L. Müller (Forum Slavicum 37) München 1971, S. 22, 41 f., 59 f.
29 Rauchspur, S. 66.
30 Ebenda, S. 67.
31 A. Stender-Petersen, Die Varägersage als Quelle der altrussischen Chronik (Acta Jutlandica VI, 1) Aarhus 1934, S. 227 ff.
32 Rauchspur, S. 67.
33 M. Hellmann, Die Handelsverträge des 10. Jahrhunderts zwischen Kiev und Byzanz, in: Untersuchungen zu Handel und Verkehr der vor- und frühge-

schichtlichen Zeit in Mittel- und Nordeuropa, IV, Göttingen 1987, S. 643–666.

34 Rauchspur, S. 61.

35 G. Podskalsky, Christentum und theologische Literatur in der Kiever Rus' (988–1237), München 1982, S. 16; vgl. G. Ostrogorsky, Byzanz und die Kiewer Fürstin Olga, in: Byzanz und die Welt der Slawen, Darmstadt 1974, S. 35–52.

36 Ostrogorsky, Byzanz, S. 38.

37 Rauchspur, S. 68 f.

38 Dt. Übersetzung in: K. Dietrich, Hofleben in Byzanz (Voigtländers Quellenbücher 19), Leipzig 1912, S. 93 ff.

39 Rauchspur, S. 70 ff.

40 Adalberti continuatio Reginonis zu den Jahren 959–961. Moderne Edition mit dt. Übersetzung in: Quellen zur Geschichte der sächsischen Kaiserzeit, neu bearb. von A. Bauer und R. Rau, 2. Aufl., Darmstadt 1977 (Freiherr vom Stein-Gedächtnisausgabe VIII), S. 215–217.

41 Rauchspur, S. 75.

42 Ebenda.

43 Ebenda.

Zu Kaiserin Gisela

1 Thietmari Merseburgensis, episcopi Chronicon, ed. R. Holtzmann, Berlin 1935 (MGH, SS. rer. Germ. nova series 9); Thietmar von Merseburg, Chronik (Lat. – dt.), bearb. von W. Trillmich, Berlin o. J. (Freiherr vom Stein-Gedächtnisausgabe IX); Herimanni Augiensis Chronicon, ed. G. H. Pertz, Hannover 1844 (MGH, SS. 5, S. 67–133); Hermann von Reichenau, Chronik (Lat. – dt.), bearb. von R. Buchner, Berlin 1961 (Freiherr vom Stein-Gedächtnisausgabe XI, S. 617–707); Wipo, Gesta Chuonradi II. imperatoris, in: Wiponis opera, ed. H. Bresslau, Hannover – Leipzig 1915 (MGH, SS. in us. schol.), S. 1–62; Wipo, Taten Kaiser Konrads II. (Lat. – dt.), bearb. von W. Trillmich, Berlin 1961 (Freiherr vom Stein-Gedächtnisausgabe XI, S. 507–613); Annalista Saxo, ed. G. Waitz, Hannover 1844 (MGH, SS. 6, S. 542–777).

2 H. Grauert, Die Kaisergräber im Dome zu Speyer. Bericht über ihre Öffnung im August 1900, München 1901 (Sitzungsberichte der Bayerischen Akademie der Wissenschaften, philosophisch-philologisch-historische Klasse, 1900), S. 572 ff.

3 Die Diskussion über das Geburtsdatum der Kaiserin Gisela ist zusammenfassend dargestellt bei E. Hlawitschka, Beiträge und Berichte zur Bleitafelinschrift aus dem Grab der Kaiserin Gisela, in: Historisches Jahrbuch 97/98 (1978), S. 439–445 und ders., Untersuchungen zu den Thronwechseln der ersten Hälfte des 11. Jahrhunderts und zur Adelsgeschichte Süddeutschlands. Zugleich klärende Forschungen um »Kuno von Öhningen«, Sigmaringen 1987 (Vorträge und Forschungen, Sonderbd. 35), S. 135 ff.

4 Für die Darstellung des Lebensweges Giselas vor ihrer Heirat mit Konrad (II.) sowie für die Angaben über Mitglieder ihrer Familie wurden vor allem folgende Untersuchungen herangezogen: E. Brandenburg, Probleme um die

Kaiserin Gisela, Leipzig 1928 (Berichte über die Verhandlungen der Sächsischen Akademie der Wissenschaften, philologisch-historische Klasse. 80, 1928, H. 4); H. Bollnow, Die Grafen von Werl. Genealogische Untersuchungen zur Geschichte des 10. bis 12. Jahrhunderts. Diss. Greifswald 1930; F. von Klocke, Die Grafen von Werl und die Kaiserin Gisela, in: Westfälische Zeitschrift 98/99 (1949), S. 67–111; P. Leidinger, Untersuchungen zur Geschichte des Hochmittelalters, Paderborn 1965 (Studien und Quellen der Grafen von Werl. Ein Beitrag zur Geschichte zur westfälischen Geschichte 5); G. Wunder, Gisela von Schwaben, Gemahlin Kaiser Konrads II., († 1043), in: Lebensbilder aus Schwaben und Franken, XIV, Stuttgart 1980, S. 1–16: H. C. Faußner, Kuno von Öhningen und seine Sippe in ottonisch-salischer Zeit, in: Deutsches Archiv für Erforschung des Mittelalters 37 (1981), S. 20–139; Hlawitschka, Untersuchungen.

5 R. Schölkopf, Die Sächsischen Grafen (919–1024), Göttingen 1957 (Studien und Vorarbeiten zum Historischen Atlas Niedersachsens 22), S. 108 identifiziert den von Milo erschlagenen Bruno mit Bruno von Braunschweig.

6 D. v. Keßler, Der Eheprozeß Ottos und Irmingards von Hammerstein. Studie zur Geschichte des Katholischen Eherechts im Mittelalter, Berlin 1923 (Eberings Historische Studien 157), S. 17 ff. und 60 ff.; S. Reicke, Der Hammersteiner Ehehandel im Lichte der mittelalterlichen Herrschaftsordnung, in: Rheinische Vierteljahresblätter 38 (1974), S. 203–224.

7 J. F. Böhmer, Regesta imperii, III., Salisches Haus 1024–1125, 1. Teil, 1024–1056, 1. Abteilung, Die Regesten des Kaiserreiches unter Konrad II., neubearb. von H. Appelt unter Mitwirkung von N. von Bischoff, Graz 1951, Oa-d. Künftig zitiert als Böhmer/Appelt; H. Breßlau, Jahrbücher des deutschen Reichs unter Konrad II., I, Leipzig 1879, S. 2 ff. Künftig zitiert als Breßlau I; T. Schmidt, Kaiser Konrads II. Jugend und Familie, in: Geschichtsschreibung und geistiges Leben im Mittelalter, Festschrift für Heinz Löwe, hrsg. von K. Hauck/H. Mordek, Köln – Wien 1978, S. 312–324.

8 Grauert, Kaisergräber, S. 576 f.; Ch. Koch, Die Haare Kaiser Konrads II. und der Kaiserin Gisela und die zeitgenössische ikonographische und literarische Überlieferung, in: Mitteilungen des Historischen Vereins der Pfalz 67 (1969), S. 205 ff.

9 Breßlau I, S. 15 ff.; ders., Gisela, deutsche Königin und römische Kaiserin, in: Allgemeine Deutsche Biographie IX, Leipzig 1879, S. 196, Brandenburg, Probleme, S. 23 ff.; N. Bischoff, Über die Chronologie der Kaiserin Gisela und über die Verweigerung ihrer Krönung durch Aribo von Mainz, in: Mitteilungen des Instituts für österreichische Geschichtsforschung 58 (1950), S. 285–309; Faußner, Kuno von Öhningen, S. 84; Hlawitschka, Untersuchungen, S. 140 f., Anm. 114.

10 U. Stutz, Der Erzbischof von Mainz und die deutsche Königswahl. Ein Beitrag zur deutschen Rechts- und Verfassungsgeschichte, Weimar 1910, S. 11 ff.; E. Boshof, Köln, Mainz, Trier – Die Auseinandersetzungen um die Spitzenstellung im deutschen Episkopat in ottonisch-salischer Zeit, in: Jahrbuch des Kölner Geschichtsvereins 49 (1978), S. 19–48.

11 R. Schmidt, Königsumritt und Huldigung in ottonisch-salischer Zeit, Konstanz – Stuttgart 1961 (Vorträge und Forschungen VI), S. 97–233.

12 Die Darstellung des Itinerars basiert im wesentlichen auf den Aussagen der Quellen, die im Regestenwerk von Böhmer/Appelt zusammengestellt sind.

13 DK. II. 49.

14 Böhmer/Appelt, 23a, 163b, 172b; Breßlau I, S. 192 mit Anm. 3; H. Zielinski, Der Reichsepiskopat in spätottonischer und salischer Zeit (1002–1125), Teil I, Stuttgart 1984, S. 32; P. Hilsch, Regenbach und die Schenkung der Kaiserin Gisela, in: Zeitschrift für württembergische Landesgeschichte 42 (1983), S. 52–81; Magistri Adam Bremensis Gesta Hammaburgensis ecclesiae pontificum, ed. B. Schmeidler, 3. Aufl. Hannover – Leipzig 1917 (MGH, SS. in us. schol.), II, 63.

15 H. Schwarzmaier, Reichenauer Gedenkbucheinträge aus der Anfangszeit der Regierung König Konrads II., in: Zeitschrift für württembergische Landesgeschichte 22 (1963), S. 19–28.

16 Böhmer/Appelt, 111a; J. Wollasch, Kaiser und Könige als Brüder der Mönche. Zum Herrscherbild in liturgischen Handschriften des 9. bis 11. Jh., in: Deutsches Archiv für Erforschung des Mittelalters 40 (1984), S. 3.

17 DDK. II. 92, 101, 102, 103.

18 Böhmer/Appelt 40c; Breßlau I, S. 93f; F. Baethgen, Das Königreich Burgund in der deutschen Kaiserzeit des Mittelalters, in: Mediaevalia. Aufsätze, Nachrufe, Besprechungen von Friedrich Baethgen, Teil I, Stuttgart 1960 (Schriften der MGH 17/1), S. 33; H. Maurer, Der Herzog von Schwaben. Grundlagen, Wirkungen und Wesen seiner Herrschaft in ottonischer, salischer und staufischer Zeit, Sigmaringen 1978, S. 202; F.-R. Erkens, Fürstliche Opposition in ottonisch-salischer Zeit. Überlegungen zum Problem der Krise des frühmittelalterlichen deutschen Reiches, in: Archiv für Kulturgeschichte 64 (1982), S. 358.

19 Wunder, Gisela von Schwaben, S. 11f.

20 H. Breßlau, Jahrbücher des deutschen Reichs unter Konrad II., II, Leipzig 1884, S. 189ff.

21 W. Metz, Das erste Weißenburger Nekrolog und das ottonisch-salische Königtum, in: DEUS QUI MUTAT TEMPORA. Menschen und Institutionen im Wandel des Mittelalters. Festschrift für Alfons Becker, Sigmaringen 1987, S. 74 und 80f.

22 P. E. Schramm, Die Deutschen Kaiser und Könige in Bildern ihrer Zeit. Teil I: Bis zur Mitte des 12. Jahrhunderts (751–1152), Leipzig-Berlin 1928, S. 122f., Abb. 96 b; ders., Herrschaftszeichen und Staatssymbolik. Beiträge zu ihrer Geschichte vom dritten bis zum sechzehnten Jahrhundert, Bd. II, Stuttgart 1955 (Schriften der MGH 13/2), S. 564ff.

23 DDK. II 146, 152, 250, 256, 261, 264, 265; Th. Vogelsang, Die Frau als Herrscherin im hohen Mittelalter. Studien zur „consors-regni"-Formel, Göttingen – Frankfurt – Berlin (West) 1954, S. 40.

24 Schramm, Herrschaftszeichen, S. 629ff.

Zu Heloi'se

1 Abaelard, Die Leidensgeschichte und der Briefwechsel mit Heloi'sa, übertr. und hrsg. von Eberhard Brost, Heidelberg o.J., S.405. (Aus dem Brief des Abtes Petrus von Cluny an Heloi'se.)

2 E. Könsgen, Epistolae duorum amantium. Briefe Abaelards und Heloisens?, in: Mittellateinische Studien und Texte 8, Leiden-Köln 1974, 49, S.26; 112, S.61; 66, S.37; P.Bourgain, Héloise, in: Abélard en son temps. Actes du colloque international organisé a l'occasion du 9e centenaire de la naissance de Pierre Abélard, Paris 1981, S.227; J.T.Muckle, The personal letters between Abelard and Héloise, in: Mediaeval Studies XV, 1953, S.72.

3 J.F.Benton, Fraud, Fiction and Borrowing in the Correspondence of Abelard and Heloise, in: Pierre Abélard-Pierre la vénérable, Paris 1975, S.469–511.

4 Das gilt etwa für die Angriffe auf den Abt und bedeutenden königlichen Ratgeber Suger von St. Denis, die Billigung von Fleischgenuß im Kloster oder die Legitimierung des Konkubinats, welche die fiktive Heloi'se von Andreas Capellanus (Ende des 12.Jahrhunderts) übernommen hätte – ein beispielloser Fall in der gesamten Mönchsliteratur des Mittelalters! Summa summarum: Kernstück der Fälschung bildete die Legalisierung des von de Meun gepriesenen und erstrebten Konkubinats; H. Silvestre, L'idylle d'Abélard et Héloise: la part du roman. Académie royale de Belgique, Bull. de la classe des lettres et des sciences morales et politiques 5es.-t. LXXI, 1985, S. 157–200.

5 Petrus Abaelardus (1079–1142). Person, Werk und Wirkung, hrsg. von R.Thomas, Trier 1980, S.41–52; P.Zerbi, Un recente dibattito sull'autenticità della „Historia calamitatum" e della corrispondenze fra Abaelardo ed Eloisa, in: Studi di letteratura e di storia in memoria de A.di Pietro, Milano 1977, S.3–43; Bourgain, Héloise, S.211–217, vgl. ferner die beiden Rezensionen von Silvestre im „Bulletin de théologie ancienne et médieval" 13 (1984), S.617–620, 627f.

6 Damit verzichtete er ausdrücklich auf jede psychologische Interpretation und ließ den Einwand nicht gelten, daß sich Abaelard und Heloi'se gegenseitig hätten beeinflussen können. I. F. Benton, The Correspondence of Abaelard and Heloi'se, in: Fälschungen im Mittelalter, Bd.V: Fingierte Briefe, Frömmigkeit und Fälschungen, Realienfälschungen, Hannover 1988, S. 101, 123 und 107f. (Schriften der MGH, Bd.33/V).

7 Er konstatiert aber, daß die Ausführungsumstände im Dunkeln bleiben und eine „gewisse Fiktionalität dem Werk von vornherein nicht abzusprechen ist". In diesem Sinne argumentiert auch G. Constable, der den Briefwechsel in eine Reihe mit den Werken von Rousseau und Goethe stellt, denen es nicht um historischen Wahrheitsgehalt, sondern um literarische Phantasie (literary imagination) zu tun gewesen sei. P.von Moos, Mittelalterforschung und Ideologiekritik. Der Gelehrtenstreit um Heloise, München 1974, S.84ff.; G.Constable, Forged Lettere in the Middle Ages, in: Fälschungen im Mittelalter (wie Anm.6), S.26.

8 v.Moos, Palatini quaestio quasi peregrini, in: Mittellateinisches Jahrbuch IX (1973), S.124–158; I.Pagani, Epistolario o dialogo spirituale? Postille ad un'

interpretazione della corrispondenza di Abelardo ed Eloisa, in: Studi medievali 27 (1986), S. 316f.

9 H. C. R. Laurie, The „Letters“ of Abelard and Heloise: A source for Chrétien de Troyes?, in: Studi medievali 27 (1986), S. 123–146.

10 So K. Flasch, Das philosophische Denken im Mittelalter, Stuttgart 1986, S. 214.

11 Auch im folgenden Muckle, The personal letters, S. 70–81.

12 Ebenda, S. 82.

13 Bourgain, Heloise, S. 229–231.

14 Muckle, The personal letters, S. 85, 91, 93.

15 Auch im folgenden I. T. Muckle, The Letter of Heloise on religious Life and Abaelards first reply, in: Medieval Studies XVII (1955), S. 245–251.

16 Petrus Abaelard, Ethica sive scito te ipsum, ed. and transl. by D. E. Luscombe, Peter Abelard's Ethics. Oxford 1971, S. 44–46, 52.

17 Auch im folgenden Abaelard, Institutio seu Regula sanctimonialium, ed. T. P. Mc Laughlin, Abaelards Rule for religious women, in: Medieval Studies XVIII (1956) S. 268, 276, 279, 253, 287, 290.

18 Zur Datierung C. Mews, On Dating the Works of Peter Abelard, in: Archives d'histoire doctrinale et littéraire du Moyen Age 52 (1986), S. 122–126; zu den Intentionen des „Dialogs“ zuletzt Ch. Burnet, Peter Abaelards's „Soliloquium“. A cirtical edition, in: Studi medievali 25 (1984), S. 874, 879, 891.

19 So W. Eberhard, Ansätze zur Bewältigung ideologischer Pluralität im 12. Jahrhundert. Pierre Abélard und Anselm von Havelberg. Historisches Jahrbuch 105 (1985), S. 360–366. Von echter Toleranz kann aber bei Abaelard hinsichtlich der jüdischen Religion keine Rede sein. Von einer Gleichberechtigung mit dem Christentum wollte er nichts wissen. Die Juden galten ihm als „fleischliche“ Menschen ohne Offenbarung. Sie bewiesen ihm nur, daß sie weder Heiden noch Christen das Wasser reichen konnten. Vgl. E. Werner, Das Bild des anderen: Antihumanismus und Intoleranz im 12. Jahrhundert, – in: Zeitschr. f. Geschichtswissenschaft 34 (1986), S. 888.

20 Vgl. K. D. Nothdurft, Studien zum Einfluß Senecas auf die Philosophie und Theologie des zwölften Jahrhunderts, Leiden – Köln 1963, S. 83, 134.

21 Zum individuellen Selbstbewußtsein im 12. Jahrhundert J. Le Goff, Métier et profession d'après les manuels de confesseur au moyen âge, in: Miscellanea mediaevalia 3, Berlin (West) 1964, S. 52; E. Werner, Stadt und Geistesleben im Hochmittelalter, Weimar 1980, S. 142–151.

22 R. Bultot, Les Philosophes du paganisme, docteurs et exemples de „contemptus mundi“ pour la morale médiévale, in: Studia Gratiana 19 (1976), S. 115, 120.

23 Muckle, The Letter of Heloise on religious life, S. 250, 252f.

24 B. M. Bolton, Mulieres sanctae, in: Sanctity and Secularity, ed. D. Baker, Oxford 1973, S. 85; dies., Vitae matrum: a further aspekt of the Frauenfrage, in: Medieval women, ed. D. Baker, Oxford 1978, S. 262f; A. Vauchez, La sainteté en Occident aux derniers siècles du Moyen Age, Roma 1981, S. 406, 408.

25 Vgl. seinen Brief an Bischof Gilbert von Paris, in: Patrologia Latina, ed. J.-P. Migne, Vol. 178, coll. 257ff. Dazu J. J. van Moolenbroek, Vitalis van Savigny († 1122). Bronnen en vroege cultus, Amsterdam 1982, S. 143.

26 J.-M. Bienvenu, Préhistoire du franciscanisme, in: Poverty in the Middle Ages, ed. D. Flood, Werl/Westf. 1975, S. 31; J. Smith, Robert of Arbrissel's relations with women, in: Medieval women, S. 183.
27 Bienvenu, Robert d'Arbrissel et la fondation de Fontevraud, in: La littérature angevin médiévale, Université d'Angers 1981, S. 238–240; E. Werner/M. Erbstößer, Ketzer und Heilige, Berlin 1986, S. 184f; J. Dalarun, La véritable fin du Robert d'Arbrissel, in: Cahiers de civilisation médiévale 27 (1984), S. 310, 315.
28 G. Constable, Aelred of Rievaulx and the Nun of Watton: an episode in the early history of Gilbertine Order, in: Medieval women, S. 222.
29 Vgl. Werner, Stadt und Geistesleben, S. 81.
30 G. Zimmermann, Ordensleben und Lebensstandard, Münster/i. W. 1971, S. 232.
31 B. Lohse, Mönchtum und Reformation, Göttingen 1963, S. 243, 287f.
32 Nothdurft, Studien zum Einfluß Senecas, S. 190f.
33 Abaelard, Commentaria in epistolam Pauli ad Romanos, Turnhout 1959, lib. III, u. 22–23, S. 209 (Corpus christianorum, continuatio mediaevalis XI).
34 Ders., Carmen ad Astrolabium filium, ed. B. Hauréau, Paris 1895, S. 175 (Notices et Extraits de Mss. de la Bibliothèque National t. 34).
35 Abaelard, Hymnarius Paraclitensis. Albany N. Y. and Brockline, Mass. 1975, 1.5. S. 17, 1.6. S. 18 (Peter Abelard's Hymnarius Paraclitensis. An annoted edition with introduction by J. Szövénffy, T. II. Text und Notes). 4. S. 28; 69.2. S. 148.
36 T. Hunt, Abelardian ethics and Beroul's Tristan, in: Romania 98, S. 538f.
37 Dazu R. Bultmann, Das Evangelium des Johannes, 14. Aufl., Göttingen 1956, S. 476; Ch. Dietzfelbinger, Paraklet und theologischer Anspruch im Johannesevangelium, in: Zeitschr. f. Theologie und Kirche 82 (1985), S. 405; Zuletzt Werner/Erbstößer, Ketzer und Heilige, S. 70ff; E. Werner, Zur Rolle des Johannesevangeliums im mittelalterlichen Dualismus (im Druck).
38 Vgl. auch Th. d'Angomont, Retour au Parclet, in: Revue du Moyen Age latin 39 (1983), S. 235. Sicher geht es aber zu weit, die Briefe als katharisch zu deklarieren, sie als fingiert abzutun und sie einem häretischen Anonymus zuzuweisen, der ein erbauliches Chorfrauenbüchlein für die sanctimoniales von Paraklet beisteuern wollte. H. Bayer, Gral, Stuttgart 1982, S. XXI.
39 Vgl. Silvestre, L'idylle, S. 167, 169.
40 Fr. Engels, Brief vom 19. 11. 1844 an Karl Marx, in: MEGA III, 1. Berlin 1975, S. 252f., 255.
41 K. Marx Brief an A. Ruge vom September 1843, in: ebenda, S. 56f.

Zu Agnes von Poitou

1 Lampert von Hersfeld, Annales ad a. 1062, ed. O. Holder-Egger in: Lamperti opera, MGH SS. in us. schol. Hannover – Leipzig 1894, S. 80.
2 Annales Altahenses maiores ad a. 1062, ed. E. von Oefele, MGH SS. in us. schol., 2. Aufl., Hannover 1881, S. 59.

3 Lampert, Annales ad a. 1062, S. 81.
4 Vgl. M. L. Bulst-Thiele, Kaiserin Agnes, Leipzig-Berlin 1933.
5 Zuletzt dazu H. Thomas, Zur Kritik an der Ehe Heinrichs III. mit Agnes von Poitou, in: Festschrift für H. Beumann zum 65. Geburtstag, hrsg. von K.-U. Jäschke/R. Wenskus, Sigmaringen 1977, S. 224–235.
6 Annales Altahenses ad a. 1043, S. 34.
7 Hermann von Reichenau, Chronicon ad a. 1043, ed. G. H. Pertz in: MGH SS. V, Hannover 1844, S. 124.
8 Für das folgende ist mit Gewinn heranzuziehen; J. F. Böhmer, Regesta imperii III: Salisches Haus. Zweiter Teil, dritte Abteilung: Die Regenten des Kaiserreiches unter Heinrich IV., 1. Lieferung: 1056 (1050) – 1065, neubearb. von T. Struve, Köln-Wien 1984.
9 Lampert, Annales ad a. 1056, S. 70.
10 Annales Altahenses ad a. 1061, S. 56.
11 Lampert, Annales ad a. 1062, S. 79f.
12 Vgl. zum Problem J. Fleckenstein, Hofkapelle und Reichsepiskopat unter Heinrich IV., in: Investiturstreit und Reichsverfassung, hrsg. von J. Fleckenstein (Vorträge und Forschungen XVII), Sigmaringen 1973, S. 121f.
13 Bulst-Thiele, Kaiserin Agnes, S. 78.
14 T. Struve, Zwei Briefe der Kaiserin Agnes, in: Historisches Jahrbuch 104 (1984), S. 411–424 (mit Edition).
15 Vgl. (auch für das folgende) dens., Die Romreise der Kaiserin Agnes, in: ebenda 105 (1985), S. 1–29.
16 Ausgewählte Briefe Papst Gregors VII. nr. 28, in: Quellen zum Investiturstreit, 1. Teil, hrsg. von F.-J. Schmale (Ausgewählte Quellen zur deutschen Geschichte des Mittelalters. Freiherr-vom-Stein-Gedächtnisausgabe XIIa), Darmstadt 1978, S. 92f.
17 Das Schreiben in: Manegold von Lautenbach, Liber ad Gebehardum, ed. K. Francke in: MGH Libelli de lite imperatorum et pontificum I, Hannover 1891, S. 358f.
18 Adam von Bremen, Gesta Hammaburgensis ecclesiae pontificum lib. III, c. 34, ed. B. Schmeidler, MGH SS. in us. schol., 3. Aufl., Hannover, Leipzig 1915, S. 176.
19 Annales Altahenses ad a. 1060, S. 56.
20 Humbert von Silva Candida, Adversus simoniacos lib. III, c. 12, ed. F. Thaner, MGH Libelli de lite I, Hannover 1891, S. 212.
21 Lampert, Annales ad a. 1056 und 1062, S. 69 und 79f.
22 Vita Heinrici IV. imperatoris c. 2, ed. W. Eberhardt, MGH SS. in us. schol., 3. Aufl., Hannover 1899, S. 13f.
23 Frutolf von Michelsberg, Chronica ad a. 1056, in: Frutolfs und Ekkehards Chroniken und die anonyme Kaiserchronik, hrsg. von F.-J. Schmale und I. Schmale-Ott (Ausgewählte Quellen zur deutschen Geschichte des Mittelalters. Freiherr-vom-Stein-Gedächtnisausgabe XV), Darmstadt 1972, S. 72f.
24 Vita Heinrici IV. c. 2, S. 13.
25 Dipl. Theophanu 2 von 990 April 1, MGH DD II, ed. Th. von Sickel, Hannover 1888, S. 876.
26 Vita Heinrici IV. c. 2, S. 14.

Zu Äbtissin Hildegard von Bingen

1 Zur Verwandtschaft Hildegards vgl.: Hildegard von Bingen, Briefwechsel. Nach den ältesten Handschriften übersetzt u. nach den Quellen erläutert von A. Führkötter, Salzburg 1965, S. 278, Stammtafel A.

2 Das Leben der heiligen Hildegard von Bingen – verfaßt von den Mönchen Gottfried und Theoderich, hrsg., eingel. und übers. von A. Führkötter, Düsseldorf 1968, 2. Aufl., Salzburg 1980, S. 49.

3 Hildegard von Bingen, Scivias, ed. A. Führkötter collaborante A. Carlevaris, Teil I–III, Turnhout 1978, 2 Bde. (Corpus Christianorum. Continuatio Mediaevalis, Vol. XLIII, XLIII A) (künftig zit. Scivias); Hildegard von Bingen, Wisse die Wege – Scivias, ins Deutsche übertr. und bearb. v. M. Böckeler, 5. Aufl., Salzburg 1963 (künftig zit. Wisse die Wege). Hildegard von Bingen, Der Mensch in der Verantwortung. Das Buch der Lebensverdienste (Liber vitae meritorum), nach den Quellen übers. und erl. von H. Schipperges, Salzburg 1972. Hildegard von Bingen, Welt und Mensch. Das Buch „De operatione Dei", aus dem Genter Kodex übers. und erl. von H. Schipperges, Salzburg 1965.

4 Hildegard von Bingen, Lieder (Symphoniae und Ordo virtutum mit Notenbild), nach den Handschriften hrsg. v. P. Barth u. a., Salzburg 1969.

5 Hildegard von Bingen, Heilkunde. Das Buch von dem Grund und Wesen und der Heilung der Krankheiten, nach den Quellen übers. u. erl. von H. Schipperges, 4. Aufl., Salzburg 1981: Hildegard von Bingen, Naturkunde (Physica). Das Buch von dem inneren Wesen der verschiedenen Naturen in der Schöpfung, nach den Quellen übers. und erl. von P. Riethe, 3. Aufl., Salzburg 1980.

6 Analecta Sanctae Hildegardis Opera spicilegio solesmensi parata, ed. J. B. Pitra, Typis Sacri Montis Casinensis 1882 (Analecta Sacra, T. VIII), S. 245–327, S. 489–502.

7 Vgl. dazu auch E. Gössmann, Das Leben der heiligen Hildegard von Bingen, in: Gestalten der Kirchengeschichte, hrsg. von M. Greschat, Bd. 3 Mittelalter I, Stuttgart – Berlin (West) – Köln – Mainz 1983, S. 224f.

8 Zur Beschreibung der Quellen vgl. M. Schrader/A. Führkötter, Die Echtheit des Schrifttums der hl. Hildegard v. Bingen. Quellenkritische Untersuchungen, Köln – Graz 1956 (Beihefte zum Archiv f. Kulturgeschichte 6).

9 Das Leben der heiligen Hildegard von Bingen, S. 62.

10 Ebenda, S. 51.

11 Vgl. die Edition des Briefes durch A. Haverkamp, Tenxwind von Andernach und Hildegard von Bingen. Zwei „Weltanschauungen" in der Mitte des 12. Jahrhunderts. Anhang, in: Institutionen, Kultur und Gesellschaft im Mittelalter, Festschrift für Josef Fleckenstein zu seinem 65. Geburtstag, hrsg. v. L. Fenske u. a., Sigmaringen 1984, S. 543–545.

12 Ebenda, S. 546–548.

13 Vgl. Scivias und Wisse die Wege. Die farbigen Buchmalereien basieren auf dem Pergament-Faksimile der im Original nicht mehr erhaltenen Rupertsberger Handschrift; das Faksimile wurde 1927 bis 1933 durch Benediktinerinnen in Eibingen angefertigt. Die Originalhandschrift ging 1945 verloren.

14 Scivias, Teil 1/2, S. 176f.; Wisse die Wege, S. 176.
15 Vgl. Abb. „Das Ende der Zeiten": Scivias, Teil 3, zwischen S. 576 und 577; Wisse die Wege, S. 79.
16 Scivias, S. 578; Wisse die Wege, S. 320.
17 Ebenda.
18 Scivias, S. 578f.; Wisse die Wege, S. 321f.; Welt und Mensch. Das Buch „De operatione Dei", S. 303; 305f.
19 Scivias, S. 579; Wisse die Wege, S. 322.
20 Scivias, S. 587; Wisse die Wege, S. 325.
21 Briefwechsel, S. 44f.
22 B. Töpfer, Das kommende Reich des Friedens. Zur Entwicklung chiliastischer Zukunftshoffnungen im Hochmittelalter, Berlin 1964, S. 39.
23 Das Leben der heiligen Hildegard von Bingen, S. 55f.
24 Briefwechsel, S. 98.
25 Das Leben der heiligen Hildegard von Bingen, S. 69.
26 Ebenda, S. 82.
27 Der Mensch in der Verantwortung, S. 260f.
28 Lieder, S. 219: Lied Nr. 7 „De Sancta Maria".
29 Zu den medizinischen Lehren Hildegards vgl. I. Müller, Krankheit und Heilmittel im Werk Hildegards von Bingen, in: Hildegard von Bingen – 1179–1979. Festschrift zum 800. Todestag der Heiligen, hrsg. v. A. Ph. Brück, Mainz 1979, S. 311–349.
30 Patrologia Latina, ed. J.-P. Migne, Vol. 197, Paris 1855, col. 246; col. 249–250.
31 Hildegardis Epistolae, Nr. 10, in: Analecta Sanctae Hildegardis Opera, S. 348–351.
32 G. Koch, Frauenfrage und Ketzertum im Mittelalter. Die Frauenbewegung im Rahmen des Katharismus und des Waldensertums und ihre sozialen Wurzeln (12.–14. Jahrhundert), Berlin 1962, S. 100, 116.
33 Welt und Mensch. Das Buch „De operatione Dei", S. 184.
34 Ebenda, vgl. Abb. zwischen S. 32 und 33; S. 48 und 49.
35 Ebenda, S. 44f.
36 Ebenda.
37 Ebenda, S. 300ff., S. 297f.
38 Töpfer, Das kommende Reich des Friedens, S. 43.
39 G. Wendelborn, Gott und Geschichte. Joachim von Fiore und die Hoffnung der Christenheit, Leipzig 1974, S. 242; B. Wilms, Amatrices Ecclesiarum, Untersuchung zur Rolle und Funktion der Frauen in der Kirchenreform des 12. Jahrhunderts, Bochum 1987, besonders S. 173, 175f. und im Anhang Tafel II.
40 Das Leben der heiligen Hildegard von Bingen, S. 57f.
41 Tractatus de materia concilii generalis Petri de Alliaco episcopi Cameracensis, Teil III, in: F. Oakley, The political thought of Pierre d'Ailly. The voluntarist tradition, New Haven and London 1964, S. 315f.
42 Gottfried Arnold, Unpartheyische Kirchen- und Ketzerhistorie, Frankfur/M. 1729, Teil I, Buch XII, Cap. 3, S. 390.
43 Vgl. dazu W. Lauter, Hildegard-Bibliographie, Wegweiser zur Hildegard-Literatur, 2 Bde., Alzey 1970, 1983.

Zu Beatrix von Burgund

1 Vgl. H. Simonsfeld, Jahrbücher des deutschen Reiches unter Friedrich I., I (1152–1158), Leipzig 1908 (Nachdruck 1967), S. 435 und J. F. Böhmer, Regesta imperii, IV. Ältere Staufer, 2. Abt.: Die Regesten des Kaiserreiches unter Friedrich I. 1152 (1122)–1190, 1. Lfg. 1152 (1122)–1158, neubearb. von F. Opll unter Mitwirkung von H. Mayer, Wien-Köln-Graz 1980, Nr. 398, künftig zitiert als Böhmer/Opll.

2 Vgl. Sh. Shahar, Die Frau im Mittelalter, Königstein (Taunus) 1981, S. 124 ff. und H.-W. Goetz, Leben im Mittelalter vom 7. bis zum 13. Jahrhundert, München 1986, S. 39 ff.

3 Vgl. F. von Keszycka, Kaiserin Beatrix, Gemahlin Friedrich I. Barbarossa, Diss. Freiburg in der Schweiz, Poznan 1923, S. 20 und 22. Diese Arbeit ist immer noch die beste Materialsammlung zu dieser Problematik.

4 Vgl. H. Heinemann, Untersuchungen zur Geschichte der Zähringer in Burgund. I. Teil, in: Archiv für Diplomatik 29 (1983), S. 148 ff. Die einzelnen Bestimmungen S. 158 ff. und Böhmer/Opll, 94.

5 E. Gervasii Tilleberiensis Ottis imperialibus, hrsg. von R. Pauli, in: MGH, SS. 27, Hannover 1885, S. 359 ff., besonders S. 376.

6 Simonsfeld, Friedrich I., S. 156 f.; zur Ehescheidung Friedrichs I. immer noch maßgebend: E. Rundnagel, Die Ehescheidung Friedrich Barbarossas, in: Kritische Beiträge zur Geschichte des Mittelalters. Festschrift für R. Holtzmann, Berlin 1933, S. 145–159; vgl. auch: V. Pfaff, Das kirchliche Eherecht am Ende des zwölften Jahrhunderts, in: Zeitschrift der Savigny-Stiftung für Rechtsgeschichte, Kanonistische Abteilung 94 (1977), S. 73–117.

7 Ph. Jaffé, Wibaldi Epistolae, in: Bibliotheca rerum Germanicarum, 1, Berlin 1864, S. 547, Nr. 408, Faksimiledruck in: Die Zähringer. Anstoß und Wirkung, hrsg. von H. Schadek u. K. Schmid (Veröffentlichungen zur Zähringer Ausstellung, II), Sigmaringen 1986, S. 14 ff.

8 Heinemann, Zähringer, Teil I, S. 168 und Böhmer/Opll 160 und 162.

9 Zum 1. Italienzug vgl. Simonsfeld, Friedrich I., S. 244 ff. und F. Opll, Das Itinerar Kaiser Friedrich Barbarossas (1152–1190), in: Forschungen zur Kaiser- und Papstgeschichte des Mittelalters, Beihefte zu J. F. Böhmer, Regesta imperii 1, Wien – Köln – Graz 1978, S. 13 f.

10 Vgl. H.-W. Klewitz, Die Abstammung der Kaiserin Beatrix, in: Deutsches Archiv für Geschichte des Mittelalters 7 (1944), S. 204–212; Böhmer/Opll 67 ff.

11 Otto von Freising und Rahewin, Die Taten Friedrichs, hrsg. von F.-J. Schmale (Ausgewählte Quellen zur deutschen Geschichte des Mittelalters, XVII), Berlin 1965 III, 8 ff.; MGH, Constitutiones et acta publica imperatorum et regum, 1, ed. L. Weiland, Hannover 1893, S. 229 ff., Nr. 164 ff.

12 Vgl. dazu J. Fleckenstein, Friedrich Barbarossa und das Rittertum. Zur Bedeutung der großen Mainzer Hoftage von 1184 und 1188, in: Festschrift für H. Heimpel zum 70. Geburtstag, Göttingen 1972 (Veröffentlichungen des Max-Planck-Instituts für Geschichte 36/II, S. 1023-1041), S. 1037 ff. und E. Ennen, Frauen im Mittelalter, 2. Aufl., München 1985, S. 130.

13 Die Urkunden Friedrichs I., bearb. von H. Appelt (MGH, DD. X, 1–3). Hannover 1975–1985, Nr. 143 und 145.

14 DFr. I. 191 vom 14. November 1157 für das Kloster Lure in Burgund.

15 Keszycka, Beatrix, S. 34; Wibald von Stablo, S. 588 f., Nr. 456; zur Siegelproblematik vgl. auch: J.-Y. Mariotte, Un acte imperial a double sceau pour l'abbaye de Clairvaux (1159), in: Archiv für Diplomatik 9/10 (1963/63), S. 286 ff.

16 Das Geschichtswerk des Otto Morena und seine Fortsetzer über die Taten Friedrichs I. in der Lombardei, neu hrsg. von F. Güterbock, Berlin 1930, S. 159 (MGH, SS. rer. Germ. nova series 7).

17 Vgl. DDFr. I. 191, 194, 279, 470 u. ö.

18 Ennen, Frauen, S. 130.

19 Zu den Kindern vgl.: G. Baaken, Die Altersfolge der Söhne Friedrich Barbarossas und die Königserhebung Heinrichs VI., in: Deutsches Archiv für Erforschung des Mittelalters 24 (1968), S. 46–78; E. Assmann, Friedrich Barbarossas Kinder, in: ebenda, 33 (1977), S. 435–472 und H. Decker-Hauff, Das staufische Haus, in: Die Zeit der Staufer, 3, Aufsätze, Stuttgart 1977, S. 339–374.

20 Zitiert nach H. Dienst, Dominus vir. Von der Herzogin-Markgräfin Agnes und anderen adeligen Frauen des hohen Mittelalters, in: Das ewige Klischee, Wien – Köln – Graz 1981, S. 23. Vgl. auch A. Führkötter, Hildegard von Bingen – Briefwechsel, Salzburg 1965, S. 146 f., Nr. 85.

21 Assmann, Barbarossas Kinder, S. 440 ff.

22 Baaken, Altersfolge, S. 58.

23 DFr. I. 470.

24 Baaken, Altersfolge, S. 59; Roberti de Monte cronica, ed. D. L. C. Bethmann, in: MGH, SS., 6, Hannover 1844, S. 475 ff., besonders S. 514 zu 1165; J. Ahlers, Die Welfen und die englischen Könige 1165–1235, Hildesheim 1987, S. 22 f. u. ö. (Quellen und Darstellungen zur Geschichte Niedersachsens 102).

25 Tabelle nach Assmann, Barbarossas Kinder, S. 459; Decker-Hauff, Das Staufische Haus, S. 354 ff. reiht die Söhne Rainald und Wilhelm vor Friedrich, geb. 1164, ein. Dieser Variante möchte ich folgen.

26 Shahar, Frau, S. 135.

27 Vgl. Gunther der Dichter, Ligurinus, hrsg. v. E. Assmann, Hannover 1987, Einleitung S. 79 ff. (MGH, SS. in us. schol.) und Fr. Arens, Die staufischen Königspfalzen, in: Die Zeit der Staufer 3, Aufsätze, Stuttgart 1977, S. 129–142, besonders S. 137 zu Hagenau.

28 Vgl. H. Appelt, Kaiserin Beatrix und das Erbe der Grafen von Burgund, in: Aus Kirche und Reich. Studien zu Theologie, Politik und Recht im Mittelalter. Festschrift für Fr. Kempf zu seinem 75. Geburtstag, hrsg. von H. Mordek, Sigmaringen 1983, S. 275–283.

29 Die Angabe der Urkunden erfolgt nach J.-Y. Mariotte, Le comte de Bourgogne sous les Hohenstaufen, 1156–1208 (Cahiers d'Études comtoises 4, Paris 1963), S. 167 ff. und Appelt, Beatrix, S. 275 f.: DB 1: 1173, Deperditium für die Kirche von Besançon, DB 2: 1181 für Romainmoutier, DB 3: 1182 für die Templer, DB 4: 1183 für Lieucroissant, DB 5: 1183 für Beze, DB 6: 1183 für Rosières, DB 7: 1183 für Vaux-sur-Poligny, DB 8: 1183 für Saint-Étienne zu Besançon, DB 9: 1183 für Saint-Rambert, DB 10: 1183 für den Erzbischof von Besançon, DB 11: Deperditium für Corneux (1156 bis 1184).

30 Vgl. F. Güterbock, Zur Geschichte Burgunds im Zeitalter Barbarossas, in: Zeitschrift für Schweizerische Geschichte 17 (1937), S. 150 und Appelt, Beatrix, S. 279.
31 Vgl. Güterbock, Burgund, S. 166, 169, 179 und S. 181; Appelt, Beatrix, S. 280 ff.
32 Appelt, Beatrix, S. 282 f. und L. Boehm, Geschichte Burgunds. Politik – Staatsbildung – Kultur, 2. Aufl., Stuttgart – Berlin(West) – Köln – Mainz 1979, S. 134.
33 Die Belege finden sich bei Güterbock, Burgund, S. 173(1157) und (1162), 174(1166), 177(1178), 179(1181) und S. 180 (im Todesjahr 1184). Siehe auch: Opll. Itinerar, S. 180(1157), 193(1162), 199(1166) und 216(1178).
34 Güterbock, Burgund, S. 202 f.
35 Ebenda, S. 163 f.; DFr. I. 598.
36 Vgl. Anm. 3.
37 Zum Sachverhalt vgl. Assmann, Barbarossas Kinder, S. 441 f., Anm. 35 und Ex Radulfi de Diceto Lundoniensis Decani operibus historicis, ed. v. R. Pauli, in: MGH, SS. 27, Hannover 1885, S. 270 f.: „vir tamen uxorius reputatus a multis, querens in omnibus, quomodo placeat uxori."
38 Vgl. Keszycka, Beatrix, S. 40 und Assmann, Ligurinus, X, 1–5.
39 Assmann, Ligurinus, X, 168–171; Keszycka, Beatrix, S. 42.
40 MGH, Constitutiones, S. 289 und DFr. I. 362.
41 Vgl. DDFr. I. 658 und 687.
42 Rundnagel, Eheschließung, S. 146.
43 DFr. I. 735.
44 Gotifredi Viterbiensis opera, ed. G. Waitz, in: MGH, SS. 22, Hannover 1873, S. 323 und 325; Keszycka, Beatrix, S. 55 ff.
45 Keszycka, Beatrix, S. 64 und Opll, Itinerar, S. 65.
46 Gottfried von Viterbo, S. 326.
47 Vgl. die Einleitung von Assmann, Ligurinus, S. 79 bis 102.
48 Assmann, Ligurinus, Einleitung, S. 85 ff.
49 R. M. Herkenrath, Studien zum Magistertitel in der frühen Stauferzeit, in: Mitteilungen des Instituts für österreichische Geschichtsforschung 83 (1980), S. 11.
50 Keszycka, Beatrix, S. 50 ff.
51 K. Jordan, Heinrich der Löwe. Eine Biographie, München 1979, S. 179.
52 Otto von Freising und Rahewin, IV, 28 und IV, 46.
53 In: Südwestdeutsche Städte im Zeitalter der Staufer, hrsg. von E. Maschke und J. Sydow, Sigmaringen 1980, S. 58 und 62 (Stadt in der Geschichte 6, Veröffentlichungen des Südwestdeutschen Arbeitskreises für Stadtgeschichtsforschung).
54 Fleckenstein, Rittertum, S. 1024 ff. mit den wichtigsten Quellen und der weiterführenden Literatur.
55 Vgl. Keszycka, Beatrix, S. 85 mit allen wichtigen Quellen.
56 Siehe Ahlers, Welfen, S. 140.
57 Opll, Itinerar, S. 82 ff. und S. 222 f.
58 J. Bumke, Mäzene im Mittelalter. Die Gönner und Auftraggeber der höfischen Literatur in Deutschland 1150–1300, München 1979, S. 23.

59 Keszycka, Beatrix, S. 84.
60 Therese Dürr-Jancke. Beatrix – die 2. Frau Barbarossas. Eine Burgunderin an der Seite des Stauferkaisers, in: Damals 1/1977, S. 79–92.
61 Diese Gesta di Federico wird in der deutschen Geschichtswissenschaft als Carmen de gestis Frederici I. imperatoris in Lombardia, hrsg. von I. Schmale-Ott, Hannover 1965, Verse 1110ff. (MGH, SS. in us. schol.) bezeichnet.

Zu Eleonore von Aquitanien

1 Über die Stellung Eleonores in der Historiographie ausführlich D. Laube, Zehn Kapitel zur Geschichte der Eleonore von Aquitanien, Bern – Frankfurt/M. – New York 1984 (Geist und Werk der Zeiten, Nr. 68). Weitere grundlegende Arbeiten: R. Pernoud, Königin der Troubadoure. Eleonore von Aquitanien, 5. Aufl., München 1986 (dtv Biographie 1461). Die Verf. bietet eine das kulturgeschichtliche Umfeld einbeziehende literarische Darstellung der Lebensgeschichte Eleonores. Anregungen für die Forschung geben E. R. Labande, Pour une image véridique d'Aliénor d'Aquitaine, in: Bulletin de la Société des Antiquaires de l'Ouest, Serie 4, Bd. 2, 1952/3, S. 175–234; H. G. Richardson, The letters and charters of Eleanor of Aquitaine, in: English Historical Review, Nr. 291, Bd. 74, 1959, S. 193–213; A. Richard, Histoire des comtes de Poitou 778–1204, Bd. 2 (1126–1204), Paris 1903; E. Ennen, Zur Städtepolitik der Eleonore von Aquitanien, in: Civitatum Communitas. Studien zum europäischen Städtewesen. Festschrift für Heinz Stoob zum 65. Geburtstag, Köln, Wien 1984 (Städteforschung: Reihe A: Darstellungen, Bd. 21), S. 42–55; J. H. M. McCash, Marie de Champagne and Eleanor of Aquitaine: A Relationship Reexamined, in: Speculum, Bd. 54, 1979, S. 698–711; W. F. Schirmer/U. Broich, Studien zum literarischen Patronat in England des 12. Jahrhunderts, Köln und Opladen 1962; A. Kelly, Eleanor of Aquitaine and the four Kings, New York 1957 (Vintage Books K 50).
2 Das Lehenserbrecht der Töchter war eingeschränkt durch das nach Gewohnheitsrecht nähere Erbrecht des Bruders. Der Oheim Eleonores als Fürst von Antiochia meldete jedoch anscheinend keine Erbansprüche an. Seine Chancen gegenüber dem Königspaar dürften auch gering gewesen sein. Vgl. A. Richard, Histoire, S. 55f.
3 M. Pacaut, Louis VII. et son royaume, Paris 1954 (Bibliothèque Générale de L'école Pratique des Hautes Études, VIe section), S. 36.
4 Ebenda, S. 41, A. 3; Pernoud, Königin, S. 28f.
5 J. Ehlers, Geschichte Frankreichs im Mittelalter, Stuttgart – Berlin (West) – Köln – Mainz 1987, S. 110; Pernoud, Königin, 26f.
6 Pernoud, ebenda, S. 46.
7 William of Newburgh, Historia Rerum Anglicarum, hrsg. v. R. Howlett, in: Chronicles of the Reigns of Stephen, Henry II. and Richard I. (Chronicles and Memorials of Great Britain and Ireland during the Middle Ages, im Folgenden: Rolls. Series, 4 Bde. 1884–1890), Bd. 1, S. 92.
8 „Queen Eleanor, a matchless woman, beautiful and chaste, powerful and modest, meek and eloquent, which is rarely wont to be, met with in a woman,

who was advanced in years enough to have had two husbands and two sons cronened kings", berichtet Richard von Devizes anläßlich ihrer Mission in Kastilien 1190. Chronicles of the crusades being contemporary narratives of the crusade of Richard coeur de Lion by Richard of Devizes and Geoffrey de Vinsauf and the crusade of Saint Louis by Lord John de Joinville, London 1848, S. 19f.

9 W. Zöllner, Geschichte der Kreuzzüge, Berlin 1978, S. 96.

10 Vgl. Laube, Zehn Kapitel, S. 40; G. Duby, Ritter, Frau und Priester. Die Ehe im feudalen Frankreich, Frankfurt/Main 1985, S. 224.

11 William of Newburgh, Historia, S. 93. Diese Äußerung scheint im Widerspruch zu einer Mitteilung Johannes von Salisburys zu stehen, nach der Ludwig die Königin mit großer Zuneigung, auf heftige und fast knabenhafte Weise liebte. Dieser Widerspruch erklärt sich jedoch aus der tendenziösen Absicht des Autors. In Übereinstimmung mit der kirchlichen Ehelehre brach nach seiner Auffassung „das Böse in eine Ehe ein, wenn sich der Mann der Leidenschaft überließ und unter den Einfluß seiner Frau geriet." Duby, Ritter, S. 224.

12 Zitiert nach: Die Trobadors. Leben und Lieder, übers. von F. Wellner, hrsg. v. G. Tuchel, 3. Aufl., Berlin 1985, S. 42. Neuerdings hat G. Buch berechtigte Zweifel darüber angemeldet, daß Guillaume IX. als Troubadour seinen Zeitgenossen bekannt gewesen ist. Das dürfte aber wohl auf den französischen Hof zur Zeit Eleonores kaum zutreffen. Vgl. L'attribution des poèmes du comte de Poitiers à Guillaume IX. d'Aquitaine, in: Cahiers de civilisation médiévale X^e^-XIIe Siècles, Bd. 31 (1988).

13 Laube, Zehn Kapitel, S. 17f.; Pernoud, Königin, S. 81; Duby, Ritter, S. 254ff., S. 226f. Die pauschale Verurteilung der Aquitanierin hat auch in die bildende Kunst Eingang gefunden, wie das sogenannte Krönungsbild des Gmundener Evangeliar beweist. Zum Krönungsbild K. Jordan, Heinrich der Löwe. Eine Biographie, München 1979, S. 185.

14 Das Ausbleiben eines Knaben trotz päpstlicher Fürsprache und päpstlichen Segens wirkte bei der religiös geprägten Mentalität der Zeitgenossen als erhärtender Beweis für die Unrechtmäßigkeit der Ehe.

15 Altprovenzalische vida, zit. in: Die Trobadors, S. 67.

16 Kanzone vom neuen Liebesglück, in: Die Trobadors, S. 83f.

17 Obwohl Mathilde nicht als Kaiserin gekrönt war, legte die normannisch-angelsächsische Geschichtsschreibung im Rahmen der Großreichskonzeption Heinrich II. großen Wert auf diesen Rang. Ja man gab sogar eine fiktive Krönung an und rühmte Mathilde, die Kaiserkrone nach dem Tod Heinrichs V. auf abenteuerliche Weise ihrem Vater gebracht zu haben. Roger of Hoveden, Chronicle, Bd. 1, hrsg. v. W. Stubbs, London 1868, S. 168, 181; Stephen of Rouen, Draco Normannicus, hrsg. v. R. Howlett, in: Chronicles of the Reigns of Stephen, Henry II. and Richard I., Rolls. Series Bd. 2, S. 758f.; Gesta Stephani Regis Anglorum, in: Chronicles, ebenda, Bd. 3, S. 75ff.

18 Regesta Regis Stephani ac Mathildis Imperatricis ac Gaufridi et Henrici Ducum Normannorum 1135–1154, hrsg. von H. A. Cronne and R. H. Davis, Oxford 1968, S. XXIX (Regesta Regum Anglo-Normannorum 1066–1154, vol. III).

19 So folgt Heinrich nach Stephan von Rouen dem Rat seiner Mutter, Stadt und Festung Andély zu zerstören. Stephen of Rouen, Draco Normannicus, S. 690 f. Mathilde bringt ihn 1155 auch von seinen Plänen gegen Irland ab. Robert of Torigni, Chronicle, hrsg. von R. Howlett, in: Chronicles of the Reigns of Stephen, Henry II. and Richard I., Rolls. Series Bd. 4, S. 186. Die Beziehung Eleonores zu ihrer Schwiegermutter muß durch deren Einfluß auf Heinrich II. nicht belastet worden sein. Die „Kaiserin" beschränkte sich darauf, dem Königspaar in England einen einzigen Besuch abzustatten. Außerdem konnte Eleonore aufgrund der Lebenserfahrung der Schwiegermutter mit deren Großzügigkeit in Hinsicht auf ihr bisheriges Leben rechnen, hatte doch Mathilde selbst die gesellschaftlichen Normen schwer verletzt, als sie den ihr aufgezwungenen Gottfried Plantagenet verließ und zeitweise an den Hof des Vaters zurückkehrte. Erst auf Beschluß des englischen Reichsrates vom 8. September 1131 zu Northampton fand sie sich bereit, wieder an der Seite Gottfrieds, ihres zweiten Mannes, zu leben. Die Rückkehr scheint allerdings an die Bedingung gebunden gewesen zu sein, daß Mathilde als eine außergewöhnliche Frau, eine Frau mit männlichem Geist, behandelt würde. Zu ihrem Mann zurückgesendet, schreibt Roger von Torigni, wurde Mathilde aufgenommen, wie es einer *virago* zukommt. Ebenda, S. 119.

20 Vgl. J. T. Appleby, Heinrich II., König von England, Stuttgart 1965 (Weltgeschichte in Zeitberichten), S. 23.

21 Zu den Unternehmungen der „Kaiserin" für die Durchsetzung ihres von ihrem Vater ererbten englischen Königtums vgl. Roger of Hoveden, Chronicle, S. 204 ff.; Robert of Torigni, Chronicle, S. 137, 141, 144.

22 P. Johanek, König Arthur und die Plantagenets. Über den Zusammenhang von Historiographie und höfischer Epik in mittelalterlicher Propaganda (Frühmittelalterliche Studien, Jahrbuch des Instituts für Frühmittelalterforschung der Universität Münster, 21), Berlin – New York 1987, S. 349.

23 Sicher nicht zufällig stellt Roger von Hoveden, als er von der Lösung der Ehe Eleonores mit Ludwig VII. spricht, die Fruchtbarkeit der Ehe mit Heinrich der mit Ludwig gegenüber: „Henricus autem rex Angliae duxit praedictam Alienor in uxorem, de qua genuit filios et filias. Rex vero Franciae non habens ex Alienor uxore sua prolem virilis sexus, nisi tantummodo duas filias, quarum unam dedit Henrico Comiti de Campania ...", Chronicle, Bd. 1, S. 214.

24 Daß sie dabei auch die Bürger förderte, beweist recht überzeugend eine Verfügung ihres Testaments. Als sie 1167 zu Rouen verstarb, hinterließ sie eine große Summe Geldes für den Bau der Steinbrücke über die Seine bei Rouen. Robert of Torigni, Chronicle, Bd. 4, S. 233.

25 Nach den Pipe Rolls wurde für die zukünftigte Herzogin und Frau Heinrichs des Löwen unter anderem folgende Aussteuer angeschafft: „20 Paar Taschen und 20 Paar Truhen ... 7 vergoldete und purpurverbrämte Sättel ... 7 Paar vergoldete Zügel, außerdem 34 Packpferde, Kleider für mehr als 63 englische Pfund, zwei weite seidene Tücher, 2 Gobelins, ein samtenes Tuch und zwei Zobelfelle" (vgl. Appleby, Heinrich II., S. 139 f.). Die Ausstattung der Töchter muß sich wohl nach der Mode und dem Luxus gerichtet haben, wie sie im Land des jeweiligen Gatten üblich waren. Zur Aussteuer der jüngsten Tochter

Johanna gehörte, als sie zu ihrem zukünftigen Mann nach Sizilien gesandt wurde, ein Gewand im Werte von mehr als 114 englischen Pfund, das weitaus teuerste in den Pipe Rolls verzeichnete Kleidungsstück. Ebenda, S. 254.

26 Rolls. Series Bd. 1, S. 41; Appleby, Heinrich II., S. 203.

27 Zitiert nach Pernoud, Königin, S. 161 f.

28 Die Verantwortung Eleonores für die Söhne Richard und Gottfried leitet der Verf. der Gesta Regis Henrici Secundi daraus ab, daß jene sich in der Obhut (in custodia) der Mutter befanden. Er trägt dabei dem Umstand Rechnung, daß sich jedoch der Initiator des Aufstandes, Heinrich der Junge, nicht bei ihr aufgehalten hat. Rolls. Series Bd. 1, S. 42.

29 Ein Brief Bischof de Bellesmains unterrichtet Thomas Becket 1165, daß er von der Königin in seiner Angelegenheit keine Unterstützung zu erwarten habe. Pernoud, Königin, S. 133. Im Gegensatz dazu setzt sich Adele von Champagne, die dritte Gemahlin Ludwigs VII., in einem Brief an Papst Alexander III. entschieden für Thomas Becket ein. Appleby, Heinrich II., S. 149 f.

30 Duby, Ritter, S. 103.

31 Gesta Regis Henrici Secundi, Rolls. Series Bd. 1, S. 305. Den Pipe Rolls zufolge scheint die Königin aber auch schon in den voraufgegangenen Jahren relative Bewegungsfreiheit besessen zu haben. Man ist daher geneigt, eher an eine ständige Überwachung als an eine Einkerkerung zu denken. In den Pipe Rolls verzeichnete Ausgaben weisen sie 1174/75/76 in Wilteshire, 1177/78 in London und Middleessex, 1180/81 in Dorset, Sommerset, Southamptonshire und 1181/82 in Dorset aus. 1177/78 wurden Mäntel und Polster angeschafft, 1179 ein vergoldeter Sattel für die Königin. Vgl. Laube, S. 73 f.

32 Gesta Regis Henrici Secundi, Rolls. Series Bd. 2, S. 74; übersetzt bei Appleby, Heinrich II., S. 350. Ferner: Roger of Hoveden, Chronicle, S. 4 f.

33 Ebenda, S. 24; Epistolae Cantuariensis, in: Chronicles and Memorials of the Reign of Richard I., Bd. 2, London 1865, S. 332, 358 (Rerum Britannicarum Medii Aevi Scriptores).

34 Chronicles of the crusades, S. 45 f.

35 Nach Roger von Hoveden leistete Richard den Lehenseid „Consilio Alienor matris suae". Chronicle, Rolls. Series, Bd. 3, S. 203.

36 E. Werner/M. Erbstößer, Ketzer und Heilige, Leipzig 1986, S. 183–187; R. Pernoud, La femme au temps des cathédrales, Paris, 1980, S. 129–169.

37 Richard, Histoire des comtes, S. 299 ff.

38 Appleby, England without Richard, S. 185 f.

39 Zur Höhe der aufgewendeten Mittel vgl. Richard, Histoire des comtes, S. 313, A. 1; Richard hinterließ allerdings bei seinem Tode Otto IV. einen beträchtlichen Teil seines Vermögens und alle Juwelen. Appleby, England without Richard, S. 231.

40 Roger de Hoveden, Chronicle, Bd. 4, S. 88; vgl. auch J. T. Appleby, Johann „Ohneland" König von England, Stuttgart 1965 (Weltgeschichte in Zeitberichten), S. 78 f.

41 Richard, Histoire des comtes, S. 353. Rechtlich sicherte die Annahme des Lehenseides durch Philipp Eleonore im Falle des Sieges der Gegenpartei um Arthur vor Ansprüchen des Enkels und der Schwiegertochter auf Aquitanien als ein Teil von Richards Erbe. Ebenda.

42 Peter of Blois, Epistolae in Migne's Patrologia Latina, Bd. 207, cols 448–449; Appleby, Heinrich II., S. 206.
43 Johanek, König Arthur, S. 352.
44 Vgl. S. 221.
45 Eleonore gewährte z. B. den Bürgern von Saintonge mit anderen kommunalen Freiheiten die Rechte der freien Erbverfügung und Gattenwahl. Solche Privilegien erneuerte sie 1199 auch für die Einwohner von Poitiers. Umfangreiche Privilegien erhielt z. B. auch der Großkaufmann Gottfried Berland von Poitiers. Vgl. Ennen, Zur Städtepolitik, S. 42 ff.; Richard, Histoire des comtes, Bd. 2, S. 340 ff.
46 Duby, Ritter, S. 45.
47 J. Ehlers, Gesichte, S. 122 ff.

Auswahlbibliographie

Auf den Spuren weiblicher Vergangenheit (2). Beiträge der 4. Schweizerischen Historikerinnentagung, hrsg. von der Arbeitsgruppe Frauengeschichte Basel–Zürich 1988.

Bernards, M., Die Frau in der Welt und die Kirche während des 11. Jahrhunderts, in: Sacris erudiri 20 (1971).

Bernards, M., Speculum Virginum – Geistigkeit und Seelenleben der Frau im Hochmittelalter, Köln – Graz 1955.

Bücher, K., Die Frauenfrage im Mittelalter, 2. Aufl., Tübingen 1910.

Duby, G., Ritter, Frau und Priester, Frankfurt (M.) 1985.

Ennen, E., Frauen im Mittelalter, 3. Aufl., München 1987.

Elm, K., Die Frau im Ordenswesen, Semireligiosentum und Häresie des 12. und 13. Jahrhunderts, in: Communio XI (1982).

Harksen, S., Die Frau im Mittelalter, Leipzig 1974.

Interdisziplinäre Studien zur Geschichte der Frauen im Frühmittelalter, Methoden – Probleme – Ergebnisse, hrsg. von W. Affeldt/A. Kuhn, Frauen in der Geschichte, VII, Düsseldorf 1986.

Ketsch, P., Frauen im Mittelalter, Quellen und Materialien, Bd. 1 und 2, hrsg. von A. Kuhn, Düsseldorf 1983–1984.

Koch, G., Frauenfrage und Ketzertum im Mittelalter. Die Frauenbewegung im Rahmen des Katharismus und des Waldensertums und ihre sozialen Wurzeln (12.–14. Jahrhundert). (Forschungen zur mittelalterl. Gesch. 9), Berlin 1962.

Kuhn-Rehfus, M., Zisterzienserinnen in Deutschland, in: Die Zisterzienser. Ordensleben zwischen Ideal und Wirklichkeit, Bonn 1980.

Opitz, C., Frauenalltag im Mittelalter. Biographien des 13. und 14. Jahrhunderts, (Ergebnisse der Frauenforschung 5), Weinheim – Basel 1985.

Pernoud, R., La femme au temps des cathédrales, Paris 1980.

Power, E., Als Adam grub und Eva spann, wo war da der Edelmann? Berlin 1984.

Shahar, S., Die Frau im Mittelalter, Königstein (Taunus) 1981.

Uitz, E., Die Frau in der mittelalterlichen Stadt, Leipzig 1988.

Untersuchungen zur gesellschaftlichen Stellung der Frau im Feudalismus. (Magdeburger Beiträge zur Stadtgeschichte 3), Magdeburg 1981.

Vogelsang, Th., Die Frau als Herrscherin im hohen Mittelalter. Studien zur „Consors-regni"-Formel, Göttingen – Frankfurt (M.) – Berlin (West) 1954.

Weiblichkeit in geschichtlicher Perspektive. Fallstudien und Reflektionen zu Grundproblemen der historischen Frauenforschung, hrsg. von A. J. Becher und J. Rüsen, Frankfurt (M.) 1988.

Werner, E., Zur Frauenfrage und zum Frauenkult im Mittelalter. Robert von Arbrissel und Fontefrault, in: Forschungen und Fortschritte 9 (1955).

Werner, E. und M. Erbstößer, Ketzer und Heilige. Das religiöse Leben im Hochmittelalter, Berlin 1986.

Woman of the Medieval World, hrsg. von J. Kirshner und S. Wemple, Oxford – New York 1987.

Personenregister